부산 원도심은 페스트리다

부산 원도심은 페스트리다

나락한알 편저

soyotou

"부산 원도심의 결은 잘 구워진 페스트리 같다. 각각의 결들이 살아있어 아삭함이 돋보이는 맛있는 페스트리 말이다."

〈서울, 소울, 소울(seoul, soul, soul)〉이라는 앨범이 있다. 한상원이라는 기타리스트가 귀국하자 바로 낸 앨범으로 한국 음악계를 향한 패기를 날것 그대로 간직하고 있는 음반이다. 음반의 4번 곡 제목이 〈매〉인데, 참 복잡한 소음이다. 프리 재즈니 어련할까? 하지만 그 선율 하나하나를 실을 잣듯 지며리 귀에 담아내면, 한 올 한 올 든든하다. 심지어 잘 반죽해서 선율을 즐기면 정말 비상을 준비하다가 멀리 날아가는 매를 볼 수도 있다.

부산도 그렇다. 부산이라는 소음도 한 올 한 올 소중히 뽑아 들으면, 충분히 든든한 선율을 들려준다. 그 소음을 잘 반죽해서 들어도 좋다. 아마 멋진 갈매기를 볼 수도 있을 것이다. 하지만 부산을 무심히 지나치게 되면, 부산은 그저 소음으로 남아, 히치콕의 〈새〉에 등장하는 갈매기를 볼지도 모른다.

그런데 재즈 선율을 즐기며 입맛을 다셔본 적이 있는가? 한 올 한 올 잘 살아 있는 재즈는 마치 결 하나하나가 살아있는 바삭한 페스트리 맛이다. 부산 역시 어떻게 연주하느냐에 따라 멋진 프리 재즈가 될 수도, 지독한 소음이 될 수도 있다. 부산을 어떻게 구워내느냐에 따라 부산은 그저 밀가루 막대가 될 수도, 아주 맛깔난 페스트리가 될 수도 있다. 이 책도 그 선율과 맛을 즐길 수 있는 좋은 소개서가 될 수 있기를 바랐다.

이 책은 지난 2년간(2010~2013년) 민주시민교육원 〈나락한알〉이 기획하여 진행한 시민강좌 '원도심 세르파 아카데미'의 결과물이다. 이 책은 일종의 악보이자 요리책이다. 좋은 선율을 들려주고 싶었고, 정성스럽게 열을 가해 잘 구워진 부산의 결들을 읽어내고 끊어내고 소화하려 했다. 이를 위해 부산 원도심에 대한 학제간 접근이 필요했고, 이러한 접근을 좀 더 잘 해석하고 종합하기 위해 인문학이 필요했다. 민주시민교육원 '나락한알'은 이 책을 통해 부산의 물리적·정신적 공간에 인문학의 정신을 새기고, 이렇게 새겨진 흔적을 재구성하고 갱신하려는 부단한 시도를 하고 있다. 그 시도가 얼마나 잘 성취되었는지에 대한 자신은 없다. 이제 겨우 처음 구워낸 빵이니까. 마치 가게를 처음 내고 첫 손님께 요리를 대접하는 기분이랄까. 하지만 부산 원도심이라는 재료가 워낙 질이 좋고, 좋은 필자들이 반죽한 빵이라 결코 맛없는 빵을 굽진 않았을 것이다.

『부산 원도심은 페스트리다』라는 기획은 한편으로 일종의 '오래된 미래의 기획'이다. 그런 점에서 온고지신이지만, 다른 한편으로 옛것과의 과감한 단절을 통해 옛것으로 돌아간다는 점에서 '새로운 과거의 기획'이기도 하다. 형용모순에 가까운 이러한 기획은 책의 출간이라는 현재의 시간을 중심으로 과거와 미래가 얽히고설키는 기획으로 보아도 좋겠다. 덕분에 부산 원도심이라는 페스트리가 아주 복잡하고 중층적인 결을 지니고 있었다는 것을 알게 되었다. 부산의 바삭함이 어떤 이에게 소음이 될 수 있는 이유다. 하지만 그 때문에 우리가 구워낼 빵의 종류도 많아질 것이다. 소음의 결을 다른 식으로도 뽑아 낼 수 있을 테니까. 결국 이 기획은 꽤 장기적일 수밖에 없다. 이번에 구워낸 '원도심 페스트리'는 나락한알 베이커리에서 고심하여 출시한 첫 상품일 뿐이다. 앞으로 원도심 페스트리는 그 성격을 달리하여 다양한 상품으로 출시될 것이다. 추후 나락한알 베이커리의 새로운 인문적 상상력이 어떻게 펼쳐질지 기대해도 좋다. 원도심 페스트리라는 지속가능한 비전은 계속해서 원도심 관련 강의, 원도심 해설사 양성, 원도심 산책을 위한 안내서 등으로 다양하게 변주될 것이다. 원도심의 그 결 사이 사이에 거주하는 수많은 사람들을 생각하면, 그 결들을 형성한 수많은 사건들을 생각하면, 그리고 그 빵을 맛있게 부풀게 한 수천의 효모들이 있다는 것을 생각하면, 심지어 부산이라는 재료 자체만을 생각해도, 부산 원도심은 꽤 맛볼 가치가 있다. 페스트리의 맛은 혀로만 느끼는 것도 아니다. 그렇다면 이제 부산 원도심 페스트리의 아삭한 청각과 촉각, 페스트리의 모양과 향이 가진 시각과 후각 그리고 오감 이후의 여진도 함께 즐겨주시길 바란다.

"부산 원도심은 페스트리다!"

초량에서
민주시민교육원 나락한알

차 례

서론

　최근 원도심을 소재로 다루는 책을 찾아볼 수 있다. 그러나 생각보다 그 수가 많지는 않다. 가장 대표적인 것이 『대구 신 택리지』(2007)아닐까 싶다. 그런데 이 책『부산 원도심은 페스트리다』는 부산에서는 처음 나오는 책이다. 부산에서 원도심을 다룬 책의 출간이 늦어진 것은 그저 유행에 뒤진 것이 아니라, 부산은 근대와 전 근대 그리고 후기 근대와의 각축이 여전히 첨예하게 일어나는 곳이기 때문이다. 심지어 지역적인 상황과 지구적인 상황이, 일제강점기 시대의 상황, 중국과 러시아의 흔적, 베트남 파병과 베트남 난민 수용 등의 흔적, 전쟁의 상흔이 서로 얽히고설켜 그 올을 한 올 한 올 풀어내기에도 쉽지 않은 곳이기 때문이다.

　건축에서는 양피지에 지우고 쓰고를 반복한 특성으로 팰럼시스트 palimpsest라는 말을 사용한다. 건축에서는 전통과 현대, 양식과 양식이 겹쳐 아름다운 결을 만들어내는 것을 표현하는 말인데, 부산은 이러한 결을 간직한 천혜의 인문공간이기도 하다. 이러한 결을 풀어내기 쉽지 않다는 것은 이 결을 풀어내는 수천의 다양성이 있다는 의미이기도 하다. 이 책의 제목에 페스트리라는 제목을 단 것도 이 때문이다. 아마 이 책은 원도심을 읽어나가는 과정을 통해 독자에게 아삭한 페스트리를 베어 먹는 느낌을 줄 것이다. 중층의 결이 한 올 한 올 살아있는 원도심의 비밀을 풀어나가는 이 책이 부산 원도심을 잘 구워진 페스트리라고 부르는 이유이다.

　이 맛은 부산 원도심에 얽힌 결을 제대로 풀어내는 접근법을 취할 때에만 맛볼 수 있을 것이다. 독자들은 이 결을 헤아리면서, 정작 부산이 한국의 한 지역에 그치는 것이 아니라, 지역사뿐 아니라, 한국사와 지구적 역사를 새긴 또 하나의 글로컬한glocal 공간이라는 것을 알게 되리라. 따라서 이 책에는 도시를 볼 수 있는 또 하나의 시각, 그리고 한국의 근대성과 근대화를 풀어낼 수 있는 열쇠 중 하나를 제공할 수 있을 것이다. 아울러 이 책은 타 지역과 다른 상당한 정보의 원천이 서로 엮여 새로운 이야기를 만들어낸다. 그것은 이 책의 이야기가 이미 또 다른 새로운 이야기를 예고하고 있다는 것을 의미한다. 그런 의미에서 이 책은 일종의 사건이 될 수도 있다. 그러니 이 책은 결코 단 하나의 단조로운 결로만 풀어져서는 안 된다. 이 책의 비전이 지속가능하게 다른 여러 가지 책을 출간하는 중대한 기원이 될 수 있을 것이라는 것도 이 책이 가지는 차별성이자 가능성이다.

　뿐만 아니라 지역에서 지역의 정체성에 일가견이 있는 필진들, 그리고 이 주제로 여러 차례 시민강연과 저서를 낸 경력이 있는 '전문' 필진들이 지역 정체성을 반영한 특화된 주제를 제각각 맡고 있다는 것, 그리고 이들과 이들의 강연을 듣는 시민들이 지역의 정체성을 공감하고 만들어 나가게 될 것이라는 점에서 이 책은 여느 다른 책과는 다른 독창성을 가진다. 그럼 이제 이 아삭한 페스트리 맛 좀 볼까.

I

원도심
길잡이

김동규 나락한알 부원장

근대도시와 철학 : 자연에는 직선이 없다

이 글의 제목은 예술가 몬드리안이 했던 말을 그대로 인용한 제목이다. 몬드리안은 근대 회화가 감정을 제거하고, 순수한 기하학에 입각한 추상미술을 추구해 나갔던 작가이다. 그는 이러한 활동을 통해 자연 속의 어떤 대상과도 연관되지 않는 것을 재현함으로써 완전한 추상에 도달하게 된다. 그는 이렇게 말한다. "미술이란 자연계와 인간계를 체계적으로 소거해나가는 것이다."[1] 그는 미술이 될 수 있으면 수학적인 것이 되기를 바랐던 것이다.

그의 그림을 한 번 보자.

몬드리안의 그림은 모더니즘 예술보다는 모더니즘이라는 시대가 가지고 있던 특징을 미술로 그대로 '재현'해 낸 그림이다. 몬드리안의 그림은 근대라는 세계가 기하학과 수학 그리고 과학을 최고의 학문으로 생각하고 창출해낸 세계라는 것을 작품을 통해 고스란히 보여주고 있다고 해도 과언이 아니다. 기하학과 수학적 질서를 통해 세계를 구현해내려는 활

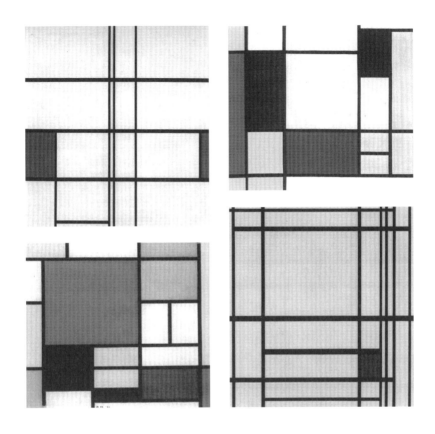

동이 미술계 내에서만 있었던 것은 아니다. 기하학과 수학적 질서를 현대의 공간에서 물질적으로 구현해내려는 건축의 사조에도 이런 흐름은 있었다.

다음 건축디자인과 실제 모습을 한 번 보자.

뒷면의 건물은 미스 반 데어 로에라는 건축가가 설계한 건물이다. 몬드리안의 디자인을 마치 입체화한 듯한 특징을 보인다. 우리는 여기서 다시 '직선', '기하학', '수학' 등을 떠올리지 않을 수 없다. 발터 그로피우스,

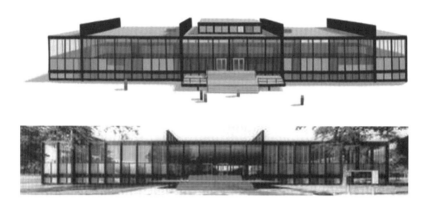

르 꼬르뷔지에, 미스 반 데어 로데, 프랭크 로이드 라이트 등이 참여하여 위와 같은 식의 건물들을 설계하고 만들어내기 시작했는데, 우리는 이러한 사조를 국제주의 건축 양식 안에 거칠게 포함시킬 수 있다.[2]

국제주의 건축양식은 대표적으로 건물의 장식을 제거하는 게 특징이고, 원, 삼각형, 사각형 등의 순수 기하학적 형태의 설계를 지향함으로써, 수학적 계산을 통한 완벽한 '추상성'을 획득하는 것이 중요한 건축양식이다. 여기에 철, 유리, 콘크리트 등의 신재료의 발명이 이런 건축양식을 실제로 구현할 수 있도록 도와주었다. 이런 맥락에서 르 꼬르뷔지에는 "집은 거주를 위한 기계이다."라고 선언하였고, 이는 건축이 예술이나 삶보다는 수학적, 기계적 특징으로 편향성을 지니게 된다는 것을 선언하는 것이기도 했다.[3] 이제 건축은 예술가의 손에서 기술자의 손으로 이동하게 된다. 덕분에 이제 건축물은 짧은 시간에 대량 공급할 수 있는 것이 되었고, 순수하게 기능적이고 소비적인 것으로 탈바꿈 하게 된다. 이것은 건축물이 예술이 아닌 상품이 되는 과정과도 일부 결합되는데, 덕분에 건물은 효율적으로 지어지고, 대량으로 공급할 수 있게 되었다.

건축이 이렇듯 수학적이고 기계적인 특징을 지니고, 대량 공급할 수 있는 것이 되자, 다음 수순은 건축물이 표준화, 규격화, 획일화 되는 경향으로 이어진다. 국제주의 건축의 대표적인 사례가 아파트라는 것만 떠올려도 이러한 경향을 쉽게 파악할 수 있다. 덕분에 근대적 도시 건축은 그 어떤 특수한 지역에서도 그 지역성을 고려하지 않은 동일한 건축 양식을 적용하게 된다. 르 꼬르뷔지에가 "전 세계에 단 한 가지 종류의 건물만이 존재할 것이다."라고 선언하는 것도 무리는 아니다.

인간이 사는 거주지가 대량생산 대량소비라는 테일러-포디즘적 시장경제 안으로 포함되는 사건이 벌어진 것이다. 그 어떤 질과 특수성도 고려하지 않는 수數 그리고 이 수의 계산을 통해 그어진 직선, 그리고 이 직선의 교차를 통해 창출된 기하학적 공간, 그런 점에서 아주 중립적인 공간(맥락초월적인 공간)에서 전 세계 사람들이 거주하게 된 것이다. 근대라는 세계의 외양은 바로 이러한 (수)직선의 교차를 통해 탄생하였다. 지역의 질적 특성과 특수성을 지운다는 게 어떤 상황을 초래하는지 아래 사진을 보면 알 수 있다. 우리는 저 건물과 저 정도의 주변 지형으로 저 곳이 어딘지 알 수 있을까? 저곳은 부산인가? 한국인가? 아니면 유럽의 어느 도시? 미국? 호주?[4]

위 지역은 뉴욕의 시그램 빌딩이다. 그리고 저런 식의 빌딩이 들어서기 위해 주변이 정방형 또는 격자 모양으로 구성된다는 것을 생각한다면, 건물과 지평면 모두 몬드리안의 회화적 세계로 변모한다는 것을 알 수 있게 된다.

이번에 옆의 사진은 어떤가? 어디인가? 어느 곳인가? 혹 지리적 지표를 구분하게 되었다면, 그건 사진의 어떤 풍경 때문일까? 그리고 어느 사진이 부산을 찍은 것일까?

근대도시 부산뿐 아니라, 근대라는 특성을 가진 도시는 모두 이러한 특성을 가지고 있는데, 이 책에서 가장 자주 이용될 아래 지도를 한 번 보자.

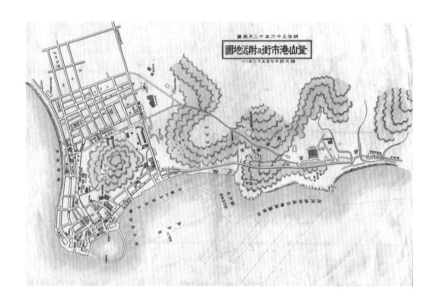

위 지도는 부산이 근대도시로 발돋움 하던 당시(1903년) 부산의 지도이다.[5] 여기는 과연 부산의 어디일까? 정작 부산의 어디인지를 알려주는 지형적 정보는 왼쪽 하단에 있는 조그마한 용두산이다. 정작 부산을 알려주는 건 용두산을 둘러싼 정방형의 도로들이 아니다. 몬드리안과 국제주의 양식은 용두산을 포위한 채 이렇게 부산을 하나둘 잠식(근대화)시켜나간다. 그 과정이 지도라는 평면으로 재현된 셈이다. 옆 지도를 하나 더 보자.

이 지도는 1907년의 한국부산항시가명세도이다.[6] 이 두 자료는 다음에 나올 다른 글에도 보게 될 것인데, 자료에 대한 상세한 설명은 다음 글에서 확인하면 되지 싶다. 이 글은 근대라는 시대의 정신이 예술에 그리

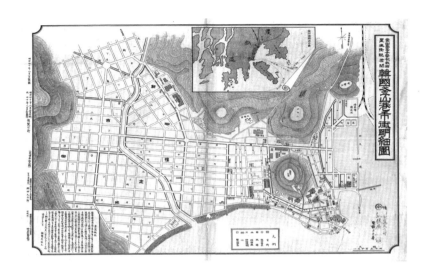

고 건축에 그리고 도시 계획에 그대로 스며들고 있다는 데 목적이 있다. 우리는 지금 알레고리적 방법을 통해 근대를 보고 있는 셈이다. 알레고리를 거칠게 정의하자면, 추상적인 개념이 감각적으로 드러난 것이라 할 수 있는데, 지금 이 글이 하는 작업은 구체적이고 감각적인 사실을 역추적하여 추상적인 개념을 도출하는 방법을 사용하고 있는 셈이다. 즉 '직선'의 알레고리를 통하여 근대도시라고 하는 추상적 개념에 도달하려고 하는 것이다.

그렇다면 근대도시라는 알레고리는 부산에만 해당하는 것은 아니다. 아래 지도는 최근 방문했던 목포 근대역사박물관에 있던 지도이다. 1950년대의 근대도시 목포를 볼 수 있는데, 우리는 여기서도 몬드리안의 재림을 볼 수 있다.

직선과 정방형의 도시 구축 그리고 거기에 들어서는 각종 근대인의

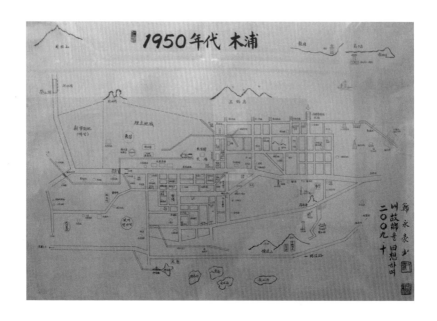

삶. 효율성의 제고와 지역적 특수성이나 정체성이 제거된 획일적 공간구획이 직선의 삶이라는 근대적 삶의 정체를 구성한다. 옆의 사진은 실제 구 일본 영사관 앞에서 바라본 목포시내의 전경이다. 중앙대로변의 끝에 목포앞바다가 펼쳐지고, 길 끝에는 국제 여객부두가 자리잡고 있다. 그리고 옆의 아래 사진은 구 일본영사관 뒤 노적봉 공원에서 내려다본 목포 시가지이다. 사진 중앙의 맨 아래 부분을 보면 적색 삼각형으로 삐죽 튀어나온 것이 구 일본영사관의 지붕이다. 그리고 그 길 끝에 목포 국제 여객터미널 건물이 크게 보이고, 그 옆에 목포연안여객 터미널이 자리 잡고 있다. 여기서 이러한 효율적 도시 구성이 일본이라는 권력이 조망하기 좋도록 구성되어 있다는 것을 알 수 있다. 도시의 효율적 구성과 관리는 또한 도시의 효율적 통제라는 숨은 권력과 맞닿아 있음을 잊어서는 안 된다.

그렇다면 앞의 사진처럼 구현된 직선의 공간을 효율적으로 질주하도록 고안된 근대적 도로와 운송수단에 대해 살펴보아야 한다. 이렇게 구획된 공간을 가장 효율적으로 가로지는 교통수단이 바로 철도와 기차이다. 폴 비릴리오의 말처럼 목포라는 도시와 부산이라는 근대도시의 도로 그리고 운송은 전쟁을 위해 우선적으로 고안된 것이며, 그 위에 경제적 목적과 이동이라는 목적이 중첩된 것인지 모른다. 우리는 여기서 두 지점 사이의 최단 거리가 직선의 정의라는 '유클리드 기하학의 직선 공리'를 떠올릴 수 있고, 그 사이를 (최소한의 투입으로 최대한의 효과를 산출하는) 효율성에 기반을 둔 교통수단과 공간, 즉 근대적 운송수단의 대표격인 철도와 근대도시를 생각해낼 수 있다. 결국 최대 산출이라는 극대성을 추구하려는 데서 근대 산업 사회는 '발전과 성장'이라는 개념을 도시 안에 끌어들이게 된다.

옆의 사진은 부산역에서 출발하여, 부산진 역을 거쳐 부산의 매축지마을을 관통하는 철도이고, 위의 그림은 영국의 스모그를 가장 아름답게 그려냈다는 영국 화가 윌리엄 터너의 〈비, 증기, 속도〉라는 그림이다.

우리는 이렇게 직선으로 구획된 공간과 그리고 그 공간을 효율적으로 가로지르는 시간성으로서의 교통수단인 기차의 탄생 그리고 근대도시의 탄생을 함께 보고 있다. 그런데 우리는 철도라는 교통수단을 통해 그저 장소와 장소를 이동하는 수준이 아니라, 근대 계몽주의가 언급하는 '이성'에 의한 '발전'이라는 개념을 동시에 언급하고 있다는 점에 주목해야 한다. 일종의 발전 사관이라고 하는 것인데, 이러한 시간과 역사에 대한 관념 역시 직선적인 시간성(직선 사관)을 전제로 한다.

이제 수학적 이성에 의해 가시적인 공간만이 아니라 비가시적인 시간역시 계산하고 예측가능한 것이 된다. 근대성이 시간에 침투함으로써, 우리가 일상적으로 하던 노동 역시 시간적으로 계산되고, 조직되며, 통제되기 시작한다. 상품 역시 이런 직선 사관처럼 생산-소비-폐기라는 직선적 시간성에 편승하게 된다. 그리고 이러한 시간성이 급격히 짧아지면서, 소비주의적 성향을 낳고, 상품의 탄생에서 쓰레기까지의 몰락이라는 직선적 시간성으로 구현된다. 이런 시간성이 결국 우리의 일상에 그대로 구현된다.

시간은 톱니바퀴처럼 조밀하게 맞물려 돌아가고, 우리의 노동과 일과도 그 톱니바퀴에 맞춰 진행될 수 있도록 만들어야 한다. 근대성은 이렇게 통제권력과 만나게 된다.

이제 전통적으로 진행되던 노동은 정밀히 계산된 시간성에 맞추어 기계적으로 진행될 수밖에 없다. 그 대표적인 통제방식 또는 권력이 바로 테일러리즘(시간-동작 관리)이다. 그러나 테일러리즘은 이내 한 물 간 것이 되고 만다. 즉 노동자가 자신을 테일러의 계획에 적응시켜 스스로 관리하던(관리하는 것처럼 보이던) 시간과 동작을 아예 강탈당하게 되는 것이다. 즉, 노동자를 작업 장소에 수동적으로 박아 놓고, 물건을 이동시킴으로써 자신의 시간과 동작을 기계의 흐름에 정확히 맞춰야하는 포디즘(컨베이어 벨트 시스템)이 도입된 것이다. 컨베이어벨트는 이처럼 근대성이라는 직선적이고 기하학적 공간구성에 시간성이 더해져서 노동현장에 구현된 대표적인 양식이라 할 수 있다. 이러한 시간성에 모든 도시민들이 통합되도록 회중시계가 등장(짐멜)하고 광장에 시

근대적 어셈블리 라인의 기원, 1870년경 신시내티

계탑이 등장하는 것은 자연스러운 수순이다. 동일한 시간대의 동일한 삶, 그리고 동일한 생산과 이것의 유통(기차). 결국은 인간은 근대도시의 기하학적 시스템에 서서히 잠식되고 포획되고 만다.

이러한 시간성의 폭력은 대량생산과 이윤창출이라는 강박적인 압력에 부응해야 하므로, 비릴리오의 다음과 같은 언급이 나오는 것도 무리는 아니다. "정지는 죽음이다."[7]

노동과 일상이 이렇게 직선적 시간성에 의해 조직되자마자, 시장 역시 이런 식으로 조직된다. 무질서하게 진열되던 상품들이 직선의 아케이드에 의해 진열되고, 이것이 백화점 내부로 들어가게 되는 것이다. 그리고 이제 인간이 컨베이어 벨트(에스컬레이터)에 탄다. 백화점은 아케이드의 직선적 상품진열을 훨씬 더 통제 가능하고 조직적으로 진열한다. 여기서는 소비자들의 소비성향까지도 예측, 계산 가능한 것으로 만들어 버린다. 즉 계산된 진열, 계산된 광고, 계산된 음악, 계산된 마케팅, 예측된 이윤, 계산된 유통망, 계산적으로 제공되는 쾌적한 환경 등으로 그들의 욕망이 구획되는 것이다. 이러한 욕망은 소비를 향한 것이고, 소비를 할 수 있기 위해서 인간은 자신의 노동을 팔아야 한다. 지그문트 바우만은 노동자를

이런 상품성과 연결시키며, 더 이상 상품이 될 수 없는 인간을 『쓰레기가 되는 삶들』이라는 책에서 '인간 쓰레기'라고 부른다. 드디어 인간의 인격 역시 상품과 쓰레기라는 직선 사관으로 통찰되는 것이다. 여기서 도시민의 인격이 발생하게 되는데, 이는 다음 글에서 다루게 될 것이다.

그런 점에서 정지는 죽음이라고 선언했던 비릴리오의 입장을 생각한다면, 전통 시장의 현대화는 시대착오적인 것일 수도 있다. 예전에 그냥 거리와 마을에서 주기적으로 발생되었던 것이 전통시장이었다. 그러나 현재는 이 시장이 아케이드에서 백화점, 심지어 10년의 잠재적 수익 기간으로 상정하고 지역의 구매력이 사라지게 되면 곧바로 다른 곳으로 이동하는 먹튀형 마트로 바뀌는 마당에, 전통시장의 현대화(근대화)의 일환으로 시장을 아케이드화 하려는 것은 어느 정도는 시대착오적인 것으로 해석할 수도 있는 것이다.

다시 정리하자면, 직선이라는 알레고리로 살펴본 근대도시의 공간과 시간은 수학적이고 계산적인 특성과 결부되었다는 것을 알 수 있다. 이것은 곧 우리의 일상 전반이 계산되고 예측될 수 있다는 것, 그래서 관리와 통제의 효율성에 지배될 수 있다는 것을 의미한다. 이처럼 직선이라는 기하학적 알레고리가 이제 일상으로 확산되면, 일상의 관리와 통제 가능성으로서 관료주의적 행정과 시장경제가 결합된 근대도시로 연결된다.

근대도시가 이처럼 관리 통제의 효율성을 기하게 된 것은 엄청나게 몰려드는 도시민들을 도시가 소화해내야 하기 때문이기도 하다. 짐멜에 의하면, 도시는 외부에서 유입된 수많은 사람들로 구성된 장소이므로, 도시에 거주하는 도시민은 도시에서 제공되는 다양한 자극들에 '신경과민'에 걸리기 쉽다. 물론 이러한 자극으로부터 자신을 보호하기 위해 도시민은 개인과 개인의 인격적인 친밀성, 즉 '감성적이고 주관적 관계'보다는 '이성적이고 객관적 관계' 방식을 채택하게 된다. 덕분에 도시 노동자는 자신이 생산하는 물건을 살 사람을 생각지 않고서, 즉 순수하게 시장만을 생각하고 상품을 생산할 수 있게 되었다. 짐멜은 이런 상황에서 맺는 인간관계의 양상을 객관적(대상화 한) 관계 방식이라고 한다. 여기서 도시민은 자신의 감성을 둔화시키고 **이성적(계산적)이 된 인간**으로 변모하고, 그런 인간들이 운영하는 경제로서의 **화폐경제** 속에서 상품화되며, 그런 인간을 조직하는 제도로서 **행정 체계(관료주의)**가 투입된다. 이 셋은 정작 근대화를 실현하는 공모관계이다.

덕분에 대도시의 복잡성은 치밀한 계산을 더욱 더 요구하고, 화폐경제는 이 치밀성에서 스스로의 몸을 불려야 하기에 더욱 빠르고 복잡하게 돌아가며, 그만큼 인간은 그 속에서 살아남기 위해 둔감해져야 한다. 짐멜의 말을 들어보자. "둔감해진 사람에게 …… 차이들은 모두 똑같이 침침하고 음울한 색조로 나타나며 다른 것보다 선호될 가치가 있는 것은 아무것도 없게 된다."[8] 이 사이에서 개인은 또한 살아남기 위해서 자신을 전문화하고, 이를 전시(이력서, 자기소개서 등)해야 한다. 그리고 이러한 활동을 통해 도시민들은 짧지만 인상적인 만남을 추구하게 된다. 그리고 이런 만남을 제공하는 산업적 공간도 생기게 된다.(어떤 게 있을까요?) 결국 인간도 상품으로 전시되고, 그 상품들과 상품들의 찰나적인 만남이 성립되는 시장이 곧 대도시이다.

벤자민 에드워즈의 〈부산체험〉이라는 그림이 있다. 이 그림은 온갖 기하학적 구도와 상표들이 합성, 분해 재조합되어 있다.[9] 이 그림은 그러한 대도시적 둔감함을 그대로 형상화한 것은 아닐까? 즉 대도시라는 곳은 기계적이고 기하학적으로 동일한, 그러면서도 수학적으로 계산된 공간이 탄생하는 곳, 그러한 수학이 상업적 이윤계산과 공모하는 곳 아닐까? 이 글에서 수학적으로 계산되고, 통제된 도시라는 공간이 직선이라는 알레고리로 드러난다고 했다. 그리고 그런 공간이 매우 중립적이고, 탈맥락적인 공간을 연출함으로써, 어디서든 적용될 수 있는 공간을 창출한다고 말

하고 있다. 그렇다면 옆의 사진은 어떤가?

이 사진들에서 장소적 특징을 찾아볼 수 있는가? 천편일률적인 곡선도로가 특징 없이 여기저기 형성되고 있는데, 이러한 곡선의 통일성은 지역적 특수성의 반영인가? 아니면 다른 힘과 다른 요소들의 반영인가? 여기서 참조할 만한 기사가 하나 있다.

경향신문 63주년 창간특집 기사로 〈한국인, 복제인간 붕어빵 인생〉이라는 기사다. 기사의 부제는 '좀 다르면 어디가 덧나니'이고, 서울의 명동, 부산의 명동, 광주의 명동, 대구의 명동으로 소개하면서, 천편일률적인 도시풍경을 소개하고 있다. 여기서는 서울, 부산, 광주, 대구를 구별할 수 있는 지리적 지표가 하나도 없다.[10]

정작 벤자민 에드워즈의 풍경은 현실적으로도 재현되고 있었다. 그 어떤 곳에도 무차별적으로 적용되는 중립적 공간의 탄생, 특색 없는 공간의 탄생 말이다. 그런데 그러한 상황은 또 다른 그림에서도 보인다. 다음 페이지에 등장하는 그림은 찰스 실러의 〈미국적 풍경〉이라는 작품이 그것

'광주의 명동' 충장로

'대구의 명동' 동성로

'부산의 명동' 중앙로

이다. 이것은 벤자민 에드워즈의 작품과 묘한 쌍을 이루는 것이기도, 그리고 지금 위와 왼편의 사진과도 묘한 쌍을 이루는 것이기도 하다.

우리는 무채색의 도시민으로 살고 있다. 이 곳에서 우리는 서로에게 이방인이다. 이방인은 특정한 공간과 그 공간에서 구성되는 삶의 방식에 유기적으로 얽매이는 사람이 아니다. 자신의 낯섦(소외)이 자신을 옥죄기도 하지만, 그것으로 인해 그는 금방 이동하고 자리를 옮길 수 있는 기동성을 갖는다. 짐멜이 이방인과 상인을 같은 위치에 놓는 것도 그 때문이다.

그러기에 도시민이 이성적(계산적)일 수밖에 없었던 것처럼 이방인 역시 특정한 인간관계와 지역성에 얽매이지 않음으로써 객관적이고 관찰적인 태도를 취할 수 있는 방관자가 될 수 있다. 이탈리아는 예전에 마을 판사를 이방인에게 맡겼다지 않은가. 이는 도시민이 곧 이방인의 특성을 동시에 갖고 있다는 것을 의미한다. 어쩌면 부산에 사는 우리는 서로에게 이방인인 셈이다.

어쩌면 도시 부산을 해설하려는, 또는 이 도시를 산책하려는 사람들은 두 가지 과제를 안게 될 것이다. 그 중 하나는 근대성을 해설하고, 그 근대성이 도시에 어떻게 구현되었는지를 설명하는 것, 그리고 근대성이 점철된 도시라 하더라도 근대성과는 무관한 전근대성, 비근대성, 탈근대성 등의 파편이 근대도시의 구석구석에 박혀 있다는 것을 알고 이를 발견하는 것이 그것이다. 여기서 도시를 산책하고 이야기하려는 사람은 그 파편들을 발견하고 복원하여, 근대라는 도시의 차가운 결을 끊는 작업을 수행하는 것 아닐까? 그렇다면 도시 산책자들이 고고학적 시선으로 발굴하는 그 파편들은 현실을 재창조할 수 있는 결정적인 계기로 작용할지도 모른다. 그리고 그것이 근대도시 부산에 새로운 희망의 서광을 열게 되는 계기로 작동하게 될 수도 있

다. 물론 이러한 계기가 비단 지역적 차원에 그치지 않는다는 것을 기억해준다면 더 좋겠다.

앞의 아프리카 지도를 한 번 보자. 직선이라는 알레고리로 등장하는 근대성은 도시 부산에만 존재하는 것이 아니라, 거대한 대륙에도 큰 상처를 남겨두었다. 아마 셀파 여러분이 이 과정을 거치고 나면, 여러분의 시선은 비단 지역적인 수준에 머무는 것이 아니라, 지구적인 수준으로 확대될 것이며, 이런 시선은 반드시 인간의 삶 전반을 인문-정치적 시선으로 바라볼 수 있는 힘을 안겨 줄 것이다. 그 힘은 근대성과 근대도시의 또 다른 실체를 바라보면서 도시를 이야기하는 것 아닐까.

주석

1. 캐롤 스트릭랜드(김호경 역), 『클릭 서양미술사』, 예경, 2002, 260쪽.
2. 미스 판 데어 로에의 사진은 다음을 참고하였다. blog.daum.net/sbagbeha/5813988
3. 캐롤 스트릭랜드, 위의 책, 263쪽.
4. 이 사진 역시 다음 블로그를 참조하였다. blog.daum.net/sbagbeha/5813988
5. 부산광역시립중앙도서관 편, 『부산근대지도 모음집: 내사랑 부산자료 모음집 제11호』, 부산광역시립중앙도서관, 2002, 2쪽.
6. 부산광역시립중앙도서관 편, 『부산근대지도 모음집: 내사랑 부산자료 모음집 제11호』, 부산광역시립중앙도서관, 2002, 5쪽.
7. 폴 비릴리오, 『속도와 정치』, 그린비, 2004, 17쪽.
8. 짐멜, 「대도시와 정신적 삶」, 『짐멜의 모더니티 읽기』, 새물결, 2006, 47쪽.
9. 부산비엔날레 조직위원회, 『2002 부산비엔날레』, 부산비엔날레조직위, 2002, 32쪽.
10. 더 자세한 기사와 사진내용은 다음을 참고하라.
    http://media.daum.net/society/others/newsview?newsid=20091005172115911

김동규 나락한알 부원장

근대도시민과 인격
: 우리는 모두 이방인이다

짐멜과 베버 그리고 대도시의 메커니즘

도시를 이야기한 두 사상가 중 게오르그 짐멜과 발터 벤야민이 있다. 이 글은 이 두 사상가를 통해 도시 부산을 조명하고, 이렇게 조명된 도시 부산을 체계(시스템)이론가인 니클라스 루만의 사상으로 해석하려는 글이다. 그리고 이 해석을 통해 생겨난 도시 부산의 문제점을 다시 짐멜의 이방인 개념에 적용해 볼 생각이다. 이 적용의 성과는 하우케 부른크호르스트가 언급한 이방인들의 연대라는 아이디어로 확장될 것인데, 이 확장된 아이디어로 도시 부산을 풀어보면 부산은 또 어떤 결을 품고 있는 것으로 밝혀질까.

우선 짐멜의 이야기를 들어보자. 도시에 사는 도시민은 어떤 사람들일까? 짐멜은 도시민들이 신경과민에 걸려 있다고 한다. 왜냐하면 그들은 다양한 자극에 노출되어 있기 때문이다. 짐멜은 이렇게 말한다.

대도시에 사는 개인들에게 전형적인 심리적 기반은 신경과민인데, 이는 외적·내적 자극들이 급속도로 그리고 끊임없이 바뀌는 데서 기인한다.[1]

이런 상황에서 도시민은 외적, 내적 자극으로부터 자신을 보호해야 한다. 그래서 도시민은 무심하고 둔감해지려 한다. 일종의 방어기제로. 짐멜의 말을 좀 더 들어보자.

아마 둔감함처럼 절대적으로 대도시에 해당되는 정신적 현상은 없을 것이다. ……신경은 ……이리저리 혹사당한다. 이렇게 되면 새로운 자극에 대해 거기에 합당한 에너지를 가지고 반응하는 능력이 없어지게 되는데, 이러한 무능력이 ……대도시에서 자란 사람들에게 뚜렷이 나타나는 바로 그 둔감함이다.[2]

이제 사람들은 다양하지만 불편함을 주는 자극을 통제하려고 한다. 여기에는 뜨거운 감성적 대응보다는 차가운 이성적 대응이 더 유리하다. 이성이 차가운 이유는 이성이 서양에서는 계산능력 그 이상의 의미도 그 이하의 의미도 아니었기 때문이다. 이성을 의미하는 리즌reason이나 래서내러티rationality는 모두 '계산능력'을 의미한다.[3] 이러한 이성적 대응을 통해 사람들은 자극을 주는 '차이에 대한 마비증세'를 보이기 시작한다. 숫자 1들의 나열들 속에서 질적인 차이는 무시되기 마련이다. 그러니 독특한 특징을 갖는 개성적 개인을 그저 숫자 1로 치환시키려는 것도 이러한 증세의 일환이다. 근대는 이 숫자로 성공하고, 이 숫자 덕에 망하게 된다. 근대가 닻으로 사용한 이성이 나중에 근대의 덫이 되어버리는 것이다.

그 뒷에 걸린 사람들은 다른 사람을 연봉이나 집의 크기(평수)로 단순히 평가하려는 태도를 보인다. 우리는 이러한 비판을 『어린왕자』에서 보았다. 뿐만 아니라 사람들에게 주민번호를 붙이고, 학번을 붙이는 것 역시 그 연장선에 있다. 그리고 20대, 30대, 40대 등과 같이 특정한 나이 대로 사람들을 동일화시켜 평준화하고 일반화하는 것도 근대화의 중요한 특징이자, 도시의 중요한 특징이다. 이렇듯 근대화는 곧 수량화 혁명을 통해 성취된 것이다. 근대를 이렇게 과감히 열어주었던 이성을 다른 말로 계산적 이성 또는 도구적 이성이라고 한다.

이런 계산적 이성은 화폐경제와 절묘하게 맞물린다. 짐멜의 이야기를 한 번 더 들어보자.

> 근대의 정신은 점점 더 계산적인 정신이 되어왔다. 실제 삶의 계산적 정확성은 화폐 경제가 이룩한 것으로, 이는 세계를 계산 문제로 환원하고 세계의 모든 부분을 수학 공식으로 표현하려는 자연과학의 이상에 부합한다. 화폐 경제는 우선 수많은 사람들이 하루하루를 저울질하고, 계산하고, 숫자로 규정하고 질적 가치를 양적 가치로 환원하는 일로 소진하게끔 만들어버렸다. ……이는 ……회중시계가 널리 보급된 결과이기도 하다.[4]

회중시계, 숫자, 양적 가치, 그 모던이라는 뒷에 걸린 인간하면 생각나는 영화가 없을까? 아마 가장 대표적인 영화가 찰리 채플린의 〈모던 타임즈〉일 것이다. 시계가 양떼로 그리고 노동자로 바뀌는 장면으로 시작하여, 컨베이어벨트가 등장하고, 인간은 그 컨베이어벨트의 시간에 묶인 채 노동을 강요 당해야하는 숫자 1로 치환된다.

화폐라는 것이 질적으로 다른 물건을 '평준화'해서 교환 가능한 것으로 만들 듯, 독특하고 다양한 개성을 가진 인간들을 숫자 1로 만들어 관리 가능한 것으로 만든 것 역시 (계산적)이성이다. 원래 서양의 근대라는 것이 과학적 이성을 통해 자연을 계산 가능한 것으로 바꿈으로써 예측 가능한 대상으로 삼으려 했던 데서 출발한 것이니까. 이러한 계산적 태도의 등장과 화폐의 등장은 서로 교묘한 공모 관계에 빠져든다. 짐멜의 다음 얘기를 들어보자.

> 대도시인의 인간 관계와 업무는 매우 다양하고 복잡한 것이 보통이다. 무엇보다도 서로 다른 관심을 가진 수많은 사람들이 밀집한 결과 그들의 관계나 활동들은 다양한 형태의 조직을 이루게 된다. 따라서 약속이나 업무 추진에 있어서 정확을 기하지 않으면 사회 전체는 수습하기 어려운 혼동 상태로 붕괴될 것이다.[5]

따라서 도시 부산은 이러한 상황을 창출하기 위해 '도로와 교통'을 정비하는 것을 중요한 업무로 삼는다. "지하철은 여러분의 약속을 지킵니다!"는 식의 광고가 나오는 것도 이 때문이다. 예전에는 시간을 지키는 시민이라야 선진시민이라는 식의 표어도 등장한 적이 있질 않나. 이런 상황에서 대도시민은 자연스레 계산적 태도를 몸에 새겨넣을 수밖에 없다. 작용된 힘이 몸에 새겨지도록 하는 권력, 그래서 저항조차 하지 못할 정도로 의식되지 않는 권력을 푸코는 '기율권력'이라 불렀다. 이 속에서 이윤과 무관한 가치들은 자동 삭제되거나 매립되기 마련이다.

다음 사진을 보자.

남선창고 터 조량동 393-1번지
Nam-san old store

창고 안 천정은 삼각형의 목재틀로 만들어졌었고, 바닥은 창고라 습하면 곤란하여 간이수로가 있었으며, 슬라브 지붕빼고 옆벽면은 붉은 벽돌로 되어있었다. 2009년 4월 완전히 철거되어 현재, 붉은 적벽돌로 쌓은 담장만이 그 흔적을 남기고 있다.

조갑상의 소설집 [테하차피의 달] 수록 '누군들 잊히지 못하는 곳이 없으라'

이 사진들은 지금은 사라져버리고 탑마트가 들어선 남선창고와 백제병원이다. 그러나 이윤과 화폐경제로 인해 추방되는 것은 역사와 건축만이 아니다. 다음은 발터 벤야민의 『아케이드 프로젝트』라는 책에 나오는 내용이다.

> 오스만은 그의 독재권을 떠받치기 위해 파리를 특별 행정구로 만들려고 했다. 1864년의 의회연설에서 그는 대도시의 뿌리 없는 주민들에 대한 증오심을 그대로 드러냈다. …… 임대료의 급등은 프롤레타리아를 교외로 내몰았다. …… 오스만은 자기를 '해체 전문 예술가'로 부른 바 있다. 그는 자기 사업을 천명으로 여겼으며, 회상록에서도 이를 강조했다. 그러나 그는 파리 시민을 그들의 도시로부터 소외시켰다.[6]

> 도시의 재건은 …… 노동자들로 하여금 변두리 지구에 살도록 강요함으로써 그때까지 부르주아들과 맺고 있던 이웃 관계의 끈들을 끊어버렸다.[7]

> 도심에서 일하는 수만 명의 가족이 밤에는 수도에서 멀리 떨어진 곳에서 잠을 잔다. 이러한 움직임은 조수와 비슷하다. 아침에 민중이 파리로 밀려와 저녁에는 썰물처럼 빠져나가는 것을 볼 수 있다. 우울한 모습이다.[8]

실제로 이명박, 오세훈 시장시절 재개발, 재건축으로 서울의 많은 사회적 약자들이 경기도로 쫓겨나야 했다. 그리고 그 연장선에 용산참사가 같이 있다. 그렇다면 부산의 배제는 어떤 식으로 발생하는 것일까? 산복도로에 사는 많은 서민들은 여전히 자신의 삶을 유지하고 있는 것으로 보인다. 반송은 68년 정책 이주 지역으로 선정되어, 철도 인근의 빈민을 위시한 도시 빈민, 그리고 수해를 입은 사람들 등 다양한 약자들이 강제이주 또는 유도 이주된 지역이다. 그러나 이와는 달리 자신의 삶과 생의 터전으로부터 쫓겨나야 하는 사람들은 있었다. 92년인가 93년 즈음 지금 해운대 우동의 동부아파트(예전에 승당동이라 불리던 곳)가 그랬다. 그곳은 강제철거와 관련된 상당한 싸움이 있었지만, 여지없이 시민들이 추방되고 말았다. 그분들의 흔적은 마을과 함께 사라지고 말았다. 대연-우암 철탑 마을 공동체에 사시는 분들 역시 추방에 대비하여 그들의 싸움을 지속하고 있다.

해운대에서는 베트남 난민 수용소가 있었다. 1차 베트남 난민들은 미국의 주도 하에 한국이 난민을 호의적으로 수용했다. 그러나 2차 난민은 미국의 외면을 필두로, 미국의 외면에 눈치를 살피던 타국들의 태도 탓에 국제적 외면과 추방으로 이어졌다. 덕분에 한국 영해에 입국한 배가 그대로 공해상으로 추방당하는 사건도 있었다.[9] 북항을 건설하는 데는 중국인 노동자의 인력 역시 아주 중요하게 동원되었다. 그리고 그들의 삶이 여전히 남아 있는 부산역 앞 차이나타운은 중국 사람들만이 아니라 러시아 사람들도 꽤 많이 거주하고 있어, 차이나타운이라 부르기 다소 민망할 정도이다. 그 외에도 부산은 매축지라는 곳이 있다. 일제시대 매축한 곳으로 부산항이 만들어졌을 때, 마구간으로 쓰이던 곳이었는데, 마구간의 기능이 쇠퇴하자, 마구간 몇 칸을 합쳐서 집으로 개조하고 도시 빈민들이 들어와 생활하던 곳이다. 그런데 여기는 하수구가 설치되지 않아 지금까지도 하수가 골목길로 흘러나오는 곳이다. 뿐만 아니라 일제 때의 건물부터 가장 최근의 건물까지 볼 수 있는 아주 독특한 장소이기도 하다.

이 사람들은 이윤을 고려하자면, 타산이 맞지 않아 버려지기 쉬운 존재들이다. 도시 부산은 이들을 배제하거나 은폐하면서 '성장'을 외친 것이

아닐까? '크고 강한 부산'이라는 슬로건, 이어진 '다이나믹 부산'이라는 슬로건은 작고 약한 존재를 배제한 다이나믹한 폭력은 아니었을까? 이러한 폭력을 인문정신에 입각하여 사고한다면, 타산이 맞지 않는 존재는 치유되고 복원되어야 할 것이다. 지역예술가 박항원의 〈다이나마이트 부산〉 전시 역시 그 연장선에 있다.[10]

원도심 해설에도 바로 이들을 제자리에 위치시키는 것이, 도시 부산의 이야기를 제대로 복원하고 고쳐 나가는 일이 될 것이다. 그러나 정작 대도시민에게 요구되는 계산적 태도는 완전히 반대방향으로 치닫기 십상이다. 예컨대 계산적 태도가 사회의 통제나 관리라는 행정적 차원과 연결되기도 하고, 일상 속에서 사람들은 계획표(예컨대 프랭클린 다이어리)를 만들어 시계처럼 살기 시작하고(광장에 시계가 등장하고, 회중시계를 사람들이 지니고 다니는 것도 도시의 근대화와 계산적인 시민의 태도의 등장과 무관하지 않다.), 사회적 맥락이 이렇게 조성되어 있으면, 노동도 그에 맞춰 조직화되어 기계적으로 구분되기 마련이다. 우리는 여기서 테일러리즘과 포디즘을 떠올릴 수 있다. 정치는 계획 경제와 접합되고, 교통과 통신수단이 이와 발맞추어 발달하면서, 약속의 정확성, 삶의 기계적 분할과 예측 가능성은 점점 더 높아졌다. 이 모든 것이 전쟁을 모태로 삼고 있다는 비릴리오의 충격적인 서술을 굳이 그대로 받아들이지 않는다고 하더라도, 실시간으로 원거리의 상황과 정보를 얻으려는 인간의 활동은 이제 실시간 자극과 실시간 반응이라는 비릴리오의 질주학과 결합하면 혼이 빠질 지경이다. 덕분에 대도시민들은 시계처럼 살아야 했고, 현재는 시계보다 더 정확하지만, 시계보다 더 빨리 살아야하는 상황에 이르렀다. 오전과 오후 그리고 저녁과 밤이던 시간관념이 초와 분의 단위로 분할되었고, 이제 그 초들도 소수점 이하로 나누어져 측정되어야하는 시대에 우리는 살고 있다. 짐멜의 말을 다시 한 번 더 들어보자.

> 이렇게 대도시에서 사는 기술은 모든 활동과 상호 관계가 확고하고 초주관적인 시간의 도식을 아주 정확히 따르지 않고서는 도저히 성립될 수 없다.[11]

이 강의가 정확히 2시에 시작해서 6시에 끝나는 것 역시, 그리고 강의 시간표를 만든 것도 모두 근대성의 연장선에 있는 활동이다. 이렇게 정교하게 조직된 도시의 계산성 앞에 또 다시 배제되는 것들이 등장한다. 아마 우리는 여기에 이방적인 것이라 이름붙일 수 있을 것이다. 이런 이방성에는 어떤 것이 있을까? 다시 짐멜을 참조하자.

> 대도시의 삶이 팽창하고 복잡해짐에 따라 필연적으로 요구되는 정확성, 계산 가능성, 치밀성은 대도시의 화폐 경제적 지성주의적 성격과 밀접한 연

관을 맺고 있을 뿐만 아니라, 삶의 내용들에도 반드시 일정한 색채를 부여한다. 또한 그것은 외부로부터 보편적이고 도식적인 정확성을 지닌 삶의 형식을 받아들이려 하지 않고 자기 스스로 삶의 형식을 규정짓고자 하는 비합리적, 본능적 그리고 지배적 기질과 충동들을 배제시키지 않을 수 없다.[12]

글을 다시 한 번 꼼꼼히 살펴보자. 대도시에서 배제되는 것은 어떤 것들이 있을까? 도시는 계산되지 않는 것들을 배척하고, 도시민 역시 예측되지 않는 사람들을 배제함으로써, 도시와 시민의 완전성 또는 안전성 그리고 예측 가능성을 높이게 된다. 덕분에 도시와 도시민은 배제할 것들을 선택하여 거기에 혐오감을 투사하고, 기어이 이들을 배제해버리는 것이다. 이와는 반대로 이러한 대도시의 배제적 성격에 반감을 가지고 있는 사람들이 정신을 똑바로 차리지 않는다면, 그저 신경과민에 빠져버리거나 무심해져버리는 평범한 시선을 갖고 만다. 그저 평범한 대도시민이 되는 것은 순식간이지만, 그런 대도시민으로 살지 않기는 그만큼 어려워지는 것이다. 사실 대도시에 사는 사람들은 자신이 보이지 않기를 원하지만, 정작 자신을 내보여야 하는 경우도 많다. 왜냐하면 대도시는 끊임없이 이윤을 창출하는 삶과 긴밀히 연결되어 있고, 그래서 자신의 개성을 광고의 수단으로 삼아야 하는 경우가 허다하기 때문이다. 이제 개인은 자신을 보호하기 위해 적당히 숨기도 해야 하지만, 특정한 경우 자신을 개성화해서 드러내야 하는 요구에도 직면하게 된다. 짐멜의 이야기를 한 번 더 들어보자.

개인적인 것을 구제하기 위해서는 극단적으로 자신의 개성과 특성을 짜내야 한다. 즉 누군가를 자신의 목소리에 귀 기울이도록 하기 위해서, 혹은

자신만을 위한 경우라도, 개인적인 것을 과장할 필요성이 생긴다.[12]

우리는 어떨 때 개인을 과장해서 드러내려 할까? 어쩌면 영업사원이 자신을 알리기 위해서 이상한 복장을 하고 길거리를 다니는 것도 이런 생각의 연장선에 있는 것은 아닌지. 대도시민들이 개성을 가지려고 하면서도 동시에 적당히 군중 속에 자신을 숨기려 하는 것도 이 때문인지도 모른다. 개성 표현을 강요당하지만, 덕분에 그 강요당하는 개성 표현으로부터 피하고 싶은 이중의 욕구 말이다. 이렇게 강요되는 개성은 상품 광고의 형식을 빌리기 마련이다. 예컨대 자기소개서(자·소·서)를 자·소·설(자기가 쓰는 소설)이라고 말하는 세대에게 자기 소개서의 과잉성은 과대광고의 특성을 닮아 있다. 상품과 광고라는 토양이 이윽고 유행을 만나게 되어도, 이러한 도시민의 이중 욕구는 여전히 거기에 도사리고 있으며, 가감없이 발산되고 충족되려 한다. 도시의 우후죽순인 광고판도 이런 흐름을 반영하고 있다.

이처럼 도시민과 도시의 신경과민 이면에는 학습된 둔감함이 존재하고, 동시에 이처럼 학습된 둔감함 밑에는 또다시 신경과민이라는 아이러니가 존재한다. 덕분에, 사람들은 자신의 상황과 내면을 감추는 행동을 하게 된다. 이것이 바로 짐멜이 말하는 '속내 감추기'이다. 속내 감추기는 대도시민이 자신을 보존하는 대표적 방법 중 하나이다. 영업사원의 자기 PR 이면에 그가 어떤 속내를 감추고 있는지 모르는 것도 이 때문이다. 짐멜에 의하면, 이러한 속내 감추기가 독특한 태도를 숨겨놓고 있다고 하는데, 그의 이야기를 조금 더 들어보자.

속내 감추기의 태도 ……그 결과 우리는 여러 해 동안 이웃들의 얼굴조차 알지 못하고 지낼 수 있으며, 또한 소도시 주민들이 보기에 차갑고 감정도 없는 사람으로 보일 수 있는 것이다. ……외적으로 속내를 감추는 이러한 태도 속에는 단지 냉담함이 들어 있는 것이 아니라, 우리가 의식하는 것보다 더 자주 은밀한 반감, 상호 적대감과 반발심이 깊숙이 자리 잡고 있다. 이러한 심적 상태는 어떤 계기에서든 가깝게 접촉하는 순간 당장 증오와 투쟁으로 번질 수 있을 것이다.[13]

아마 층간 소음으로 인한 분쟁이나, 불특정 다수에게 시민들이 이유 없이 치명적인 폭력을 휘두르는 것도 이 때문일 것이다. 이 분쟁의 원인은 정작 다른 곳에 있지만, 피해는 엉뚱한 사람이 당하게 된다.(정작 아래위층과 힘을 합하여 건설사와 싸워야하는 것 아닐까?) 그런데 도시의 메커니즘을 이렇게 만드는 것이 화폐 경제라면, 화폐 경제가 도대체 무엇이기에 도시의 메커니즘을 이렇게 만드는 것일까? 이를 위해 우리는 니콜라스 루만이라는 시스템 이론가의 견해에 귀 기울일 필요가 있다.

루만의 시스템이론과 대도시 그리고 도시 이방인

루만의 시스템이론을 다루고 있는 『사회 체계』라는 책은 "시스템만이 존재한다."라는 구절로 시작한다.[14] 그가 보기에 이 세상에는 대도시도 시민도 존재하지 않고, 오직 시스템만 존재했던 것이다. 그 수많은 시스템 중 하나가 경제 시스템이다. 시스템의 특징은 항상 자신만의 고유한 매체(경제 시스템의 경우에는 화폐가 대표적이다.)를 사용하여 자기보존을 하는 것을 유일한 목표로 삼는다. 하나의 시스템(지금 우리의 관점에서는 경제 시스템이 될 것이다.)은 항상 자기를 보존하기 위해 외부의 다른 시스템과 상호 작용을 하기 마련이다. 여기서 특정 시스템은 예컨대 정치 시스템, 교육 시스템, 종교 시스템, 법 시스템 등과 같은 외부 환경과의 상호 작용을 통해 적응력을 높여가야 할 테고, 이러한 적응 과정의 결과로서 시스템 내부를 전문화시키고 분화시키려 한다. 덕분에 시스템 내부의 복잡성은 증대된다. 하지만 이러한 복잡성은 또한 시스템 자체의 사망을 가져올 수 있으므로, 시스템은 자신의 복잡성을 최소화하려는 움직임을 보인다. 시스템 내부의 부하를 줄이려는 것이다. 루만은 이것을 시스템의 단순화라고 부른다. 그러니까 시스템은 적응과 진화 과정을 거치면서 복잡해질 수밖에 없지만, 동시에 자신의 복잡성을 줄여 나가려는 아이러니를 내포하고 있다.

예컨대 경제 시스템은 계산 가능성과 예측 가능성을 통하여 화폐를 원활히 유통시키는 물리적 구조를 가져야 하는데, 그것이 드러난 현상 형태가 바로 대도시인 셈이다. 경제 시스템은 대도시와 상호 작용하면서 자신을 보존해야 하는데, 이러한 자기보존활동이 도시의 교통망을 구축하는 것으로 드러난다. 그리고 대도시의 행정 시스템과의 상호 작용을 통하여 도시의 행정 역시 예상 가능하고 예측 가능한 것으로 만들어 놓으려고 한다. 심지어 경제 시스템, 특히 (여기서는) 도시 경제 시스템은 자기보존을 위해 외부의 요소인 인간, 즉 도시민을 사용하기 시작한다. 그래서 도시민은 시스템의 명령을 제대로 수행하기 위해 계산 가능성을 높이는 지성을 발전시키는 것이다. 1970년 5월 26일 국제신보 4면에 다음과 같은 기사가 실렸다.

국토의 구석구석까지 근대화의 신경을 골고루 뻗게 하여 국토의 성능을 높여야 할 역사적 순간에 우리는 당면하고 있는 것이다. 이른바 '국토의 고성능화'이다. …… 좁은 국토는 근대화의 지름길인 교통 체계의 정비, 통신 시설의 완벽으로 모든 활동을 능률적으로 처리할 수 있는 이점이 있다. …… 앞으로 시대는 '도시화의 시대'이다. …… 이 같은 도시화의 시대는 곧 어느 의미에선 지식산업시대란 등식을 매길 수 있다. …… 이같이 빠른 성장과 변용의 스피드에 맞춰 장기적인 전망 아래 우리 국토의 미래상을 수립해야 하겠다. 가장 바람직한 미래상은 새로운 국토 질서 위에 전국을 하나의 도시로 묶는다는 것이다. …… 인간, 정보, 물자의 긴밀한 소통이 이루어지고 시간과 공간을 단축시키는 전국의 도시화가 그것이다. …… 전국이 부산권과 서울권을 양대 지주로 한 거대도시로 변모하여 밀도 높은 경제 사회로 편성될 것이다.[15]

여기서 경제 시스템이 자기 보존을 위해 국가마저도 이윤 추구를 위한 수단으로 만들어버렸고, 그 일환으로 전국의 도시화를 구축했다는 사실을 알 수 있다. 이렇게 이윤을 창출하라는 명령으로부터 도시민이 자유로울 수 없기 때문에, 도시민들은 이제 뛰기 시작한다. 실로 엄청나게 분주해지는 것이다. 이것은 도시적 삶의 속도로 구현된다. 그리고 현재 경제 시스템은 이러한 속도를 넘어 단시간 내에 많은 일을 소화해야 하는 멀티태스킹(멀티 플레이어) 능력을 요구하고 있기도 하다. 이 모든 과정이 시스템의 명령을 충실히 수행하는 도시민, 즉 시스템의 부품인 도시민의 특성이다. 문제는 광속의 물리적·가시적 이동만이 아니라, 정보통신을 통한 비물리적·비가시적 이동의 속도 역시 높아졌다는 것이다. 폴 비릴리오는 이를 '질주학'이라는 새로운 장르로 해설하기도 한다. 위의 글에서도 교통만을 언급한 것이 아니라 정보 통신에 대한 언급이 교통과 맞물려 가

는 모습을 보여준다. 위에서 언급한 신문의 같은 면의 다음과 같은 글도
눈여겨 볼 만하다.

> 우리나라의 국토 개발, 나아가서 경제 개발은 결코 비관할 것이 아니라
> 크게 그 효율화를 자랑해도 좋다. …… 그러나 한 번 돌이켜 본다면 …… 그
> 속에 과연 인간 본래의 환경이 보존, 유지되고 자연 그대로의 인간 생명의
> 충만이 보장되고 있는가를 한 번 생각해 볼 일이다. …… 왜 우리들이 살고
> 있는 내 고장에 이러한 새로운 비극과 위협이 다가서는 것일까? 어디에 그
> 결정의 근본이 있는가를 끝까지 추구해 가야만 한다. …… 우리들의 건강을
> 찾고, 우리들의 생명을 보호하고, 우리들의 생활 환경을 아름답고 살기 좋은
> 곳으로 만들기 위해서는 우리들 스스로의 노력 밖에는 없다.[16]

만일 우리가 시스템의 부품으로 살지 않으려면, 그래서 좋은 삶을 영
위하려면, 스스로 이 시스템에 과부하를 걸어 당장 이 시스템의 자기 보
존성을 중단시켜야 할지도 모른다. 또는 경제 시스템으로서는 도저히 계
산이 안 되는, 즉 타산이 안 맞는 존재가 되어 시스템에 저항해야 할지도
모른다. 그렇다면 대도시 역시 좀 더 다양하고 역동적으로 재편될 수 있
을지도 모른다. 이처럼 계산되거나 셈할 수 없는 존재들을 '이방인'이라고
부를 수 있지 않을까? 물론 시스템 역시 이러한 이방인 또는 이물질을 제
거하려는 나름의 합리성과 복잡성을 구축하려 할 것이다. 하지만, 시스템
이 승리하든, 반 시스템이 승리하든, 현재의 시스템으로서는 인간성 상
실, 피도로 증가, 소진된 인간의 등장을 막기는 어렵다. 무감각하고 둔감
한 인간에서 최근에는 피로한 인간, 소진된 인간, 우울한 인간 등 그 병색
이 더 짙어진 인간에 대한 보고가 많다. 가장 대표적으로 한병철이 다루

고 있는 『피로 사회』의 피로한 인간이 있다.[17]

그렇다면 더 이상 피로하게 살기 싫은, 그리고 체계의 부품으로 전락하기 싫은, 소진되고 우울하기 싫은 인간의 형상은 어디서 등장하는 것일까? 어쩌면 우리가 체계적으로 배제했던 이물질 같은 존재, 즉 이방인에게 그런 참고점을 찾을 수 있지 않을까? 그렇다면 우리는 이방인에 대해 언급하는 짐멜의 이야기에 다시 귀를 기울여야 한다. 짐멜은 이방인을 어떻게 이야기하고 있을까?

> 우리가 논의하는 이방인은 …… 오늘 와서 내일 가는 그러한 방랑자가 아니라, 오늘 와서 내일 머무는 그러한 방랑자를 가리키는 것이다.[14]

이게 무슨 뜻일까? 이방인이란 오늘 왔다가 내일 떠나지 않는 존재, 그래서 우리 옆에 우리와 함께 살게 될 낯선 사람이라는 뜻 아닐까? 이미 우리는 낯설다는 의미에서 이방인이 가지는 독특한 위치에 대해 여러 가지 말을 할 수 있을지 모른다. 물론 짐멜의 인격적 접근이 아니라, 루만의 체계이론의 비인격적 접근은 이러한 이방성을 다르게 상정할 수 있다. 특정한 체계의 바깥에 있는 잉여, 또는 특정한 체계의 내부에 있지만, 체계의 생존과 무관해진 요소 역시 그 체계에는 한 없이 낯선 것이 되었을 것이다. 이처럼 '낯섦'이라는 말은 이방성의 특성을 보여주는 것인데, 이러한 특성과 부산의 도시 정체성은 묘하게 닮아있기도 하다. 사실 부산의 원도심이라고 하는 곳은 꽤나 재밌는 특성을 가지고 있다. 왜냐하면 부산의 원도심은 수많은 사람들이 도착하기도, 또 수많은 사람이 떠나기도 하는 곳이다.(역, 부두, 공항, 고속도로 등) 부산은 일제강점기와 전쟁 탓으로 수많은 피난민들(이방인들)을 도시로 받아들인 경험이 있다. 그렇다면 부산은 어쩌면 처음부터 이방인의, 이방인에 의한 도시로 출발했던 것은 아닐까?

오늘 왔지만, 내일 머물게 되는 이 낯선 이방인은 또 어떤 특징을 가지고 있을까? 짐멜에 따르면, 그러한 이방인은 원주민의 맥락과 잘 어울리지 않기 때문에 맥락을 초월하는 특성으로서 객관성을 가지고 있다고 말한다. 그러면서 그는 이것이 이방인이 특정한 공동체에 참여할 수 있는 독특한 특성이라고 말한다. 여기서 이방인은 이 객관성 때문에 공동체의 규칙과 규범성으로부터 자유로울 수 있는 자율성을 얻을 수 있다. 맥락을 초월했다는 것 자체가 특정한 상황에 얽매이지 않는다는 것을 의미하질 않나. 그래서 이탈리아 같은 곳에서는 이방인에게 판사 역할을 맡기기도 했던 것이다.[15] 그러나 이방인은 바로 이 맥락 또 다른 식으로 말하자면 특정한 도시의 시스템, 또는 그 도시의 경제 및 행정 시스템으로부터 자유롭기 때문에 그 도시의 입장에서는 불온하고 위험한 존재로 간주될 수도 있다. 부산에는 어떤 사람들이 여기에 해당할까?

영화 〈이지 라이더〉를 보면, 오토바이로 미국 전역을 여행하는 세 명의 남자 이야기가 나오는데, 이들은 어느 마을에 들어서든 그 마을로부터 환영을 받지 못한다. 마을에 머물려고 하면, 마을 사람들은 그들을 문제를 일으키는 사람으로 간주하여 불편한 시선으로 쳐다보거나, 아니면 기어이 마을 밖으로 쫓아낸다. 그들의 삶과 그들의 체계 바깥으로 밀어내고 배제하는 것이다. 결국 그들은 마을에서 거주하지 못하고 마을 외곽 들녘에서 잠자리를 마련하게 되는데, 거기서 한 젊은이가 왜 사람들은 우리를 반기지 않는 것인지를 묻자, 동료가 "그들은 우리의 자유를 질투하기 때문이지."라고 말한다. 이들의 자유는 원주민에게는 일종의 불안과 공포이자 마을의 치안을 위협하는 요소였던 것이다. 그리고 그들이 별을 이불삼아 잠을 자던 그밤, 마을 사람들이 침입해 집단 구타를 당하고, 셋 중 한 명이 사망하게 된다. 죽여도 되는 존재, 법(체계) 밖의 존재가 되어, 버려진 그들은 결국 이방인, 호모 사케르(죽여도 되는 존재)였던 셈이다. 우리는 이제 짐멜의 이방인을 우리식으로 번역해 볼 수 있을 것이다. 이방인이란, 시스템 내·외부에 거주하면서, 시스템에 의해 셈해지지도 않고, 시스템의 몫을 할당받지도 못하는 존재, 늘 배제의 두려움과 공포 그리고 배제의 권력을 경험할 수밖에 없는 존재, 그래서 부유할 수밖에 없는 거주민이다. 그러나 그 때문에 기어이 문제가 되는 시스템에 종말을 선언할 수도 있는 역행적 존재이기도 하다. 그렇다면 원주민은 과연 누구일까? 부산에서 태어나면 원주민인가? 하지만 우리는 부산에서 태어났지만, 피부색이 다르면 원주민 취급을 잘 해주지 않는 듯하다. 그렇다면 부산에서 역사적으로 오래 거주했던 사람을 원주민이라 부를 수 있을까? 이렇게 물으면 우리는 골치 아픈 물음에 직면하게 된다. 원주민이 되는 시점과 그렇지 않은 시점을 어디로 잡아야 하는 것일까? 아니면 배달민족으로 한국 땅에 오래 살았던 사람 중에 부산에 사는 사람으로 잡아야 할까? 그런데 이 글을 쓰고 있는 나의 본관은 김해다. 즉 나는 김해 김金 가인 것이다. 시조는 수로왕이다. 그런데 김해 김 가는 독특한 전통을 갖고 있다. 시조의 첫 출발이 다문화가정이기 때문이다. 그러니 나는 배달민족이라 하기도 그렇고, 그렇다고 순혈주의 원주민이라 부르기도 어렵다.

여기서 나는 관에 의해 규정되는 부산 시민의 견해를 따르지 않으려 한다. 왜냐하면 어차피 제도적 규정은 인간의 삶과 관계 양식을 규범화해서 사후적으로 규정하는 것이라서, 인간의 생활형식이나 의식이 바뀌면 그에 부응해서 변화해야 하는 것에 불과하기 때문이다. 그리고 우리나라에서 관에 의해 규정되는 행정적 경계 설정(구획 설정)은 그것이 가지고 있는 중립성을 넘어 과도한 의미와 가치를 지니기 때문에, 우리는 그 허위적 사고에서 벗어나기 위해서라도, 관이 규정하는 형식적 경계 설정과 규정을 벗어나 사고할 필요가 있다. 제도와 행정이 인간의 삶을 앞서 규정하지 않도록 하기 위해서라도 말이다. 물론 행정적 선이 그저 중립에 불과하다는 것을 강조해서, 그 경계 넘는 것에 과도한 의미를 부여하지 않고 무관심한 거리를 두는 것도 한 방편일 수 있겠다. 그렇지만, 우리의 상상을 단순히 행정적으로 규정된 경계에 고착시키는 것을 막기 위해서라도, 일단 행정적 규정을 벗어나 사고하는 연습을 하는 것이 더 좋지 않을까?

사실, 우리는 그리고 우리의 부모님들은 분명 어딘가 계셨고, 어제 이곳으로 오셔서 오늘 여기에 머물고 계시다. 나 역시 부산에서 태어나 부산에서 살고 있지만, 언젠가는 여기서 떠나 다른 곳에 머물 수도 있는 잠재적 이방인이고, 부산 안에서도 이 마을에서 저 마을로 이동하여 머무르고 있는 지역 내 이방인이기도 하다. 심지어 지리적으로 출발지이자 도착지의 특성을 갖고 있는 부산은, 어쩌면 처음부터 이방인의, 이방인에 의한 도시였는지도 모른다. 그럼에도 불구하고 도시 부산은 여전히 이방인을 '위한' 도시는 아니지 않은가. 그렇기 때문에 이제라도 도시 부산의 정체성 중 하나로 '이방성'을 중심에 놓아야 하지 않을까. 그렇다면 도시를 해설하고 도시를 공부하면서 중점을 두어야 할 관점 역시 '이방인을 위한 도시' 구상이다. 이러한 구상은 최근 안산의 도시 인권 조례, 그리고 부산의 인권진흥조례 등 도시의 인권운동에 대한 관심의 증가와 현실화를 유도했다. 심지어 인권이 도시적 차원에서 구현되어야 한다는 주장이 등장하여 '도시에 대한 권리'라는 개념과 같은 이름의 책이 출간되기도 했다. 심지어 이런 도시 간 협약을 넘어, 국가 연합UN보다는 도시 연합UC가 필요하다고 주장하는 사람도 등장했다. 그리고 이 모든 상황에서 최우선으로 고려되어야할 것이 가장 외곽에 있는 '이방인', 그리고 그들을 바라볼 수 있는 관점으로서 '이방인의 시선'이다. 그리고 이러한 상황이 고려하고 있는 것이 인권이 보장되기 위한 도시 정체성이다. 낯선 것과 화해하고 이를 환대할 수 있는 도시로서의 정체성 말이다.

여기에 미성년자의 인권(아동 인권, 청소년 인권)문제가 달려있고, 여성의 문제가 달려있으며, 성소수자의 문제가 달려있고, 외국인 노동자의 문제가 달려있고, 이주민의 생활문제가 달려있으며, 새터민의 문제가 달려있고, 장애인의 문제, 도시 빈민이나 노숙인의 문제가 달려 있으며, 다문화 가정 2세대의 문제, 학벌의 문제와 비정규직의 문제, 생태 환경 파괴와 탈핵 문제 그리고 동물 학대 문제 등이 달려있다.

부산이 정치 경제와 같은 시스템에 자신의 생이 결정당할 수 있는 결정권을 넘겨주지 않고, 인간(인권)의 얼굴을 한 도시가 되려면, 환대와 화해에 기반을 둔 도시로서의 정체성을 찾아야 하는 것은 아닐까? 그래서 이방인을 위한 도시로서의 정체성을 확립하고 지속적으로 계산 불가능한 것들을 고려하려는 노력이 필요하다.(사실 이 노력은 처음부터 논리적으로 불가능한 노력이다. 그러나 철회할 수 없는 노력이다. 논리적으로 불가능하다고 해서, 반드시 실천적으로 불가능한 것은 아니기 때문이다.) 이처럼 셈해지지 않는 존재들이 도시부산의 역동성을 좌우하는 진정한 다이나믹이기 때문에, 부산의 다이나믹(부산시의 슬로건이 '다이나믹 부산'이다.)은 이들에 의해 산출될 수 있다는 것을 알아야 한다. 덕분에 부산의 또 다른 슬로건인 '크고 강한 부산'은 지극히 마초적이고 남근적이다. 그리고 그 마초적 남근성이 전국에서 고층 빌딩이 가장 밀집된 지역이라는 오명을, 뿐만 아니라 발기한 남근 같은 시청사의 외양으로 등장하는 것이다. 정말 부산이 다이나믹하고 싶다면, 이방성의 특징인 작고 약한 것에 대한 시선을 거두어서는 안 된다. 그렇지 않으면, 크고 강한 부산의 다이나믹은 크고 강한 배제의 폭력을 생산하기 십상이다.[20]

이처럼 크고 강한 부산의 폭력을 걸러내기 위해서라도, 우리는 이방인들에 대한 막연한 공포로 경직된 부산이 아니라, 이들과 즐거이 공존하는 공간으로 부산을 창조해나가야 할 것이다. 여기에 온갖 이야기들이 꽃피고 소통되고, 공유될 수 있도록 해야한다. 이 책이 바라보는 최종 목적은 여기에 있다. 나는 이러한 목적이 설정되는 곳에 발랄하고 유쾌한 창조성과 생성이 존재한다고 생각한다. 앙리 르페브르가 '너희 삶을 작품이 되게 하라.'고 강조하면서, 그는 또 다른 곳에서, 즉 도시의 권리를 이야기하면서, 도시가 작품이 된 생을 살고자 하는 사람들이 모여서 만든 '집합적 작품'이라고 표현한다. 이 집합적 작품으로서의 도시를 생성하기 위해 '이방인의 관점' 그리고 이러한 관점이 가져올 역동성에 주목해야 한다.

도시 해설의 역동성과 발랄함 그리고 이 이야기의 활발한 소통과 공유 역시 이러한 이방인의 관점에서 등장할 것이라 생각한다. 뿐만 아니라 인권 도시 부산이 되기 위해서라도, 부산은 새로 오는 이방인들을 잘 받아주고, 이제 이방인이 되려고 다른 곳 막 떠나는 존재들을 잘 보내주어야 하며, 기어이 이방인으로 남으려는 사람들에게 그들이 이방인으로 남을 수 있는 자리를 마련해주어야 한다. 이 떠남과 도착 속에서 늘 새로운 의미와 새로운 삶이 생성될 것이니까. 그렇다면 부산의 정체성은 그저 허울뿐인 항구도시라는 명패를 달고서 동원된 다이나믹이라는 선전문구로 끝나기보다는, 하우케 부른크호르스트의 말처럼 이방인들의 연대를 에너지로 삼는 진정한 다이나믹함을 선보일 수 있을 것이다. 그리고 이 다이나믹함은 크고 강한 자들을 위한 것이 아니라, 작고 약한 자들을 위한 것이어야 한다. 어차피 이방인들은 작고 약하며, 그런 점에서 우리 모두가 이방인이다. 그렇다면 부산의 정치적 보수성은 이 이방성을 과연 견뎌낼 수 있을까?

주석

1. 게오르그 짐멜(김덕영, 윤미애 역), 『짐멜의 모더니티 읽기』, 새물결, 2005, 36쪽.
2. 위의 책, 41쪽.
3. 토마스 홉스(진석용 역), 『리바이어던 1』, 나남, 2008, 58–59쪽, 65쪽 참고.
4. 위의 책, 39쪽.
5. 위의 책, 39쪽.
6. 발터 벤야민, 『아케이드 프로젝트』, 새물결, 2005, 109쪽.
7. 위의 책, 369쪽.
8. 위의 책, 369쪽.
9. 이에 대해서는 노영순, 「바다의 디아스포라, 보트피플」, 『디아스포라 연구』, Vol.7 No.2, 전남대학교 세계한상문화연구단, 2013이나, 노영순, 「부산입항 1975년 베트남난민과 한국사회」, 『사총』 Vol.81, 고려대학교 역사연구소, 2014를 참고.
10. 박항원의 이 그림은 〈선택〉이라는 제목을 달고 있으나, '선택의 여지없이' 추방된 철거민들과 빈민들의 상황을 부산의 슬로건과 대비시킨 그림이다. 이 전시에 대한 자세한 평가에 대해서는 다음을 참고하라. 김동규.
11. 짐멜, 같은 책, 40쪽.
12. 위의 책, 51–55쪽.
13. 위의 책 43쪽.
14. Niklas Luhmann, Soziale Systeme: Grundriß einer allgemeinen Theorie, Suhrkamp, 1987, S. 16.
15. 이훈, 『이광우: 회고와 추억』, 2003, 196–197쪽.(이 책은 판매용이 아니라, 증정용으로 고인이 되신 이훈 선생의 아버님의 회고록으로 특별 제작된 자료집이다.)
16. 위의 책 198쪽.
17. 최근엔 『과로 사회』라는 책도 나왔다. 김영선, 『과로 사회』, 이매진, 2013.
18. 짐멜, 앞의 책, 79쪽.
19. 위의 책, 82–83쪽 참고.
20. 예컨대 영웅적 민족성을 지역의 정체성으로 상정하려는 곳에서 그러한 폭력이 일어나는 것을 최근의 사례에서도 볼 수 있다. 코트디부아르는 이부아르 민족성 찾기를 하면서 억지로된 민족적 단일성을 제조하고 있고, 그처럼 제조된 단일성 때문에 같이 살던 다양한 사람이 다양한 폭력을 겪고 있다. 뿐만 아니라 우즈베키스탄 역시 우즈벡 민족 찾기를 하면서 동일한 폭력을 양산하고 있다. 단일 민족성이 민족성 외부의 잉여를 생산하고, 그 잉여들에게 다양한 폭력을 가하는 것이 이부아르 민족 정체성 제조과 우즈벡 민족 정체성 제조의 배경인 것이다. 물론 이 민족 정체성이 일본의 제국주의를 방어하기 위한 방편이 되기도 했으나, 현재 한국에서는 그러한 방어적 폭력보다는, 새로운 잉여를 상정하고 거기에 폭력을 가하는 공격적이고 가학적인 폭력이라는 점을 신중히 고려해야 할 것이다.

전성현 창원대 사회과학연구소 전임연구원

원도심의 형성과 진화

원도심이란 구도심이 지니고 있는 부정적인 이미지를 개선하기 위해 '원래' 또는 '시초'라는 뜻의 의미로 새롭게 불리게 된 용어이다. 그렇다면 이는 공간의 역사성을 통한 공간성의 재의미화라고 할 수 있다. 무수한 자본주의적 공간 창출로 인하여 장소성을 상실해 가는 근대 자본주의 사회에서 장소성을 확인하고 이를 통해 지역 정체성을 형성한다는 점에서 의미 있는 용어이다. 한편, 구도심이 신도심과 대별될 때 '옛 지역'으로 치부되며 '정체'와 '퇴보'를 가리키는 부정적 이미지를 가지고 있었던 것도 사실이다. 이에 대한 문제 제기의 측면에서 원도심이라는 용어를 사용하는 것은 적절하며 이것 또한 근대적 공간의 차별 구조에 문제 제기하는 점에서도 적절하다. 다만 근대 공간의 차별적 구조화에 대한 문제 제기를 넘어 또 다시 옛 영광의 재현 또는 새로운 위계 공간으로써 자리매김하기 위한 용어로써는 사용되어서는 안 된다고 생각한다. 여기서는 이러한 여러 측면에서 원도심이라는 개념을 정의하며 특히 개항 이후 일제 시기 부산항을 중심으로 하는 원도심의 형성에 집중하여 살펴 볼 것이다. 공간적인 측면에서 원도심은 현재의 중구, 서구, 동구, 영도구와 부산진구 일부를 포함한다.

전통적 공간에서 근대적 식민공간으로

1876년 개항과 함께 조선시기 초량왜관 지역이 일본인전관거류지(일본조계)로 설정됨으로써 전통적 공간이 근대적 식민공간으로 변용되어 탄생했다. 근대적 공간 창출은 직선의 도로 및 구획된 행정, 상업, 주거 공간의 설정으로 이해할 수 있으며 식민적 공간 창출은 이러한 근대적 공간이 조선인을 위한 공간이 아니라 일본인을 위한 공간으로 창출되었음을 의미한다.

개항 전 초량왜관의 일본인 거류자는 82명이었으나 1879년이 되면 1,400명에서 1,500명으로 늘어났다. 1879년 당시 일본조계는 동관과 서관으로 나눠져 있었으며, 동관은 용두산과 용미산 사이의 지역으로 다시 2구로 나누어 1구는 본정, 상반정, 변천정이, 2구는 입강정, 행정이었다. 서관은 서정으로 행정 구분했다. 1880년에는 조계지를 북쪽으로 확대하여 북빈정을 설치하였으며 1888년부터는 본격적인 근대적 공간의 창출을 위해 일본영사는 일본인 거주 지역을 회수하여 복병산 묘지와 용두산의 중간에 위치한 구도를 확장하여 신도로(현, 대청로)를 개설했다. 1890년에는 서정 방면의 시가지 건설을 위해 일본인 공지를 회수했고 1891년에는 늘어나는 건축 재료를 확보하기 위해 적기 반도의 석재를 채취할 권한을 승인 받았다. 1901년 일본영사는 일본 조계의 토지를 5종으로 구분

그림 1. 개항전 초량왜관과 개항후 일본인전관거류지. 이미지 자료는 조영환, 「근대한국·부산의 시가지 변천에 관한 연구」, 공학원대학, 2005에서 인용. 아래 이미지 자료 중 특별한 언급이 없는 것은 이에 따름.

하고 그 가운데 도로 용지를 획정했다. 더불어 조계 밖 일본인 매수지를 대청정, 보수정, 부평정, 대신리, 부민정으로 시가 명칭을 정하고 1906년부터 1908년까지 시가 도로를 각각 변경하면서 원도심의 최초 모습이 확정되었다.

근대적 식민공간의 확장 1 – 매축을 통한 새로운 공간의 탄생

부산은 개항을 통한 근대 자본주의와의 관련 속에서 특히나 일제와의 관련 속에서 근대적 도시 공간으로 변화해갔다. 자연에 순응하는 인간이 아니라 자연에 저항하는 인간이 '근대적 인간'이라면 '개발'이라고 하는 것이 근대성을 보여주는 바로미터라고 할 것이다. 따라서 자연이 준 공간을 단순히 이용하는 것이 아니라 자연을 창출하고 자연을 인위적으로 개발하는 것이 근대(성)의 단면이다. 그런 의미에서 새로운 공간의 창출, '인 위적 자연'의 창출이야말로 근대를 나타내는 표상이며 항만 매축은 그런 근대적 공간을 잘 보여주는 표지이다. 이러한 근대적 공간의 창출은 기존 공간과의 강제적 결합을 통해 '근대적 항구 도시'인 부산을 탄생시켰다.

그리고 '근대도시' 부산의 형성과 변화는 근대 자본주의 체제와 결합 하면서 강제적으로 진행되었다. 즉, 새로운 '근대적 공간'의 창출이 우리 손으로 이루어진 것이 아니라는 것이다. 흔히 관세 주권을 주장하기도 전 에 중국의 영향 하에 부산의 항만 개발이 이루어졌으며 중국으로부터 일 본으로 조선에서의 힘의 역학이 변화하자마자 이제는 일본에 의해 부산 의 항만 개발은 진행되었다. 따라서 부산의 근대적 공간으로부터 변화는 부산의 조선인들을 위한 또는 조선의 조선인들을 위한 것이 아니었다. 이 때문에 부산의 근대적 공간의 창출은 근대화라고 하는 점보다는 식민화 라고 하는 일제의 침략과 밀접한 관계를 지녔다고 해도 과언이 아니다. 어 쨌든 여기서는 근대적 공간의 탄생이라는 측면에서 축항과 매축을 살펴 보도록 하자.

해관세 자주권을 가지지 못한 한국정부의 무단한 노력에도 불구하고 부산 해관을 중심으로 하는 부산의 항만 개발은 중국의 영향 하에 있는 외국인 세관장들에 의해 추진되었다. 당시 해관의 실권을 가지고 있었던 중국의 이홍장과 헌트(해관장)가 지금의 부산데파트 위치에 있었던 해관 구역이 좁다고 하여 용미산 기슭을 깎아 해관 부지로 사용하려는 계획에 서 시작되었다. 이홍장과 헌트의 계획과 집요한 설득에 의해 한국정부는 매립 허가와 함께 공사비 1천 냥을 지불하였고 1887년부터 설계를 시작 하여 1888년 4월 완공되었다. 매축된 자리에는 다시 한국정부로부터 공 사비를 지원 받아 1889년 10월 해관 잔교와 보세 창고가 세워졌다. 지금의 연안여객선 터미널 일대이다. 이렇게 시작한 최초의 매축은 청일전쟁 이후 한국에서의 주도권을 가지기 시작한 일본에 의해 계속 진행되었다. 일본에 의해 진행된 매축은 부산매축회사라고 하는 회사 설립을 통해 이루어졌다. 이 회사는 오쿠라大倉喜八郎라고 하는 일본의 정상政商을 중심으로 설립된 회사로 1902년부터 1909년까지 현재 중앙동 지역을 매축하였다. 이를 북항매축공사라고도 하는데 1기 공사는 1902년 7월에 착공하여 1905년 12월 준공되었다. 이때 새롭게 조성된 구역이 매축을 담당했던 매축회사의 간부와 기사 이름을 따서 경부정京釜町, 고도정高島町, 안본정岸本町, 중정中町, 대창정大倉町, 매립신정埋立新町, 지정池町, 좌등정佐藤町 등의 명칭으로 정비되었다. 2기공사는 1907년 4월부터 시작하여 1909년 8월에 완공되었다. 이때 사용된 토사는 일본 거류지와 절영도에서 채굴

그림 2. 북항매축공사

하여 사용하였다. 그 결과 당시 용두산과 복병산으로 이어져 있던 능선이 지금의 대청로로 변모하였다. 뿐만 아니라 지금의 1부두가 드디어 완성되게 되었다. 그리고 주위에 부산세관, 부산정차장, 부산우편국 등 당시 3대 부산의 상징적 건축물이 들어서는 등 일본인 중심의 근대적 항구 도시가 형성되기 시작하였다.

한편 일본인 중심의 부산 시가는 더 이상 서쪽으로의 확장이 불가능 해지자 점차 부산진 방향으

로의 확장을 꾀하게 되고 이를 위해 그 걸림돌이었던 영선산 착평 공사에 뛰어들었다. 더불어 항만과 경부선의 연결이 어려웠던 점도 영선산 착평 공사가 진행될 수 있었던 중요한 요인이었다. 근대는 시간과 밀접한 관계를 가지고 있으며 이를 획일적으로 만드는 것 또한 근대의 힘이었다. 따라서 항만으로부터 철도로의 직접 연결은 무엇보다 우선되는 사업이었다. 따라서 1909년 부산항 매축공사가 끝나자마자 영선산 착평 공사는 진행되었다. 그 결과 1912년 완공되었고 이 때문에 북항과 경부선의 연결이 원활하게 되었으며 부산의 일본인 입장에서 부산진으로의 진출이 보다 수월해 졌으며 뒤이어 부산진 매축을 통한 새로운 시가의 확장이 시작되었다.

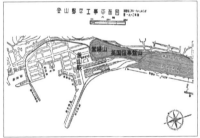

다시 조선총독부는 부산을 명실상부한 조선 및 대륙 진출의 출입구로 만들기 위해 부산항 축항 공사를 2기에 걸쳐 실시하였다. 1911년부터 1925년까지 실시된 조선총독부의 부산항 축항공사는 1911년부터 1918년까지 1기로 제2 잔교의 건설을 중심으로 제1 잔교와 제2 잔교의 상옥과 창고 건설, 도로건설, 항내의 준설, 방파제의

그림 3. 영선산 착평공사

축조 등을 수행했다. 이렇게 건설된 제2 잔교는 화물 전용 잔교로 개설되었다. 1919년부터 6년간 실시된 2기 공사 때에는 제1·제2 잔교의 확장을 통해 더 많은 여객과 화물의 조선 진출입에 용이한 항구로 만들었다.

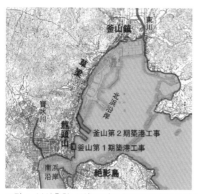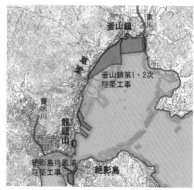

그림 4. 부산축항공사(1,2기)와 부산진 매축공사(1,2기)

동시에 1913년부터는 부산진 매축공사가 진행되었다. 부산진매축공사는 구 조선인시가와 달리 바다를 매워서 이루어졌는데 2기에 걸쳐 1913년부터 1936년까지 진행되었고 이곳은 부산의 도시화와 밀접한 공장지대로 발전하게 되었다. 이 지역의 매축은 일본 나고야지역 자본가들이 조직한 조선기업주식회사가 담당하였다. 매축 허가 면적은 총 35만여 평이었다. 그러나 1913년 6월 1차 14만여 평의 매축을 시작으로 1918년 준공한 이후 매축을 더 이상 진행되지 않았다. 하지만 부산진 1차 매축의 결과 현재의 중앙로라고 하는 근대적 대로가 완성되었으며 그 대로를 가로질러 시가 전차가 새로운 근대적 공간과 전통 공간을 연결하여 근대도시 부산을 형성하기에 이르렀다. 뒤이어 부산진매축공사는 일본 고베의 나카무라中村란 자를 중심으로 부산의 자본가들이 참여하여 추진되었다. 이 공사는 개항 50주년을 기념하는 부산의 일본인들에 의한 '대부산 건설'의 일환으로 추진 진행되었다. 그 결과 1927년 7월 기공하여 1938년 마무리되었으며 부산진을 중심으로 하는 공업지역이 새롭게 성립될 수 있었다.

이와 함께 부산항을 중심으로 하는 각종 매축공사가 이루어졌다. 이는 부산 서남부 시가지의 형성과 더불어 연안 무역항 건설을 목적으

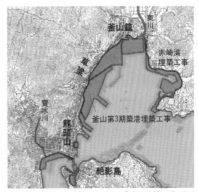

그림 5.대풍포 매립공사, 부산축항공사(3기),적기만 매립공사

로 추진되었다. 이때의 매축은 주로 '조선의 매축왕'이라고 불리워지는 이케다池田佐忠에 의해 추진되었다. 먼저 1916년부터 1926년까지 영도의 대풍포 매립공사가 진행되었다. 남항과 북항연안도 또한 매축공사가 각각 진행되어 1939년에는 현재와 같은 모습으로 바뀌었다. 또한 1930년대 후반(1934년부터)이 되면서 적기만이 매립되기 시작하였으며 1936년부터 해방까지 부산 제3기 축항공사(제3 잔교)도 동시에 이루어졌다. 이와 같은 수차례의 부산항 매축 사업으로 인하여 현재와 같은 부산항의 모습이 이루어질 수 있었다.

근대적 식민공간의 확장 2 - 시가지 확장을 통한 새로운 공간의 확장

원도심으로 대표되는 근대적 식민공간의 형성은 일제에 의해 없던 땅을 새롭게 만들어서 창출했던 것만은 아니다. 이미 존재하던 땅을 근대적이고 식민적인 공간으로 재창출하는 과정 또한 새로운 공간의 창출이며

그림 6. 1900년대 원도심의 모습

확장이라고 할 수 있다. 일본에 의해 강제 개항된 이후 일본 정부를 비롯한 부산에 거류하던 일본인들은 자신들의 영역을 확장하기 위해 기존의 조선인 토지를 불법으로 사들여(일부 조선인들도 공모하여 문제가 된 사건도 존재) 이를 통해 시가지를 확장하기 시작했다. 한일병합이 이루어진 이후는 식민권력의 '합법적' 행정력을 이용하여 시가지를 확장하고 일본인 사회의 기틀을 마련했다.

우선 앞에서도 언급한 것처럼 1901년 일본영사는 일본전관거류지 밖 일본인들이 불법으로 소유한 토지들을 자기들 마음대로 거류지의 행정 구역에 편입시켜 오늘날 대청동, 부평동, 보수동, 중앙동 지역으로 시가지를 확대했다. 더불어 1906년에는 거류지 서쪽 방면으로 시가지의 확대를 도모하여 토성동, 아미동, 초장동, 부민동, 대신동까지 신사기지로 계획하고 편입하기에 이르렀다.

반면에 조선총독부로 대표되는 식민 권력은 부산항이 조선 및 대륙 진출의 경제적 군사적 요충지임을 감안하여 부산의 시가지 확장을 부산항을 중심으로 하는 북쪽으로 맞춰 진행함으로써 부산에 거주하는 일본인 사회와의 차이점을 드러냈다. 어떤 측면에서 보면 초기 부산이라고 하는 근대적 식민공간은 일본영사를 비롯하여 일본인 사회를 중심으로 하는 '지역권력'은 서쪽으로의 시가지 확대를 계획했다면 조선총독부를 비롯한 '식민권력'은 부산항의 전략적 요충지로의 활용을 위해 북쪽으로의 시가지 확대를 계획하여 이 두 가지 노선이 동시에 이루어졌다고 할 수 있다.

한편, 한일병합과 더불어 일제는 일본인들이 집중 거주하고 있는 개항장 또는 개시장을 중심으로 도시를 재편하는 한편, 종래 조선의 부군 및 면제가 행정상 불편하다고 하는 명목 하에 1914년 부군면의 통폐합 정책을 실시했다. 부제가 실시되면서 행정구역이 대대적으로 개편되었다. 당시까지 부산부에 속해 있던 동래부를 동래군으로 분리시키면서 1914년 부산부제의 실시와 더불어 초량, 영주동, 영선동, 청학동, 동삼동, 범일동, 좌천동, 수정동, 부민동, 부평동, 대신동을 부산부에 포함시키면서 매축과 더불어 시가지를 북쪽 또는 서쪽으로 확대해 갔다. 각종의 매축 공

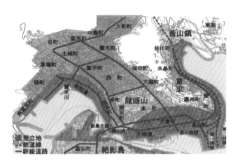

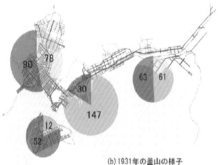

(b) 1931年の釜山の様子

그림 7. 1930년대 원도심의 모습

사와 더불어 1921년부터 8년간 '제1기 부산시구개정사업'이 본격적으로 시작되면서 전차궤도가 설치되고 도로가 완성되는 등 교통망이 정비되었으며, 수차례에 걸쳐 상하수도가 부설되어 근대도시의 사회간접시설이 확충되어 갔다. 이어 1926년 부산의 개항 50주년을 기념하여 일본인 사회에서 추진하기 시작한 '대부산건설' 계획에 따라 영도와 부산진을 공장지구로 포함하면서 원도심의 기본적인 구역을 갖추었다.

더 나아가 일제가 개항장 또는 개시장을 중심으로 추진해오던 시가지 계획 정책은 1934년 '조선시가지계획령'에 의해 또 다시 재편되었다. 전체적으로 볼 때 이 계획은 식민지 지배체제를 공고히 하기 위한 것인 동시에 1930년대 세계 자본주의 질서의 변동과 일본의 만주 및 중국 침략과 관련이 있다. 따라서 도시화와 공업화라는 양축을 중심으로 시가지 계획이 추진되어 도시개발과 공업화에 필요한 노동력을 농촌으로부터 수급하는 형태로 진행되었다. 이러한 틀 내에서 1936년 4월 1일부로 행정구역을 확장하여 동래군 서면과 사하면 암남리(송도)를 부산부로 편입시켰다. 이는 부산부가 부산진 공업지대를 중심으로 보다 확장된 시가지를 건설할 계획을 세우고 서면 우암리를 편입하였던 것이다. 즉, 옛 일본전관거류지를 중심으로 하여 부산진 방면에 부도심을 만들기 위한 조치로 이해할 수 있다. 더불어 부산항과 부산역 주변의 도로를 정비하고, 절영도의 영선정과 부산 시내를 연결하기 위해 대교를 만들며, 영선정 매립지구와 부산진 매립지구를 공업지구로 만들고, 물자를 적기에 있는 군수창고와 연결하기 위해 범일동과 대연리 도로를 정비하였다. 끝으로, 1942년 10월 1일부로 동래출장소, 사하출장소, 수영출장소를 설치하여 동래군을 없애고 부산부로 편입시키면서 현재와 유사한 부산의 외형을 갖췄다.

홍순연 상지건축부설연구소 선임연구원

근대적 장소, 우리의 일상

근대는 우리가 알고 있던 모습과 교육 그리고 생활방식을 변화시킨 새로운 시대라고 일컫는다. 그런데 우리의 근대는 서양의 근대와 많은 차이점을 보인다. 변한다는 의미에서 출발한다면 새로운 세상을 만난다는 것에서 같을 수 있으나 우리들에게는 좀 더 낯설고 강렬한 의미로 다가온다. 근대화 과정에서 자연스럽지 못함에 대한 문제와 우리가 알지 못했던 너무나 다른 모습을 접하면서 깨지고 부딪쳐서 만든 일상이기에 낯설게 보이는 건 아닐까?

서양의 근대는 자본주의와 시민사회의 성립, 자연을 대상으로 관찰하고 측정하여 법칙을 파악하여 과학적인 논리를 적용한 시대라고 한다. 이로 인해 기술이 사회를 지배하고 부富를 창출했으며 인간에게 삶의 질에 대한 고민을 시작하게 만든 시대이다. 이렇듯 서양의 근대는 사상적 배경을 많이 품고 있으나 한국의 근대는 그렇지 않다. 우리의 근대는 오히려 충격적인 모습으로 다가와 급격하고 강압적인 방법으로 점령되었기 때문에 조금 거리를 두려고 하는지도 모른다.

하지만 형식의 문제를 제외하더라도 근대는 짠하고 나타난 반짝스타가 아니라 우리가 살고 있는 지금 이 사회의 틀이 되는 시대이다. 우리가 알지 못한 더 많은 지식과 과학을 집결하여 공간과 장소를 만들어냄에 따라 우리는 또 다른 어색함 속에서 익숙함을 찾기 위한 과정을 통해 근대와 그 속의 장소에서 일상적인 삶을 이해하고 지금까지 살아가고 있는 것은 아닐까?

운송과 교통수단의 변화 : 황포돛배와 트럭+기차

조선 내륙을 오갈 수 있는 가장 좋은 운송수단은 바로 황포돛배였다. 이러한 상황을 잘 알 수 있는 것은 당시의 지명이다. 경강의 마포나루, 양화나루, 광나루 등의 포구들이 그 예이다.

특히 한강은 이를 잘 활용하여 조선 최고의 물류도시이자 상업도시가 될 수 있었다. 서울의 밤섬은 조선최고의 배 기술자들이 포진하여 배들을 수리하는 조선소가 있던 장소이기도하다. 이러한 한강을 뒷배로 서울은 대규모 운송 길을 확보 할 수 있게 되었고, 당시 한강을 오가는 황포돛배는 약 100척이 넘었으며 배 한척에 30가마니 정도의 쌀과 소금을 싣고 물줄기를 타고 오가는 내들이 장관을 이루고 있었다. 한국의 대표적인 운송수단인 이 배는 길이가 19.91m, 폭은 2.88m, 높이가 0.96m 정도였으며 돛대의 높이는 약 11.5m 정도가 되는 명실상부한 조선운송의 상징이었다. 서울은 이를 기반으로 새로운 도시를 꿈꿀 수 있었다.

이러한 느리지만 기다림에 익숙해진 생활과 시간에 쫓기지 않고 생활하던 시절에 근대라는 시대로의 일상 변화가 공간과 대상으로 다가오기 시작했다.

1904년

경부철도주식회사에 의해 1901년 8월 20일 서울의 영등포와 같은 해 9월 21일 부산 초량에서 약 4년 동안 건설된 경부선은 러일전쟁이 발발하자 군인 동원과 병참 수송을 위해 시간과의 싸움을 시작했다. 아지랑이 피어나는 선로 위로 붉은 벽돌이 깔리고 그 위에 선로가 놓여진다. 오전부터 뜨거운 햇빛에 달궈져서 엿가락처럼 휘어진 이 선로는 그 해 여름의 열기를 품으며 공사를 진행했을 것이다. 당시 이를 위해 동원된 인부들은 하루 평균 1.6㎞ 속도로 공사를 진행하였으며 1905년 1월 1일 개통을 맞이하게 된다. 이후 1912년 전국 국유철도망 결정으로 초기 군사목적에서 시작된 사업은 한국의 식민통치를 위한 자원개발 등을 위해 철도선로들이 깔리게 된다.

1911년에서 1936년 국영철도 간선의 여객 수송량을 살펴보면 1911년 경부선, 경의선, 호남선, 함경선의 경우 경부선과 다른 노선과의 차이가 약 9km/하루 안팎이었으나 1936년에는 경부선과 함경선은 약 2배 정도

그림 1. 증기기차와 전차의 모습

의 수송의 차이를 보인다. 또한 1936년 화물수송량의 경우는 경부선과 경의선과 호남선과의 차이는 3.5배 정도가 차이가 나게 되었고 지금도 마찬가지겠지만 경부선의 수송량은 가히 최고라 할 수 있겠다.

또한 도로는 1928년 조선토목사업지의 조선과 도로의 자료에 따르면 대한제국 시기의 경상남도 지역 도로는 칠곡-포항간 도로와 진주-마산간 도로가 유일하였다. 그러나 1938년 조선도로형에서 지정한 국도망 사업으로 인해 기간도로와 기타도로로 나뉘었다. 부산을 기점으로 한 기간도로는 부산에서 진해까지와 부산에서 진영을 거쳐 대구를 잇는 노선이 되었고, 기타 도로의 경우 부산에서 동해안을 따라 울진까지의 노선과 진영에서 마산과 하동, 통영까지 가는 노선과 그 외 거창, 김천 등 경북으로 가는 노선이 마치 그리드망처럼 형성되었다. 트럭을 이용한 근거리 수송과 철도를 이용한 장거리 수송이 가능해져서 물길에 의존하는 과거의 교통망과는 다른 방법으로 수송량 및 수송시간을 단축시키는 효과를 가져온 근대 도로망 구축을 완성하였다.

농업이라는 주산업의 변화 : 동양척식 주식회사와 산미증식계획

조선의 논 한 마지기는 쌀 한 가마니(80kg)가 나는 면적이다. 한 마지기의 의미는 소가 하루 종일 노동할 수 있는 만큼의 면적으로 지금으로 치면 약 $500㎡~1,000㎡$ 정도 되는 면적으로 약 4 가마니 정도가 생산되는 양이다. 당시 5인 가족이 1년 양식으로 먹을 수 있는 쌀은 약 3 가마니면 충분하였으니 동네에 한마지기정도의 땅을 가지고 있는 촌부라면 삶의 질이 풍요롭지는 않지만 생활에 문제가 없었을 것이며, 남은 한 가마

니로 특별식이나 생필품을 사는데 문제가 없었을 것이다. 일제강점기에 들어서면서 일본은 조선의 쌀에 주목하기 시작하였다. 일본 내부의 식량문제 및 인구문제를 해결하기 위한 수단으로도 필요했으며 토지 대비 인구가 적은 조선은 이를 해결 할 수 있는 가장 좋은 장소였을 것이다. 당시 이러한 사회적 문제의 창구 역할을 한 곳이 바로 동양척식주식회사이다. 일명 동척은 1907년부터 27년에 중단 될 때까지 정책적으로 이민사업을 추진하는 동시에 이민자들에게 땅을 제공하기 위한 고리대금업을 시작하면서 조선농민들을 장악하고 통제하는 역할까지 수행함으로서 우리네의 평화로운 일상도 변화하게 된다. 창립 당시 동양척식주식회사의 업무는 농업, 토지 매매 및 대차, 토지의 경영 및 관리, 건축물의 축조, 매매 및 대차 등 조선에서의 토지관련 업무와 이주민의 모집 및 분배, 물품의 공급 및 생산으로 획득한 물품의 분배, 자금 공급 등의 이주민들을 위한 지원 업무 그리고 수산업 및 기타 필요한 사업 경영 등의 부대사업으로 나뉜다. 이러한 사업을 바탕으로 조선의 땅을 잠식하게 됨으로써 우리는 우리가 가지고 있던 생활터전을 잃게 되어 주산업인 농업의 생산은 저하되어 이전의 삶은 과거의 꿈과 같은 일들이 되어 버리게 된다. 이로 인해 농민들은 도시로 이동하여 일용직 노무로 생계를 유지하는 삶을 선택하게

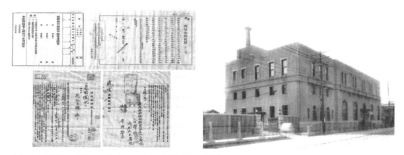

그림 2. 토지연대보증문서와 동양척식주식회사 부산지점

된다. 물론 한국을 식량공급기지로 삼기위한 일본의 산미증식계획▪은 1934년 중단하게 되어 더 이상의 조선에서의 식량증산을 강행하는 명분은 잃게 되지만 여전히 생활터전을 잃은 우리의 삶은 회복되지는 못한 채 살아가는 현실을 맞게 된다. 이러한 변화는 농촌을 근간으로 생활하던 사람들을 도시로 불러들이는 계기가 되어 도시는 새로운 일감과 새로운 터전으로 자리매김하며 근대 사회의 새로운 집합소가 되었다.

▪ 산미증식계획은 1기인 1920년~1925년과 제2기인 1926년~1934년 두 차례에 걸쳐 시행하게 된다. 당시 제1차 세계대전 중 일본에서는 자본의 급속한 축적으로 말미암아 농민의 대량 이농과 도시 노동자의 급증이라는 사회현상이 발생함에 따라 일시적으로 식량수급을 악화 (1918년에는 '쌀소동米騷動'이 발생)된 계기로 시작된 계획이다.

배우기 위한 열기 : 서당과 초등학교

우리나라 근대식 교육의 시작은 1895년부터이다. 당시 고종 황제는 29개의 소학교령을 공포하였다. 그 내용에는 교육이 개화의 근본이며 학생은 8세부터 15세까지 모집하여 오륜행실부터 소학, 역사(한국사), 지리, 국문, 산술과 그 외의 외국 역사와 지리 등의 책을 가르치는 실용적인 교육을 제안하였다. 또한 지금의 도청소재지에 소학교 1개를 세움으로써 대한제국은 근대국가의 기틀을 마련할 준비를 시작하였다. 당시 1894년 교사를 양성하는 한성사범학교가 만들어지며 왕실의 고위관료 자제들을 위한 부속소학교(지금의 교동초등학교)를 설립하여 근대교육의 시작을 알렸다. 1899년 5월 2일에는 학부주최 공립 · 관립 · 사립 소학교 연합 대운동회도 개최하였다. 이러한 근대식 교육 열기는 가난한 농촌생활을 벗어나기 위한 방법이었으며 교육열은 지금과 별반 차이가 없을 것이다. 1918년 공립보통학교의 수는 462개로 늘어나게 되며 1920년에는 입학난이 심각한 수준에 이르게 되어 서울의 경우 입학 경쟁률이 10:1 정도로 늘어나 중등학교 25배가 응모할 정도였다. 이로 인해 2부제 수업이 시행되고 입학할 아동의 가정조사 및 부모의 면담을 통해 학생을 선발하는 방법까지 나타나게 되었다.

이러한 교육 열기는 근대식 교육을 통한 계몽이라는 의미도 있겠지만 무엇보다도 근대 환경에 적응하기 위한 방법이었으며 대중적인 교육환경을 만들기 위한 과정이었을 것이다. 예를 들면 근대기에 종종 신문에서 볼 수 있었던 여성들의 강습회 등은 과거에는 기회가 제공되지 않았던 이들에게도 교육의 기회를 만들어 주는 것이며, 신분과 계급에 의해 나눠졌던 교육이 근대에는 누구나 배울 수 있는 기회로 나타나게 되었다.

그림 3. 부산공립고등소학교 전경모습

매일아침 수업시작 15분 전 조회 시간, 채변 봉투, 체육과 국민체조, 운동회 등은 지금은 일부 사라졌지만 지금도 여전히 행해지는 근대의 모습이라 할 수 있다. 하지만 이러한 환경은 식민지교육의 산실로 만들어지는 또 하나의 아픔도 가지게 되었다.

일상 생활물품의 변화 : 비단신과 고무신 그리고 백화점

" … 우리 오빠 말 타고 서울 가시면 비단구두 사 가지고 오신다더니… "
― 〈오빠 생각〉 가사 중

옛 동요에도 나오듯이 우리네의 전통 생필품 중에서 귀하게 생각한 것이 바로 비단신 즉 '갓신'이다. 갓신은 가죽천으로 만든 것으로 정6품 이상 고위관료들이 신었던 신발로 디자인도 다양하여 신발의 코와 무늬에 따라 구름 무늬는 운혜, 나뭇잎 무늬는 당혜, 비단에 수놓은 신은 수혜라고 하였다. 당시 갓신은 수공예로 개당 15일이 걸려 생산되었으며 가격은 쌀 한 가마니 가격으로 당시 평민들에게는 로망과 같은 신발이었다. 이렇게 생산량이 적다보니 신발과 같은 생필품들은 근대 시대의 가장 큰 무기인 시스템적 생산 체계를 통한 대중화는 우리나라에 새로운 근대를 접하는 또 하나의 요소였다. 단편적인 예를 들자면 근대에 갓신을 대체할 수 있는 제품이 대량적으로 생산되기 시작하였는데 그것은 바로 고무신이다.

1910년 중반에 일본 제품인 고무신이 등장하고 1923년 고무신공장이 전국에 생기게 되면서 도시에서부터 시골까지 널리 보급되었으며, 이로

인해 1930년대에는 갓신과 나막신이 사라지게 되었다. 고무신 한 켤레면 사시사철 코가 뾰족한 버선코 고무신이 한복치마 끝 나락에서 하얗게 드러냄으로써 유행의 완성을 가져왔으며 비가 와도 물이 새지 않으므로 언제나 신을 수 있었다. 간편하고 다목적인 신발인 고무신으로 인해 생필품은 더 이상 자급자족하지 않고 상업적 공간인 시장과 같은 곳에서 사서 사용하게 되었다. 시장 뿐만 아니라 근대에서 새롭게 부각된 자본주의를 대변하는 공간인 백화점의 출현으로 소비문화는 새로운 국면을 맞이하게 된다.

그림 4. 동래시장의 난전의 모습과 대비되는 부평동 공설시장

당시 백화점의 공간 구성을 살펴보면 지하층은 식품매장이며 1층은 화장품, 귀금속코너, 2층과 3층은 여성의류매장으로 지금의 백화점의 층수 구성과 전혀 차이가 없다. 또한 당시 백화점들은 가장 건축적으로 뛰어난 디자인과 현대적인 시스템을 갖춤에 따라 도시의 상징이며 하나의 관광 코스가 되었으며 특히 '미나카이三中井백화점 ▪에서 엘리베이터를 탔느냐'는 부산을 방문한 사람들에게는 가장 큰 이야깃거리가 되었다. 1935년 9월 '삼천리' 잡지에 게제된 〈새로

▪1930년대 중반 부산에는 부산부청사, 남선전기주식회사, 미나카이 백화점 등 3곳에 엘리베이터 시설이 있었으며 2009년 남선전기주식회사(현, 한국전력중부산지점)의 엘리베이터는 개수공사 당시 동양오티스사임을 확인할 수 있었다.

낙성된 오층루 화신백화점 구경기〉에서 당시의 소비생활을 볼 수 있고, 서울의 화신백화점 개점 축하 상품 전단지에서도 당시의 소비성향을 알 수 있다. 이 전단지 내용은 당시 1등 상품이 기왓집 1채였으며 2등 상품은 소 한 마리라는 내용이다. 2009년 부산의 광복점 롯데백화점 개점 축하 상품이 아파트 1채 였으니 1930년대 소비자의 욕구를 충족시킬 수 있는 상품과 지금의 상품의 급이 같다고 볼 수 있지 않을까? 단편적이지만 과거의 우리가 경험했던 5일장의 난전과는 다른 체계적이고 빌딩 타입의 종합 선물 셋트와 같은 백화점은 근대의 소비자를 현혹시키기에 충분한 장소였던 것이다.

그림 5. 미나카이 백화점 외부 모습과 내부 엘리베이터

이밖에 근대는 음식을 사먹게 되는 시대로 역사를 새롭게 쓴 패스트푸드가 등장하는 시대이다. 그 중심에는 바로 냉면과 설렁탕이 있다. 사실 냉면은 겨울철 함경도와 평안도 지방에서 겨울철 동치미국물에 말아먹는 계절음식이지만 개항이 되면서 인천, 부산 등지에서 들어온 제빙기는 냉면을 새로운 명물로 만들었다. 얼음을 언제든지 생산할 수 있는 공장이 생겨남으로써 더 이상 냉면은 계절음식이 아니라 사시사철 즐길 수 있는 간편한 음식이 되었다. 설렁탕 또한 당시의 모던보이와 모던걸들이 허기진 배를 간편하게 채울 수 있는 또 하나의 패스트푸드로 자리매김하게 되었다.

이렇듯 근대는 교통, 교육, 소비문화, 직업 등 일상의 변화는 무수히 많은 곳에서 일어났으며 이로 인해 농경사회에서 도시사회로 바뀌는 가장 큰 계기를 마련한 시대이다. 이러한 근대로 인해 우리는 이전의 일상에서 벗어나 새로운 변화를 맞이하게 되며 이러한 일상이 다시 익숙해짐으로서 우리네의 생활 전반에 변화를 가져오게 된다.

도시의 새로운 공간과 장소 그리고 그 속에서 어색하지만 익숙해지기 위한 노력이 합쳐진 우리네의 근대는 지금도 현재진행형이 아닐까.

참고문헌

『신부산대관(新釜山大觀)』, 1934

『백화점』, 하쓰다토오루, 논형, 2003

『근대를 보는 창 20』, 최규진, 서해문집, 2007

『부산 도시기록화, 근대도시부산 기념책자』, 부산광역시, 2010.10

『근대기 일본인 이주농촌의 형성과 이주농촌가옥』, 황수환, 동아대학교, 2011

II

가시성

1

통로
path

김민수 경성대 도시공학과 교수

도시 가꾸기 전략으로써의
"도심문화근린"[1] 조성
– 지역 활성화와 부산의 문화 중심 구축을 위한

이 글은 1999년 문화도시네트워크의 행사에서 발표된 글로, 최근 일고 있는 도시공공성 구축이나, 문화도시 만들기와 관련된 논의의 초기 입장에 해당한다. 비록 오래된 글이지만, 당시의 입장과 현재의 상황을 비교한다면, 이 글의 결이 꽤 흥미로울 것이라 생각한다. 이 글의 수록을 허락하신 김민수 교수께 다시 한 번 감사드린다.

들어가는 글

도시 만들기의 어제와 오늘

도시는 인간성을 지켜내는 제도이며 장치이어야 한다. 그러나 현실의 도시는 짧은 시간에 높은 이익만을 추구하려는 이기적 개발 행태와, 이를 방조해 온 안이한 계획 관행들, 그리고 현실에 뿌리를 두지 않은 무성한 이론과 논리들, 전문성을 외면한 행정편이적 법제도들이 만들어낸 복합

적 산물일 뿐이다. 우리 시대의 건강하지 못한 이데올로기와 일그러진 심상들을 그대로 투영하고 있는 스크린이라 해도 지나치지 않다. 이런 점에서 우리의 삶터를 윤택하게 하고 명당화하는 작업이 결코 특정 분야 혹은 특정 집단의 몫이 될 수 없다.

도시는 시민 모두가 만들고 가꾸어야 할 공유재산이라는 인식부터 가다듬어야 한다. 그리고 우리의 도회적 모듬살이의 질을 담보해 줄 수 있는 도시철학부터 새롭게 정립해 나가야 한다. 개발만이 우리의 삶터를 풍요롭게 해줄 것이라고 믿어왔던 소모적이고 경쟁적인 하드웨어 중심의 반환경적·비민주적 도시 만들기를 끊어내고, 소프트웨어가 뒷바침된 친환경형의 민주적 도시 가꾸기로 전환해야 한다.

도시 또는 공간을 둘러싼 최근 논의들의 핵심 쟁점이 "환경·삶의 질·아름다움의 추구" 라는 사실들인데, 이 사실들은 이 원고의 주장을 충분히 뒷받침해주고 있다. 현재 추진 중에 있는 '제4차 국토계획'과 같은 거시적 공간계획에서도 도시는 전략적 대응 과제로 다뤄진다. 싫든 좋든 세계화·지방화와 정보화의 파도를 탈 수 밖에 없는 많은 도시들이, 이러한 세 가지 슬로건을 앞다투어 내걸면서 문화·역사도시를 지향한다는 다양한 노력들을 기울여왔다.[2] 그러나 선언적·상징적 수준에 그쳤을 뿐 과정이나 내용 면에서 볼 때 주민의 삶의 현장으로 이끌어냈다고 보기 어렵다. 무성한 이벤트성 문화축제[3] 등이 그 전형적인 예라 하겠다.

도시관리의 궁극적 목적은 쾌적한 삶터와 건강한 모듬살이의 제공에 있는 것이다. 공간과 장소를 새롭게 만드는 것은 목적 달성을 위한 하나의 수단에 불과하다. 지난 30여 년 동안의 급속한 성장으로 극도로 비대해져 만성스트레스에 걸린 우리 도시를 살려내기 위해서, 그리고 21세기라는 새로운 문턱을 넘어가는 이 시점은 지금까지와는 다른 사고와 시각을 필요로 한다. 우리 모두는 이제 "해야 할 일과 할 수 있는 일, 그리고 해서는 안 될 일"을 구별해낼 수 있는 지혜를 모아야 한다. 그리하여 "크기와 높이의 도시 만들기"의 사슬을 끊고, "깊이와 짜임새가 있는 도시 가꾸기"를 하나 하나 실천해야 한다.

정보화 시대 부산의 비전과 발전 전략

총체적 위기로 표현되는 오늘의 부산에 대해서는 다양한 관점과 진단이 있을 수 있다. 그러나 핵심은 '양적 성장으로부터 질적 고도화로 나아가는데 있어 슬기롭게 대처하지 못해 발생하는 전환기적 위기'라 할 수 있다. 앞에서 언급한 '소프트웨어적 처방의 친환경형의 민주적 도시 가꾸기'란 질적 고도화를 통해 도시 정체성을 확립하고 무한 경쟁 시대의 도시 경쟁력도 확보하는 양면 전략이라 할 수 있다.

물리적 그릇으로서의 부산의 환경이나 자원의 역량으로 볼 때, 그릇 키우기식의 구태의연한 하드웨어적 처방은 끝없는 외연적 확산과 원심적 분열이라는 악순환만을 되풀이할 뿐 결코 미래 지향적인 옳은 처방이 될 수 없다. 최근의 현안으로 인해 겪는 시민들의 구겨진 자존심과 고통 또한 어쩌면 질적 고도화를 소홀히 한, 그래서 우리 부산 고유의 것을 갖고 있지 못한 데서 겪는 서글픔일 수 있다. 힘의 논리에 의한 부자연스러운

아웃소싱은 지역간의 갈등이라는 역기능도 초래할 수 있다. 시민이 자긍심을 느낄 수 있고 밖에 내놓을 수 있는 고유한 문화적 기반에 근거한 상호 신뢰와 존경이 있을 때, 경제도 성장하고 지역갈등도 해소되는 등, 400만 대도시로서의 대접을 제대로 받을 수 있을 것이다.

질적 고도화는 말할 것도 없이 소프트웨어적 뒷 받침, 즉 문화의 성숙에 바탕할 때 가능하다. '세계는 소프트웨어가 하드웨어를 압도하는 사회'라는 지적을 예로 들지 않더라도, 지구촌 시대에서의 각종 유익한 정보나 아이디어란 '지역성과 문화'라는 토대[5] 위에서만 싹이 틀 수 있음은 두말할 나위가 없다. 바꾸어 말하자면 가치 있고 경쟁력 있는 정보는 구성원들이 공유하고 있는 고유한 문화 인프라 위에서만 가능하다.

부산시가 최근에 설정한 10대 전략 산업 중에서 '관광·소프트웨어·영상산업'이 성장유망산업에, '신발·섬유 패션'이 구조고도화 산업에 포함되어 있는데, 이러한 전략산업들이야말로 문화 인프라의 뒷받침 없이는 발전할 수 없다는 사실에 유의해야 한다. 동시에 시민들이 바라는 도시의 미래상 역시 '국제무역도시와 정보문화도시'라는 점에서, 문화 기반에 근거를 둔 도시 발전 전략은 충분한 당위성과 설득력을 지닌다. 경제 살리기를 위한 직접적이고 가시적인 노력은 뒷전에 둔 채, 문화 노름을 한다는 지적이 있을 수도 있겠으나, 그것이 지구촌 시대의 유일한 도시생존 전략이라는 점에서 선택의 여지가 없음을 인식해야 한다.

특히 정보화의 급속한 진전은 도심문화근린과 같이 활용 가능한 기존 자원의 네트워킹에 기초한 지역 가꾸기를 가능케 한다는 점에서도 상당히 고무적이다. 외국 도시들의 경우도 도시관리의 중심이 관 주도의 전통적 도시계획에서 민간 참여의 지역 가꾸기로 이동하고 있음에 주목해야 할 것이다. 따라서 우리의 도시계획 행정도 쟁점 사안이나 사업 단위의 개별 행정에서, 특정 지역의 경제 · 문화 · 장소를 하나로 엮어내어 시너지 효과를 창출할 수 있는 복합 행정으로 전환되어야 할 것이다.

부산의 도시공간 구조와 도심문화근린

도시공간에 대한 해석은 일반적으로 도시토지이용의 시각에서 보는, 예를 들어 2011년 부산도시 기본계획이 제시하고 있는 2도심 6부도심 2지구중심과 같은 공간 구조적 이해나, 행정권 · 생활권이나 가구 · 가로와 같은 인위적 공간 구획 단위에 의한 구분, 혹은 도시 지리적 해석 등이 보편적이다. 그러나 이러한 공간단위들이 사회문화적 일체성(공동체성)이나 시지각적 식별성(명료성) 등에 바탕한 지역정체성과 일치되는 경우는 많지 않다. 도시관리에서 전통적으로 다루어왔던 도시 환경단위urban module들이 주민이나 방문객 모두에게 읽혀지지 않음으로서, 바꾸어 말해 소비자의 눈높이와 논리가 아니라 항상 공급자의 논리에 의해 좌우되었기 때문에 지역 특유의 장소 가꾸기나 공동체성 고양에 실패하는 경우가 많았다. 따라서 도시의 생성과 발전의 과정에 따라 다소 상이하기는 해도 어느 도시이든 다양한 크기와 유형의 반복적 환경단위들로 구성되게 마련이라는 점에서, 물리적 · 기능적 · 사회적으로 비교적 균질한 양태를 보이는 도시 환경단위인 도시근린에 주목할 필요가 있다. 여기서는 도시근린을 도시공간의 해석단위이자 관리 및 계획의 단위로 설정하고 접근한다.

도심문화근린이란 부산의 다양한 도시근린의 하나이다. "도심문화근린"이라고 한 것은, 역사의 시간적 축적이 다름 아닌 문화라는 점에서, 부산의 근대 역사와 사건들이 켜켜이 그것도 집약적으로 축적되어 있는 근린이고 그곳이 도시공간구조상 도심에 해당하기 때문이다. 도심문화근린에 주목하는 또 하나의 이유는, 시청사의 연산동 이전에 따른 전통적 도심의 와해, 그리고 부산의 도시적 중심성의 상실에 따른 도시 경제적·사회 문화적 결손이 지역으로나 도시적으로나 매우 심각한 부작용을 낳지 않을까 우려되기 때문이기도 하다. 문화도시 가꾸기를 도심문화근린에서 출발하는 이유도 바로 여기에 있다.

벤치마킹 사례와 부산

일본의 경우, 개항 당시의 성당이나, 외국인 주거, 세관 등을 잘 가꾸어 놓은 나가사키를 예로 들 수 있다. 담장이 넝쿨이 우거진 '네델란드 언덕'이라든가 개항장의 모습을 시가지에 축소해 놓은 사례 등이 인상적인데, 여기에 원폭기념공원 등이 엮어지면서 훌륭한 역사 문화 관광자원으로 활용되고 있다. 도시 입지나 구조가 부산과 유사하다는 점에서 좋은 참고가 되나 개별 자원들이 유기적으로 네트워킹되어 형성하고 있지는 못하다.

네트워킹이 잘 된 사례로는 미국의 보스톤을 예로 들 수 있다. 미국 문화 역사의 중심으로서 역사적 문화유산과 근대와 현대가 잘 공존하는 보스톤 커먼은, 자유의 요람이라 불리우는 페니얼 홀Faneuil Hall과 같은 미국 근대사의 명소들이나, 비콘 힐Beacon Hill, 백 베이Back Bay와 같은 오래된 근린주거지, 보스턴 공원Boston Common과 같은 오픈스페이스를, 그리고 오래된 시장과 창고를 재생한 퀸시 마켓Quincy Market 등을 하나로 엮어 프리덤 트레일Freedom Trail이라는 세계적 명물을 조성해 놓았다.

외국의 도시들이 비교적 탄탄한 유·무형적 기반 자원들에서 출발했다는 점에 비추어 볼 때, 부산은 다른 논리와 방식으로 출발하지 않으면 안 된다. 예를 들어 도시문화의 체험이나 도시 관광의 매력은 뭐니 뭐니 해도 '좋은 음식과 좋은 도시 건축'이 기본 바탕 요건이라 할 수 있다. 이는 소프트웨어와 하드웨어를 상징하는 것이기도 한데, 유럽이나 서구, 일본의 좋은 도시들이 이를 바탕으로 하는 반면, 부산은 이 점에서 매우 열악하다. 도시건축은 물론이거니와 음식만하여도 자랑할 만한 음식문화가 없다는(?) 점이다. 동시에 시민들의 긍지, 역사의 향취를 즐기려는 문화의식, 추가적 비용을 지출하려는 의지 등이 무엇보다도 중요함은 외국의 사례를 통해서 충분히 알 수 있을 것이다.

도심문화근린에 관심을 두는 일련의 문화도시 가꾸기는 부산이 지니고 있는 유무형의 자원들을 다시 찾아보는 것에서 출발하는, 즉 자기 발견을 통해 세계를 보고 세계에 알리고자 하는 것이라 할 수 있다. 이는 흔히 동전의 양면이라 일컬어지는 세계화와 지방화를 겨냥한 노력인 동시에, 자기 발견과 세계 체험이 동시에 일어날 수 있는 터전을 만들어간다는 점에서 국제도시를 지향하는 첫걸음이라 할 수 있겠다.

도심문화근린 구상의 의의 등

도시적 의의

① 도시와 생활문화

도심문화근린 육성은, 경제 · 문화 · 장소에 바탕을 두어, 일상의 그 터전을 가꾸는 작업이다. 변혁의 문턱에서 도시 공간과 도회적 삶 속의 문화, 그리고 그 가치가 차지하는 위상을 재점검하면서, 일상의 역사 · 문화 자원에 기대어 장소적 매력을 키우고, 다양한 문화 운동과 지역 가꾸기 시민운동의 결합을 통해 궁극적으로 도시적 정체성과 경쟁력을 키워가는 도시개혁 프로그램이라 해도 지나치지 않다. 문화의 생활화(일상의 문화화)를 통한 도시변혁都市變革이라 바꾸어 말할 수 있을 것이다.

한편 문화란 도시 시스템의 정신적 추상이자 결과라는 점에서 한마디로 도시 시스템을 바꾸는 첫 걸음이라고도 할 수 있다. 특히 부산의 도시 관리가 이제까지 시스템보다는 '바람'이나 '감'에 치우쳐 온 느낌을 지울 수 없기 때문에 더욱 그러하다.

문화 자원과 시설의 확충을 통한 양질의 고급 문화를 확대하자는 것이 기보다는, 우리 도시, 도시 생활, 도시 사고의 패러다임을 전환해 그 기초를 다져나가자는 것이다. 학문적 가치가 높은 역사유적이나 고급 상층 문화는 상징적 기회 요소로만 활용할 수 있어도 충분하다. 기층을 키워 소위 저변을 확대해 시민 모두가 향유하고 삶의 질을 높일 수 있어야 한다. 베토벤만을 볼 것이 아니라, 우리도 베토벤을 키워낼 수 있었던 예술적 교양사회를 향해서 하나 하나 역량을 가꾸어가자는 것이다.

② 도시와 길/골목

한편 부산에서의 "길", 특히 생활문화골목은 도시사적으로 볼 때 굴곡 많은 우리네 삶의 모습이나 체취가 어느 도시보다도 많이 서려 있는 곳이다. 2~3년이라는 짧은 시간 동안에 극히 한정된 공간에서 한 나라의 사람들이 고도로 압축된 공통의 경험을 한 사례는 세계사적으로도 없다는 사실 또한 매우 소중한 자원이다. 이는 단순히 개인의 추억에 기대는 감상적 차원에서의 접근에 그치는 것은 아니다. 전쟁을 경험한 국민이 이제 전인구의 20% 밖에 안 되고 관련 자료나 장소들이 사라져 가는 시점에서, 그리고 통일시대를 대비해 우리의 근대사를 도시적 삶의 현장에 생생하게 기록해 두는 작업이라는 점에서 더욱 큰 의미를 찾을 수 있을 것이다. 더구나 동구(상하이거리/명태고방골목 등) 및 서구(임시수도기념관 등) 지역에 산재한 생활 역사문화자원들과 유기적으로 연계시킬 경우, 도심 전역이 새로운 문화근린으로 탈바꿈해 갈 수 있을 것이다.

이런 관점에서 볼 때 부산의 생활문화골목들은 다음 세 가지 측면에서 의의를 찾을 수 있을 것이다.

• 21세기 세계화 · 지방화 · 정보화 시대의 경쟁력 있는 고유자원이다.

• 400만 거대 도시의 복합적 속성을 감안하고, 지금까지 되풀이해 온 거대 이론 또는 거대 구상grand design의 실천적 한계와 제약을 보충해 줄 수 있는 탈이론적이며 탈계획적인 작은 이야기와 미세한 삶이 살아 있는 곳이다.

• 자본주의적 도시화로 인해 훼손되어 가는 이와 같은 개별적이고 차별화된 작은 문화권을 정보시대의 네트워크 작업을 통해 보전 육성하지 않으면 안 되는 현실적 당위성 때문이기도 하다. 골목과 시장이 하나 둘 사라져 가면서 이름과 껍데기만 남아 있는 곳이 많기에 더욱 그렇다.

시대적 함의
① 얼치기 자동차 문화 시대의 "자전거"로서

도심문화근린은, 우리의 도시 현실 여건에서는 "첨단 자동차시대의 자전거"로 비유할 수 있다. 문화근린이 지닌 특유의 생활 장소성과 인간적 분위기를 뒷바퀴라 할 때, 첨단 정보매체의 디지털 시대라는 앞바퀴가 선도하는 방향을 따라 계속 페달을 밟아 21세기를 스스로 헤쳐가야 하는 것이 부산의 길이기에 그러하다.

자전거 시대도 제대로 거치지 않고서 자동차 시대를 맞은 한국이 겪는 고통의 교훈들을 되돌아 보기 위해서라도, 그리고 자동차가 어울리지 않는 도시공간구조에 인간적 척도를 도입하기 위해서라도, 옛 것을 제대로 남겨 놓지 못한 우리의 도시 만들기를 반성하기 위해서라도, 친환경의 에너지 절약형 도시를 가꾸기 위해서라도, 도심문화근린은 그 시사점이 많다.

② 성숙된 고급문화를 배태하는 인큐베이터로서

고급문화는 시민의 정서를 어루만져주고 감성을 계발해 주고 동시에 전반적 문화 수준과 의식을 이끌어간다는 점에서 중요하다. 그러나 현실 적으로 일정의 제약이 있다는 점을 인정하지 않을 수 없고, 동시에 일상 과 동떨어져 있거나 일부 계층이 즐길 수 있는 문화가 제자리를 잡아가기 위해서도, 삶으로서의 일상 생활문화를 한 단계 높이는 작업이 필요하다. 이를 통해 생활문화가 고급문화의 인큐베이터로 자리매김해야 한다.

도심문화근린 구상의 전제
① 도시공간 관리 기본원칙의 설정과 준수

도심문화근린 구상은, 결국 부산만이 지닌, 지녔던 특유의 근대역사자 원과 장소 찾기부터(개항과 근대사의 사건과 장소, 바다문화와 관련된 당 산나무들, 부산의 인물과 장소 등) 차근차근히 진행하면서, 이를 시민의 삶으로 끌어내야 한다는 점에서 많은 시간을 필요로 하는 문화적 과정이 기도 하다. 따라서 현재의 도시를 관리할 아래와 같은 몇 가지 기본 원칙 을 세우고 이를 실천하지 않으면 성공할 수 없다. 그 기본원칙은 다음과 같다.

- 도심부에서 자동차 도로의 고가화는 하지 않는다.
- 보행로와 자연은 단절시키지 않는다.
- 역사성과 장소성을 지닌 도시근린의 개발은 신중히 한다.

② 체계적 조사와 도시적 종합 구상

도시적 스케일에서의 부산의 역사문화자원에 대한 체계적 조사 그리고 이를 도시지리 및 도시공간적 스케일로 떨어뜨린 문화근린에 대한 해석, 이에 대한 종합적 구상 등이 선행되어야 한다. 예를 들어 부산의 문화근린은 대략 다음과 같이 구분해 볼 수 있을 것이다.

- 자긍과 상징, 전통사회의 자존심과 문물 → 동래
- 근대화의 새로운 문물이 부딪쳐 어울어낸 → 도심
- 도시 에너지의 중심이 되는 두개의 견인차magnet → 서면과 연산동
- 새로운 도시적 활력과 어메니티 → 광안리와 해운대
- 도회적 모듬살이를 지탱케 한 자양분을 공급해 온 → 사상과 구포

도심문화근린의 부산적 함의

- 문화도시 만들기의 핵심 프로젝트와 시범프로젝트Core Project & Pilot Project
- 도시 만들기 패러다임의 전환 : 친환경형 문화주의 도시설계
- 도시 정체성/주체성의 회복 : 끊임없는 외부적 도움에서 벗어나는 첫발
- 지방화와 세계화의 두 마리 토끼를 잡는 현실적 전략
- 지역주민과 소상인에서 시작하는 경제 살리기의 실천적 프로젝트
- 도심 살리기를 통한 도시구조와 기능의 회복
- 지속 가능한 생활문화 삶터 가꾸기
- 문화복지적 관점의 지역 가꾸기

도심문화근린의 현황 및 자원

대상구역

① 공간적 범역 : 중점 관리대상 구역

- 범위 − 북 : 기상대 주변, 남 : 자갈치 시장, 서 : 국제시장과 골목,
  동 : 연안부두
- 크기 − 동서 길이 1㎞ × 남 북길이 1㎞(30여만평)

② 벤치마킹 사례 : 서울의 "남대문시장 + 명동 + 금융가"

- 잠재적 역량 등에서 차이는 있으나 입지조건은 '도심문화근린'이 오
  히려 양호
- 콤팩트한 공간구조 : 식별성, 인지성, 짜임새 등
- 환경적으로 양호한 주변 입지 여건 : 워터프론트와 용두산

관련 계획과 공간범역 공간적 · 시간적 위상

① 2011년 부산도시기본계획

- '2도심 6부도심 2지구중심'의 다핵화된 공간 구조의 "상징적 중심"

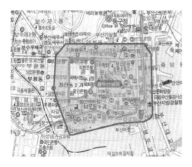

으로써, 기존 도심과 서면 도심을 잇는 도시 중심축의 한 날개.

② 2011년 부산 도시재개발 기본 계획(입안중)

- "국제시장/광복동(기지정)/건어물시장(추진중)/남포/중앙동" 등 5
  개 구역이 상세계획이나 도시설계 등과 같은 지구단위계획 수법에
  의한 철거/수복 방식의 재개발구역 지정 대상으로 검토되고 있으나,
- 현실적으로 사업방식이나 소요기간 및 재원 등에 비추어 실현성이
  떨어지며, 한편으로 도시토지이용 및 도시경관 측면에서도 바람직
  하다 볼 수 없다. 따라서 도심문화근린에 대한 재개발구역 지정은
  근본적인 재검토를 필요로 함.

③ 기회요소

- 아시안게임과 월드컵 등의 국제적 도시이벤트의 활용
- 부산국제영화제 등 문화 축제의 활성화
- 지역 문화와 환경에 대한 시민적 관심 증대

대상구역 주변의 여건변화 [7]

① 도시구조의 변화

- 다핵화와 주변화에 따른 중심의 상징성/식별성, 흡인력/접근성 쇠퇴
- 성장잠재력과 지지권 : 도심의 문화/오락적 흡인력의 쇠퇴, 주변시
  가지 및 교외 개발의 가속화

② 유통구조 및 소매 환경의 변화

- 재래시장/백화점/창고형 디스카운트 스토어/무점포판매(통신판매
  /TV쇼핑/방문 등)

• 초대형 복합용도개발 입지 예정

③ 지역 이미지 등
• 도시교통 및 주차의 어려움
• 새로운 변신을 위한 노력 미흡[8] : 다양한 세대와 계층의 수요대응에 한계

토지이용 및 주요 생활문화 · 역사 자원 현황

① 토지이용[9]
• 도시 외곽지의 급속한 개발과 시청사 이전 등의 요인으로 인해, 대상구역에서의 개인 및 분배 서비스 업종의 격과 질이 떨어지고, 지속가능한 도심으로 살아남기 위한 절대 요건인 생산자 서비스 업종도 유입보다는 감소되고 있는 실정임.[10]
• 용도구성에 있어서는 도심 토지 이용에 어울리는 균형있는 용도 구성이 이루어지고 있지 못한 것으로 판단됨.

② 세부자원
㉠ 기본 자원 및 시설
• 국제시장/자갈치시장 • 용두산공원/극장가 • 중앙동 업무시설군
㉡ 근대사 관련 상징물 및 장소 : 일제강점기 및 근현대사의 멸실 적지
• 백산기념관/경판정 등
• 기상대/극장(시민관, 행관, 부산극장)
• 40계단/영도다리/피난학교/수용소/문화공간(소설 영화 속의 장소: 밀다원 다방, 스타다방)
• 중앙성당/성공회 부산주교좌 성당 등

생활 문화 골목 및 자원 현황

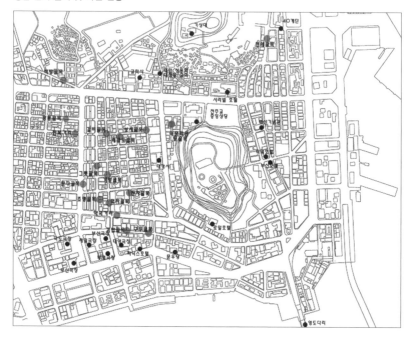

ⓒ 특화된 명물 거리 및 장소(도면 참고)

ⓓ 경관 및 풍물

• 복병산/영도다리 점집/통근선 등

• 전통 음식점들(구포집, 할매집 등)

구상의 전개

기본방향

① 네트워크화

현재는 판매(잡화/의류/재료 등)/식도락/제조업/문화/위락 등 다양한 업종이 유기적 관련성을 지니지 못한 채 산재해 있다. 다양한 업태가 복잡하게 얽혀 있는 것을, 구역별 또는 거리별로 특화 시켜 전체가 하나의 생활문화복합근린으로 기능 할 수 있도록 짜임새와 활력을 넣어주어 "부산의 향기"로 가꾸어 가도록 한다.

② 재적응 방식의 구조화

그 과정에서는 소프트웨어적/하드웨어적 재적응 프로그램과 장치로, 특히 활력이 넘치는 새로운 근린을 만들어가기 위해 상징적 · 기능적으로 꼭 필요하다면 국부적인 재건축 방식과 같은 외과적 수술과 함께 '패션몰, 화장품 거리, 그림 거리 등'을 새로이 조성하는 등, 실핏줄 살리기도 병행해야 할 것이다.

도심문화근린의 공간구성 : 특화/복합화/네트워크화의 포지셔닝
① 기본구성

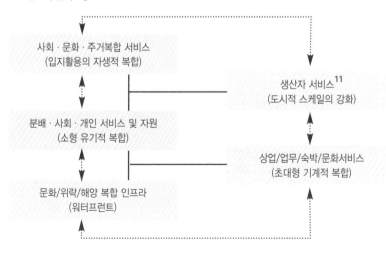

참고 : 유기체로서의 도심문화근린

용두산	머리
동광동/중앙동 금융가	"심장(돈)"이며,
보수산/복병산	허파요,
워터프론트	건강한 다리
중앙로/구덕로	대동맥
대청로	동맥에서 실핏줄로의 연결마디
광복로/동광로(?)	문화 정맥
광복동길/국제시장길	실핏줄에서 정맥으로의 연결마디
골목들	문화 실핏줄
곳곳의 역사/문화 자원	'신경절(다발)'

도심문화근린 공간구성(안)

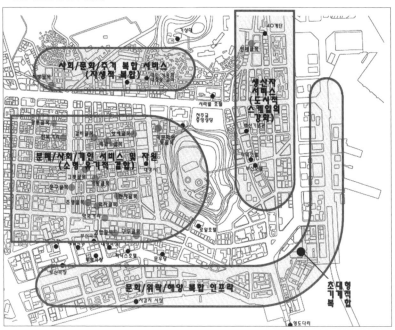

② **관련 연계 사업**

- 옛시청사 개발계획
- 자갈치 주변 도심형 워터프론트 정비사업
- 자갈치 정비 및 건어물 시장 재개발구역

형성수법 및 쟁점 계획요소

① **기본방향**

㉠ 하드웨어 : 점진적 재적응 + 국지적 스케일에서의 개발 프로젝트
(채우고 거르고 순환시키기Infill & Filtering/Cycling)

㉡ 소프트웨어 : 인터넷/홈페이지 + 디자인/생산/마케팅 통합 프로그램 개발, 사이버 커뮤니티의 활용, 적극적인 시장 흐름 주도형 프로그램, 브랜드 개발을 위한 노력 등

② **자원유형별 정비**(예시)

자원 유형	대상지	정비 형식/내용	형성/조성 개념
생활어메니티 (면적 형태)	국제시장, 자갈치시장, 주거복합근린	2층 연결복도와 덱크, 진입계단 정비, 일부 기계획수용과 수변덱크	CATALYSTIC MEDIATOR
특화어메니티 (선적 형태)	책방골목, 인쇄골목, 부평동국제시장 골목들, 문화원뒷길 등	핵심시설의 재건축, 리노베이션	INFILL & FILTERING
장소어메니티 (점적 형태)	40계단, 영도다리, 미영사관, 백산기념관, 성당, 대각사, 기상대	안내표지판, 키오스크, 패턴 포장, 역사문화트레일 연계	LINKAGE
복합어메니티 (점/면 형태)	동광초등교, 동주여상, 잠재력이 있는 대규모 용지	부산적 도시다움을 연출하는 시설/공간/장치의 개발	ADDITION & RESTRUCTURING

③ 공공시설 등 이전가능 대상지의 활용 예시

㉠ 동광초등학교[12]

- 직접 활용 방안 : 지하주차장/소공원

　문화관련 디자인 벤쳐센터/관광상품 기획판 매시설 + 기타 상업시

　설(벤치마킹 사례 : 대구 동성로 중앙초등학교 공원조성 계획 확정)

- 대체 활용 방안 : 구역내의 이전 가능 대상지와의 교환 개발

　용두산/복병산 살리기 등과 연계시킬 때 효과적임

　(남성초등교/동주여상 등)

㉡ 광복초등학교

- 용두산연접부 : Event promenade, 패션전시장/소극장/애니메션

　영상센터/힙합댄스 등 청소년 옥외공연마당/공원카페/용두산연결로

- 대규모 시설의 용도 전환

- 대각사 : 도심형 전통 사찰로 재정비, 부산 영남권의 불교세 활용

- 파출소 등 공공시설용지 등의 활용

- 나대지 또는 노후화/불량화로 인한 재건축 소요발생 대지의 활용

④ 쟁점 계획요소

- 교통계획 : 주차, 차량동선, 물건반입 · 쓰레기 처리 등 써비스 동선

　의 시간대별 이용. 근본적으로는 "도심교통관리계획"과 같은 도시

　적 스케일의 교통관리 차원에서 접근되어야 할 것임.

- 경관관리 : 불량건축물 및 외관의 정비 등

- 간판정비와 점두店頭디자인

중점 사업 및 프로그램 예시

도심문화근린 구상의 중점 사업 또는 프로그램은 지금까지의 도시재개발이나 재건축과 같은 도시정비사업과 발상이나 내용/형식에 있어 근본적 차이가 있음에 유의해야 한다. 한 마디로 주민참여형[13] 지역 가꾸기이다. 지주나 건물주보다는 상인이나 주민 그리고 시민의 이해가 반영될 수 있는 도시 가꾸기라는 점에서 계획의 틀과 진행방식에서 차이가 있다. 이와 같은 주민참여형 지역 가꾸기는 관련 당사자의 이해가 다양하고 그 관계 또한 첨예할 수밖에 없기 때문에, 무엇보다도 "합의형성능력"과 논의의 규칙과 능력을 갖추는 것이 중요하다.

> 이제는 재산권 또는 지역이기주의에 편승했던 주민운동(소극적 커뮤니티)이 아닌, 생활공간의 질적 향상과 환경보호 및 인간성 회복을 위해 스스로 참여하고 아이디어를 제시하며 협상능력을 갖는 새로운 주민운동(적극적 커뮤니티)의 시대가 오고 있음에 주목해야 할 것이다.[14]

국제시장 : 재적응Readaptaion
① 가로별/가구별 특화와 재적응
- 기초 인프라 정비 : 덱크/연결복도/옥외휴게장소 등
- 공간 재배분 및 재배치 : 공동 핵과 서브테넌트 개념

② 부분 재건축 방식과 Landmark Tower
- 배경 : 식별성/지원기능 보완/조망경관의 도입
- 대상지 : 가장 노후되고 동시에 복합기능의 보완을 필요로 하는 입

지의 가구

③ 선진 시장 프로그램과 건물 유형

- 디자인/제작/판매의 일관작업을 가능케 하는 스튜디오형 매장과 정보 인프라 구축 등
- 24시간 가동을 고려한, 주상병용 건물 또는 중규모 주상복합개발
- 중정형과 옥상정원을 활용

생활문화골목 : 네트워크

① 골목의 네트워크화

㉠ 기본방향 : 연결(끼우기와 채움/비움에 의한)과 공존, 조성과 정비 네트워크 도우미(트레일 표지, 안내표지판 등 가로장치물, 패턴 포장 등)

㉡ 명물 골목의 유형별/용도별 특화와 조합[16]

참고 : 국제시장과 서울 동대문 시장 개발사례의 개발여건 비교

- 동대문 시장 구성의 다양성과 시너지 효과
  - 초대형 마천루 매장[15] ; 두산타워(패션쇼핑몰), 프레야타운, 밀리오레
  - 재래시장 ; 평화시장, 신평화시장, 남평화시장, 청평화시장
  - 중규모특화 매장 ; 아트프라자, 우노꼬레, 팀204, 디자이너 클럽
- 배후 시장성과 잠재력
  - 거대도시 서울의 종주성/지배성, 전국상권의 중심 위치, 경제력의 압도 등
  - 마케팅 프로그램의 탁월함 ; 다양한 소프트웨어의 지원가능, 생산자 마케팅 등
  - 추후의 상황변화에 능동적으로 대처할 수 있는 기반 형성
  - 부산의 잠재력 아래서는 여건 변화에 탄력적으로 대응하기 어려움
- 개발여건
  - 교통 ; 1/2/4/5호선 지하철 노선 결절점, 3.1 고가도로, 잘 발달된 도시교통망,
  - 덕수상고 등 이전적지 활용이어서 개발계획 수립 및 실행이 용이

- 먹자골목/죽골목/고갈비골목/
- 깡통골목/수선골목/보세골목/한복골목 등
- 책방골목/문구거리/레코드골목/꽃골목(거리 디자인의 요소로 활용)
- 그릇골목/부속골목/카셋트골목/조명골목
- 가방골목/구두골목/신발골목/안경골목
- 갈비골목/김밥골목/족발골목/피자거리/밀가루골목 등
- 인쇄골목
- 문화원 뒷골목 : 디자인 거리로 시범 조성

ⓒ 새로운 골목의 조성
- 경관골목 : 담쟁이 넝쿨이 있는 돌담길 주변의 경관정비(남성초
  등학교 진입로)
- 새로운 용도 골목 : 패션골목, 화장품 골목 등
- 전문점specialty store 골목 : 디스카운트전문점, 부티크, 단독전문
  점, 체인전문점. 특히 '패밀리 레스토랑'과 같은 가족 단위의 이용
  에 대한 배려
- 첨단 유행 골목[17] : 일종의 시범 골목pilot alley과 그 일환으로서 실
  험 점포pilot store 거리의 반짝 골목

② **골목살리기의 현실적 대안**
㉠ **현황**
수요와 소비 행태의 변화로 인해 일부 특화 골목들이 멸실되어 가고
있다. 죽골목엔 죽집이 2~3개, 수선골목엔 5대의 재봉틀만이 남아 있는
수준이다. 일부 골목들은 생활 부조 차원의 지원이 절대적으로 필요한 실

정이다. 도심문화근린에서의 골목의 위기는 지역의 위기로 이어질 수 있음을 지역 전체가 인식해야 할 것이다.

ⓛ 대안

자족적 '용도 복합' 형태로 바꾸어가면서 수요 변화와 문화 변동에 탄력적으로 대응해 가야 할 것이다. 이는 특정 골목이 한두 가지 용도 만으로 특화되는 것은 소비자의 기호가 다양화 · 분열 되어가는 지금과 같은 사회문화 추세 아래서 생존하기 어렵다. 따라서 몇몇 관련 용도들이 군집해, 즉 용도복합화에 의한 core + subtenant의 개념으로 재구성하는 것이 바람직할 것이다.

예) "죽골목" + 육고기 + 떡 + 전통한과 등 = "민속음식골목"으로
예) "레코드 골목" + 오디오 + 영상기기 + 전자제품 + 음향기자재 =
　　"소리골목"으로

역사문화 트레일 : Place Seeking & Linkage

① 루트와 Node/Terminal

• 루트 1 : 근현대사 트레일
　40계단--인쇄골목--백산기념관--용두산--광복동--동광동-
　-영도다리

• 루트 2 : 생활 트레일
　책방골목--부평동 명물 골목--국제시장--자갈치

• 루트 3 : 문화예술 트레일
　기상대--남성초등--성공회 성당--미문화원--광복동[18]--피프
　광장--남포동

역사문화 트레일

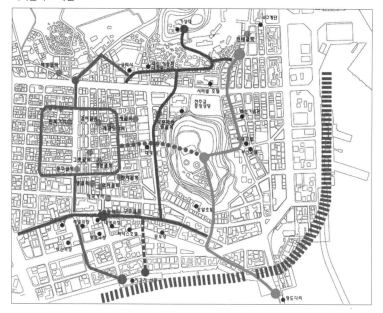

- 루트 4 ：고난체험 복합트레일

  부산정거장--40계단--중앙성당--용두산--국제시장--부평동
  골목--자갈치--영도다리

- 교점Node/터미널Terminal

  - 용두산/국제시장 ; 도시문화근린의 루트를 유기적으로 엮어주는
    네트워크 결절점
  - 워터프론트 ; 도심문화근린 전체를 하나로 바쳐주는 공통기반

② 숨겨진 작은 역사 및 장소 찾기

- 근대건축물과 역사자원

  - 해당 건조물과 장소의 관리, 주변의 최소 공지 확보

- 성공회주교좌(30여년밖에 안 된)와 같은 사회성/문화성 있는 자
  원 발굴
- 사소하게 놓치기 쉬운 "근대양식 건축물과 장소성의 발굴", 심지
  어는 개인적 차원에서의 역사 기록 풍토의 조성도 중요함.
- 주변 경관의 정비 - 주요 건조물/장소 주변- 예를 들어 미문화원
  건물의 흉한 배경이 되는 성림주차빌딩, 그랜드 뷔페의 흉한 경관.

주거복합문화근린

① 현황

지역의 지형 및 입지가 오랜 삶과 일체가 되어 독특한 풍정을 만들어
내고 있는 곳이다. 유사한 사례로 볼 수 있는 일본 고오베의 기다노 지구
나 나가사끼의 경사 주택지에 비한다면 바탕 지형과 용도 구성 자체가 다
이나믹할 뿐만 아니라 무엇보다도 도심 한복판에 위치하는 입지적 장점
으로 잠재력이 매우 양호하다.

② 트레일

- 신축 광일초등학교--일본식 주택(교학사/대림문화사)--성공회
  부산 주교좌 성당(근대건축양식)--계단과 대청동 주거환경3지구
  의 노후 주택들--진입로변의 양호한 주택들--기획사 등의 문화
  관련 용도들--사택(? 대청동1가 23번지, 창고형 일본주택 양식 포
  함)--남성여중 계단--담쟁이 석축 길--남성초등학교--계단길
  --기상대[19]
- 한국은행 코너의 폐쇄된 파출소 부지를 도심문화근린의 "키 데스크
  key desk"(주요한 문화근린구역을 연결하는 결절점 위치)로 활용

③ 활용요소
- 문구/필방/인쇄/지업사/기획사 등 문화 관련 용도의 활성화
- 가려진 자원들의 개방

  환경 조절성이 뛰어난 인간적 스케일의, 아주 좁은 생활골목 그 자체의 잠재성을 극대화할 수 있을 뿐만 아니라, 각종 형태의 계단들과 이용불가능한 급경사면 녹지를 틔워주는 일도 경관적/기능적으로 매우 중요함

④ 정책적 활용
- 도심주거근린 정비의 "시범지구"로 활용
  - 남성초등학교 밑 대지가 넓은 양호한 주택들은 도심중산층 주택의 시범사례로
  - 경사지불량주택지는 주거환경개선사업의 시범지구로 정비

    (주거환경개선사업에 디자인의 개념을 도입하여 일종의 현대토속 주거근린으로 육성)

용두산/복병산 살리기와 틔워주기

① 현황
- 용두산은 공원이 아니라 자기과시의 장소로 이용되고 있다. 4.19탑/이순신/안희제 동상뿐만 아니라 시민의 종/각종 헌장비/공적비/기념비 등 10여 개가 넘는 기념비/조각물 등으로 어지럽혀진 공원이다.
- 녹지에 대한 관리 개념이 없다. 무조건 나무만 살린다고 좋은 것이 아님에도, 동주여상 뒤편의 수목 터널은 너무 어둡고, 수목 터널의 시가지 쪽 경사면의 여유 녹지 활용이 아쉽다.

② 기본방향

- 광복로/대청로와의 직접 연계
- 주요 조망/전망의 확보를 위한 시각 통로 및 식재 계획 구상
- 오픈스페이스 연접부 건축물 정리
- 경관관리[20]

③ 상징적 사업

- 용두산 열어주기 ; 대로와의 기능적/상징적 연계
- 복병산 마주보기 ; 대규모 경관 차폐 시설의 이전

추진전략

시민 · 주민 주체적 대안

① **조직 구성** : (가칭) "문화근린 시민연대", "도심문화근린위원회" 등 매스컴 및 관련 시민단체 등과 함께 사라졌거나 숨겨져 있는 장소성을 찾아내고, 지역 가꾸기 프로그램 개발과 홍보를 담당할 조직을 구성해야 한다. 궁극적으로는 영국의 Civic Trust[21]나 미국의 Main Street[22]와 같은 지역 가꾸기 운동으로 전개해야 할 것이다.

② **도심문화근린위원회의 주요 업무**

- 도심문화근린 마스터플랜 기본구상
- 교육 및 홍보, 공간정비 지도(간판정비지침 등 포함)
- 도심문화근린 Net : Internet Home Page

- 도심문화근린 지도

③ 기금(FUND) 조성

공공 선도 방안[23]

- 도심문화근린 마스터플랜 : 지원 및 협조
- 구미문화원 활용계획과 연계 ; 역사문화관
  (1층 부산역사관, 2층 여성복지센터, 3층 국제교류센터)
- 자투리 공간의 활용 : 미활용공지(구미화당 앞의 교통섬, 지하철 입구
  주변 등), 도로변의 자투리 공지, 민간건물의 공개공지 활용 유도 등
- 기반시설 정비와 공공디자인 ; 역사문화트레일 및 주요 장소를 중심
  으로 가로등, 휴지통, 이벤트 프레임, 벤치, 음수대, 공중전화부스,
  키오스크(공공장소에 설치된 무인정보 단말기), 버스정류장, 택시
  승하차장, 가로조경 및 식재, 포장 등

정책적 대안
① 관련 법제도 등
- 특별용도지구 지정 및 관련 조례 제정(입법예고중인 도시계획법 개

정안 확정시 경관지구 또는 도심문화근린지구 등)

- 도심복합주거근린 조성에 대한 사업비 지원(현행 주거환경개선사업 등과 연계한)
- 영세 업종에 대한 실질적 지원 및 관련 업종에 대한 세제 혜택 등
- 중앙 정책부서의 관심/지원 유도(정보통신부/교육부/문화관광부/ 보건복지부 등)

② 생활문화골목 지원 방안

특히 생활문화골목 등에 위치한 일부 소규모 자영업 등에 세금 감면과 규제 완화를 제공하여 지역 경제를 활성화 함으로써 고용을 창출하고[24], 주거복합문화근린 구역에 대해서는 주택 개량과 기반시설 정비에 대한 투자를 통해 지역개발에 기여할 수 있을 것이다.

참고 : 차등화 방안

수선골목 등————————전략 지원 극빈 골목(생계지원 차원)
거리특화 유도 골목——기반시설 정비 및 정비지침 준수 + 세제/재정 지원
활성화 골목————————세제 지원

단계적 추진 전략

① 1단계

- 역사문화자원의 발굴과 네트워크Network 형성을 위한 마스터플랜
- 홈페이지 제작 및 홍보, 이해관계자 및 네티즌의 참여 유도

② 2단계

- 네트워크Network 시설 환경 정비

- 활성화Activation 단계(시설과 장치)로서 관련 당사자 주체의 지역 가꾸기

③ 3단계
- 도시적 스케일에서의 Network 구축, 도시근린 Net 구축
- 이전적지 등 대규모 활용 가능 용지의 개발을 통한 공격적 도시정비

정보화시대의 도시문화근린의 확산 전략
① 문화골목 네트워크Cultural Alley Network, CAN
- 프로그램 : 경영/마켓팅, 재정/금융, 계획/디자인, 행사/이벤트, 회의와 워크숍
- 부산에서 전국 조직으로, 인터넷을 통한 알림/조직화

② 지역 가꾸기 운동의 확대/연대 방안
- 중심가 살리기/세우기Main Street Center
- 아름다운 도시 만들기 시민연대Civic Trust

참고 : 서울의 "걷고싶은 도시 만들기 시민연대"

"어떤 강요에 의해 숨이 턱이 닿게 뛰지 않아도 되고,
맘껏 아이들이 길을 벗삼아 스승삼아 뛰놀 수 있고,
세대를 뛰어넘는 이웃과의 연대와 교류가 이루어지는 도시,
그래서 사람이 주인되는 도시"
"아름다운 사람들이 있는 아름다운 도시"
"새로운 삶의 문화양식을 창조하고,
참사람과 참이웃을 만들어가는 풀뿌리 시민운동"
(강병기, 걷고싶은 도시(신년사), 도시연대, 1999년 1/2월호)

나오는 글

도심문화근린 가꾸기는
"지역경제 살리기"이면서 "부산의 얼굴 만들기"이다.

부산, 이제는 얼굴 없는 도시여서는 안 된다. 주민이든 시민이든 부산을 떠나 객지에 사는 부산사람이든, 관광객이든 누구나가 부산을 생각할 때 떠올릴 수 있는 구체적 그림으로써의 얼굴이 있어야 한다. 그러면 우리는 지금 어떤 얼굴을 떠올릴 수 있을까? 대부분 사람들이 길고 복잡하며 바다가 있는 모호한 그림, 바꾸어 말해 얼굴 없는 몸통만 떠올리는 것은 아닌지? 우리 아이들은 부산의 얼굴을 그릴 수 있어야 한다.

도심문화근린 가꾸기는 작은 그림으로 큰 그림을 그리는 구상이다
도심문화근린 가꾸기는 우리가 당장에 그릴 수 있는 작은 그림들을 통해 큰 그림을 그려간다는 장기적 전망에서 출발하는 것이다. 손님과 장똘뱅이가 있는 소비의 시장이 아닌 우리 모두가 주인이 되는 지역공동체를 만들어 가는 가장 부산적인 계획이자 운동인 것이다. 문화적으로 교양되고 동시에 인정될 수 있는 개발/발전을 지향하자는 것이다.

도시문화근린 가꾸기의 유의점
• 문화로서의 깊이와 짜임새가 있어야 한다.

교양적 토대 혹은 고급 문화적 토대가 빈약한 가벼운 대중문화나 상업주의를 생활문화라는 포장으로만 씌워 놓아서는 안 된다. 시대적 유행이나 즉흥성 또는 재미가 문화에서 아주 중요한 개념이기는 하나, 깊이와 짜임새가 있어야만 생활문화로 정착될 수 있을 것이다.

- **도시근린의 체질개선 작업이 되어야 한다.**

이벤트 개최나 소위 멀티미디어와 같은 전자매체의 활용을 통해 지구적 에너지를 부여하는 것은 좋으나, 삶의 문화로 정착되기 위해서는 체질을 개선해 줄 수 있는 땀과 정성이 깃들이지 않으면 안 된다.

- **적극적 커뮤니티 조성을 염두에 둔 주민참여가 필요하다**

외국의 경우도 주민운동의 성격이 대항형/저항형의 운동에서, 지역환경 및 마을가꾸기 운동으로 변화되어 오고 있으며, 활동 형태 또한 대립적인 계획반대운동에서 시민 자신이 대안代案을 만드는 협동적이고 창조적인 활동으로 변화하고 있음에 주목해야 한다.

주석

1. 근린이란 직접적인 면식관계(face-to-face)가 중시될 만큼 공간적으로 한정된 일정의 도시구역 안에서 물리적 · 사회적 · 문화적 가치와 편의를 주고받으면서 나름의 소문화(sub culture)를 형성하고 있는 공동체를 의미한다. 현대 도시에서 이와 같은 정의를 그대로 적용하기는 어렵기에, 여기서는 물리적 · 사회문화적으로 비교적 동질성을 유지하고 있는 일정의 공간범역을 근린이라고 한다. 정확한 지리적 경계설정이 중요한 것은 물론 아니다.
2. 최근의 도시공간 관리의 유형은 다음과 같다. 도심부를 중심으로 하는 역사 문화 자원의 보전과 관리, 특징적 공간 또는 장소 만들, 도시이벤트의 유치, 대형 도시개발사업과 신시가지 조성 등.
3. 최근의 도시 이벤트들은 한방에서 말하는 虛熱 또는 假熱에 비유할 수 있다. 허열이란, 한의학에서 음증 체질인 사람이 병중일 때 약한 陽이라도 비상시에 어떻게 해서라도 맹렬한 활동을 해서 건강을 회복하려고 필사적인 노력을 할 때 생기는 열을 가르키는데, 이를 정상적 열로 착각하기 쉽다고 한다. 요즈음 우리네 자치단체들이 경쟁적으로 하는 각종 도시이벤트들이 이것 아닌가. 바탕 없는 반짝 쇼나, 통속적 명소 만들기 같은 행위들이야말로 도시라는 유기체를 멍들게 하는 마약같은 것이 될 수 있음에 유의해야 한다.
4. 김성국, "부산시대를 위한 부산의 선택", 시민주체의 부산만들기, 부산경제정의실천시민연합, 1996, 6쪽.
5. 송두율, 21세기와의 대화, 한겨레신문사, 1998, 130쪽.
6. 예를 들어 도시근린 가꾸기 관련 web site로는 미국 보스톤 시의 East Boston OnLine(http://www.eastboston.com) 등이 있으며, 근린 가꾸기 조직 및 단체로는 Neighborhood Plan-ning for Community Revitalization(NPCR, http://www.freenet.msp.us/org/npcr/) 등이 있다.
7. 기성시가지 특히 도심에서의 상점가의 쇠퇴 현상은 부산에서만의 문제는 아니다. 외국의 오래된 도시들이 공통적으로 겪는 현상인데 가까운 일본의 통계를 예로 들면 다음과 같다. 상점수가 1985년의 상업통계조사에서 처음으로 대폭 감소로 전환되었는데, 1988년부터 1994년까지의 6년간에는 전국에서 6.4%(12만 6천점)의 소매점이 감소했으며 이 경향은 그 후도 지속되고 있다. 이러한 경향은 영세규모층(종업원수 1-2인)에 현저하게 나타나, 구성비율은 1976년의 62%에서 1983년의 54%까지 감소했다. 또한 1985년의 상점가 실태조사에서는, 전국의 상점가의 약 90%가 정체감 혹은 쇠퇴감을 호소하고 있다고 한다.
8. 어떤 면에서 시장 흐름을 주도해왔다기 보다는 시장 흐름에 수동적으로 대처해왔다고 볼 수 있다. 빠르게 변화하는 시대에 살아남기 위해서는 우리가 지켜왔던 '가치와 전통' 또한 변화하지 않으면 안될 것이다. 이런 점에서 지역 스케일 또는 도시 스케일에서의 변화를 위한 대응 노력이 얼마나 있었는지, 현재의 도심의 쇠락요인을 바깥에서만 찾았던 것은 아닌지 자성해 볼 필요가 있다.
9. 전통적 분류에 의한 3차 산업은 다음과 같이 분류할 수 있다.
   -분배서비스 ; 교통, 통신, 도매업, 소매업.
   -개인서비스 ; 호텔, 요식업, 오락, 위락, 수선서비스, 기타 개인 서비스
   -생산자서비스 ; 은행, 보험, 증권, 엔지니어링, 회계, 법률서비스, 기타 사업서비스
   -분배서비스 ; 교통, 통신, 도매업, 소매업
   -개인서비스 ; 호텔, 요식업, 오락, 위락, 수선서비스, 기타 개인 서비스
   -생산자서비스 ; 은행, 보험, 증권, 엔지니어링, 회계, 법률서비스, 기타 사업서비스
   -사회서비스 ; 교육, 의료보건, 체신, 복지, 공공기관, 비영리기관, 기타 사회서비스
10. 국제시장 2층이나 광복로변 건물의 3-4층 이상은 공실율이 높아지고 있는데, 자칫 구조화될 가능성도 엿보인다는 지적이 있음.

11. 한편 사람의 유동이 많은 이와 같은 복합근린을 움직이는 보이지 않는 힘이 바로 "돈"이라는 점에서, 도심문화근린을 지탱해 주는 중구의 금융시장(은행, 제2금융, 증권, 사채 등 4대 시장)을 살피는 일도 중요하다.
12. 도심문화근린 구역내의 이전 가능 대상 시설 또는 극도의 경관저해시설, 그리고 도심문화근린계획상 절대적으로 필요한 계획부지 등에 대한 종합적 판단아래 결정되어야 할 사항임.
13. 주민참여 운동은 지역 가꾸기 운동이다. 참여 목적이 바로 지역공동체를 형성하는데 있기 때문이다. 대상화된, 절차화된 주민참여가 아니라 삶의 틀과 문화를 스스로 가꾸어가는 생활자치의 심화가 바로 참여의 궁극적 목표가 된다. 최정한,「주민참여와 시민운동의 방향」
14. 문승국,「주민참여의 새로운 전개를 위한 제언」, 걷고싶은 도시, 걷고싶은 도시 만들기 시민여대(도시연대), 1999년 1/2월호.
15. 두산타워 건물 하나 전체가 하나의 패션쇼핑몰이기 때문에 매장의 고층화가 문제되지 않으나, 국제시장은 접지성이 중요시되는 다양한 업종으로 이루어져 고층화에 적합하지 못함.
16. 인터넷과 홈페이지를 통한 hyper alley network에 의해 공간적 거리를 극복할 수 있는 조합이 가능할 것임.
17. 멀티미디어 정보통신 관련 업종에서부터 fusion food까지 유행의 '벤처 앨리'를 조성하여 창업자들이 거리마켓팅에 참여하여 소비자와 접촉토록(수요조사/디자인/제조/마켓팅이 통합된 형태가 가능토록)하는 등의 새로운 시도를 모색한다. 구체적으로는 거리의 형태에 대한 도시설계적 디자인에서부터 건물과 키오스크 등 고정형시설/조립식 가설구조물/한뼘좌판까지 다양한 스케일에서의 디자인도 포함.
18. 피난 당시의 문인들 모임장소 였던 다방(밀다원/스타/르네상스 등) 등의 장소성을 찾아 준다든가 하는 것도 포함.
19. 이곳에서 약간은 멀리 내다보이는(수목에 의해 발아래로 내려다 보이는 불량한 경관들이 차폐되어) 바다로의 전망이 용두산에서의 전망보다 인상적일 수 있음.
20. 주요 조망 위치에서 보여지는 원경/근경의 시계 정리 필요(부산호텔의 색채와 배면 형태, 노후불량 지붕 등 극히 불량한 몇 곳은 정비되어야 할 것임). 옥상조경에 대한 관리도 필요.
21. 1957년에 영국에서 시작했었는데 비교적 공공적 성격이 강한 근린운동 모임으로서, 양호한 건조환경을 조성해가는 방식을 통해 삶의 질을 개선하는데 그 목적을 두고 있다.
22. 역사성 있는 상업건축이나 지역사회조직의 보전을, 강력한 지역경제개발의 수단으로 활용하는 미국의 대표적인 지역 가꾸기 민간조직이다.
23. 도심문화근린계획과 같은 지역 가꾸기 운동은 행정의 지원을 받는 경우와 그렇지 않은 경우에 따라 다음과 같은 장단점이 있을 수 있다.
    - 행정 지원의 경우 : 종적인 관계로 종합적 조정이 어려움, 일반 시민과 친숙하지 못함, 지식이나 경험 축적이 곤란, 행정의 공평성으로 인해 특정 지구에 지속적인 관심을 갖기 어려움, 새로운 영역에의 대응이 곤란 등
    - 행정 지원을 안받는 경우 : 신용이나 신뢰를 얻기 어려움, 활동을 위한 지식 또는 정보 부족, 행정정보 파악이 어려움(이사오 다케시마, 마을가꾸기 정보센터의 설립을 통한 주민참여형 마을만들기 추진, 일본도시계획학회지, 1995년 통권 194호.)
24. 이를 위해서는 미국에서 활용되고 있는 도심재생을 위한 전략적이고 종합적인 프로그램인 "Enterprise Zone"이나 "Empowerment Zone" 형식과 같은 수법을 일부 원용할 수 있을 것이다.

정리 **김동규** 나락한알 부원장

문화도시 부산과 도심문화근린
– 김민수 교수 인터뷰

선생님의 글 속에서 "크기와 높이의 도시 만들기가 아닌 깊이와 짜임새 있는
도시 가꾸기를 하나하나 실천해야 한다."(88쪽)고 하셨는데, 당시 말씀하신 게
지금 실현이 되어 있는지요?

시민이 주도적 도시 만들기, 전문가가 주민에게 강요하지 않는 도시 만들기
예를 들어 산복도로의 사례를 보면, 도시 가꾸기에 대한 인식은 높아
졌다는 생각은 듭니다. 그러나 없는 감수성까지 끌어내려는 과도한 인위
성이 목격되고요, 마을 만들기나 도시 가꾸기의 유행과 흐름을 지나치게
타고 있는 점은 문제라고 봅니다. 그래서 억지 의미를 부여하고 장소를
판매하는 결과를 자아내게 되는 것이지요. 차라리 지역의 골목대장이나,
주민의 상징성을 드러내서, 지역 주민들이 자기 이야기를 만들어나가는
방식의 마을 가꾸기가 더 좋지 않을까요? 사실 최근 중구에 황순원 선생
님의 유가족과 마찰을 빚은 일이 있었지요? 이런 해프닝은 결국 억지로

의미 부여해 주민 없는 관주도 마을 가꾸기 사업의 병폐를 보여주는 것입니다. 과시적이고, 관료주의적인 사업 성격이 결국 제 글에서 강조했던 '깊이와 짜임새 있는 도시 가꾸기'와는 거리가 멀어진 내용이 되었죠.

> **참고**
>
> 최근 중구는 영주동 산복도로변에 '산복도로 르네상스사업'의 하나로 북카페인 '밀다원 시대'를 개장할 예정이었는데, 정작 이 북카페는 본래 '황순원의 서재'로 개장할 예정이었다. 그렇게 중구는 시로부터 예산 3억 원가량을 지원받아 올해 1월 전체면적 98.03㎡에 2층짜리 건물을 완공했다. 그러나 황순원 기념사업회는 사업 초에 황순원의 이름을 쓰는 것을 허락했던 반면, 후반부에 돌연 "사업내용이 부실하다"며 명의사용금지를 요청하면서 사업이 중단되었다.

저는 제 글에서 문화보다는 '생활문화', '생활문화자산'이라는 말을 썼는데요. 이 말은 고급문화의 토대로서 일상의 문화를 의미하는 것이며, 이런 일상의 생활문화를 튼튼히 해야만 고급문화 역시 자신의 자생력을 가질 수 있다고 봅니다. 그런 점에서 생활문화나 생활문화자산은 기반문화 또는 문화의 기반 격에 해당한다고 볼 수 있습니다. 부산에 오페라 하우스를 짓는다고 말들이 많습니다. 그러나 그것 역시 생활문화가 건강하지 않은 상황에서 결코 현실화될 수 없다고 봅니다. 사실 오페라 하우스를 짓는 돈의 10분의 1로도 생활문화 인프라를 튼튼히 하는 게 더 낫지요.

도시 가꾸기 방식을 크게 재생과 재개발(재건축)로 나눌 수 있다면, 이 방식에서 지나치게 '재생'에만 무게가 쏠려서도 안 됩니다. 이 둘을 적절히 배합한 균형있는 발전이 중요합니다. 그리고 그러한 발전을 추구할 때, 전문가가 나서서 마을의 유산과 기억을 강요하지 않는 것이 좋다고 봅니다. 주민과 상의해서 최소한의 것들을 남기고 나머지는 주민들이 편하고, 재미있고, 즐겁게 지낼 수 있는 마을 가꾸기를 해야 한다는 말입니다. 여기서 전문가의 과욕은 반드시 절제될 필요가 있습니다.

이렇게 도시 가꾸기 전체를 조망하면, 관과 학의 균형도 깨졌다는 생각이 많이 듭니다. 다시 말해 행정을 담당하는 관과 학문을 담당하는 대학이 정작 도시 가꾸기의 현장에 존재하지 않고서 도시 가꾸기에 나선다는 것이 문제라는 말입니다. 결국 현장과 삶이 없는 관과 학은 도시 가꾸기를 망치는 주범이라 할 수 있습니다. 만일 관과 학이 부산에서 좋은 공원, 특히 북항이나 동해남부선을 만든다면, 양적인 공간배분 따위를 넘어서, 직접 시민들이 어떻게 그 공간을 체험할 수 있느냐의 문제로, 공원 조성에 나설 수 있어야 할 것입니다. 깊이와 짜임새는 양의 문제가 아니라, 순전히 질의 문제이며, 이 질의 문제는 주민들이 배제되어서는 결코 해결될 수 없는 일이라는 걸 기억해야 합니다.

'질적 고도화', '소프트웨어 중심의 발전', '지역성과 문화에 토대를 둔 정보나 아이디어'를 주장하셨는데(88~89쪽), 부산은 현재 그런 측면의 발전을 이룩한 것인가요?

소프트웨어 중심의 지역성 창조가 관건

99년에는 골목을 중요한 이슈로 부각시켜 보았습니다. 여기서 감천을 예로 들자면, 감천은 독특한 지형에 태극도라는 고유한 종교의 흐름이 있었던 곳입니다. 그런데 이러한 독특성과 고유성은 행정의 산물이 아닙니다. 주민들이 자신의 삶과 생활로 체현해낸 것이죠. 그리고 이것이 감천의 작은 경제가 되었던 것이죠. 그렇다면 부산 역시 감천과 같은 작은 것들을 통해 부산다움을 만들어나가야 할 것입니다.

대학가 근처를 예로 들자면, 대학가, 특히 경성대 같은 대학가는 청년

인디문화가 발달한 곳입니다. 이런 대학가는 대학, 대학주변의 상인, 그리고 부산시의 참여로 대학가 주변을 청년문화지구로 특화시킬 필요가 있습니다. 그리고 이것이 다른 지역과 네트워크가 되어, 청년들과 다른 세대들의 창업으로 이어질 수 있는 플랫폼을 만드는 게 좋을 것입니다. 그렇게 되면 이런 네트워크 교점들을 활용할 수 있을 것이고, 이를 통해 해운대의 센텀과 원도심 역시 연결될 수 있겠지요. 네트워크 교점이 일종의 허리가 되어 클러스터 효과를 낼 수 있도록 해야 합니다. 질적 고도화, 소프트웨어 중심의 발전, 지역성과 문화에 토대를 둔 정보나 아이디어는 그런 점에서 여전히 미흡하다고 할 수 있습니다.

도시문화근린에 대한 언급을 하시면서 공공 주도의 전통적 도시계획에서 민간참여의 지역 가꾸기로 전환하는 것이 당시의 흐름이라고 하셨습니다. 그리고 개별행정이 아니라, 경제, 문화, 장소를 하나로 엮는 복합(통합) 행정으로의 전환이 필요하다고 하셨습니다.(101쪽) 과연 이렇게 진행되었는지요? 맞다면 왜, 아니라면 왜 그런 건지요?

자부심을 얻은 라이프 스타일의 도시, 부산!

여전히 경제+생활+문화+지형적 특색이 시너지 효과를 내고 선순환되어야 합니다. 이것은 하나의 지역을 통해서도 다양한 복잡성과 융합성이 드러날 수 있다는 것을 의미합니다. 지역성이 단일성과 획일성만으로는 결코 생명력 있게 성장할 수 없습니다. 사실 99년의 제 글은 이미 도시적 스케일에 대한 발언이었습니다.

최근 용두산 공원과 대청동에 문화 경제 허브를 만들면 좋겠다는 생각을 했습니다. 이미 거기에는 원도심 창작공간 또따또가가 있고, 보수동 헌책방골목이라는 자신이 있잖아요. 그런데 여기에 영화박물관 따로, 용두산 부산타워 리모델링 따로, 다시 말해 각각의 지점의 연결성을 고려하지 않고, 독립적이고 원자적 단위로 개발을 한다면, 전혀 시너지가 생기지 않습니다. 먼저 전체 그림을 보고, 그 전체 그림에 맞춰서 부분이 구상되어야 시너지 효과를 창출할 수 있는 것입니다. 자본과 돈, 일자리, 놀이, 다양한 관계가 흘러넘치도록 해야 시너지도 생길 수 있는 것이지요. 그러면서 그 속에서 라이프 스타일의 변화에 대한 '희망'이 움틀 수 있어야 합니다.

그러니 공간을 구상할 때, 돈과 자본으로 환원되지 않고, 인생설계와 삶이 변화의 기준이 되도록 해야 합니다. 최근 라이프 스타일이 중시되는 것도 이런 맥락에서 보셔야 합니다. 부산은 기후가 너무 좋고, 산복도로에서 수영만까지 잘 계획하고 버무리기만 해도, 문화+경제+청년성으로 라이프스타일을 살리는 도시디자인을 생성시킬 수 있을 겁니다. 그렇다면, "부산 사는 게 즐겁다."는 표현은 절로 나오게 되는 것입니다. 즉 자부심을 얻은 라이프 스타일life-style이 생기는 것이지요. 이것은 바로 소프트웨어 중심의 발전에서 찾아볼 수 있습니다. 그리고 이런 라이프 스타일이 생활문화자산의 핵심입니다.

도시관리가 공급자의 논리에 의해 좌우되었기 때문에 지역 특유의 장소 가꾸기나 공동체성 고양에 실패하는 경우가 많다고 하셨습니다.(90쪽)

지역의 특성을 단순히 고착화하지 말라

앞서 언급했듯이, 지역주민을 대상화하고, 행정과 관이 서로 따로 노는 상황, 그리고 거기에 자본이 행정과만 밀착해서 자신의 사익을 얻으려는 상황에서 지역 특유의 장소 가꾸기나 공동체성 고양은 여전히 실패일로를 걷게 됩니다.

여기에 한 가지 더 언급한다면, 영주동 모노레일의 경우를 보실까요? 모노레일 정책을 좋게 볼 수도 있지만, 이것은 그 지역을 노령화된 지역으로 고착화시키는 정책이 될 수도 있습니다. 저는 세대별 다양화가 중요하다고 보는데, 모노레일은 그 지역을 노인들만 사는 곳으로 낙인 찍을 수 있고, 다른 인구의 유입을 사전에 차단할 수 있다는 겁니다. 그리고 다른 사람들은 관광차 거기를 방문하는 정도밖에 안 될 가능성이 많습니다. 사실 지역의 지속적 활력은 소셜 믹싱(세대간, 세대별 융화)이 중요합니다. 그래서 그 지역에 머무르려고 오는 사람을 유도하는 중력 역시 필요한 것이지요. 그래서 그 지역에 새로운 변화를 주려는 힘이 필요합니다. 예를 들어 영세 서민 지역을 지속적으로 그런 상태로 구조화(경직화, 고착화)하려는 정책은 결코 비전을 가진 장소 가꾸기라 할 수 없습니다.

도시 관광의 매력이 좋은 음식과 좋은 건축이라고 하셨는데, 쓰신 글에는 음식에 대한 언급은 많지만, 의외로 건축에 대한 말씀은 다소 적습니다. 원도심 건축에서 주목해야 할 것은 무엇인지요?(92쪽)

보존에 대한 관점에도 하드웨어 중심적 경향을 벗어나야

원도심 건축은 보존의 가치가 많은 건축들이 있습니다. 특히 다른 건축들보다 비교적 최근의 건축인 60~70년대를 대표하는 건축에도 관심을 기울여야 합니다. 건축을 통해 장소에 대한 기억을 이어나가는 것이 중요하기 때문입니다. 그래서 남선창고나 백제병원처럼 100년이 넘은 건축들도 중요하지만, 이런 건축에 주목하다보면, 60~70년대를 상징하는 건축에도 주목해야 합니다. 이 점은 앞으로 면밀히 고려해야 할 겁니다.

그리고 부산에서 오래된 건물, 특히 그 기능성과 장소성을 상실하고 허물어진 남선창고의 경우 아쉬운 점이 너무 많습니다. 명태고방으로 시작해서 쌀을 저장하는 창고에서 그리고 전자제품을 저장하는 창고였는데, 그 건물이 사라진 것은 너무 아쉽습니다. 그런데 여기서 부산에서 남선창고가 사라진 것을 아쉬워하는 사람들 중에 건물만 사라진 데 주목하는 경우가 대부분이었습니다. 그러나 저는 보이지 않는 것들의 역할, 소프트웨어, 질적 중요성으로 도시를 보자는 입장입니다. 그렇다면 창고 건물만 보존하는 것이 아니라, 그 기능성도 같이 보존해야 한다고 봅니다. 보존에 대한 관점에도 하드웨어 중심적 경향을 벗어나는 것이 좋습니다. 다시 말해 건물의 외관만이 아니라, 건물의 기능성을 보존하는 것도 중요한 것입니다. 부산시는 이런 기능성을 보전하기 위한 지원에도 주목했어야 하는 것이죠. 사실 남선창고는 보존을 위한 담론에서 소유자의 재산권에 대한 보존을 염두에 두지 않았기에 서둘러 철거한 면이 있습니다. 시는 그의 재산권을 행사토록 하면서, 건물을 보존하는 방법을 강구했어야 했던 거죠. 그리고 그러한 보존은 그저 건물만을 남기는 방식이 아닌, 기능성도 살리는 방법으로 강구되었어야 합니다. 건물 소유주가 다른 곳에서 자신의 재산권을 행사하면서, 창고의 기능성을 살린 보존정책을 추진했어야 합니다.

선생님의 말씀대로, 최근 길, 특히 골목에 대한 주목이 많습니다.(93~94쪽) 골목에 대한 최근의 주목들이 선생님께서 언급하신대로 주목되고 있는 것인지요? 혹시 문제가 된다면 어떤 점이 문제인지요? 최근 길들을 천편일률적으로 비슷하게 만들어버리는 경우가 있습니다. 예를 들어 광복동, 영광도서 앞, 동아대 앞의 곡선 길 조성 같은 것 말입니다. 이런 현상에 대해서는 어찌 생각하시는지요?

삶이 없는 길은 죽은 길이다

골목에 대한 주목과 인식은 높아진 듯합니다. 그러나 여전히 질적인 측면들에 대한 주목은 아쉽습니다. 길에 대한 주목은 생겼으나, 그 안을 어떻게 채워질지 모르는 공백으로 그런 천편일률적 도시계획이 침입합니다. 이것은 이미 골목의 기능이 이미 사라져서 이렇게 된 것이기도 합니다. 광복로를 곡선의 길로 조성하는 데 80억이 들었습니다. 광복로는 시가 만들어준 나의 안경 같은 것인데요. 이것은 일종의 과잉이라 할 수 있습니다. 내 안경을 왜 남이 만들어줍니까.

이런 유의 사업은 국가 사업에 시가 일차 응모하고, 당선 된 후, 국비와 시비로 길을 조성하는 것인데, 이러한 사업은 거리의 특성을 죽이는 것으로, 도시를 가꾸는 것이 아니라 도시와 길을 죽이는 것이라 할 수 있습니다. 덕분에 길을 살리는 소프트웨어가 없고, 콘텐츠가 없는 상황에서 영광도서 앞 길이나, 광복로의 길이 차이가 사라지는 천편일률로 펼쳐지게 되는 것입니다. 저는 그래서 이런 천편일률적인 가로 경관사업을 당장 중지하고 금지해야 한다고 생각합니다. 주민, 상인이 참여하여 기획의 경계와 내용이 정해지도록 해야 합니다. 내 안경을 굳이 시가 만들어줄 필요는 없는 것입니다. 내 안경은 내가 만들되, 내 돈이 모자란다면 복지의 차원에서 시비가 지원되는 형식을 취하는 것이 좋다는 말입니다. 올레길, 둘레길 등등에 나무 데크가 만들어져 있습니다. 온 나라에 데크를 만들 필요가 있는지요? 이에 대한 유지 관리비 역시 높은데, 향후 이를 어찌 처리할 것인지 걱정입니다.

길에 대한 관심이 높다는 것은 좋습니다. 그러나 천편일률적이고, 유행에 편승하며, 길에서 생활하는 사람들이 참여하지 않는 인위적인 길의 조성은 금지해야 합니다. 이런 길을 상품화하고, 이런 길을 과시적으로 사용하는 것 역시 금지해야 합니다. 삶이 없는 길을 조성해서는 안 됩니다.

한 가지 첨언하자면, 부산에는 산복도로를 중심으로 산동네가 많습니다. 그렇다면 산동네의 특성을 살린 길로, 경차가 다닐 수 있도록 해야 하고, 노인들은 산동네 아래쪽으로 청년들은 산동네의 위쪽으로 배치하여, 산동네의 계단을 특성화할 필요가 있습니다. 어른들이 산동네의 위쪽에 살고, 그분들이 편하게 살도록 한다면, 그곳은 노인을 위한 장소로 경직되고, 젊은 사람들은 오지 않으려 합니다. 저는 산동네의 계단을 그대로 특성화 하면서 신세대와 구세대 사이가 어울려 살 수 있는 공간이 되어야 한다고 봅니다.

얼치기 자동차 문화를 비판하시면서, 옛 것을 남겨야 한다는 반성에서 친환경 에너지 절약형 도시를 만드는 게 좋다고 하셨는데요.(94~95쪽) 허남식 시장 때 자전거길이 대거 만들어졌습니다. 이러한 사업은 선생님이 보시기엔 어떠신지요?

자전거 길의 넌센스 : 사람을 위험에 빠뜨리는 자전거 길

부산시 자전거 길은 자전거 기능에 대한 고려도 없이 만들어진 길입니다. 이 길은 완전히 넌센스죠. 행정이 길이 만들어지도록 유도하고, 이 길을 통해 특정 행정가가 자신의 업적을 과시하는 행태는 결국 길을 사용하는 시민들을 수동적인 상태로 전락시키기 마련입니다. 심지어 경성대 앞의 자전거 길은 자전거 타는 사람을 위험에 빠뜨리는 길입니다. 이런 길을 만드는 정책은 당장 사라져야 하지요.

도심의 자동차 도로의 고가화를 하지 않아야 하는 이유에 대해서 알고 싶습니다.(95쪽)

인간 중심의 즐거운 길

차도의 고가화 금지는 사람 중심의 길 정책이 아니라, 자동차 중심이기 때문에 반대하는 것입니다. 사람을 위한 도시를 만들려면, 육교를 철거해야하고, 지하도가 있는 곳에도 횡단보도를 만들어야 합니다. 그리고 재래시장이 있는 곳에는 반드시 횡단보도를 만들되, 그것도 폭을 넓게 만드는 것이 좋습니다. 걷는 사람이 쾌감을 느낄 수 있는 횡단보도 말입니다. 특히 부산역 앞 광장에 걸어서 진입하는 사람들이 그 길을 즐길 수 있도록 충분히 횡단보도의 폭을 넓게 하는 것이 좋습니다. 광폭 횡단보도 말입니다.

(북) 기상대+ (남) 자갈치+ (서) 국제시장과 골목+ (동) 연안부두 지역을 분석하셨는데, 여기는 중심의 상징성이나 접근성이 쇠퇴하고, 도심의 문화/오락적 흡인력도 쇠퇴하고, 재래시장은 꽤 있는 편이고, 생산자 서비스 업종도 감소되고 있으며, 심지어 있던 극장가도 사라지고, 오래된 건물들이 허물어지는 등 상당히 많은 변화를 겪었습니다. 선생님이 분석한 지역이 어떤 점에서 개선되었고, 어떤 점에서 개악되었는지 말씀해주실 수 있으신가요? 구체적 사례를 들어주셔서 말씀해주셔도 좋습니다. 특히 원도심 전차 복원이나 영도대교의 문제를 말씀해주실 수 있다면, 더 좋겠습니다.

복원, 네크워크, 오래된 미래

부분 부분은 손질이 된 듯합니다. 이것들이 나름의 장소성을 획득한 지점(스팟)은 되었지요. 그러나 이 장소들이 서로 네트워크로 엮이는 것은 부족한 듯합니다. 그리고 골목의 삶 등, 작은 콘텐츠는 여전히 문제점으로 보입니다.

전차 복원의 문제에는 이 복원을 통해 얻을 수 있는 게 무엇인지를 생각해볼 필요가 있습니다. 영도다리도 마찬가지입니다. 영도다리를 복원하기 위해 희생되어야 할 것이 너무 많습니다. 영도다리는 영도다리도 아닌 영도다리로 복원되었습니다. 4차선 도로를 6차선으로 확장한 데다, 배도 지나다니지 않는 다리인데, 굳이 다리를 드는 데 돈을 낭비하는 이유는 무엇인가요? 4차선 도로와 6차선 도로는 완전히 다릅니다. 차라리 원래 다리는 그대로 두고 그 옆에 다른 소규모 다리를 만들어도 좋았을 것입니다.

전차 복원 역시 신중해야 합니다. 원도심은 교통체증이 심한 곳이기도 합니다. 그래서 이를 해결하는 무궤도 전차bi-modality tram 또는 트롤리버스trolly bus를 도입하는 방식으로 복원하는 것도 좋지 싶습니다. 이는 도시의 과거와 현재를 대면시키는 방식이기도 합니다. 현재와 결합된 기억이라고나 할까요? 이런 식으로 복원하는 것은 전차의 복원이 원도심의 교통체증을 해소하면서, 과거의 기억을 복원하는 방식이라 하겠습니다.

롯데백화점 광복점이 들어와서 일으킨 변화에 대해서는 어찌 생각하시는지요? 긍정적인 변화와 부정적인 변화를 말씀해주시고, 선생님이 보시기에 긍정적 변화가 더 많다고 생각하시는지, 아니면 부정적인 변화가 더 많다고 생각하시는지요?

시청사 이전의 아쉬움

시청이 이사를 가지 않고, 시청사에 온 사람이 영도대교와 남항을 볼수 있는 부산시청이 되었다면 어땠을까요? 도시와 시민에게 도움이 되었을까요? 건물 일부를 살리고 뒤에 새로운 건물을 증축했다면 어땠을까요? 변화는 허용하되, 부산시 정체성을 살리는 시청사였다면 어땠을까요? 그런 점에서 연제구로 이전된 부산시청사는 그 모든 점에서 문제점이 있는 청사라고 생각합니다.

주민 참여형 지역 가꾸기의 일환으로 '원도심 창작공간 또따또가'의 조성이 있습니다. 이러한 변화는 과연 긍정적인 변화로 조명할 수 있을까요?

좀 더 자율성을 기할 수 있도록

원도심 창작공간 또따또가가 중앙동에 등장하게 된 점은 긍정적이라볼 수 있습니다. 그러나 행정지원이나 행정 주도적인 점 또는 행정 의존적 성향은 여전히 문제라 할 수 있겠습니다.

국제시상을 언급하시는 부분(106~7쪽)의 3번에는 선진 시장 프로그램이 스튜디오형 매장, 정보인프라 구축, 중규모 주상복합개발, 중정형과 옥상 정원을 활용하는 게 좋다고 하셨습니다. 그런데, 여기는 의외로 하드웨어 중심입니다. 국제시장은 나름의 전통과 역사가 있는 편으로 생각되는데요. 국제시장의 소프트웨어로는 어떤 것에 주목하면 좋을까요?

원도심의 밀도 향상

중규모 주상복합을 개발한다는 말은, 국제시장에 자리잡은 모텔을 리

모델링하여 여기에 디자인 스튜디오를 들이거나, 1층과 2층은 또따또가 예술창작촌처럼 예술가들이 거주하게 하고, 3, 4, 5층은 주거지로 만들고, 옥상은 옥상정원으로 만들어, 소규모 개발을 통한 원도심 공동화 방지를 유도해야 할 것입니다. 그래서 원도심의 밀도를 높이는 방법이 중요하다고 생각합니다.

원도심에는 호주 건축가가 설계한 코모도 호텔이라는 독특한 건축이 있습니다. 이런 건축에 대해서는 어찌 생각하시나요?

개발을 위해 시민의 애착과 시간이 갖는 힘

코모도 호텔은 시간의 힘과 기억의 힘이 가지는 특성으로 건축을 보면 좋겠습니다. 예전에는 상당한 비판을 받았지만, 지금 코모도 호텔은 조형적 상징성은 있습니다. 그러나 여전히 기능이나 콘텐츠의 측면에서는 문제가 있다고 봅니다. 이러한 소프트웨어적 특징을 살리면 좋겠습니다. 이를 위한 대안으로 시간의 힘에 주목할 필요가 있고, 이러한 건축에 대한 애착이 있으면 좋겠습니다. 조형적으로 아무리 형편없는 것이라 할지라도 시간성의 힘과, 지역 주민의 애착이 깃든 공간과 건축이라면, 그 어떤 것이라도 나름의 의미를 갖게 될 것입니다.

선생님께서 발표하신 99년의 이 글에 비해 지금은 어떤지요? 간단히 좋고/나쁨으로 구별해서 말씀해주실 수 있는지요?

도시 가꾸기의 비전 :
탈경제중심, 소규모, 유행편승 금지, 균형적 발전, 여유로운 발전

일단 좋은 점은 외관의 변화라 할 수 있습니다. 그러나 나쁜 것은 이러한 외관을 개선하기 위한 구조는 여전히 구태를 반복하고 있다는 겁니다. 이는 결국 질적 성장, 삶이 없는 개발 이상의 결과는 산출하지 못합니다. 관(행정), 그리고 학(대학, 전문가) 그리고 자본이 여전히 지역 주민의 삶과 무관한 개발을 주도하고 있다는 점이 문제인 셈입니다. 특히 행정의 실패를 파고드는 자본의 논리는 결국 경제논리만을 중시하는 개발로 치우치게 됩니다. 이런 양적 개발에 의존하는 가장 대표적인 요소가 토건입니다. 뿐만 아니라 유행에 민감하고, 균형적 발전을 도외시한 쏠림을 금지하는 개발이 중요하다고 봅니다. 이를 위해서는 소규모로, 충분한 시간을 들이는 개발이 중요합니다.

인터뷰를 마치기 전에 마지막 한 말씀 부탁드립니다

서민과 시민을 위한 발전

저는 서민과 시민을 위한 개발 정책이 중요하다고 봅니다. 산복도로 달동네의 경관을 보십시오. 바다와 산이라는 입지를 갖고 있습니다. 이는 여느 국제공모전에서 보는 것보다 더 좋은 경관을 갖고 있는 곳입니다. 하버드대 어느 교수가 이곳의 역동성과 히스토리에 관심을 보였던 기억이 있습니다. 혼란스러울 정도의 역동성 말입니다. 저는 이곳이 잘 가꾸어져서 향후 10~20년에 부산의 정체성이 될 수 있다면 좋겠습니다.

김종세 나락한알 원장, 소셜 디자이너

보수동책방골목의 매력

보수동책방골목 풍경

부산의 지형은 일제가 자기 필요에 따라 개발하여 동서로 길게 뻗은 형상인데다, 8·15 직후 귀환 동포와 한국전쟁 때 피난민의 급격한 유입으로 특히 원도심을 중심으로 좁고 다양한 형태의 골목길이 도시 지형의 특징을 이루었다. 원도심에는 거의 모든 길이 부산역과 국제시장으로 수렴된다. 산복도로에서 찻길이나 비탈골목길을 따라 아래로 내려오다 보면 대개는 길이 부산역이나 국제시장에 닿는다. 영도나 좌천동, 암남동, 부민동 쪽에서 도심으로 들어와도 역시 부산역과 국제시장으로 와 닿는다. 부산역은 일제시기 교통로의 주요 지점으로 기능하였고, 국제시장은 한국전쟁과 더불어 부산시민들의 상거래 기능의 중핵 역할을 하였다.

원도심의 골목길 중 보수동책방골목은 매우 독특한 부산 문화의 아이콘이다. 부산광역시 중구 보수동 1가의 대청사거리에서 보수사거리에 걸

처 있는 약 150m 거리의 좁은 골목길에 쉰 곳 가까운 책방이 양쪽으로 마주보고 '책방골목'을 이루고 있다. 위로는 가톨릭센터를 지나 민주공원으로 비탈골목길을 따라 올라가면서는 북항을 내려다 볼 수 있다. 바로 옆으로는 큰길을 사이에 두고 국제시장과 부평시장이 자리 잡고 있고, 시장길을 지나 계속 길을 가면 광복동과 자갈치시장으로 연결된다.

부산에는 헌책방이 많다. 숫자로 치면 서울이 훨씬 많으나 골목 한곳에 모이기로는 전국적으로 부산이 으뜸이다. 이곳은 오랫동안 정보와 지식의 창고 역할을 하고 있다. 최근 이곳을 아련한 젊은날의 향수를 느끼거나 문화 공간으로 인식하며 문화적 산책을 즐기러 오는 이들이 많이 늘었다. 부산시민은 물론 가까운 경남이나 서울 등 다른 지방에서 이곳을 찾는 이들이 눈에 띄게 늘었고, 외국인 관광객들도 이곳을 찾는다. 이곳을 찾는 많은 이들이 사진을 찍는데, 책방골목 공간과 심지어 책방 안의 풍경까지도 찍는다.

그림 1. 보수동책방골목. ©이충만

"나는 이제 거의 사라져 가는 책방골목을 찍으러 갔다. 책방골목에 처음 갔을 땐 무슨 문화재처럼 주위엔 오래된 것들뿐이었다. 어떻게 보면 삭막해 보이기도 하고 또 어떻게 보면 분위기 있어 보이는 이곳을 어떻게 찍으면 잘 표현하고 다른 사람들도 내가 느낀 이 느낌을 받을 수 있을지 고민도 많이 하였다. 아주 오래된 책들 사이에 한 사람을 보았다. 정리된 책장 뒤로 가난한 할아버지께서 손엔 옛날 한자와 한글로 적힌 책을 들고 졸고 계셨다. 정말 잊혀져가는 옛책을 읽는 사람이 있다는 것이 놀라웠다. 나는 요즘 나오는 책조차도 읽지 않는다. 더더욱 옛날책은 표지도 예쁘지 않고 글자도 작고 종이 색깔도 마음에 들지 않는다. 그래서 이때까지 옛날책은 나에게는 별로 소중한 가치 같은 건 없었다. 그러나 이번 촬영을 통해 이제는 나도 책을 읽어 볼 용기가 생긴다. 옛날책은 아니라도 나에게 감동을 줄 수 있는 책 그런 책을 읽어 볼 수 있으면 좋겠다. 이번 기회를 통해 책과 사람의 어울림을 볼 수 있는 좋은 경험이 되었다."

– 「'도큐멘트 인 중구'전 작업 노트 (2004년)」, 박은경, 여고 3학년

보수동책방골목 형성과정

보수동에 책방골목이 형성된 것은 8 · 15로 거슬러 올라간다. 8 · 15 직후 일본으로 쫓겨서 돌아가는 일본인들이 부두에서 배에 오르기 전에 압수당한 짐 보따리를 풀면 더러 책이 쏟아져 나왔다. 무더기로 나올 때도 있었다. 이 책들은 국제시장과 부평시장 일대의 돗떼기시장에서 다른 상품들과 같이 쏟아졌는데 처음에는 그곳의 경매 상인이나 경매꾼들은 전혀 거들떠보지 않았다.

이 돗떼기시장에서는 몇몇 사람들이 노점에서 책 따위를 사고팔았다. 그러다 전쟁이 났고, 보수동 바로 옆의 부민동에는 임시수도 정부청사가 자리하게 되었다. 보수동에서 이어지는 대청동과 남포동·광복동 일대는 피난민 대열로 부산으로 밀려온 전국의 지식인들과 문화인들로 북적였다. 출판사와 인쇄소는 동광동과 보수동에 밀집하였다. 게다가 구덕산 일대와 보수동 뒷산에는 서울 등지에서 피난 온 대학들이 하나로 뭉쳐 '전시연합대학'이란 간판을 내걸고 운영하였고, 그 외 다른 학교들도 천막을 치고 임시 학교를 운영했기에 보수동골목은 날마다 학생과 교사들이 수도 없이 지나다니는 곳이 되었다.

전쟁으로 30만~40만 명의 민간인 뿐 아니라 정부의 모든 기관이 부산으로 피난을 왔다. 전쟁 전에 비해 인구가 거의 2배가 된 셈이다. 피난민에게 가장 중요한 것은 살 집과 생계 수단이었다. 피난민들은 부산항과 부산역 등을 통해 들어와 산비탈이며 다리며 가릴 것 없이 어디든 일단 가족이 살 자리를 잡았다. 그리고 판자 조각이나 미군부대에서 나온 박스와 천, 가마니 따위로 바람과 비를 피할 수 있는 거처를 지었다. 부산항이나 역에서는 특별한 기술이 없어도 할 수 있는 하역 인부나 지게꾼을 하며 하루하루 생계를 이었고, 대규모 시장이었던 국제시장에서는 장사를 하며 가족의 생계를 근근이 지탱했다. 1952년 2월 기준으로 국제시장 상인은 시장 조합원이 운영한 고정 점포가 1,150점이었고, 그 외 무허가 노점상이 2천여 명이나 되었다. 이 가운데 고정 점포의 50%가 월남 피난민이고, 20%가 서울 피난민이었다. 노점상의 90%가 월남 피난민이었고, 행상인의 95%가 피난민이었다고 한다.

그 당시 지식인들은 끼니를 해결하기 위해 자신이 아끼는 진귀본들을 눈물을 머금고 팔기 위해 이곳을 찾았고, 뒤늦게야 장사꾼들이 헌책이 돈이 된다는 것을 알고 헌책에 눈을 돌려 돈을 주고받으며 사고팔게 되었던 것이다. 이래서 노점 헌책방이 하나둘 생기게 되었다. 자연히 유동 인구가 많은 이곳에서 책을 팔려는 사람들과 책을 사려는 사람들이 모이게 되고 이들을 상대로 한 노점 헌책방이 차츰 성황을 이루다가 현재의 골목에 자리 잡게 된 것이다.

이 보수동 골목에서 처음 책을 사고파는 '가게'를 시작한 이는 손정린 씨 부부였다. 전북 김제에서 피난 온 임씨 처녀('신천지서점'의 임춘근 대표의 누나)가 평양에서 피난 온 청년 손정린 씨와 결혼하고 처음으로 책방을 시작한 것이다. 전쟁으로 피난민이 복닥거리던 시절, 그들은 호구지책으로 보수동 사거리 입구(현재 글방쉼터) 골목 안 목조 건물 처마 밑에서 포장지를 깔아놓고 책을 팔았다. 처음엔 미군 부대에서 흘러나온 만화책 몇 권을 놓고 번역문을 오려붙여 빌려주다가 본격적으로 헌책을 모아 팔기 시작했다. 그럭저럭 장사가 제법 되어 두어 칸짜리 문칸방을 빌어 가게를 열게 되었는데, 그 뒤를 이어 비슷한 책방들이 주욱 생겨나기 시작했고, 세월이 지나면서 책방골목이 자연히 형성된 것이다.

책방골목의 변천

1955년에는 책방골목에 번영회가 결성되었고, 이렇게 형성되기 시작한 보수동책방골목은 이제 막 환갑을 넘기게 되었다. 그동안 책방 주인들 중 1세대들은 거의 떠났고, 2세대도 후세들에게 일을 넘겨주고 있다. 그 가운데는 1970년대에 책방이 한참 번창하여 일흔 곳이 넘을 정도로 잘 될 때 떼돈을 벌어 나간 이도 있고, 1990년대 책방의 거래량이 급격히 줄면서 문을 닫은 이도 있다. 그리고 대를 이어 꾸준히 책방에서 손님을 맞고 있는 이도 있다. 1978년에는 이 책방골목에 '협동서점'이라는 시민문화운동 공간이 생겨 대학생과 청년층들이 쉼 없이 이곳을 찾기도 했다. 2013년 9월 현재에는 보수동책방골목에 모두 마흔다섯 곳의 책방이 문을 열고 장사를 하고 있고, 그 중 열다섯 곳은 인터넷 보수동책방골목 사이트 운영에도 참여하여 새로운 영역을 개척하고 있다.

한국전쟁의 후유증을 점차 극복하고 사회가 제 모습을 갖추는 과정에서 이른바 '베이비 부머'(전후 세대)로 태어난 이들이 1952년 초등학교 의무교육법 시행령이 제정된 영향 등으로 1960년대에 거의 초등학교에 입학을 했다. 그 중 상당수는 1970년대에 중학교나 고등학교 등으로 진학을 했다. 그리고 1970년대 이후 우리 사회는 부자나 가난한 자나 할 것 없이 거대한 교육열에 휩싸였다. 그리하여 광범위한 교육 교재 시장이 형성되었다. 이렇게 형성된 상황은 책방골목 주인들에게는 큰 기회로 다가왔다. 헌책방으로 흘러들어온 교과서, 참고서, 문제집 등은 없어서 못 팔 지경이었다. 책방 주인들은 1970년대가 보수동책방골목의 거래가 가장 활발했던 때였다고 기억한다. 이러한 분위기는 1980년대까지 이어졌다.

한편 1978년 4월부터 이듬해 3월 초까지 약 1년간 이 책방골목에 '협동서점'이 들어서서 부조리한 사회 문제에 관심이 많은 시민들과 청년들이 찾아오게 되었다. 이 서점은 시민들이 자발적으로 세운 부산양서판매이용협동조합(약칭 '부산양협')의 직영 서점이었다. '협동서점'은 개인이 운영하여 개인이 이윤을 얻는 기존의 서점과 달리 이익금은 조합의 결정으로 사회의 진보적인 운동에 쓰기로 하였다. 조합원이 되면 출자금에 대해서는 배당금을 받을 수 있고, 출자금은 은행 이자보다 높은 수익률(30%)이 돌아가고, 구매에 대한 비례 배당을 통해 다른 서점보다 책을 싸게 사게 되고, 책 정가의 1할을 내고 '좋은 책'을 일 주일간 대여하여 읽을 수도 있는 것은 물론, 덤으로 양서를 추천 받으며 부산문화 발전에 든든한 디딤돌이 되고, 그 주인공이 된다는 설명은 책방골목을 찾는 사람들의 관심을 끌었다.

그리고 서점의 2층 방에서는 어학 연구모임, 지역사회개발 연구모임, 전문학술 연구모임, 종교 연구모임, 예술 연구모임 등 소모임을 하기 위해 회원들이 찾았다. 또 책방골목 중간쯤에서 계단을 따라 이어져 있는 중부교회에서는 조합원 교육 모임이 수시로 있었다. 양서를 매개로 해서, 책만 유통하는 것이 아니라 여러 사회 문제에 대한 대화의 모임에 대학생과 청년층들이 찾아들어 정보와 지식의 목마름을 해소하기도 하였다. 한때 오백 명 넘는 시민들이 부산양협의 조합원으로 참여하며 책방골목을 찾았다.

1980년대까지 호황이던 책방골목은 1990년대 들어 다시 전환기를 맞게 된다. 1990년대 뒤로는 헌책 교재에 대한 수요가 점차 줄어들면서 간판을 내리는 책방들이 늘어났다. 책방골목에서 폐업하는 곳이 생겨나고 폐업하는 책방을 다른 책방이 통합하기도 해서 한때 일흔 곳이 넘던 것이 2013년 현재는 마흔다섯 곳만이 영업을 하고

그림 2. 부산양협이 직영한 협동서점. 지금은 작은 수퍼가 들어서 있다. (사)부산민주항쟁기념사업회 사진 제공

있다. 그런데도 희한한 것은 책방골목이 보유하고 있는 전체 책의 수량은 줄어들기는커녕 꾸준히 늘고 있다는 것이 책방 주인들의 증언이다. 이것은 다름 아닌 출판 환경과 주거 환경의 변화에 그 원인이 있는 것이다.

1980년대엔 민주화운동이 벌어지면서 출판사 등록이 자유화되었고, 그 과정에서 폭발적으로 늘어난 출판사들이 수많은 신간을 발행했다. 그런데 얼마 뒤에는 그 책들이 모두 헌책이 되어서 책방골목으로 들어왔고, 그래서 또 다시 취급하는 책의 종류가 넓어졌다. 그리고 1980년대 후반에서 1990년 중반까지 출판계에서는 생산 과정에서 엄청난 기술 혁신이 이루어진다. 출판사들은 손작업에 의존하는 활자 조판과 기계식의 활판 인쇄 방식에서 컴퓨터를 이용한 전자 출판과 전자식의 옵셋 인쇄 방식으로 생산 방식을 바꿈으로써 책 한 권을 생산하는 데 드는 시간과 비용을 크게 줄였다. 또한 주거 환경이 바뀐 것도 책방골목에 책이 많아진 이유가 되었다. 많은 사람들이 주택에서 아파트로 주거를 바꾸면서 아파트에는 책을 보관하거나 쌓아두려고 하지 않았기 때문이다.

"1990년대 후반부터 본격적으로 책방골목으로 책이 쏟아져 들어왔어요. 그 전에 노교수님들은 주로 개인 주택에 많이 살았지요. 우리 아버님 세대에 속하는 이런 분들 집에 책 수집한다고 가보면 책이 굉장히 많았어요. 이런 분들이 돌아가시고 나면 유족들이 책을 내다 팔기를 하는데, 개인 주택의 경우는 정말 책이 많아요. 그보다 밑의 세대의 교수님들은 거의 아파트에 사시는데, 그런 집에 가면 책이 좀 적다고 느낍니다. 지금은 나올 만큼 다 나왔다고 봅니다." - 양수성, '고서점' 대표

책방골목이 외형적으로 볼 때 뚜렷이 변화한 것은 2010년쯤부터다. 텔

레비전 프로그램 중 '1박2일'이라는 프로그램에서 보수동책방골목을 소개
한 이후에 이곳을 찾는 발걸음들이 크게 늘었다. 그리고 케이티엑스KTX
기차를 타고 서울에서 온 사람들이 이 책방골목을 많이 찾고 있기 때문이
라고 책방 주인들은 느낀다. 2005년까지는 거의 변화의 기미가 없었는데
중구청에서 걷는 길을 새롭게 포장하고, 공공미술 프로젝트로 셔터 문에
그림을 입히고, 2010년에 책방골목문화관을 설립했다. 그리고 커피 붐이
불면서 인앤빈人&Bean이 먼저 들어가고 뒤이어 일곱 곳의 커피점이 생겨
났다. 보수동책방골목의 분위기를 살려주는 것 중 하나가 '삼나무 향기'라
고 하는, 빈티지 나무를 가지고 가구 만드는 디아이와이DIY 가게다. 그리
고 예술적 서체(캘리그라피)를 창작 · 교육 · 전시하는 공간도 생겼으며,
전에 없던 레스토랑도 한 곳이 들어왔다.

그런 한편 변천은 여러 방면에서 이루어지고 있다. '우리글방'처럼 책

그림 3. 책방골목문화관에서는 연중 다양한 전시와 행사가 이루어지고 있다. ⓒ김학용

방 안에 북 카페 공간을 두고 미로처럼 복층을 활용한 책 진열을 통해 이용자들이 책을 종류별로 살펴볼 수 있도록 되어 책방 안을 탐방하는 즐거움을 주는 공간 연출을 한 곳도 있다. 또 '책의 마음'이라든지 간판부터가 완전히 색다른 책방이 근래에 몇 개가 더 늘어났다. 그렇게 해서 책방골목은 사람들을 끌어들이는 데까지는 성공하였다. 하지만 아직 사람들이 책을 구매하는 데까지 이르지는 못하고 있다.

책방골목의 변천은 책방 수에서도 찾아볼 수 있다. 1950년대에 형성되어 1970년대 한창 전성기 때의 책방이 칠십 곳이 넘었는데 2013년 현재 마흔다섯 곳이다. 그리고 더 이상 책방 수가 줄어들지는 않고 있다. 내리막 추세가 멈춘 것이다.

책방골목에서 거래되는 인기 있는 책의 종류도 변천을 거듭했다. 매시기마다 그때그때 인기 있는 것들이 활발히 거래되는데, 1950~1960년

그림 4. 각종 사전들. ©이삼순

대 초반만 해도 가장 인기 있는 책은 법률 서적이었다. 고시 공부에 매진하는 젊은이들이 많았던 때문이다. 덕분에 이 골목을 거쳐 간 이들 중에 유명한 판검사들이 적지 않게 배출되었다고 한다. 1962년부터 박정희 대통령이 경제개발을 시작하면서는 기술과 공업 계통의 책이 늘었다. 그러다가 1970년대에는 교과서류와『동아전과』,『성문영어(시리즈)』,『수학의 정석』등 참고서,『에센스영한사전』과 같은 학생용 사전류 등은 불티나게 팔려나갔다. 지금은 학교 교과서라든지 교과서가 달라지면 참고서도 달라지니, 그런 거 내놓고 장사하는 사람들은 거의 없다. 집집마다 장식용으로 뒀던 수십 권짜리『대백과사전』들도 그렇고. 요즘 종이 사전을 누가 보나? '고서점'의 경우에는 1990년대에는 한적漢籍(한문漢文으로 쓴 한지韓紙 책)만 구매했는데, 지금은 거의 안 한다고 한다.

최근에는 문학 계통의 비중은 줄었고, 잡지나 어린이 관련 책의 비중이 늘었다. 만화잡지『보물섬』창간호처럼 소장용 책을 찾는 손님이 늘고 있다. 옛 어린이 잡지를 보는 이들이 수집을 하거나 재미로 모으는 것이다. 그리고 공공기관에 있다가 일정 시간이 되면 보존할 데가 없으니 책을 내놓는다. 그러면 어느어느 도서관에서 나왔다고 도장 찍힌 책이 나온다.

하지만 시대를 초월하여 독자들에게 사랑받는 고전은 헌책이 돼도 여전히 고전이다. 책방골목에서『삼국지』와『성경』은 꾸준히 팔린다. 조정래의『태백산맥』,『아리랑』이나 최명희의『혼불』, 박경리의『토지』같은 대하소설도 꾸준히 인기가 있다.

취급하는 책 종류와 수량은?

책방골목 안으로 쑥 들어가면 각 책방마다 취급하는 책의 분야가 특화되어 있다. 고서나 동양학 관련 책을 중심적으로 취급하는 곳을 비롯하여 만화, 문학소설, 사전류, 어린이책 전집, 예술 서적, 외국 원서, 인문과학, 잡지류, 전문 교재, 참고서와 교과서, 한국학 관련 분야의 책을 취급하는 곳에 이르기까지 다양하다. 물론 대개 같은 책방에서 몇 개 분야의 책을 두루 취급한다. 그런데 뜻밖에도 이 골목 안에 헌책과의 인연을 접고 주로 참고서와 새책을 취급하는 책방도 있다.

헌책방의 매력 중에 빠질 수 없는 것이 비매품 도서를 구입할 수 있다는 것이다. 각종 공공기관 등에서 발행하는 책 중에서는 지식이나 정보 차원에서 가치가 높은 것이 많으며, 최근에는 선명한 그림이나 사진을 많이 실어 시각적 효과를 높인 도서 출판이 추세를 형성할 정도로 많이 발행되고 있다. 그리고 상업성이 없어 일반 출판사에서 발행할 수 없지만 문헌적 가치나 전문성이 꽤 높은 책들도 공공 출판물로 꾸준히 나오고 있다. 하지만 일반 시민 입장에서는 이러한 비매품 공공 출판물의 정보를 접하기는 대단히 어렵다. 이러한 비매품 공공 출판물이 발행 뒤 일정한 시간이 지나면 헌책방으로 들어온다.

"보수동책방골목, 그 길목을 지키고 있으면, 요즘 뭐 부산학 공부하고 어쩌고 하는 사람들이 다 거쳐 가는 길목인 것 같더라고요. 실제로 지금 영광도서만 하더라도 부산 관련 서가가 요 얼마 전까지 두 줄뿐이었거든요. 지금은 아마 석 줄 정도……, 그게 부산 관련 책의 전부죠. 물론 그거는 모두 유가有價니까 그렇겠지만, 부산발전연구원 같은 데서 나오는 책은 무가無價가

돼놓니까 아직 책이 이쪽으로 꽂히지가 않고⋯⋯. 그 담에 알라딘 중고 서점
이 갖고 있는 약점은 비매품을 일단 취급을 안 하니까, 전부 상업적 발간물
을, 그 책만 가지고 자기들이 가격을, 일정 공식에 의해서 가격을 결정하지
요. 그런데 책방골목에는 부산에 관한 책이 엄청나고, 공공기관에서나 뭐 그
런 데서 나온 비매품 책이나 자료가 쫙 쌓여서⋯⋯."

　　　－ 이성훈, 외항선 선장

　한편, 책방골목에서 취급하지 않으려 하는 책들도 있다. 교과 과정이
바뀐 참고서나 자습서는 책방 주인들이 좀처럼 사들이지 않고 세로쓰기
로 된 전집류도 꺼리는 편이다. 컴퓨터 서적도 찬밥 신세다. 『윈도우95 완
전정복』이나 『PC통신 따라잡기』 따위의 책을 지금 필요로 하는 사람이 있
겠는가.

그림 5. 책 삽니다. ⋯ 그리고 팝니다. ©박나은

보수동책방골목의 책방에 있는 책은 모두 얼마나 될까? 책방에 진열되어 있거나 쌓여 있는 책들이 모두가 아니다. 대부분의 책방들이 두세 곳씩 책 창고를 따로 보유하고 있다. 대략 작은 책방은 3만~5만 권, 큰 책방은 20만~30만 권씩의 책을 갖고 있다.

몇 년 전 책방골목번영회가 책방골목 전체 책방이 보유하고 있는 책을 추산한 적이 있는데, 그에 따르면 대략 400만여 권에 이른다고 한다. 이는 국회도서관이 소장하고 있는 일반도서 357여만 권(2013년 8월 31일 기준)보다 많고, 부산의 국가기록원 분관(역사기록관)이 보존, 관리하는 중요기록물 130여만 권의 세 배, 부산광역시립시민도서관이 소장하고 있는 67만 권(2013년 1월 1일 기준)에 비해서는 무려 여섯 배에 달한다.

책은 어떤 경로로 매입하고 판매하나?

책방골목에는 개인이 책 몇 권씩을 가져와서 팔거나 필요한 책을 사가는 전통적인 거래가 오래된 방식이다. 어떤 때는 출판사에서 자금 사정 등으로 떨이 식으로 트럭에 가득 한 차 싣고 와서 팔고 가기도 한다. 아동도서의 경우에는 책 보상 교환 판매 때 영업 사원들이 헌책을 많이 수거해오고, 반대로 아파트 내에 도서관을 짓거나 논술학원에서 서고를 만들 경우에는 한꺼번에 몇 만 권씩 납품한다.

책이 들어오는 경로에는 중간상인(고물상이나 폐지 수집상에게서 전문적으로 헌책만 수집해오는 이른바 '나까마')한테서 뭉치로 사기도 하고, 서울 등지의 도매상에서 헌책이나 재고 책을 보내오는 경우도 있다. 그리고 가끔은 고인의 유족이 집에 소장하던 책을 한꺼번에 넘기겠다고 하여

가서 보고 적당한 가격을 치루고 싣고 오기도 한다. 최근에는 새로운 흐름이 생겨나고 있는데, 인터넷을 통한 책 구매가 점차 확산되고 있다. 또 인터넷 경매나 현장 경매를 통해 보수동책방골목에서 찾아보기 힘든 책들을 구매하기도 한다.

파는 방식은 직접 찾아와 사는 손님들에게 파는 경우 말고는 가끔 학교나 박물관 등에 납품을 하기도 하고, 또 위탁 판매를 하기도 한다. 그뿐만이 아니다. 보수동책방골목에 있는 책방 중 개별적으로 온라인 판매를 하는 곳도 있지만, 책방골목 내 15곳의 서점이 참여하여 인터넷 쇼핑몰 http://www.bosubookstreet.com을 열어 전국적으로 판매를 하고 있다. 인터넷 판매 비중이 점차 높아지고 있고 점포 판매 비중은 차츰 떨어지고 있다. 인터넷 쇼핑몰에 참여하고 있는 남양서점의 경우 인터넷 판매와 점포 현장 판매의 비율이 9:1 정도다.

책을 매입하고 판매하다 보면 생각지도 못한 일을 겪는다.

"옛날엔 재미있는 일이 많았지. 그때 얘기하면 책 한 권으로도 다 못 쓸 거야. 우리들은 헌책이 들어오면 책을 하나하나 다 들쳐봐. 그러면 예전엔 책에서 비상금이랑 학생 회수권도 보이고, 우표도 나왔어. 중간상인이 가지고 온 책들이랑 뒤죽박죽 섞이니 누가 주인인지도 알 수 없는 물건이지. 제일 재미있는 건 연애편지야. 서로들 돌려보고 그랬어. 어디 요즘은 연애 편지를 볼 수가 있나? 다 컴퓨터랑 휴대폰으로 하잖아. 보수동책방골목은 향수 어린 책의 백화점이지. 여기에 있으면 책은 죽은 거야. 좋은 독자에게 시집을 가서 잘 읽혀야 그때 비로소 책이 살아나는 거지…… 관광객도 늘고 있고, 다른 지방에서 구경 차 놀러오는 사람들이 책을 다량으로 사기도 해. 이런 손님들에게는 택배로 보내주지." – 남명섭, '충남서점' 대표

"몇 년 전의 일입니다. 제 가게에 오신 손님이 하신 이야기인데, 책방골목에서 십 몇 페이지짜리 잡지를 샀는데, 몇 년 치 분량의 잡지 뭉치였는데, 사다가 집에 갔다 놓고 며칠 지나서 챙겨보게 되었답니다. 그런데 유심히 보니 이상하게 묶음별로 책 가운데 부분이 약간 불룩하게 되어 있어서 풀어봤답니다. 책 속에 습기가 찼나 하고 풀어보니, 아! 그런데 그 속에 잡지책 한 권마다 오백 원짜리 지폐가 대여섯 장씩 꽂혀 있었답니다. 책이 이백 권이 넘었으니, 오백 원짜리 지폐가 통용되던 때 근 백만 원이 넘는 돈이 그 속에, 책 속에 있었다는 거지요. 아마 책방 주인은 고물상에서 넘어 온 책 뭉치를 풀어보지도 않고 있다가 판 것이겠지요." - 양수성, '고서점' 대표

한편, 헌책방에서는 구입한 책 수량만큼 책이 팔려나가지 않는다. 대략 10권의 책이 들어오면 나가는 책은 3권 안팎이다. 이 때문에 책방골목에는 오늘도 무수한 '책탑'들이 쌓여 간다. 버리자니 아깝고 무작정 쌓아두자니 더 이상 공간이 없다. 책방들 간에 필요한 책들끼리 '물물교환'을 하는 경우도 있지만 여의치 않으면 책을 찢어서 폐기 처분한다. 헌책방계에도 '새 피'가 돌아야 하기 때문이다.

책 진열은 어떤 규칙으로 하나? 어떻게 다 기억하나?

일반적으로는 우리가 책방골목을 지나갈 때 책방 안쪽은 별로 신경 쓰지 않고 바깥 입구에 있는 쇼윈도우에 내놓은 책에 눈이 간다. 책방은 거기서 손님의 발걸음을 끈다. 물론 책방골목의 '탐색가'들은 그곳에 눈을 두지 않지만. 그런데 누구나 한번쯤 궁금한 것이 있다. 안쪽 깊은 골마루에

는 전집 책도 쌓여 있고 여러 가지 책이 그득하여 '저렇게 쌓인 책더미 뒤에는 어떤 책이 있을지' 궁금하다. 책더미를 치우고 구경할 수 없는 일이 참 아쉽지만 어쩔 수 없는 노릇이다. 이렇게 책이 이리저리 쌓여 있거나 책으로 꽉 차서 책 사이를 들어가기도 어려울 정도로 많은 책들이 있는데, 도대체 이 책들을 진열하는 규칙이 있는지, 있다면 뭔지 참 궁금하다.

책방 주인들은 저마다 독특한 진열 방식이 있다. 그러니까 예를 들어 어떤 책방 주인은 나는 몇 천 원짜리 책을 한꺼번에 꽂아놓겠다, 누구는 새로 들어온 날별로 꽂아놓겠다, 또 어떤 주인은 분야별로 꽂아놓겠다 등등, 여러 가지로 다 다르다. 그러나 대부분의 경우 분야별로 꽂는다. 책방이 협소한 곳들은 그냥 대충 꽂아놓기도 하고. 대충 참고서는 참고서끼리, 같은 과목은 과목끼리 꽂기도 하고 ……. 그런데 그것도 다 책방마다 중점적으로 취급하는 분야가 있기 때문에, 그게 그렇게 어렵지 않다. 우리가 집에서 책 보기 편하게 책장에 꽂듯이 하는 것이다.

또 궁금한 것이 있다. 책방 주인들은 찾고자 하는 책을 귀신같이 찾는데, 그 많은 책 중에 어떻게 그 책이 있는지 없는지, 어느 위치에 있는지를 아는 걸까? 대부분의 주인들은 거의 감각적으로 기억한다. 머릿속에 일종의 '책 지도'를 그려 놓는 식이다. 이 때문에 손님이 책을 보다가 다른 곳에 꽂아두면 주인이 그 책을 영영 못 찾는 경우도 많다. 그리고 책방 업무의 관리 효율을 높이는 한편, 인터넷을 이용한 주문과 판매가 늘면서 책 목록을 데이터베이스화하는 서점도 늘고 있다. 그런데 이 과정에서 책방 주인들은 '책 지도'의 감각을 잃어가고 있다. '디지털 바보'가 되어 가고 있는 것이다.

헌책의 가격 결정은 어떻게? 책을 싸게 사는 요령은?

헌책도 값이 매겨지는 일정한 규칙이 있다. 헌책방에서 매겨지는 책값은 기본적으로 책이 시중에 얼마나 돌아다니는지, 사고자 하는 사람들이 얼마나 되느냐에 따라 결정된다. 책방골목 헌책방에서는 사용하던 헌책은 물론이고, 발행된 지 기간이 좀 지났으나 새책방을 거치지 않고 바로 이곳으로 들어온 책인 구간舊刊을 취급하는데, 정가의 40~70%까지 싸게 판다. 그리고 참고서 전문 책방과 아동 전문 책방에는 새책이 많고 값도 정가보다 좀 싸게 판다. 나온 지 10년가량 지난 책은 20~50% 선에서 판매된다. 그런데 20년 이상 지난 책은 오히려 정가보다 비싸게 팔리는 일이 많다. 책이 나온 당시와 지금의 물가 수준 차가 크기 때문이다.

한편, 책방 주인이 헌책을 사들일 때는 통상 헌책 판매 가격의 25% 정도를 쳐주는 것이 이 골목의 대략의 산출 기준이다.

그러나 이렇게 비교적 쉽게 값을 매길 수 없는 책이 헌책방에는 허다하다. 특히 고서는 값을 매기기가 아주 어렵다. 양수성 '고서점' 대표는 책방을 운영하면서 세계적으로 유명한 일본 토쿄의 간다神田 고서점 거리도

그림 6. 책방의 책더미. ⓒ박호규

여러 번 가봤단다.

"무조건 책이 발행된 지 오래되었다고 비싸게 매긴다든지 하는 것은 피해야 합니다. 그 책의 가치를 정확히 감정해서 가격을 결정해야 하는데, 그러기 위해서는 서지학적인 지식 뿐 아니라 유통 상황과 책의 상태, 그리고 오랫동안 책을 다루면서 생긴 '감感' 등이 필요합니다. 객관과 주관이 딱 만나는 지점이 책 가격인 거죠. 몇 년 전에 일본 간다 진보쵸 고서점 거리를 갔던 적이 있어요. 간다에 있는 한 음악 잡지 전문점을 들어갔죠. 1960년대 음악 잡지가 있는데, 가격이 보통 5백 엔에서 1천 엔 정도거든요. 그런데 똑같은 잡지인데 비틀즈 특집을 낸 어느 한 달의 특별호에 6만 엔이 붙어 있는 거예요. 여기 보수동에서 그랬다면 아마 미쳤다고 했겠죠. 주관적으로 가격을 붙여놓아도 거기는 아무도 시비 거는 이가 없어요. 그만큼 주인들이 자신이 있기 때문이에요."

절판된 책이나 희귀본, 또는 공공기관에서 발행된 비매품 책이나 도록을 구하는 이들에게 보수동책방골목은 '엘도라도'다. 켜켜이 쌓인 옛날 책 사이에서 마를린 먼로의 흑백사진집을 발견할 수도 있고, 8·15 직후 대한민국 성립 때까지의 어린이잡지를 구할 수도 있다. 1980년대 금서 목록에 올랐던 시집을 만날 수도 있고, 불과 3개월 전에 발행된 박물관 개관 도록을 찾을 수도 있다. 이러한 책들의 값을 매기는 것은 책방 주인의 몫이다.

"최근에 운크라(UNKRA ; 국제연합한국부흥위원회) 교과서를 권당 10만 원에 팔았어요. 아마 이 책방골목에서 가장 비싼 책은 제가 보유 중인 주시경 선생의 『조선말갈·대수학 연구본』(1904~1908년 발간 추정)일 거예요. 값으로 치면 2백만 원을 호가합니다. 그런데 아무리 해도 값을 매길 수 없는 것도 있습니다. 아버님(양호석 동방미술회관 대표)이 책방골목을 평생 지켜오며, 평생을 골동품 수집에 바쳤는데, 『자명종표독법自鳴鐘表讀法』 원본을 소유하고 있는데, "이건 천만 원을 준다 해도 안 팔아."라고 말씀하십니다. 이 책은 중국에서 1809년에 출간되었고, 자명종의 원리를 그림과 함께 설명한 책인데, 이런 건 가격이 없는 것이죠." - 양수성, '고서점' 대표

그리고 양수성 대표는 몇 년 전 일본에서 1800년대 후반에 발행된 '딱지본'의 가치를 새롭게 밝혀내어 가격을 매긴 적이 있었다. '딱지본'은 책 표지가 울긋불긋하게 딱지처럼 인쇄된 소설에 붙여진 별명인데, 신식 활판 인쇄로 대량 발행되었다. 우리나라에서는 일본 것을 본떠 1900년대부터 발행되었는데, 인기가 있었던 고소설을 비롯하여 창작 신소설, 개작 소설과 삼류 통속소설(또는 애로소설), 각종 실용서를 발행하여 평균 20~30전에 팔렸다. 딱지본은 시내의 서포나 서점망 뿐 아니라 봇짐장사, 장돌뱅이들이 전국의 장을 돌면서 팔았다. 이 딱지본은 최남선이 1912년 기획하여 발행한 육전소설이 나온 계기가 된다. 그러한 딱지본의 문학사적 가치를 발견하여 제값을 매긴 것이다.

"저는 책의 가치를 새롭게 규정하여 가격을 매기는 것도 책방 주인이 해야 할 일이라 생각합니다. 일본 딱지본이 우리나라 딱지본의 모델이었는데, 그걸 모르고 다른 서점에서 딱지본을 아주 싸게 팔았던 것이죠. 이 딱지본이 우리나라 대중소설책인 십전소설과 관련이 깊고 그러한데, 그래서 제가 책의 가치를 새롭게 정리하고 새롭게 가격을 매겼어요. 그리고 얼마 뒤 그 딱

지본은 임자를 만나 팔려나갔어요. 제가 매긴 가격이 맞았다는 생각을 했지요. 물론 이건 그 가치를 제가 익혔다기보다는 아버님에게서 배운 거지요."

　　　- 양수성, '고서점' 대표

　책방 주인은 자신이 매긴 책값을 받음으로써 경제적으로 충분히 보상을 받아 기쁘고, 자신이 매긴 책값이 그 책의 가치에 상응한다는 것을 확인하는 셈이어서 보람을 느끼는 것이다.

　그런데 아무리 책방골목을 좋아하고 책방 사장들과 친한 사람도 같은 책을 구입할 때는 값이 싼 책방에서 산다. 책을 싸게 사는 요령은 원하는 것에 부수적인 것 섞어 구입하는 것이다. 자기가 사고자 원하는 책에 다른 책들을 섞어 책방 주인의 주의를 분산시켜야 한다. 그리고 절대 "야! 이 책 내가 찾고 있었는데" 이런 식으로 표현하면 안 되고……. 예전에 '필하모니'라는 엄청나게 큰 중고 레코드 가게가 백성사세탁소 밑에 있었는데, 1977년부터 열린 MBC대학가요제의 엘피LP 판을 수집하던 사람이 매회 발매되었던 엘피 판 중 27번 째 판을 찾으러 전국을 다니던 중, 거기서 그 엘피 판을 발견하고 자기 감정을 노출하는 바람에 가격이 엄청 올랐던 적이 있었다.

　하지만 책은 꼭 싼 것만을 사는 것이 능사가 아니다. 헌책방의 매력은 다른 사람에게는 별 가치가 없어도 자신에게는 꼭 필요한 것을 찾을 수 있다는 것이다. 새책방은 신간 위주로 진열하여 발행 연도가 좀 지난 것이거나 희귀본은 매장에서 보기가 거의 어렵다. 헌책방에서 자신이 필요한 책이나 오랫동안 찾았던 책을 만났을 때 그 기쁨과 흥분은 누르기가 힘들다. 거기에 적절한 가격을 합리적으로 정하는 것은 쉬운 일이 아니다.

골목에 켜켜이 쌓여있는 '인문' : 향수, 정보, 문화공간

요즘 이 책방골목을 어떤 이들이 찾을까? 도대체 어떤 이유로 찾을까? 중장년층 이상은 찾아와 향수를 느끼고, 학자는 뒤져도 뒤져도 또 나오는 무궁무진한 정보 때문에 찾아온다. 젊은이들을 중심으로는 이곳을 문화공간으로 느끼며 찾는다. 이들 중에는 인터넷 헌책방을 이용하지 않는 사람들이 꽤 있다. 인터넷 헌책방은 사이트 별로 비교해서 더욱 싸게 살 수 있고, 내가 발품 안 팔아도 되는 편리함이 있는데, 내가 원하는 책이 있을 때라도 헌책방 좋아하는 사람들은 아직도 디지털 쪽으로 잘 안 바뀐다. 그 매력은 뭘까? 이들은 책방골목이 주는 묵향, 인간적 교류, 골목의 느낌 등이 좋아 계속 찾아온다고 이야기 한다. '인문'의 향기가 책방골목에 켜켜이 쌓여있기 때문인 것이다.

대략 1990년대까지 부산에서 학창 시절을 보낸 사람치고 보수동책방골목을 한 번 쯤 기웃거려 보지 않은 이가 드물 것이다. 많은 이들은 교과서는 물론 『동아전과』, 『성문종합영어』와 『수학의 정석』을 찾아다니거나 『에센스영한사전』이나 각종 전공 서적을 사러 갔던 일들을 아련한 기억 속에 담고 있다.

책방골목을 찾은 몇 사람을 만나봤다. 육십 대 주부인 이삼순 씨는 "옛 생각이 절로, 엘피LP 판 너무 좋아 쇼팽을 샀어요. 추억 속의 사전, 요즘 인터넷 검색으로 다 해결? 손 때 묻은 사전들은 무엇을 생각하고 있을까? 화이트 와인을 책표지로 고사성어사전과 함께, 동서양의 만남, 호호호. 나도 저런 시절이 있었지." 이름을 밝히지 않는 오십 대 남성 둘은 "아! 내가 여기서 교과서를 샀었어요. 여기서는 『동아전과』를 사가지고 가서 숙제를 하였어요, 숙제가 너무 많아서 새벽 2시까지도 하곤 했지요." "부산대학교 앞 서점에 없었던 책들도 보수동책방골목에는 있었지. 그 때는 상점 주인들이 협조 체제가 되어 있어서 좋았어요. 함석헌 선생님과 세미나도 하고…." 사십 대 중학교 교사로 아들과 손잡고 온 조원태 씨는 "고등학교 때, 이 녀석『수학의 정석』때문에 골머리 꽤나 앓았았지요. 이 골목에서 오랜만에 만나는 이 책 한 권이 고교 시절을 떠 올리게 합니다."

전문적인 서적을 구하기 위해서 책방골목을 찾는 이들은 꾸준히 오랜 기간동안 찾아오고, 부산만이 아니라 전국에서 온다. 그 중 경제학자인 경북대학교 이정우 교수는 일 년에 서너 차례는 부산에 오는데 올 때마다 이 책방골목을 찾는다 한다.

"부산 갈 때마다 보수동에 가요. 약속 시각 두 시간 쯤 전에 부산에 미리 가서 보수동책방골목부터 찾습니다. 헌책방 뒤지는 건 수십 년 전부터 계속

그림 7. 옛 생각이 절로 …. ⓒ이상순

해 온 내 취미 생활이지요. 미국이나 영국 갈 때도 헌책방에 가지요. 일본 진
보쵸에도 물론 가봤습니다.… 직접 책을 만지면서 책방 주인과 얼굴을 마주
보고 얘기할 수 있는 헌책방이 너무 좋지 않으냐?… 부산 사람들이 굉장히
친절하고 순박해요. '우리글방' 정말 괜찮은 책방입니다. 옆의 '대우서점' 등
에도 가는데 좋아요. 이런 책방들이 좀더 많아져야 보수동책방골목도 더 발
전하지 않을까요. 내가 외국 나갈 때도 반드시 헌책방들을 가 보는데, 그러
면서 한 가지 깨달은 게 있어요. 세계 어느 나라 어느 책방을 가더라도 책방
주인들이 하나같이 다 착하고 선하다는 겁니다. 영리 목적으로 양심을 속이
고 바가지를 씌우는 짓 같은 건 절대 하지 않아요. 그래서 나도 절대 값을 깎
지 않습니다. 주인이 제시하는 가격대로 삽니다. 그만한 가치가 있으니까 그
값을 부르겠지요.… 헌책방은 무궁무진하다. 지난번에 뒤졌으니 이젠 없겠
지 하고 가보면 살 게 또 보여요. 그러니까 또 가게 되지요. 어디서 자꾸 나
오는지. 우리 출판문화가 예전부터 저력이 있었다고 봐야지요. 그 어려운 시
절에도 그런 책들을 만들었으니.…"

헌책방에서 책 자체뿐 아니라 헌책방 풍경이 가만히 들여 주는 인문적
메시지를 사람들이 즐기기도 한다.

"작은 거미 한 마리가 책들 사이로 불쑥 튀어나왔습니다. 정말로 불쑥 인
지라 마치 책의 낱장들 틈으로 비집고 솟아난 듯, 나를 놀래켰습니다. 나타
난 그대로 잠시 멈춰 있던 작은 거미는 내 집요한 시선이 거북스러웠는지 첩
첩이 쌓여 있는 책들을 타면서 빠르게 올라갔습니다. 그 동선을 따라 카메라
의 렌즈가 뒤쫓았지만 그 모습을 온전히 담아내지는 못했습니다. 아쉬움을
남기고 사라진 작은 거미는 제가 누빌 수 없는 곳에서 다시 살아가겠지요. 글

그림 8. 작은 거미 한 마리가 불쑥 …. ⓒ이민희

자 무더기에서 생활을 하는 그 작은 거미는 특별해 보였습니다. 흔히 볼 수 있는 벌레 하나에도 새로운 의미로 다가오는 곳, 그 곳이 보수동 책방인 것 같습니다.”－「책방골목 답사 후기 (2012년)」, 이민희. 20대 학생

책방 주인은 '인간문화재'

이 세상에 존재하는 모든 것이 그렇지만 책 역시 시간을 초월하여 살아남는 것이 있는가 하면 그렇지 못한 것도 있다. 물론 대다수는 세월을 이겨내지 못하고 사라지고 만다. 헌책방 주인은 세월을 뛰어넘어 책이 생명을 유지하는 방법을 찾아내는 사람이다. 그리고 책의 내용을 터득하고 책의 가치를 파악하여 책 사는 사람의 마음에 들 수 있도록 단서를 제

공하는 중계자이다.

영국에는 마흔 곳이 넘는 책방으로 마을을 이루고 있는 세계에서 가장 오래된 헌책마을 헤이온와이Hay-on-Wye가 있고, 일본에는 일백여든 곳이 넘는 고서점이 모여 세계 최대의 '책의 거리'로 불리는 간다神田진보초 고서점 거리가 있다. 보수동책방골목은 '헤이온와이의 아기자기함과 간다 진보초 고서점 거리의 역사성을 함께 지닌 곳'이다. 파주출판도시 김언호 이사장은 부산상고를 다닐 시절 이곳을 들락거리면서 책을 꿈꾸었단다. 그는 보수동책방골목의 전망을 이렇게 말했다.

"보수동에서 50여 년 동안 묵묵히 한곳을 지키는 책방 주인들이야말로 인간문화재감이다. 한국전쟁기에 태동한 보수동 책방골목은 이제 대한민국

그림 9. 쉼 없이 일하다 주인 따라 잠시 쉬어가는 장갑 …. ⓒ조원태

최대이자 유일한 헌책방 골목이다. 서울 청계천의 헌책방골목도 10여 년 전 개발 바람에 휩쓸려 속절없이 사라지지 않았는가. 우리나라 전후 지식사와 정신사의 고향 같은 곳인 보수동은 이제 부산뿐 아니라 대한민국의 문화적 긍지를 고스란히 안고 있는 문화유산이자 보배이다. 그리고 보수동은 잘만 활용된다면 전국적인 명소로 거듭나고 지역 경제에도 부수적인 도움이 될 수 있다는 확신을 한다."

책방골목은 모여진 책들을 매개로 지역공동체의 정보와 지식의 창고로 역할을 해왔고, 문화공간으로 탈바꿈하면서 새로운 자기 정체성을 확장해 나가고 있다. 이로써 책방골목이 지닌 인문적 상상력은 지역사회의 미래를 전망하는 데 함께 할 것이다.

한때 한국 도서문화의 주축을 담당했던 헌책방골목이 전국 대도시에서 자취도 없이 사라져버린 지금, 보수동책방골목은 '전국 유일의 헌책방골목'으로서 비교 불가의 존재감을 드러내고 있다. 20세기와 21세기 격변의 한국 현대사 속에서 변신을 통해 거듭나려는 보수동책방골목의 시도가 성공한다면 책방골목을 찾는 사람들의 즐거움은 더욱 배가될 것이다.

참고문헌

양수성(1973년생. 남) 구술, 부산시 중구 보수동 거주.

이성훈(1960년생. 남) 구술, 부산시 남구 용호동 거주.

민주시민교육원 '나락한알', 〈기억에 담긴 부산속의 길 투어 : 보수동 책방골목〉 참가자 소감문, 2012.

박병률, 「기억의 공간, 기록의 공간 : 보수동책방골목을 산책하며」, 민주시민교육원 '나락한알',

　　　〈기억에 담긴 부산속의 길 투어 : 보수동 책방골목〉, 2012.

「김열규 교수의 '내 부산, 내 옛 둥지' 23. 국제시장 전신, '돗떼기시장'의 출발」, 『부산일보』 2011. 8. 29.

「뒤지면 또 나오는 변함없는 그 골목 '헌책의 향기'」, 『한겨레』 2013. 7. 28.

「보수동책방골목을 지키는 사람들」, 『주간조선』 2248호, 2013.

공병훈, 「디지털 출판 생태계와 출판사의 적응전략 연구」, 『제14회 한 · 중 출판학술회의 논문집』, 2012.

차철욱, 「한국전쟁 피난민의 생활과 부산 정착」, 임시수도기념관 전시관 개관 도록, 201.2

보수동책방골목 홈페이지 www.bosubook.com

2

구역
district

김만석 계간 〈신생〉 편집위원

부산의 항구, 다방, 수용소

이 원고는 〈로컬리티 인문학〉 2014년 4월에 실렸던 논문을 재수록한 것입니다.

해방과 말의 불/가능성

일본어를 국어로 강제했던 일제의 통치전략은 대동아 전쟁이라는 비상시국에서 총력전을 수행하기 위한 중요한 정책이었다. 이 때문에 1942년 ≪녹기≫에서는 발발한 전쟁을 목전에 두고 "내가 국어로 문학을 하는 것에 대한 신념"이라는 주제를 주고 이에 대한 각각의 문학인들의 견해를 싣기도 했다. 이 난에서 여러 문학인들은 일본어를 보편어로 규정해야 한다거나 일본어의 우수성을 말하거나 국민문학은 국어로 해야 한다는 논리로 짧은 답변을 제출한다. 당시 제국 일본의 언어 정책이 각 지방어의 사용금지와 일본어의 전면적 활용에 있기는 했지만, 당시의 대만이나 남방 등을 포함하여 조선 전체가 일본어를 읽거나 쓸 수는 없었기 때문에 그 정책이 완수될 수 있는 것은 아니었다. 즉, 이 정책은 기본적으로 조선의 지식인들이 응답할 수밖에 없는 규범이었는데, 이 잡지에서 제시했던 주제에서 여러 문학인들의 답변들은 국민화와 멸사봉공을 위해 일본어를 반드시 써야 되고 그것이 자신의 신념이기도 하다는 논리로 일관되어 있었다. 그런데 허준은 이 주제에 아주 흥미로운 방식으로 응답하는 것을 볼 수 있다. 허준은 "국어로 쓰기 위해서는 국어로 사고해야 하고 국어로 쓰는 양식이 가능하기 위해서는 국민적인 생활이 수반되어야 한다고 생각합니다"고 전제하면서 "문학인에게 언어와 생활의 괴리를 말할 정도의 바보같은 비극은 없을 것이라 생각합니다."고 쓴다.[1] 즉, 언어와 생활의 일치가 동반되어야만 '문학'에 이를 수 있다고 판단하고 있음을 확인할 수 있다. 이는 국어를 사용하고 국어로 사고한다고 하더라도 그것의 조건에 해당하는 생활이 국어가 생산된 장소와 일치될 수 없다면, 그것은 결코 문학에 이를 수 없다는 진단을 내린 것이라고 할 수 있다. 그러니까, 조선 사회가 "국민적인 생활"을 이룰 수 없게 될 때, 그것은 "비극적인 일"을 초래하는 것과 다를 바 없는 것으로 이해하고 있는 셈이다. 허준의 이 응답은 단순히 강제로 작성된 것이 아니라, 그 주제가 요구하는 대답을 사실상 우회하여 그 질문을 문제적인 것으로 되돌린다.

왜냐하면, 총력전 체제에서 강제되거나 자발적으로 참여하는 '국민문학'은 허준에 따르면 성립될 수 없을 뿐만 아니라 비극적일 뿐이라고 말하고 있기 때문이다. 그러나 보다 더 중요한 사실은 해방 이후 허준이 여전히 이 질문을 다시 해방 조선의 차원에서 다시 숙고하고 있다는 점이다. 허준은 그의 소설에서 해방을 언어와 생활의 불일치가 초래하는 비극적인 현장으로 포착하고 있는데, 「속 습작실에서」와 같은 텍스트에서 이 질문을 명시적으로 다시 제기한다.

가령 아무리 내 내적 욕망이 크다 하여도 말이 자기가 가진 이 법칙과 규거의 범위 안에서 줄限界을 빡 그어 놓고 그 안에 머물러 있게 하려고 하는 날일찐대 그 때 완벽히 이루어져 있는지도 모르는 내 시와 진실의 모장은 어느 한 귀퉁이에서든지 입을 대어 쏠리워 피를 뿜으려고 하는 일종의 큰 항거력을 지각하지 아니할 수 없는 것이었다. 그것이 가진 이 한계성에 항거하며 동시에 농간을 당하여 마음의 허격을 제공하지 아니하면서 심면의 완전한 모상이 제 옷을 찾아 입고 완전한 표현이 되어 나오게 하는 노력—그 틈바구니에 끼여서 나는 항상 허둥거리고 헤메는 청춘이었던 것이다.[2]

이 소설에서는 할머니가 운영하는 여관에서 하릴 없이 기거하고 있는 고등룸펜인 '나'가 어느 혁명가를 만나 언어와 생활이 일치하는 순간을 경험하는 이야기가 주축을 이루고 있다. 이야기의 후반부에 이르러서 혁명가가 자신의 말에 책임을 지는 것을 주인공 '나'가 고민하기를 멈추지 않았던 대상, 곧 말에 진리가 함축될 수 있다는 것을 확인하는 것으로 마무리된다. 하지만 소설의 후반부에서처럼 그러한 사태가 도래할 수 있기를 기대했던 것과 달리 해방 조선에서 언어와 생활이 일치되거나 말이 진리가 될 수 있는 가능성은 거의 없거나 제한적일 수밖에 없었다. 해방 조선에서 말이 식민지 조선의 조건과는 다른 방식의 부자유를 노정하고 있던 것은 좌우 이데올로기의 대립으로부터 촉발되는 것이고 그 과정에서 조선의 인민들의 '선택'은 매우 한정적일 수밖에 없었다는 것이다. 달리 말해, 그가 식민지 시기에서부터 고민했던 '말'이 여전히 고민의 대상이 되어야만 했던 이유는 해방 조선의 상황에서도 말의 자유와 말이 갖는 가치들이 여전히 회복되었다고 믿을 수 없었기 때문이라는 것이다.

그런 점에서 허준이 도입했던 언어와 생활이 맺는 관계에 대한 질문들은 해방을 단순화하여 사고할 수 없도록 만든다. 해방은 식민지 권력이 조선의 인민을 통치할 수 없게 되었다는 사실만을 뜻하지 않고 오히려 해방의 순간은 식민권력이 통치할 수 없게 된 조선의 인민들을 새로운 방식으로 통치하기 위한 원리들이 도입되는 시공간으로 파악하도록 만든다. 물론 미군정의 지배나 좌우 이데올로기의 투쟁들이 조선의 인민들의 일상적 시공간을 완전히 장악하고 이들을 해방 조선이 도달해야 할 신생독립국가의 국민으로 포획했다는 갔다는 사실만을 의미하는 것일 수도 없다. 통치와 지배가 일방적인 방식으로 수행되거나 규범적인 방식으로 주체를 생산하는 과정에만 머무른다면 당대의 사회적인 조건을 파악하는 것은 손쉬운 일이겠지만, 해방이 초래한 사건들의 범위와 그 속에서 삶을 견뎌낸 존재들을 포착하기 위해서는 다양한 장소와 공간에 벌어지는 갈등과 역학들을 검토해야만 이른 바 '비상사태'에서 이루어지는 '정상화'를 확인해 볼 수 있는 통로가 형성된다.

달리 말해 해방이 기본적으로 식민적 상황으로부터 벗어나는 것이라면, 식민지적 제도와 규범이 창출했던 주체와는 다른 방식의 주체 생산이 요구되어야만 하는데, 이는 기왕의 사법적 제도와 군대, 경찰과 같은 물리적이고 강제적인 방식과는 다른 방식이 필요해진다는 것을 뜻한다. 특히 고도국방국가를 건설하기 위해 광역적 질서 체제를 구성하는 데에 주력했던 패망 이전의 제국 일본이 중앙아시아와 만주, 일본, 남방 등등의 지역으로 나아가도록 마련했던 이주정책이 중지/정지되면서 조선 외부로 나아갔던 인민들이 조선 내부로 귀환하기 위해서는 규범적 권력을 통해서만 이들을 다스리는 것은 불가능했다. '전재민 귀환 동포'라는 명명을 통해서 조선으로 돌아온 이들을 신생독립국가의 국민으로 구성하기 위해서는 가시적인 권력만으로는 이들의 신체와 생명을 적극적으로 통치하기에는 한계가 있을 수밖에 없었다. 우선 신생독립국가 건설의 열망이 실현되기 위해서는 조선 내부의 인민들에 대한 '안전'이 보장되어야만 했고 그것을 가능하게 하는 '장치'dispositif[3]가 마련되어야만 했다.

'안전'을 담보할 수 있는 '장치'의 마련은 해방 조선이 신생독립국가의 통치 구조를 형성하는 데에 근본적인 조건을 이루었다. 제국적 광역질서가 급속하게 국민국가의 영토 내부로 축소되면서, 국가 간의 영토적 경계를 넘는 것은 엄격한 절차에 따라서 이루어져야만 하는 형식을 취하게 된다. 즉, 항구는 신생독립국가의 '안전'을 보장하는 관문이자 영토적 경계 내부에서 거주하는 존재들을 국민국가의 주체로 생산하는 '장치'가 된다.[4] 해방 이후 부산항이 귀환 동포가 대거 유입되는 통로였다는 사실은 귀환 자들이 단순히 고향으로 돌아오거나 이주 생활을 폐기/포기한다는 것을 의미하는 게 아니라 특정한 주체로 생산되어야만 했다는 것을 뜻한다. 가령, 해군군속으로 남양군도로 갔던 이공석이 부산항으로 귀환하는 순간을 회고하는 것에서 이를 확인할 수 있다.

다음으로 괌도를 들렀는데 그 넓은 항내에는 귀환선으로 꽉 차 있어 항내로 들어갈 수가 없어서 하는 수 없이 항구 밖에 정박했다. 그런데 여기서 정박해 있는 동안 공군복이라고 해서 우리에게 한 사람당 여러 벌씩 많은 양을 배급해주었다. 이것이야말로 생각지도 못한 큰 선물로 어느 하나님 덕인가 하고 크게 기뻐하고 감사함을 금할 수가 없었다. 당시 돈으로 환산하더라도 상당한 액수가 될 것이므로 한꺼번에 큰 부자가 된 기분이었다. 그리고 고향에 가면 평생 입다가도 남을 것이라 생각했다.

그러나 그것은 한낱 꿈에 불과했다. 결국은 부산항에 도착해 배에서 내릴 때 이것은 공군복이라 너희들이 입을 옷이 못된다면서 출구를 담당하는 미군들이 모조리 빼앗아 버렸다. 그 대신 일본군 여름복 한 벌과 군화 한 켤

레와 최저급 담요 한 장으로 교환해주고 말았으니 결국은 괌도에서 부산항
까지 운반 역할을 해준데 불과하고 말았다.

　- 이공석, 「역사의 뒤안길에서」, 『남방기행』, 2008. 69쪽.

　이공석의 수기는 비슷한 시기에 귀환선을 타고 부산항에 입항한 다른
귀환자들과 유사한 방식으로 서술되어 있는데, 특히 부산항에 귀환하는
대목에서 이들이 미군으로부터 배급받은 복장을 박탈당하고 다시 일본인
복장으로 갈아입게 되는 장면이 그러하다. 이공석은 수기집에서 조선인
의 위치에서 회고를 하고 있지만, 미군들은 이들을 조선인으로 판단했다
기보다 포로로 이해하고 있었고 이들에게 미군 공군복을 지급한 것은 의
류를 나누어주기 위해서가 아니라 통제와 관리의 편이성을 위해서였을
것으로 판단하는 것이 타당하다. 즉, 복장을 회수당함으로써 이들은 조선
인으로 평온하게 돌아올 수 없었고 일본군으로 귀환해야만 했다. 그러므
로 이들이 조선에 귀환하기 위해서는 그들이 일종의 희생자였다는 사실
을 부각시켜야만 했고 자발적인 선택이었다는 점은 잠정적으로 침묵의
상태로 남겨지게 된다.

　따라서 이공석과 같은 전쟁동원 군속들은 그것이 자발적 선택이든 강
제적 징용의 형식이든 이들의 귀환은 일본군이라는 표상을 벗어버릴 수
있는 내면적 기술이 자연스럽게 구성될 수 있어야만 했다. 부산항은 조선
으로 귀환하는 자에게 말을 할당하거나 분배하는 장치라는 것은 이런 점
에서 비롯된다. 해방 후 오사카에서 재일한인 단체를 결성했던 장정수의
회고록에서 이를 보다 직접적으로 확인할 수 있다.

　부산에 도착하자 악대들이 소리 내어 연주하고 있었다. 선실을 나오자 우

리 일행을 찾아내고 건국청년동맹의 청년들이 큰 북을 가지고 배에 올라왔다. 어디서 들었는지 모르겠지만 "일본에서 온 대표단이군요"라고 말을 걸어왔기 때문에 그들과 조금 이야기를 나우었다. 그런데 이야기를 들어보니 전혀 이야기가 되지 않았다. 그들은 우리에게 기독교 선전을 하고 있었다. 우리보다 우선적으로 일본으로부터 귀환한 동포들에게 도움을 주어야 하는데, 그런 일은 신경쓰지 않았다. 게다가 우리도 한반도 정세에 대해 아무것도 모르기 때문에 함부로 말할 수 없었다. 이래서는 안 되겠다 싶어 모두 아무 말도 하지 않고 여관에 들어가려고 했다. 이 때 부산항의 혼란한 상황을 보고 "이겨도 져도 질서가 없고 모두 너무 기쁨에 취해 있는 것이 아닌가"하고 생각했다. 여기에다가 먼지투성이 노천바닥에 음식을 늘어놓고 팔고 있었다. 이래서는 안 된다고 생각했다. 이것이 나의 첫 인상이었다.

— 장정수, 『在日六0年 · 自立と抵抗: 在日朝鮮人』運動史への證言, 社會評論社, 1989년(최영호, 「한인귀환자의 눈에 비친 해방직후 부산의 이미지」, 『한일민족문제연구』, 2011년. 118쪽에서 재인용)

장정수는 조선어에 능숙한 편이 아니었기도 했거니와, 부산항에서 만난 조선인들의 정세 판단과 혼란, 비위생적인 환경을 둘러본 뒤 더 이상 말을 할 수 없었다고 술회한다. 그가 목격한 부산항은 기쁨이라는 정서가 넘치고 있었지만, 그것을 함께 감각하고 느낄 수 없고 오히려 혼란으로 받아들인다. 일본의 특사자격으로 조선으로 온 장정수는 조선의 정세가 불투명하다고 이해하면서, 함께 온 동료들과 여관으로 간 뒤에서 앞으로 조선에서 어떻게 해방의 기획을 꾸릴 것인지를 논의하게 된다. 부산항에서는 조선에서 해야 할 일을 말할 수 없고 여관에서야 그런 논의가 가능하다고 판단하는 것은 이들이 조선 인민들과는 구별되고 있다는 자각으로부터 비롯된다. 즉, 조선의 인민들과 재일 조선인인 그들은 서로 다른 위치와 조건에 놓여 있다는 인식이 전제되고 있으며 이들이 나눌 수 있는 말에는 분명한 한계가 있다는 생각에 도달했기 때문에 가능한 진술이다.

다방 : 항구의 배후 그리고 말의 향연

항구는 집결지이면서 동시에 분배의 허브라는 것은 자명한 사실이거니와 급격히 증가하는 인구를 받아들이고 이들을 다시 국내 각지로 보내기 위해서는 항구에서는 유입되는 인구들을 위생, 인종, 민족, 지역에 따라 철저히 이루어질 수밖에 없다. 식민지적 상황에서도 감시와 통제가 없지 않았지만 도항[5]에 비해 귀환은 엄격한 절차에 따라 이루어졌으며 한편으로 전재민 동포들의 대거 귀환으로 인해 조선의 실업률이 급등하고 식량사정이 나빠지면서 조선으로부터 일본으로의 이주를 감행하지만 일본으로 건너가는 것은 쉽지 않게 되고 그에 따라 밀항을 선택하게 되는 귀환자들이 발생한다. 부산항이 인민들의 신체를 기록하고 등록하는 법적 금지의 장소가 되었고 국가적 영토의 경계를 구성했음에도 부산항에서 이른 바 불법적 밀항이 은밀하게 이루어지게 된다는 것을 의미한다. 사법적 실천들이 부산항을 둘러싸게 되면서 국가의 지배체제의 허가를 받지 않고도 자연스럽게 이루어질 수 있었던 도항은 불법적인 밀항으로 금지된다.[6]

부산항이라는 물류와 유통, 인구학적 장치는 완전히 인민들을 통제할 수 없었는데, 푸코에 따르면 장치가 도입되었으면서도 생기는 일련의 누수들이 단순한 비행이나 범법으로 간주하지 않았다. 비행자나 범법자에 의해 뚫린 장치의 구멍을 완전히 차단하기보다 그것을 정치적, 경제적 목적으로 메우기 위해 적극적으로 활용한다고 판단한다. 즉, 장치가 특정한 주체성을 생산하고 그 생산성을 더 증진시키기 위해서는 장치가 완전한 신체적, 내면적 통치를 수행해야 하는 게 아니라 비행과 범법을 통해서 법과 제도, 규범, 규칙들을 강화할 수 있는 한편, 당대의 통치를 강화하는 효과를 낳는 것으로 이해한다. 푸코는 이를 "장치의 전략적 메우기"로 명명한 바 있다.[7]

> 거리의 항구요 실업자, 모리배의 '오아시스' 다방. 오늘도 다방에는 흘러 나오는 멜로디에 도취하야 담배연기로 안개끼인 방속에서 무엇을 생각하는 지 오십원짜리 한잔의 커피를 앞에 노코 벽만 바라보는 실업군상의 일당을 발견할 수 있다. 현재 서울시내에는 일백여개소나 되는 다방이 있는데 시내 명동 모다방 조사에 의하면 매일 평균 드나드는 사람의 수는 삼백오십여 명이라고 한다. 그러면 시내 전 다방의 출입자 총수를 따지면 무려 삼만 여명이나 되는 셈이다. 그들 중 매일 같이 오는 사람 중 남들은 일터로 다가서 눈코 뜰새없이 바쁜 시간에 다방으로부터 다방을 차저다니는 직업이 없는 자가 한 집에 이백여명이나 된 것이라고 한다. 한심한 일이다. 이들이 꿈꾸는 것은 과연 무엇인가? 진한 커피 연기에 마취되어 혈색이 없는 실업자의 안식처가 과연 다방 이외에는 없든가. 조선의 다방이 그들의 소일장소로 변한 것도 조선에서만 볼 수 있는 통탄할 현실이 아닐 수 없다.
>
> ─「아침부터 출입빈번, 커피와 째즈, 다방은 안식처」, 〈동아일보〉, 1947. 11. 23.

항구라는 장치가 조선의 인민들을 신생독립국가의 국민으로 생산하는 중요한 위치에 있기는 했지만, 조선의 영토적 경계 안팎의 인민들을 통치하거나 지배하는 데에는 한계가 있었다. 특히 1947년 이후로 전재민 귀환 동포의 수가 감소하면서 외부로부터의 유입보다는 내부의 인구학적 관리가 훨씬 중요한 사안으로 대두되었던 것이 사실이다. 항구는 바깥으로 나아가는 입구이지만 그것을 차단하는 것만으로도 조선 인민들의 지리적 감각을 조율할 수 있게 되었다고 할 수 있다. 따라서 조선 내부의 인민들을 다스리기 위한 장치들을 검토할 필요가 있다. 당시 항구처럼 서로 이질적인 힘들이 교차하고 그 힘들을 분배하거나 할당하는 공간은 '다방'이었다. 인용문에 따르면, 해방 조선의 거리 풍경을 "항구"와 "오아시스"로 포착하고 있는데, 이는 당시 조선의 실업률 증가로 인해 거리로 나올 수밖에 없었던 황폐한 사정을 보고하기 위한 것이었지만, 이른 바 부동자浮動者로 의미화되는 인민들의 집결지가 되었다는 점을 잘 보여준다.

해방 후 일본잔재 일소와 함께 사라졌던 일본군국가요 레코드는 어찌된 일인지 요즈음 거리의 식당, 바, 카페, 캬바레, 다방 같은 대중오락장에서 다시 유행이 되다시피 되고 있는데 7일 본정서보안계에서는 관하 각 음식점 조합에 일본레코드의 사용을 금하라는 통첩을 발하였다. 동서 高淳文주임은 다음과 같이 말하였다. 일본축음기판은 금후 사용치 않도록 조합을 통하여 주의시키는 한편 방금 2·3식당 업자들을 호출하여 주의를 시키고 있다.
  ―〈동아일보〉, 1946. 03. 12.

가사만 우리말로 옮겨진 일본 노래가 아직도 거리에 넘쳐 흐르고 있다. 그 중심한 것은 군국주의에 또는 소위 부루—스調로 된 퇴폐주의에 젖은 가사와 곡조가 그대로 이곳저곳에서 불려지고 있다. 이 얼마나 가련하고도 부끄러운 일일가―이에 문교부 교화국에서는 음악교육에 중점을 두어 우아하고도 참신한 음악을 제정하고저 준비중이며 한편 경무부에서는 각 극장, 다방, 악기점 등에서 절대로 저속한 가요를 일소하기에 힘 쓰라고 각 관구 경찰청에 지시하여 엄중 단속하기로 되엇다.

– 「말살하자 일본색음악」, 〈동아일보〉 1946. 8. 13

해방 조선에서는 여전히 일본어 노래가 들려온다는 위 두 기사의 지적은 의미심장하다. 해방의 소리가 정치적 이념으로만 장악된 것이 아니라, 두 이념적 형식으로 수렴될 수 없는 소리들로 구성되어 있었음을 잘 보여준다. 일재잔재라는 신생독립국가의 과거 청산은 실질적으로 이루어지지 않고 있으며 식민지적 테크놀로지가 여전히 지속하고 있음을 보여준다. 해방된 조선에서 새로운 테크놀로지가 고안될 수 없었기 때문에, 축음기와 같은 소리재생장치에서는 "일본군국가요레코드"가 등장할 수밖에 없게 된다. 이는 다방이 새로운 국가건설에의 열망으로 수렴되거나 그러한 이념적 좌표에 따라 유동하는 인구들을 통제하거나 제어하기 어려웠다는 것을 알려준다. 다방에 대한 취체가 소리를 제어하는 테크놀로지에 이르렀다는 것은 다방에서 형성되는 커뮤니케이션을 위험한 요소로 인지했다는 것을 의미한다.

'퇴폐'와 '저속'과 같은 이미지를 덧붙이면서 다방 출입자를 국가 건설에 방해되거나 저해되는 존재로 묘사하는 것도 당연한 일이었다. 다방은 커뮤니케이션의 장소이면서 동시에 인구들의 이합집산이 이루어지는 장소이기도 했으므로, 이에 대한 제어는 상당히 중요한 사안이었다. 1950년으로 접어들면 "술집은 늘대로 늘고 물장사의 하나인 다방 또한 총총 들어서 있는 것이다. 설탕 값, 우유 값을 모두 합해야 한 잔 126원을 넘지 못하는 커피 한 잔이 젊은 레지양의 손을 거쳐 손님 앞에 놓여지면 금방 일금 200원이 된다. 이 비싼 '단물'을 마셔가며 가칭 시인, 자칭 문학가들은 까치둥지 같은 머리를 소파에 기대 놓고는 심각한 표정으로 돈 덩어리를 마셔대는 것이다. 마카오로 뺀 모리배, 쥐잡이, 빵빵걸 등등 다방은 확실히 명동의 축도縮圖다. 가지가지의 화제가 이곳에서 교환되고 가지가지의 교제가 이곳에서 성립된다.[8] 무역쟁이들의 쑹쑹이판이 벌어지는가 하면, 밀매음의 뚜쟁이 노릇도, 무허가 댄스파티의 안내도 이곳에서 성립된다."고 하면서 다방을 풍기문란의 장소로 보는 시각이 형성된다.

다방을 출입하는 인구가 구직자나 모리배, 고정된 거처가 없는 사람들이었기 때문에, 미디어에서 등장하는 '다방'은 이들이 언제 어떻게 변할지 모르는 존재의 상태에 있는 것으로 간주한다. 이른 바 '부동자'들의 천지가 되고 있는 상황에서 다방에 대한 '취체'는 당국으로서는 필수적인 것으로 인지된다. 부동층의 집결지인 다방에 대한 당국의 관리는 다양한 방식으로 이루어졌음을 위의 기사를 통해서 확인할 수 있다. 다방은 교육기구와 경찰과 같은 사법기구의 시선이 가로지르고 있으며 그것의 정당성을 민족적인 관점 아래에서 획득하고 있다. 문제는 해방 이후 다방은 단순한 사교의 장이나 말의 유통이 이루어지는 공간이 아니었다는 데에 있다. 다방은 당대의 문화가 활성화되는 공간이었다는 점에서 다방에 대한 국가기구의 통제는 다양한 언어가 활성화되는 예술과 문화에 대한 통제와 밀접한 관련을 지닌다는 사실이다. 다방에 대한 물리적인 통제는 다양한 주체성이 각축하는 방식들이 국가에 의해 중재되거나 결정된다는 사실을 함의한다.

항구를 통해서 유입되는 전재민들이 조선 내에서 열렬한 환영의 대상이 되었다가 이후 이들이 공포와 불안 그리고 범죄의 이미지로 재활성화되는 것도 이런 점에서 당연했던 것으로 보인다. 사실 식민지 시기 다방이 조선에서의 지식인들이 갖는 영토적 감각과 매우 밀접한 관련이 있었고[9] 이들이 이중화된 글쓰기가 실천되는 모던한 공간이었다. 모던 보이와 모던 걸들이 다니는 카페/다방과 달리 해방 이후 다방은 일상적 삶과 생명들이 조율되고 통치집단에 의해 관리되는 공간으로 변모하게 되었다는 점에서 다방에서 주로 이루어지는 음악, 문학, 미술, 소규모 단체 모임과 결성 등이 모두 내밀한 방식의 검열이 되었다는 것을 암시한다. 실제로 해방 이후 다방의 급증[10]과 1947년 5월 23일 '다방업조합'이 결성되었다는 보도[11]를 전후하여 취체는 급격히 증가하여 임의로 가격을 상승시키거나 불량 우유를 판매하는 것을 사정 당국이 적발하고 행정조치를 하거나 처벌할 것이라고 알리기도 한다.[12]

당국의 시선이 다방에만 머물러 있었던 것은 아니었다. 실업자들이 급증하면서 서울의 실업자들이 어떤 방식으로 흐름을 조직하고 구성하고 있는지를 살피는 기사에서는 이들이 소일하는 주요한 공간 가운데 '극장'을 대표로 내세우기도 한다. "이들이 소일하는 곳은 극장인데 현재 극장에 출입하는 팔할이 소위 실업자에 속한 군중이라는 것을 알 수 있다. 시내에 대소 십일극장이 있는데 이곳에 매일 평균 출입하는 관객 총수는 이만사천일백구십이명이라는 놀라운 숫자이다. 지난번 모 사건 당시 모검할 당국에서 관객을 조사하였을 대의 모극장에서 관객 이천여명 중 무직자가 칠십이퍼센트이었다는 통계를 내인 것으로도 넉넉히 짐작할 수 있다."[13] 물론 다방은 극장과 달리 그 공간을 점유하는 존재들이 자신들의 견해와 입장을 적극적으로 수행할 수 있는 공간이었다는 점에서는 극장과 달랐다.

한편, 한국전쟁이 발발하면서 제일 먼저 내려진 조치 가운데 하나는 "서울특별시에서는 현하 비상사태에 비추어 25일 시내 고급요정, 카페, 빠와 시내 극장의 당분 휴업을 지시"[14]를 발동하는 것이었다. 국가 비상사태의 적용대상이 사교의 공간이나 문화적 공간이 되었다는 것을 어떻게 이해해야 할까? 이 공간에서 통제 불가능한 상황이 초래되지 않는다면, 전쟁 상황에 대해 내리는 대책으로 보기에는 무리가 있는 것으로 보인다. 그러므로 다소 뜬금없어 보이는 이 대책은, 전쟁이라는 긴급한 상황에서 요정, 카페, 극장 출입을 금지함으로써 인구의 이동과 일종의 광장 형성을 금지하는 것이 제일 중요한 목적이었다고 할 수 있다. 하지만 그보다 이들 공간이 사교의 장이면서 담론이 유통되는 공간이라는 점에 착안하면, 불온한 사상이나 풍기문란, 흑색선전에 따른 혼란을 막기 위해 마련된 조치였을 것으로 이해되는 게 타당하다. 실제로 국민국가가 수립된 이후 이러한 공간에 대한 적극적인 통제가 반복되어 왔다는 사실은, 이들 공간이 일상적 경험의 영역 내에서 '만남'을 구성하고 정보를 교환하는 공간이었기 때문에 이 공간들에 대한 통제가 국민들의 신체와 언어를 직접적으로 관리할 수 있는 방식이 되었다는 것을 의미한다.

합동수사본부에서는 십팔일 시내 명동에 있는 '은잔디' 다방 매담 김(김순임, 34)을 체포하여 취조 중인 바 그는 육이오 사변 이전 남로당 비밀당원이며 육이팔 이후 괴뢰정권보위부 및 내무서 집회사무소로 자기 다방을 제공하였으며 또한 명동 '민주전선반' 간부로 활약하는 한편 애국청년을 루옥한 혐의라 한다.
- 「괴뢰의 여간첩〈은잔디〉다방主 체포」, 〈동아일보〉, 1950. 11. 19.

23일 도 경찰국에서는 현하 국가 초비상 시국 하에 있어 銃後 국민의 결전체제 강화 등 긴장과 자숙이 극히 요청되거니와 특히 요즘 시내 각 다방에서는 아침부터 저녁 늦게까지 유한층 인물들이 대다수 시국을 몰인식한

시간 허비에만 이용하고 있을 뿐 아니라, 그 중에는 각종 모리배와 징병기
피자 등이 모리 또는 피난처로써 이용하고 있는 사실에 비추어 다방 영업시
간을 단축하게 되어 금후 매일 정오부터 하오 7시까지만 영업하게 하는 동
시 유한층 및 일반의 자숙을 요청하는 바이며, 특히 징병기피자 등 불순분
자에 대해서는 수시 정·사복계원으로 하여금 임검 색출케 하여 의법 처단
할 것이다. —〈민주신보〉, 1950. 12. 24.

한국전쟁의 와중에 다방 마담이 '간첩'이었다는 위의 기사에 따르면 다
방이 일상적으로 담당해왔던 역할이 무엇인지가 드러난다. 일상적으로는
사교의 장이겠지만, 비상사태에서 비밀집회나 결사가 이루어질 위험한
공간일 뿐만 아니라 '애국청년'을 위험에 빠뜨리는 공간으로 변질될 수 있
다는 것을 명시적으로 드러낸다. 이런 사정 때문에 다방에 대한 통제는
한국전쟁 기간 동안에도 내내 일어난다. 다방은 비밀이 사적으로 유통되
는 장소로 기능할 위험이 있기 때문에 불순분자들을 색출하기가 매우 어
렵거니와, 비밀집회나 결사를 막는 것이 쉽지 않아 지속적인 통제를 하지
않고서는 이 공간에서 일어나는 권력을 위험에 빠뜨리는 일이 상시적으
로 일어날 수 있는 것이다. 전쟁이 종결된 후 김정한은 다방이 갖는 문제
와 문학에 대한 허위에 관한 에세이를 발표[15]하면서, 다방이 비위생적이
고 더 이상 문학적인 공간일 수 없다고 주장하는데, 이는 다방이 통치체
제와 취체 방식에 완전히 포획되지 않는 공간이었음을 역설적으로 확인
하게 해 준다.

한국전쟁을 경유하면서 다방에 대한 담론은 낭만적으로 유지되기도
하지만, 대체로 부정적인 방식으로 여겨졌던 것으로 나타난다. 흥미로운
것은 다방을 예의주시했던 것이 한국의 정부나 각 지방 행정당국만은 아

니었다는 사실이다. 1968년 1월 3주에 걸친 조사를 토대로 완성된 미공보처의 보고서 Tea Room and Communication In Korea(⟨Office of Research and Assessment⟩, United States Information Agency, 1970. 08)는 '다방'이 국민을 구성하기 위한 장치를 뛰어넘어 그것이 한국 사회에서 형성되는 커뮤니티와 커뮤니케이션의 구성을 예민하게 들여다보려던 미국의 통치 전략에 있어서 중요한 '장치'로 이해되고 있었다는 것을 자료이다.(위 표는 이 자료에 실려 있는 표를 그대로 인용한 것임.)

표 1. 부산시의 구별 다방 분포도

부산시 구	주요 성격	도시인구(총 1,429,726명) %	부산의 다방(총 554개소) %
중구	번화가	10	50
서구	거주지	21	13
동구	거주지	16	14
영도구	중공업지구	11	5
부산진구	경공업지구와 거주지	30	13
동래구	경공업지구	12	4

이 조사는 미공보처의 지원으로 부산의 대학생들을 통해서 이루어진 조사로 1968년 1년 3주 동안 조사한 것이다. 다방을 출입하는 개별자에게만 초점이 가 있는 것은 아니었고, 출입자들의 그룹을 주목하고 있음을 확인할 수 있는데, '부산 예술가 그룹', '부산 경제인 클럽', '부산 테니스 클럽' 그리고 많은 수의 대학생 조직들도 예의주시하고 있었던 것으로 나타난다. 보고서에 따르면 부산에 거주하는 이들 조직들이 다방을 활용하는 것은 "①공간의 효용성 ②다과의 효용성 ③자유롭게 그들 스스로를 표현할 수 있는 구성원들의 친밀성과 비공식적인 환경의 효용성" 때문이라고 본다.[16] 참가자들의 친밀성이나 직접적인 의사소통뿐만 아니라 다방에서 구비하고 있는 잡지나 신문, 전화기 등을 구비하고 있을 경우 이를 이

표 2. 나이, 성별, 직업, 교육 수준에 따른 다방 출입자들의 성격, 다방 방문 목적

나 이	(총 조사자 309명) %
20세 이하	2
21–30	32
31–40	38
41–50	24
50세 이상	4
성 별	
남성	88
여성	12
직 업	
사업(상업과 산업 종사자)	57
교사와 공무원	10
대학생	9
미용사, 의·약사, 교수, 정치인	5
예술가, 신문기자, 라디오 아나운서	4
군인, 선원, 군수업자	4
주부	1
무직자	9
무응답	1
교육수준	
초등	3
중등	10
고등	30
대학(college)	53
무응답	4
다방 방문의 목적	
사업	45
여가와 휴식	38
시간 때우기	10
차와 커피를 마시기	4
무응답	10
중복대답을 허용(총 105%)	

표 3. 업주와 종사자의 특성

구분	마담(managers총 78명) %	레지(waitresses총 130명) %
나 이		
20세 이하	10	50
21–25	21	13
26–30	16	14
31–35	11	5
36–40	30	13
40세 이상	12	4
혼인여부		
미혼	21	96
기혼	47	2
이혼	19	2
미망인	10	0
무응답	3	0
교 육		
초등(과 그 이하)	15	12
중등	29	36
고등	47	45
대학	9	7
출 신 지		
부산	25	15
서울	14	22
일본, 북한, 만주, 홍콩	16	1
한국의 지방	45	62

용하려 했기 때문으로 보고 있다.

물론 부산의 다방에 대한 이러한 시선이 다방에서 주고받는 커뮤니티와 커뮤니케이션 전체를 장악할 수 있었던 것은 아니었다. 오히려 부산이나 한국의 중요한 지식인들 역시 다방에서 일상적이고 비공식적인 정보와 말을 주고받는다는 특이성을 포착하고 있는 보고서라는 데에 주목해야 한다. 다방에 관련한 여러 부정적인 담론이 제출되고 있는 와중에서도 다방 활용도는 결코 떨어지지 않았다는 것을 의미한다는 것이다. 가령, 다방 출입의 목적의 과반수가 '사업'과 관련되어 있다는 〈표 2〉의 조사에서 확인할 수 있듯이 다방이 단순한 여가 공간이나 유흥 공간이 아니었고 일상적 삶의 실천들을 적절하게 교류하거나 유통하는 공간이었다는 것을 보여준다. 이 다방 체험이 (세대 차이를 제외하면) 국민화와 비국민화의 결절점이라는 것을 뜻한다. 다방에 대한 지속적인 취체와 이에 대한 다방 업자들의 저항 그리고 그 장소를 드나드는 익명의 존재들은 공식적인 영역과 비공식 영역을 다방 출입을 통해서 가로지를 수밖에 없었다.

수용소 : 비국민적 드라마 혹은 (불가능한) 말의 자리

사정 당국의 취체에도 불구하고 다방은 말의 가능성이 적극적으로 모색되는 공간이기도 했다. 해방 이후 다방에서 이루어진 문학적 활동이나 미술 전람회, 음악 연주회와 감상회 등은 다방이 문화적으로 매우 중요한 공간이었다는 사실을 뜻한다.[17] 하지만 온전한 '국민국가'가 '아직 아닌' 조선을 포착할 수 있는 방법과 조선에 거주하는 인민들을 포착할 수 있는 방법은 여전히 문제적일 수밖에 없다. 조선이 '아직 아님'의 상태에 놓여 있었다는 사실은 조선의 영토에 거주하는 존재들을 특정한 방식으로 통치하는 권력의 형식에 대해 논의하도록 만든다. 달리 말해, 해방 조선의 '인민'들은 '국민'으로 아직 편입되지 않았기 때문에, 이들을 통치해야 하거나 자발적으로 통치를 받아들일 수 있는 '장치'를 통해서 이들이 어떤 방식으로 신생독립국가에 허용될 수 있는 존재로 의미화될 수 있는 지를 확인하도록 이끈다. 인민들에 대한 통제가 사법적이거나 물리적인 강제력을 통해서만 이루어진 것은 아니었고 그것들과 더불어 미디어나 공적 공간, 시장, 문학이나 문화적 활동에 이르기까지 복합적인 방식으로 권력의 흐름이 생성될 수 있도록 네트워킹을 이루는 모든 것에 '장치'가 놓여 있었기 때문이다. '장치'는 해방 조선을 정상화하는 이질적이고 복합적인 일체의 조건들을 함의한다.

하지만, 조선의 영토 내부에는 여전히 국민화되지 않는 방식으로 존재하는 비국민적 자질들이 없지 않았는데, 그들은 일본인 피난민들이었다. 이들의 피난은 패전이 알려지면서 거의 즉각적으로 시작되기는 했지만, 우선적으로 피난민의 대열에 들어갈 수 있었던 존재들은 총독부 간부, 경찰, 군인들의 가족들에 해당되었고 북한 지역에서는 소련의 진주로 인해 이들은 2년 이상 수용소나 집단 거주지에서 함께 생존해야만 했다. 허준은 「잔등」에서 장춘에서 회령을 거쳐 청진 쪽으로 귀환하는 과정을 소설적으로 형상화한 바 있다. 그 과정에서 '전재민'이 매우 복합적인 양상을 지닐 수밖에 없음을 드러내는데, 일본인들의 혹독한 피난 과정을 목도하고 그것을 조선인의 위치에서 포착하기보다 인간적인 방식으로 포착한다.

꺼풀을 뒤집어쓴 혼령이면 게서 더 할 수 있으랴 할 한 개의 혼령이 문설주이기도 하고 문기둥이기도 한 한편짝 통나무 기둥에 기대어 서 있었다. 더부룩이 내려 덮인 머리칼 밑엔 어떤 얼굴을 한 사람인지 채 들여다볼 용기도 나지 아니하는 동안에, 헌 너즈레기 위에 다시 헌 너즈레기를 걸친 깡뚱한 일본 사람들의 여자 옷 밑에 다리뼈가 복숭아 뼈가 두드러져 나온, 두 개의 왕발이, 흐물거리는 희미한 기름불 먼 그늘 속에 내어다 보였다. 한 팔을 명치 끝까지 꺽어 올린 손바닥 위에는 옹큼한 한 개의 깡통이 들리어서 역시 그 먼 흐물거리는 희미한 불 그늘 속으로 둔탁한 빛을 반사하고 있으며—

"저겁니다."

할머니는 떨리는 낮은 목소리로 불시에 이러하였다. 낮으나 그것은 밑으로 흥분이 전파하여 들어가는 날카로운, 그러나 남의 처지에 자기의 몸을 놓고 생각하는 은근한 목소리였다.

"저것들입니다."

이렇게 되뇌이는 소리에 나는 정신이 들어 노인이 밥 양푼에서 밥을 푸고 국솥에서 국을 떠 붓는 동안 잔 밑바닥에 남은 호주의 몇 모금을 짤끔거리며 입술에 적시고 있었다. 이 불의의 손이 밥을 다 먹을 때를 별러 나도 내 술의 끝을 내이기는 하였으나 끝이 났다고 곧 그의 뒤를 따라 밖으로 나서기에는 이 대 나는 너무도 공포에 가깝다 할 심각한 인상을 가슴 속에서 떨쳐 버릴 길이 없음을 어찌할 수 없었다. 게다가 가슴 한구퉁이에 새로 돋아 나오는 흥분의 싹인들 없을 수 없었던 것이다.

— 허준, 「잔등」, 『북으로 간 작가선집』, 을유문화사, 1988. 73-74쪽.

함께 중국 지역에서 조선으로 넘어오던 '나'(천)가 뜻하지 않게 친구 '방'과 헤어지면서 청진에 눌러 앉아 독립운동으로 아들을 잃은 국밥집 할머니의 좌판에 앉아 독한 호주를 마시면서 '저것들'(일본인들)을 만나는 장면이다. 서술자는 그들을 묘사하면서 생명이 완전히 불식된 "혼령"으로 인지하고 있다. 당시 일본인들의 위치가 사뭇 달라졌다는 것일 터이지만, 허준은 일본인들의 생명이 위기에 처해 있다는 사실을 보여줌으로써 그들에 대한 원한과 복수를 가질 수 없다는 것을 말하고 있다. 이들에게는 '얼굴'이 없고 이들의 정체는 일본인으로 치환될 수 있는 성질의 것일 수 없다. 아니, 서술자가 그 얼굴을 들여다 볼 엄두를 내지 못하는 것은 그들이 패전으로 겪고 있는 고통들에 감응하기 어려운 데에 따른 행위로 여겨진다. 일본인들을 고통받는 존재로 받아들이는 것은 이 당시의 관습적인 담론들에 비해 훨씬 진전된 인식인 것은 주목될 필요가 있고 이 때문에 그의 소설적 태도를 두고 "보다 진정한 진보주의자"[18]라는 평가를 내리게 한 것이라고 할 수 있다.

조선의 인민들의 범주에도 포함될 수 없는 존재들이 조선의 영토 내부에 있었다는 데에 따르면, 조선어를 말할 수 없고 조선어로 말하는 것이 곧 생존의 위기를 초래할 수 있는 가능성이 있다는 것을 반증한다. 일제에서와 달리 이들의 말은 강탈당해야만 했는데, 이러한 사정은 한국전쟁이 발발하고 휴전과 종전으로 이어지는 와중에서도 여전히 불식되지 않는 것으로 보인다. 한국전쟁 시기 동안 재조 일본인의 삶을 다룬 장혁주의 소설과 한국전쟁 이후 손창섭의 소설은 주목을 요한다. 장혁주는 일제 치하에서 김사량과 더불어 일본의 문학상을 수상한 조선의 유일한 작가이고 1937년을 기점으로 본격적인 친일로 나아가는 작가로 알려져 있다. 그는 해방 이후 조선에 되돌아오지 않고 일본에 그대로 남아 일본으로 국적을 변경한 뒤 한국전쟁이 발발하면서 신문사의 특사 자격으로 방문하여 에세이와 관련된 이와 관련된 세 편의 소설을 남긴다. 세 편의 소설은 이른 바 연작소설로 조선인 남편을 둔 일본인 아내가 겪는 고통을 다루고 있다.[19]

부산에 일본인 수용소가 있다는 이야기를 들은 것은 내가 일본에 돌아가기 직전이었다. 일본에 '돌아가야 할' 일본인이 아직 이 나라에 남아 있다는 것인가 하고 생각하니 꽤 놀라웠는데, '한국인의 아내'였던 일본인 부인이 어떠한 사정으로 일본에 돌아가야만 했고, 그런 사람들만을 수용하고 있는 것이라고 짐작했다. 나는 그 사람들의 신상에 동정심을 느꼈다. 전재를 입은

이 나라 국토의 황폐함과 재민의 고통스러운 '생존'을 충분히 본 뒤였으니, 한국인 자신들도 살지 죽을지 모르는 상황 속에서 그 사람들이 어떻게 '생존'하고 있는 것일까 하고 연민의 감정을 느꼈다. 수용소는 부산진 역으로부터 10분이면 갈 수 있는 산 부근인데, 원래 일본인의 절이 있었다. 불전에 가득 찬 그 사람들은 대부분 전재민으로, 한국인 남편이 전사하거나, 행방불명이 되거나, 북한군 당국의 손에 죽거나 해서 미망인이 되어 조국인 일본에 돌아갈 수밖에 없는 신상인 사람들뿐이라는 것을 금세 알게 되었다.

(중략)

나는 야스코의 말 중간중간에 조선어가 섞여 나오는 것에 놀랐다. 그것은 마침 일본어를 갓 배우기 시작한 조선인이 말하는 것과 같았고, 그 일본어마저도 일본 전역의 사투리를 뒤죽박죽 섞어 놓은 듯한 이상한 말이었는데, 그녀가 이전에 썼던 명확한 에도 말이 아니었다. 그러한 것에는 '조선에 와서 하나도 좋은 것이 없었던' 괴로움이 배어 있었고, 조선어를 쓰지 않으면 '신변위험'이었던 나라의 특별한 사정도 알 수 있었다.

야스다는, 동란 후 죽었나요? 예! 라고 조선어로 대답하고는, 야스코는 당황하며 네, 그래요라고 일본어로 정정한다. 그 이야기를 들려주세요.

(중략)

그러한, 초라한 분위기 속에서, 야스코는 이런 이야기를 했다. 말 할 것도 없지만, 자신의 입에서 나오는 일본어에 위협을 느끼면 안되겠다 싶어서 조선어가 튀어 나온다든지 내 얼굴을 보고는 안심해서 일본어로 고친다든지 하는 것을, 독자를 위해서 모두 일본어로 통일한 것이 이것이다.
  – 장혁주, 「이국의 아내」, 『警察文化』, 1952.. 151–152쪽.

장혁주의 이 소설은 그가 한국전쟁을 취재하기 위해 일본인 특파원 자격으로 온 경험을 소설적으로 그리는 것이지만, 소설로 이해되기보다 실제로 일본인 여성을 만나 나눈 이야기를 그대로 옮긴 것으로 여겨지게 만든다. 소설적 구성이 취약한 것이기도 하지만, 그만큼 사실에 근거해 있기 때문에 만들어진 형식일 가능성도 배제하기 어렵다. 장혁주가 취하고 있는 포지션은 본고가 다루어야 할 주제로부터 비켜서는 것이어서, 그에 대한 논의는 다루지 않지만, 일본인들이 따로 수용소에 한국전쟁 기간 중에 기거하고 있었다는 사실을 적확하게 보여준 소설은 그리 많지 않다는 점에서 충분히 다룰 가치가 있다. 이 소설에서 일본인 여성이 겪는 간난신고의 가장 중대한 문제는 '말'이다. 그녀의 발음이 조선인의 발음과 달라서 그녀는 자칫 잘못하면 곧바로 그녀는 생존의 위기에 직면하게 된다는 것을 보여준다. 그녀가 거주하는 공간은 수용소이고 그 속에서의 삶은 그 어디에도 소속되지 못한 존재라는 불안감과 슬픔으로 점철되어 있다.

　종족적이거나 인종적인 차이들이 '말'을 통해서 확인될 때, 이 일본인 여성은 국적 불명의 언어를 구사하는 수밖에 없게 된다. 해방 이후와 달리 한국전쟁의 이른 바 절멸의 위기와 공포가 도래하는 시기이고 이들의 말의 자리는 '시체' 옆에서만 가능해진다. 소설 속 여성이 자신의 삶에 대해서 진술하기 위해서는 조선인 남편의 죽음을 경유하지 않을 수 없기 때문이다. 이 죽음 앞에서 일본인 여성은 오직 생존을 위한 '말'을 활용할 수밖에 없게 된다. 일본어와 조선어를 뒤죽박죽으로 쓰는 또 다른 소설 「부산항의 푸른 꽃」에서 등장하는 여성 '쿄코'가 "구두닦이나 담배, 껌을 파는 부랑아들이 몰려들어 자신을 신기하다는 듯 보기 시작한 것이 불편하다"고 말하는 대목도 이런 사정에 이해될 수 있다. 특히 이 소설에서는 '부산항—시청—국제시장—국제연합군 전용 카바레—영도의 오두막집—부두'로 동선이 이어지면서, 각각의 공간들이 일본인 여성들의 신체를 공포와 위험의 표지로 제시한다. 이는 일본인 여성이 마음대로 일본으로 돌아갈 수는 사정에 처해 있다는 것을 뜻하고 부산의 거리가 검열과 통제를 구축하고 있다는 것을 의미한다.

그러나 장혁주의 소설은 단순히 소설적 내용으로 구성된 것이 아니다. 실제로 부산의 '소림사'에서는 재한일본인 수용소가 마련되어 있었고 전쟁 중에 생사를 알 수 없게 되어버린 한국인 남성을 남편으로 둔 일본인 여성과 그 자녀들을 임시로 수용했던 시설이 있었다.(이 시설의 위치는 현재 부산진역 맞은편에 소재하는 〈소림사〉가 임시 수용소로 사용되었던 것으로 여겨진다.)

일인삼백명송환

5일 외무부 관측통에서 탐문한 바에 의하면 한국에 거주하는 일본인 삼백명이 수일내로 귀국할 것이라고 한다. 귀국할 일인 삼백 명 중 팔할 가량은 부녀자들이며 그들은 한국인과 같이 결혼생활을 하는 사람인대 그 중에는 자기 남편이 납치된 사람 또는 자기 남편과 이혼한 것을 이유로 귀국하는 여자가 대부분이라 하는데 그들은 지금까지 부산시 초량동 소림사(小林寺) 일인수용소에 수용되어 있었다한다. -〈경향신문〉, 1952. 6. 8.

본국정부 냉대에 불만

수용중의 일인 탄원서 전달 의뢰

외무부 정보국 소식에 의하면 한국정부 당국의 심사를 완료하고 목하 부산시 초량동 소림사수용소에서 일본국 정부의 입국허가를 기대리고 있는 일본인들은 자기네 정부가 아무 이유없이 입국을 허가치 않은데 대하여 타원서를 작성하여 이를 일본정부 당국에 전달하여 달라고 외무부에 요청하여 왔다 한다. 외무부에서는 이를 주일 대표부를 통하여 일본정부에 전달하였다고 하는데 그 탄원서의 내용은 대요 다음과 같다.

탄원서(한역)

(전략) 금일에 이르기까지 장기간 입국 허가를 기대리고 있었든 것입니다. 그러나 생사의 기로에 서 있는 우리들은 일본국민이면서도 자유로히 입국 못한다는 것은 그 의미가 나변에 있는지 이해키 곤란한 바입니다. 오히려 한국정부에서 일본인에 상위없다는 것을 확인하였을 때 동정지념을 가지고 성심성의 자기 일과 같이 염례하여 주고 있습니다. 우리들은 그에 대하여 대단히 감사하고 있는 것이나 의외에도 일본 정부 당국에서는 여러 가지 어려운 조건을 부처서 우리들의 입국을 지연시키고 있는 이유를 모르겠다고 전부가 실망하고 있습니다.(하략) - 〈경향신문〉, 1952. 8. 11.

한국전쟁이 막바지 이들 일본인 여성과 자녀들은 여전히 일본으로 귀국하지 못하고 미군과 한국정부에게 지속적으로 귀환을 요청했지만, 간첩혐의와 이들이 일본인이라고 판단할 수 있는 근거가 희박하다는 이유로 미군과 일본 당국에서는 이들의 입국을 받아들이지 않는다. 이는 해방 이후부터 전쟁기간 동안 한국인들의 불법적인 밀항으로 인해 일어난 조처였던 것으로 보인다. 하지만 이보다 피아 식별을 통해서 '적대'를 강화하여 내부를 통제하기 위해서는 국민의 범주에 소속되지 않은 존재들의 장소는 식별되지 않으면서도 국민화의 범주를 결정하는 역할을 담당했다. 장혁주가 취재원으로 한국에 왔을 때, 그가 주로 수용소에서 생활하는 일본인 여성들을 초점화한 것은 여러 가지 이유 때문이겠지만, 이들이 한국인이 아니라는 사실을 초점화하고 있다는 데에 주목해야 한다. 한국인으로 등록되지 않은 외국인으로써 재한일본인 여성들은 한국과 일본으로부터 배제됨으로써 비가시적인 방식으로 존재했다고 할 수 있다. 1952년 6월 현재, 귀국을 시도한 일본인 여성들의 귀국은 쉽사리 이루어지지 않는다.

재한 일본인 여성들은 본국 송환을 위해 일종의 탄원서를 작성하여 보냈고 이를 한국어로 '번역'하여 기사에 게재하고 있는 〈경향신문〉은 한국의 환대를 강조하면서도, 일본의 성의를 질문하고 있다. 이는 자신들이 있는 위치가 모호했기 때문이기도 하지만 3년 뒤 한국정부가 수용소에 있는 일본인을 통해서 무역 거래를 원하는 방향으로 진행하려 했던 것에서도 유추할 수 있다. 1955년도 기사(〈동아일보〉 10. 02)에 따르면 일본에 비료구매제의를 하고 같은 금액으로 교역을 한다는 원칙을 제시하자 일본 측에서 이를 수용소의 일본인들과 교환조건으로 받아들일 수 없다는 답변서를 보낸다. 이에 한국정부에서도 수용소에 있는 일본인들을 보내지 않게 된다.

　　수용 중에 있는 일인 97명 사월말경 송환예정
　　한국외무부 당국은 24일 부산일본인 수용소에 수용중에 있는 97명의 일본인 중 일부가 불원 귀국하게 될 것이라고 말하였다. 이러한 돌연한 조치는 이대통령이 지난 19일 동 수용소를 시찰한 뒤 취하여진 것인데 이대통령인 동 수용소를 시찰시 조속히 그들을 일본으로 송환하겠다고 약속하였던 것이다. 송환을 기다리고 있는 97명의 일본인 중 36명은 한국인남편과 이혼한 사람이며 56명은 최하 8세 최고 20세까지의 그들의 자녀들이다. 그들은 한국전쟁 때부터 수용당하고 있다. 한국관리들의 말에 의하면 그들은 4월 29일경 한국선 편으로 부산에서 출항할 것이라고 한다.
　　한국평화선을 침범하였다는 이유로 팔개월 내지 십이개월의 형기를 마친 후 한국에 억류당하고 있는 삼백명의 일본인 어부에 관하여서는 아무런 언급이 없었다. 동 어부들은 동 수용소 부근에 있는 다른 수용소에 수용되고 있다. -〈경향신문〉, 1956. 3. 27.

원래 외국인 수용소에는 이들만이 해방 이후 수용되어 있었는데, 한국 전쟁 기간 중, 이승만에 의해 평화라인이 한국과 일본 사이에 일방적으로 설정함으로써 라인을 침범한 일본인 어부를 수용할 공간을 새로 마련한 다. 감천항 배후지인 괴정의 천변에 〈외국인수용소〉를 새로 건립하여 이들을 수용한 뒤, 그 인근에 일본인 어부들을 수용한 시설을 마련한 것으로 보인다. 이 기사가 나간 이후, 입국허가를 얻어야 송환될 수 있었던 재한일본인 여성들과 그 자녀들은 3월 29일 일본으로 송환되도록 조치된 다. 1956년 설을 맞이하여 부산을 특별방문하면서, 이들을 특별시찰하면서 귀국 허락을 한 뒤로 전격적으로 이루어진 것이었다.[20]

1952년 이후 평화라인을 침범했던 일본인 어부를 나포했던 것은 단지 국가 경계를 위반했기 때문만은 아니었다. 이 시기를 전후로 밀수와 밀항은 근절시켜야 할 핵심 과제로 주어져 있었다. 일본인과의 교섭은 국교가 정립되지 않은 시점에서 모두 불법적인 것이었고 이들이 대한민국 영해에 들어온다는 것은 어로활동의 결과로 믿을 수 없었다. 1960년 3월에 재무부, 같은 해 11월 상공부에서 각각 보고된 밀수방지 대책은 이 문제가 국가경제의 기틀을 위태롭게 하는 중대 사안으로 여겨졌다. 보고서에 "밀수가 성행하고 있음은 국내산업보호육성과 국가재정면에 미치는 영향이 심대한 바로써 밀수방지대책은 국가의 초미의 급선무인 바 그 요인과 경로 등을 규명 재검토하는 한편 현행대책을 조정함으로써 밀수근절에 기여하기 위하여 시책의 강화와 법령의 개정 및 특별법 제정을 구상한 밀수방지대책요강을 제정코저 하는 것"[21]이라고 명시했다.

　여기에서 제출된 "밀수방지대책요강"은 크게 다섯 가지로 나뉘어져 있으며 감시 및 단속의 강화 ②현행법령의 미비점과 개정을 요하는 점 ③외국인에 대한 대책 ④몰수품의 처분 ⑤특별법제정 문제로 제시되었다. 3월 내무부에서 제출한 대책 사안 가운데 외국인 대책은 주로 미군과 UN군 루트만을 집중적으로 거론했고 11월 5일의 대책에서도 주로 미군을 문제 삼았지만, 사실 미군 물자의 암거래 시장으로의 유통은 일본과의 무역 거래 양에 비해 그리 크지 않은 것으로 보고되었다.

표 4. 1960년 11월 보고된 최근 4년간 밀수 검거 비교표, 국가기록원 인용

단위는 원

년도별	건수	인원	금액	비율
4289년(1956년)	1,711	2,424	2,164,120,923	100%
4290년	2,281	3,532	2,614,368,790	121%
4291년	1,941	3,005	1,666,024,839	77%
4292년	2,171	3,319	1,458,545,175	67%
4293년 2월 말	316	426	254,165,121	

표 5. 1960년 11월 보고된 최근 4년간 밀수 검거 비교표, 국가기록원 인용

단위는 원

직물류	일본	향항	대만	미국	기타	계	비율
	금액	금액	금액	금액	금액	금액	
1957년	1,013,775,796	231,365,245	9,000,000	7,376,517	13,140,000	1,274,655,748	100%
1958년	695,430,710	31,303,750		10,011,600		736,746,060	57%
1959년	393,564,781	6,396,500		5,397,800	1,715,000	407,074,081	32%

　표에 따르면 밀수의 빈도수와 검거된 인원 총 금액은 서서히 감소하고 있는 것을 볼 수 있지만, 이 표가 검거된 밀수의 합계라는 점에서 신빙성이 떨어진다. 왜냐하면 밀수대책이 나왔을 때, 정부당국에서 검거해야 할 수사 인원의 부족과 장비부족을 지적했고 그 대책을 마련하지 않는다면,

밀수를 근절하기 어렵다고 주장했음에도 밀수로 인해서 검거되는 수가 줄어든다는 것은 정확한 통계로 보기는 어렵다. 다만, 밀수대상 국가 가운데 일본이 차지하는 금액과 비율이 크고 '화장품 및 약품류'도 다른 국가에 비해 압도적으로 컸다는 사실에서 유추할 수 있듯, 한국과 일본 사이에서 이른 바 '밀무역'이 대체로 이루어졌음을 짐작할 수 있다. 이는 평화라인을 침범한 일본인 어부들을 한국정부의 입장에서는 밀수관련자로 판단할 수밖에 없었던 요인이기도 하다.

우리나라에서 단 하나밖에 없는 외국인수용소, 이것이 항도 부산에 있으니 부산의 명물이라 아니 할 수 없다. 시내 괴정槐亭동에 자리 잡은 이 수용소엔 일본日本인, 중국인 할 것 없이 이 땅에 밀입국한 자를 비롯하여 어자법 위반, 아편 밀수 등 가지가지의 죄를 범한 외국인들이 소정의 형기를 마치고 자기네 조국으로 돌아갈 날을 손꼽아 기다리고 있다. 이국에서 겪은 수용소 생활에 이들 외국인들은 이러한 건물 자체를 저주하고 원망할 찌도 모르는 일이다. 이곳 주인공들은 말할 필요도 없이 일 어부들—지리적 조건의 소치로 제일 많이 수용되고 있으니 자연 외국인수용소라기 보다 일인수용소라는 것이 동민들에게 잘 통하는 편이다.

수용소 역사는 지금으로부터 八년 전인 八六년 六월 十五일[단기4286년을 지칭. 인용자]부터 시작되었다. 이날 창설된 이곳을 거쳐 나간 사람은 三월 二十일 현재 총 千三百二十명. 이 중 일본인이 千二百八十명이며 나머지가 중국인이다. 일본인 가운데 어부가 千二百二十八명이고 잡범이 五十二명인데 이들 외국인을 감시하는 관리는 서부산서원 十二명이었다. 그것도 지난 二월 九일 이후 수용인원이 한 사람도 없게 되어 지금은 텅 빈 건물을 지키는 경비원이 단 두 사람뿐이다. —〈부산일보〉, 1961. 3. 22.

부산 〈외국인 수용소〉는 1961년 무렵부터 더 이상 용처가 없어지지만 군사쿠데타가 일어난 후 깡패들의 임시수용소로 잠시 활용된 이후 더 이상 활용되지 않게 된다. 이는 한국과 부산에 비국민적인 요소가 적절하게 통제되고 있었다는 것을 뜻한다. 부산항의 국가기간 시설로의 전용은 일반인의 항구로의 접근을 차단하면서 가능했고 해안선과 바다를 국가기구에 의해 반공블록으로 막히면서 비국민적인 자질들은 유입되기 어렵게 된다. 물론 항구와 다방을 통해서, 여전히 사법적 검열이나 통치로 환수되어 국민화의 회로에 적극적 포섭되어가면서도 이를 벗어나거나 이탈하는 사례들이 도시의 곳곳에서 일어났다는 사실을 기억해야 한다. 폭력의 대표라고 할 수 있는 권총이 여전히 유통되고 있었고 이에 따라 치안을 어지럽히는 사례는 1960년대에 지속적으로 나타났다. 이는 국민국가가 '국민화'의 회로를 다양한 사회적 장치를 통해서 주체 생산 방식으로 활용하지만, 그것이 전일적인 방식으로 실현되지 않는다는 것을 잘 보여준다.

한편으로 외국인수용소가 국민과 비국민의 경계를 구성하는 표지로 되지 않는 것은 전쟁을 지나면서 국민국가의 영토적 경계가 해안선 관리가 엄격하게 통제되고 있다는 것을 의미한다. 달리 말해, '적'을 내부에 두고 지배를 강화하는 것이 더 중요한 문제가 되었다고 할 수 있다. 외국인수용소보다 내부의 '적'을 규정하고 치안을 강화하는 것으로 통치방식의 일대 전환이 이루어진다.

결론

본 논문은 식민지 권력이 해방이라는 과정을 통해서 어떻게 피통치집단을 통치할 수 있게 되는지 항구와 다방 그리고 수용소를 통해서 살펴봄으로써 권력의 네트워크가 이루어지는 방식들을 드러내는 데에 주목했다. 이 과정에서 말의 유통이나 분배과정이 일종의 권력 장치로 기능하게 되는지를 보았다. 해방 이후 전재민동포의 대거 귀환은 조선 내부의 인구학적 이동과 흐름을 통제해야만 했고 그 관문이라고 할 수 있는 부산항은 가장 중요한 안전-장치로 좌표화되었다. 해방 이후 곧바로 국민국가를 수립한 것은 아니었지만, 전재민 동포들은 부산항의 출입 과정에서 자신들의 기왕의 정체성이나 표지를 탈각시켜야만 자신을 조선 내부에 위치시킬 수 있었다. 이는 자신들의 경험을 경험 그대로 말할 없게 되었고 일정한 침묵들을 보존하게 된다는 것을 함의한다.

여기에 실패하거나 그러한 주체 위치에 머무를 수 없게 되었을 때, 부산항은 밀항과 밀수의 공간으로 변모한다. 이는 출입통제가 엄격하게 구조화되어 있다 하더라도 거기에는 어쩔 수 없는 '구멍'이 생산되고 그것을 또 다시 통치 집단에 의한 검문, 검색을 통해 메우면서 권력이 네트워크를 이룬다는 것을 의미했다. 이는 다방에서도 유사한 방식으로 실현된다. 다방은 불안과 공포를 다스릴 수 있는 공간으로 변모되면서 인구를 적절하게 통제, 조절, 완충, 보완하는 역할을 하게 된다. 다방과 더불어 부산항의 배후에 수용소를 둠으로써 국민화와 비국민화의 회로를 전개하면서 신생독립국가의 이미지를 구성하게 된다. 즉, 외국인수용소를 감천항 배후에 둠으로써, 부산항 일대의 밀항이나 밀무역을 사법적으로 통제하면서 민족국가의 경계를 확정하고 강화해왔음을 볼 수 있었다.

그런 점에서 한국전쟁 이후 외국인수용소의 소멸은 국민국가 내부의 거주자들을 특정한 방식으로 규율하고 통제하는 새로운 관점이 시도되는 표지로 이해할 수 있다. 실제로 부랑자나 거지, 소년범 등에 대한 광범위한 관리가 이루어지면서, 국민화의 회로는 외부와의 관계가 아니라 내부의 분할과 차이화를 통해서 이루어졌다. 요컨대, 해방과 한국전쟁을 경유하면서 부산의 항만과 다방 그리고 수용소는 국민국가의 (재)구성에 있어서 그리고 국민들을 통치하는 데에 있어 가장 중요한 장소였던 것이다. 내부 식민화를 가속화하는 통치체제의 등장은 바깥의 적대를 내부화함으로써 내부의 적들을 생산하고 관리하는 것으로 초점을 옮기는 것으로 여겨진다. 이에 대한 연구는 향후의 과제로 남겨둔다.

주석

1. 허준, 「언어와 생활의 일치」, 『녹기』, 1942년 3월호, 133쪽.
2. 허준, 「속 습작실에서」, 『문학』, 1942년 3월호, 133쪽.
3. 푸코는 근대적 통치가 도시를 중심으로 조직되고 구성되는 과정을 보여주면서, 이의 확장으로서 통치성이 유지되고 지속되는 방식으로 안전장치를 특징적인 조건으로 파악하여 제시한다. 달리 말해 푸코는 생명관리권력이 어떤 방식으로 도시와 국가에 거주하는 개별적 존재들의 신체와 정신을 포획하고 제도를 통해서 지속적인 규율을 획득하고 있는지를 분석한다. 그에 따르면 '안전장치'가 통치성의 핵심적인 조건으로 이해하면서, 규율 메커니즘이 갖는 힘보다 훨씬 능동적이고 적극적으로 개별적 존재들의 위치를 설정하고 결정한다는 것을 보여준다. 안전장치의 일반적으로 특징으로 제시한 것은 1) 안전공간 2)사건과의 관계 3)정상화로 설명하고 있는데, 이 조건들은 각기 도시의 위생, 식량난, 전염병과 같은 생명의 관리 문제로 구성되어 있다. 따라서 도시나 국가가 인민들을 제어하고 조절하는 일종의 네트워크인 '안전장치'는 지배와 피지배 사이의 관계를 설정하는 아주 중요한 역할을 담당한다. 미셸 푸코, 오르트망 옮김, 『안전, 영토, 인구』, 난장, 2011.
4. 1946년 5월 부산항으로 전재민 동포를 싣고 귀국하던 배가 입항이 지연되는 사건이 보도되는데, 중국으로 학병과 징용으로 동원된 조선인 가운데 콜레라 환자가 발생하여 1주일 이상 되는 시간 동안 하선하지 못하는 일이 일어난다. 당시의 여러 기사에 따르면 6월에는 남조선 전체에 콜레라 창궐하게 되었고 9월이 되어서야 겨우 진정 국면에 들어가는 것으로 나타난다. 이른 바 풍토병의 이동과 흐름은 인구의 이동과 흐름과 같은 맥락으로 이루어지고 인구에 대한 통제가 곧 위생과 안전을 보장받을 수 있는 원리가 된다. 즉, 항구는 인구학적 통제를 신체적으로 그리고 미시적으로 수행하는 장치라고 할 수 있다.

5. 일제 시기 도망 조선인들은 크게 몇 가지 유형으로 나눌 수 있는데, 첫째 생계를 해결하기 위한 구직 도일, 둘째 구직자의 가족으로서 구직자와 동반 도일하거나 구직자가 취업을 한 후에 초청하여 도일 하는 가족 동거 도일, 셋째 진학 또는 면학을 목적으로 하는 유학 도일, 넷째 뚜렷한 목적 없이 경험 삼아 행하는 만연도일, 다섯째 총동원 정책으로 일본의 전쟁에 동원된 집단도일로 나눌 수 있다. 귀환 자들은 첫째, 둘째, 다섯째가 많은 수를 차지했으며 이들의 귀환은 도항에 비해 훨씬 혹독한 절차를 거치고 나서야 가능했다. 김예림, 「현해탄의 정동—국가라는 '슬픔'의 체제와 밀항」, 『석당논총』, 석당 학술원, 2011.

6. 차승기, 「내지의 외지, 식민본국의 피식민지인, 또는 구멍의 (비)존재론」, 『현대문학의 연구』 제46집, 현대문학연구학회, 2012.

7. 조르조 아감벤, 양창렬 옮김, 『장치란 무엇인가』, 난장, 2010. 42쪽. 특히 각주 14번 참조.

8. 〈국도신문〉, 1950. 04. 13.

9. 김수림, 「제국과 유럽 : 삶의 장소, 초극의 장소」, 『상호학보』 2008 참조.

10. 「늘어가는 음식점」, 〈동아일보〉 1947년 6월 12일 신문은 다음과 같은 보도를 내놓는다. "현재 서울 시 내의 각종 음식점의 수는 이천사백구십이개 소라는 놀라운 수자를 보이고 있는데 이것은 해방 전에 비하야 약 배 이상이 격증되었고 이를 업종별로 나누어 보면 요리점 45 음식점 1753 식당 573 카페 76 다방 41로서 이 같이 격증된 원인에 대하야 서울시장은 다음과 같이 말한다. 음식점이 격증된 원 인은 경찰에서 해방 이후 허가를 남발하였기 때문이다. 시로서는 금후 절대 허가를 아니 할 방침으 로 현재 것도 위생시설이 불충분한 것은 정리할 작정이다."

11. 「다방업 조합 결성」, 〈자유신문〉, 1947. 05. 23.

12. 「불량 우유 팔리 말라」, 〈동아일보〉, 1947. 10. 5.

13. 「불량 우유 팔리 말라」, 〈동아일보〉, 1947. 10. 5.

14. 「서울시, 서울시내 각 학교 휴교 및 요정, 극장 등 휴업지시」, 〈부산일보〉, 1950. 06. 27.

15. 김정한, 「다방과 문학」, 〈경향신문〉, 1955년 4월 27일. 김정한은 다방이 더 이상 문학적 사색의 공간 일 수 없고 "필요없는 먼지와 수다스런 잡담 속에서 무슨 썩어빠진 문학이 나올 것인가?"라고 물으 면서 "시장판에 가서 어린애를 분만하려고 하는 광부의 변태성을 다방문인은 버려야 할 것이다"라 고 목소리를 높인다.

16. Office of Research and Assessment, "Tea Room and Communication In Korea", United States In- formation Agency, 1970. 08. p. 4.

17. 음악의 경우 제감삼, 「한국전쟁기 부산음악의 실상」(『음악학』 제8집)을 참고하고 문학은 이순욱, 「한 국전쟁기 부산 지역문학과 동인지」(『영주어문학회지』 19권)를 그리고 미술은 『부산미협 64년』(부산미 술협회, 2010)의 이용길의 부산미술의 역사를 사료를 통해서 보여주는 1장을 참고.

18. 오양호, 「허준과 이석훈의 문학세계」, 『북으로 간 작가선집』, 을유문화사, 1988. 138쪽.

19. 세편의 소설의 서지는 다음과 같다. 「異国の妻」, 『警察文化』, 1952. 7. 「釜山港の青い花」, 『面白俱樂 部』, 光文社, 1952. 9. 「釜山の女間諜」, 『別冊 文藝春秋』 第31号, 1952. 12. 장혁주의 이 세 편의 소설 을 민족적인 차원에서 비판적으로 해부한 논문으로 김학동, 「장혁주 문학과 6. 25에 직면한 일본인 처들의 수난」, 『인문학연구』, 2008 참조.

20. 이 시기에 아주 특이하게 일본에서 한국으로 밀항을 하는 소년의 기사가 실려 있어 흥미롭다. 물론 이 기사에서도 '혼혈인' 소년을 바라보는 태도는 모성애와 같은 이미지를 제외하고는, 동정적인 시 선이 전혀 없다. 오히려 냉정하고 차가운 논조를 보이고 있다. 이 소년은 일본으로 다시 귀환했는지 의 여부는 알 수 없다. 〈동아일보〉, 1954년 11월 13일. 「일인계모의 학대에 못 이겨 어머니를 찾아 한 국에 밀항 국경 넘은 팔세 소년의 비화」, "한국인을 어머니로 잦인 나 어린 일본 소년이 계모의 학대

에 못 이겨 그리운 어머니를 찾으려고 한국땅으로 밀항하여 왔으나 당국에 발각되어 수용소 생활을 하게 된 국경없는 모성애가 빚어낸 소년 비화 한 토막—화제의 주인공은 일본 삼중현 상야시 현양 정 160번지(三重縣 上野市 現揚町)에 사는 "니시노기이찌"란 팔세의 나 어린 소년으로 "니시노"군 은 지금으로부터 약 이십년 전에 전기 상야시에 사는 일본 西野太郎 씨와 한국인 申斗子 씨가 결혼 한 후 팔년 전에 동 양씨 간에 탄생하였던 것인데 4282년 어머니 申씨가 귀국하게 되어 전기 소년 도 어머니를 따라 오려 하였으나 아버지 西野씨의 거절로 이루어지지 못하고 그 후 계모인 일본 여 인의 학대에 못 이겨 지난 22일 한국인을 가장하여 송환선을 타고 부산항에 도착하였는데 치안재판 부에 회부되어 삼일간의 구류 처분을 받았다 한다. 이 가련한 소년은 어머니를 찾으려고 부산 거리 를 헤메이다가 일본인이라는 것이 발각되어 또 다시 수용소에서 보호를 받게 된 것이라고 한다."

21. 1960년 11월 5일자 국무회의 「밀수방지대책에 관한 건」, 〈국가기록원〉 (http://www.archives.go.kr/next/viewMain.do) 디지털 열람 2014년 2월 24일.

최차호 부산초량왜관연구회장

초량왜관과 일본

머리말

국가간에 충돌을 피하기 위해 고금을 막론하고 완충장치가 필요했다. 삼면이 바다인 우리나라는 그중에서도 남쪽은 항상 왜구로 인해 해안 방위에 고통이 수반되었다. 이로 인해 관방시설이 북방보다 더 많이 요구되었고, 특히 부산을 기점으로 동쪽해안과 서쪽해안으로 이어지는 길목에는 다양한 형태의 관방시설이 현재까지 남아 있다.

고려(918~1392) 멸망의 큰 원인이기도 했던 왜구는 새로이 건국한 조선의 큰 고민거리였다. 끊임없이 몰려오는 왜구는 교역이라는 명목으로 몰려와 때로는 약탈과 폭력을 일삼았고 심지어 연안에 자리를 잡고 정착하는 사례가 빈발하자 조선정부가 이의 대책으로 설치한 것이 왜관이다.

당시 중국 대륙은 명나라(1368~1644)의 건국과 일본 열도는 오랜 내란 끝에 가까스로 남북조(1336~1392)가 합일되어 무로마치막부室町幕府가 성립되었으며, 신생국인 조선은 남왜북호南倭北胡로 국가방위가 최우선 과제였던 시기였다.이들 왜구는 조 · 중 · 일 3국의 유민들과 체제에서 이탈된 무리들이 통제력이 미치지 않는 큐슈 연안의 도서지방과 대마도를 무대로 해상약탈을 일삼았다. 이와 같은 왜구를 통제하기 위해 설치된 것이 왜관인데, 치폐를 거듭했다.

부산은 1407년부터 1876년 초량왜관이 막을 내릴 때까지 약 470년 동안 왜관이 존재하면서 대일 외교와 무역, 문화의 교류를 거듭하면서 국제도시로 발전했다.

왜관의 변천사

우리나라에 왜관이 설치된 시기와 내용을 정리하면 표 1과 같다. 수도 서울의 왜관을 비롯하여 한 곳만이 아닌 3~4곳의 포소왜관이 존재한 시기도 있다.

왜관은 조선건국(1392년) 직후 교역을 요구하며 몰려 온 왜인의 대책으로 설치되었는데 그 무렵까지 조선에는 왜인들과 교역할 수 있는 시설이나 규정이 없었다. 아무리 막아도 이곳저곳의 항구에 눌러앉은 왜인恒居倭人과 유력 토호의 사자使送倭人라는 명분으로 위장하거나, 존재하지도 않는 가공의 섬을 둘러대기도 했다. 조선정부는 그중에서도 최대의 왜구 소굴로 인식한 대마도를 1419년(세종 원년) 이종무 장군으로 하여금 왜구 소탕을 목적으로 대마도 정벌을 감행하였다.

한편 왜구의 두목에게는 투항을 권고하거나, 조선의 관직을 하사하면서 '수직왜인受職倭人'이라 했으며, 조공무역을 허락하는 회유책을 강구하기도 했다. 또한 지위를 갖춘 왜인에게는 인감을 수여하기도 하고, 다이묘(大名)나 지방 유력 호족에게는 도서(圖書:실명을 새긴 구리 도장)를 발급하기도 했다. 이 가운데 가장 적극적인 통교 무역자가 대마도 소우씨宗氏였다. 그의 출신에 대해서는 명확하지 않으나 헤이안시대平安時代 이후 큐슈 다자이후太宰府 관리의 일족이었다고 전해진다. 그는 스스로 조선과의 가까운 거리를 이점으로 활용, 솔선하여 왜구 통제정책에 대해 조선 측에 협력하면서 대마도는 물론 외부 지역의 통교자 단속에도 관여했다.

이와 같은 일본인 도항자 중 상경이 허락된 사절을 접대하기 위해 수도 서울에 객관이 설치되었는데, 이것이 동평관東平館이다. 수도 이외 왜관이라는 문자가 등장한것은 1418년이다. 또한 염포(울산)와 가배량(고성)에 왜관을 설치하여 부산포 근처에살고 있던 항거왜인을 수용했다.
—『태종실록』18년 3월 1일 —

이들 시설은 사절 등을 접대하는 객관이 아닌 장사를 목적으로 하는 흥리왜인興利倭人과 불법 체류자를 수용하기 위한 시설로 다음 해에는 문을 닫았다. 객관客館으로 포소왜관에 대한 기록은 1423년 내이포薺浦와 부산포富山浦 두 곳에 객사와 창고를 증설했다는 기록이 있다.
—『세종실록』5년 10월 25일 —

내이포와 부산포 두 왜관에 일본인 사절이 오면 매번 식료품을 나르는 것이 번거로워 미리 식료품과 기구 등을 마련해 두고 접대에 대비하였다. 이 업무는 김해부金海府와 동래군東萊郡에서 관리했다. 그 후 1426년 염포(울산) 왜관이 추가되어 내이포와 부산포를 합해 이를 삼포왜관이라 했다.

표 1. 왜관의 변천사

연 도	구 분
1392	고려멸망 조선건국. 일본 남북조 통일(足利幕府)
1407	부산포富山浦 · 제포(웅천) 포소왜관 2곳 및 수도왜관
1418	염포(울산) · 가배량(고성) 왜관설치 4곳
1419	대마도정벌, 포소왜관浦所倭館 1차 폐쇄
1443	계해약조癸亥約條
1423~1510	부산포富山浦 · 제포薺浦 · 염포鹽浦 삼포왜관 시대
1510	삼포왜란三浦倭亂으로 왜관 2차 폐쇄
1512	임신약조壬申約條로 제포왜관 단일
1514	포소왜관을 제포薺浦 · 부산포釜山浦 두 곳으로 제한
1521	부산포왜관 문을 열다
1544	사량왜변으로 제포薺浦 왜관 폐쇄. 부산포 왜관으로 병합
1547~1592	정미약조丁未約條로 부산포釜山浦 단일 왜관시대
1592~1598	임진 · 정유재란으로 왜관 3차 폐쇄
1600~1607	절영도 임시왜관시대. 제1회 조선통신사 일본방문
1609	기유약조己酉約條
1607~1678	두모포豆毛浦 왜관시대. 이후 71년간 존속
1678~1876	초량草梁 왜관시대. 이후 198년간 존속
1873	일본외무성에서 초량왜관 접수.
1876	전관거류지로 변경 초량왜관 폐쇄

포소왜관은 16세기가 되자 두 곳, 또는 한 곳으로 치폐를 거듭했다. 원인은 왜관주변에 많은 일본인이 옮겨 와서 현지 조선 관리나 주민들과의 분쟁이 끊이지 않았기 때문이다. 이들 불법체류자 대부분은 대마도 출신이라고 했다. 그 숫자는 15세기 말 조사 시점에서 삼포를 포함하여 3천 명을 초과했다. 남녀는 같은 숫자이고 어린이로부터 노약자에 이르기까지 가족 단위로 이주하여 살았다고 볼 수 있다.

조선정부는 처음 이들 항거왜인에 대해 비교적 유연한 태도로 지켜보았다. 그래서 그들이 허락된 범위 내에서 활동하는 경우에는 묵인해 주었다. 그들의 목적은 장사나 어업이었는데, 일본 사절의 왕래와 함께 물자

표 2. 왜관 관련 주요 약조

약조 명칭	체결연도	세견선 숫자	비 고
계해약조 癸亥約條	1443년(세종 25년)	50척	대마도 정벌 후 체결
임신약조 壬申約條	1512년(중종 7년)	25척	삼포왜란 후 체결
정미약조 丁未約條	1547년(명종 2년)	30척	사량도 왜변 후 체결
기유약조 己酉約條	1609년(광해군 1년)	20척	임진 정유재란 후 체결

표 3. 15세기 후반 항거왜인 숫자, 자료 출처 『조선왕조실록』

구분 / 연도	제 포		부 산 포		염 포		합 계	
	가구수	인구	가구수	인구	가구수	인구	가구수	인구
1466(세조 12)	300	1,200여	110	330여	36	120여	446	1,650여
1474(성종 5)	308	1,722	67	323	36	131	411	2,176
1475(성종 6)	308	1,731	88	350	34	128	430	2,209
1494(성종 25)	347	2,500	127	453	51	152	525	3,105

가 몰려들자 포소왜관은 돈벌이가 잘 되는 곳으로 변모하였다. 그중에는 한몫 챙겨 부유한 자가 생겨나기도 했다. 이를 바탕으로 인근 조선인에게 고리채를 하는 사람도 등장했는데, 돈을 기한 내에 갚지 못하면 저당 잡힌 토지 등을 빼앗는 일까지 나타났다.

토지나 과세, 금전 등은 조선의 국정과 관련된 문제이다. 이와 함께 밀렵과 밀무역 등 불법 활동이 포소왜관 주변에서 자주 일어났다. 갈등이 정점에 달한 1510년에는 삼포왜관에서 동시에 불법체류자의 폭동이 일어났는데, 이것이 삼포왜란이다. 이 사건으로 많은 사상자와 피해를 남기고 15일 만에 조선 관군에 쫓겨 모두 대마도로 도망하여 사건은 마무리 되고 왜관은 문을 닫았다. 결국 이 사건은 불법체류자를 정리하고자 했던 조선 정부로서는 더 없이 좋은 기회였다.

2년 후 1512년 소우씨宗氏의 필사적인 노력으로 임신약조壬申約條가 체결되어 통교가 회복되었으나, 개항소는 제포(내이포) 왜관 한 곳으로 제한하였다. 이와 함께 왜관 주변에 거주하던 불법 체류를 금지하는 조치도 내려졌다.

소우씨의 끈질긴 교섭으로 부산포왜관이 문을 연 것은 1521년이다. 그러나 20년 후인 1544년 사량도蛇梁島에서 발생한 왜변으로 제포왜관은 폐쇄되고 말았다.

이로써 포소왜관은 부산포 한 곳으로 축소되었다. 이후 50여 년 뒤 도요토미 히데요시가 일으킨 임진왜란(1592)으로 부산포왜관은 일본군이 축성한 왜성에 둘러싸여 소멸되어 버렸다. 또한 수도 서울의 동평관도 전란으로 소실되어 영원히 폐쇄되고 말았다. 1598년 히데요시의 사망과 함께 정유재란이 끝나자 왜관이 다시 설치되었는데, 장소는 절영도였다. 이곳은 조선정부에서 정식으로 설치한 객관이 아니고 전쟁 후 국교 수복을 위한 협상용의 '임시왜관'이었다.

전쟁으로 끌려갔던 수많은 포로를 송환하고, 도쿠가와 이에야스가 세키가하라 전투에서 승리하여 일본의 전권을 장악하게 되자, 1604년 조선 정부의 특사 유정 사명대사가 일본을 방문하여 이에야스와 2대 장군 도쿠가와 히데타다德川秀忠 부자와 접견하여 국교재개의 길을 열었다. 이와 함께 대마도 도주 소우 요시토시宗義智는 다시금 조선과의 외교업무를 맡아 특권을 누리게 되었다. 그리고 1607년 제1차 조선통신사가 일본을 방문했는데, 이들의 사행은 '수호회답 겸 쇄환사'였다.

같은 해 1607년에는 부산의 두모포에 왜관이 설치되었는데 이를 두모포왜관이라하며, 조선에서 유일한 왜관으로 부산은 이때부터 대일 외교의 작은 정부 역할을 하게 되었다.

조선 전·후기 왜관의 비교

전란이 끝나고 새로이 문을 연 왜관은 조선 전기와 후기의 양상이 바뀌었다. 조선전기의 왜관은 일본에서 사절이 바다를 건너오면 포소왜관에 배를 정박하고 육로 또는 수로를 따라 상경하여 국왕을 알현하고 동평관에 머물면서 외교와 교역업무를 수행하였다. 하지만 후기 왜관 시대가 되자 조선정부에서는 왜인 사절의 상경을 엄격히 통제했다. 이유는 임진왜란 때 왜군의 진격로가 일본 사절이 내왕하던 코스와 같다는 주장이었다. 따라서 이 코스를 대마도인이 길잡이였다고 했다.

또한 조선 전·후기를 막론하고 일본으로 가는 통신사의 수로 안내와 신변 경호를 대마도가 맡았다. 일본에서 오는 왜인 사절은 막부 장군이나 다이묘大名 또는 지역 유력 토호의 사절이 조선으로 왔다. 그러나 전란 후 도쿠가와막부로부터 조선의 외교와 교역의 특권을 움켜 쥔 대마도 소우케(宗家)는 이때부터 조선(동래부)에 파견하는 일본 사절을 그의 가신 중에서 파견했다. 이들은 장군(국왕)의 사절이라고 자칭하였다.

이와 같은 조건을 충족시키기 위해 대마도는 외교 문서를 다룰 수 있는 높은 학식의 인사를 외부에서 스카우트하거나 내부에서 양성하였는데, 그중에서도 대표적인 사람이 아메노모리 호슈雨森芳洲·마쓰우라 카쇼松浦霞昭·니시야마 켄포西山健甫·스야마 도쓰앙陶山訥庵 등이다.

당시 조선과의 외교 문서는 모두 한문이었으므로 일본인이 해독하거나 작성할 수 있는 사람은 오직 일부 승려들뿐이었다. 이 문제를 해결하기 위해 실시한 제도가 학문 숭상 정책이었다. 조선과 외교 교역을 주도적으로 수행하기 위해 실시한 이 제도는 대마도의 위상을 높이고 문화의 꽃을 피우는 계기가 되었다.

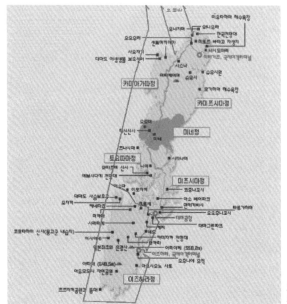

그림 1.
부산과 대마도의 항로

조선 무역을 독점한 대마도는 유례가 없는 경제발전으로 곳곳에 대형 토목사업을 일으키고 조선 무역을 확대하기 위해 안간힘을 쏟았다. 그 대표적인 것이 두모포왜관을 확장하는 일이었다. 당초 두모포왜관은 1만여 평의 부지에 조잡한 건물로 설치하여 장소가 협소하고, 수심이 얕아 배의 정박이 불편했으며, 그 위에 남풍이 불면 배가 뭍으로 밀려 올라오는 등 문제점이 많았다. 또한 방화인지 실화인지 알 수 없는 대형 화재가 잇달아 발생한 것이 두모포왜관의 이전 요구이기도 했다.

차츰 두 나라 관계가 안정되고 무역이 활발함에 따라 대마도는 더 많은 이익을 창출하기 위해 1640년(인조 18)부터 두모포왜관의 이전을 본격적으로 조선정부에 요청하였다. 하지만 조선정부에서는 그때마다 요청을 거절하면서 적당한 수리와 구실로 이전을 허락하지 않았다.

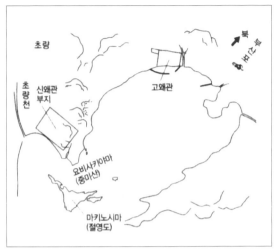

그림 2. 부산의 왜관(조선 후기)

　급기야는 왜관이전 문제로 실력 행사에 나선 대마도는 왜인 사절의 정사正使 쓰노에 효고노스케津江兵庫助가 동래부로 달려가 농성하기에 이르렀고, 그는 1672년 12월 3일 동래부 객사에서 급사하였다. 항간에는 타살이다. 자살이다 등의 소문이 꼬리를 물었으나, 결론은 오늘날의 병명에서 보면 뇌졸중으로 판단되었다. 이로써 조선정부도 더 이상 왜관의 이전을 지연할 수 없다고 판단하여 1673년에는 두모포왜관을 옮기는 문제에 대해 허락하기로 방침을 굳혔다.

초량왜관의 성립과 이전 배경

　1640년 두모포왜관의 이전 요구가 나온 후 33년의 끈질긴 협상 끝에 조선정부가 일본 측 요구를 수용하였다. 당시 국내외 정세는 일본 측의 왜관 이전문제를 더 이상 미룰 수 없다는 심상치 않은 소문이 나돌기도 했다. 그것은 북방의 후금(청나라)이 조선을 침공한다는 소문이 떠돌았기 때문이다. 왜인들은 '언제 전란에 휩싸일지 모른다.' 때문에 '옛날 부산포왜관을 수리하여 병기 등을 갖추어 대비하고 싶다.'라고 위협과 회유를 반복했다. 그러나 조선 측에서 볼 때 하필이면 왜성倭城 안에 무기를 감춘다는 말인가? 이것은 조선으로서는 용납할 수 없다고 강경하게 반대했다.

일본 측은 왜관의 이전 조건으로 대마도와 부산의 안전 항로확보를 위해 오오후나코시大船越를 굴착하여 수로를 만들었다. 그리고 해난 사고가 잦은 와니우라鰐浦 항구를 안전한 곳인 사스나佐須奈로 옮기는 등 막대한 투자를 했다. '이 항로와 항구는 조선에서도 필요한 공사이다'라고 더욱 강력하게 조선정부를 압박했다. 하지만 이것은 그들의 이익을 위해 두모포왜관의 확장에 관계된 수단이었다.

왜관 이전 후보지로 처음 등장한 곳이 옛날 왜관이 있던 웅천(제포)이 거명되었다. 그 외 순천, 거제도 등의 지명이 거론되었으나, 조선 측은 연공미의 수송과 군사상의 이유로 거절하였다. 조선 측은 1673년(현종 14) 4월, 낙동강 서쪽의 이전은 국가 정책상의 이유를 들어 허가할 수 없다고 통보했다. 이것은 결국 낙동강 동쪽은 가능하다는 암시이기도 했다. 같은 해 6월이 되자 처음으로 초량항草梁項이 거론되었다.

그리고 8월에는 조선 측이 제시한 후보지로 다대포 · 절영도 · 초량항 세 곳의 실지 측량이 실시되었다. 그 결과 다대포는 좁고, 절영도는 지형이 나쁘다는 이유로 초량항이 결정되었다. −『변례집요』

이로써 정식으로 결정된 것은 같은 해 10월이었다. 처음 이전 요구가

그림 3. 변박의 「초량왜관도」

그림 4. 임진왜란 침공도

그림 5. 동관 일대, 컴퓨터그래픽, 부학주夫學柱 作

그림 6. 동관 일대, 컴퓨터그래픽, 부학주夫學柱 作

그림 7. 조선건축과 일본 건축, 부학주(夫學柱) 作

나온 후 33년만에 새로운 왜관의 이전 합의가 이루어진 것이다. 초량왜관의 건설은 에도막부와 조선통신사 파견 등, 소정의 절차를 마치고 1675년(숙종 1) 3월에 착공하였다. 대마도에서 목수·미장·잡역부 등 150여 명이 바다를 건너와 여러 동의 가건물을 짓고, 조선측의 목수, 인부 등과 함께 공동 작업에 착수하였다. 준공은 3년 후인 1678년(숙종 4) 4월이었다.

초량왜관은 용두산을 둘러싸고 10만여 평의 부지에 동·남쪽은 바다에 접하고, 북·서쪽은 대청동과 부평동에 접했으며, 사방을 1.8m높이의 돌담

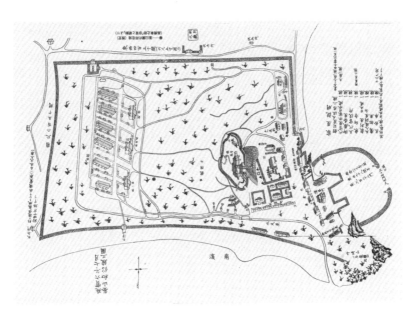

그림 8. 「초량왜관도」

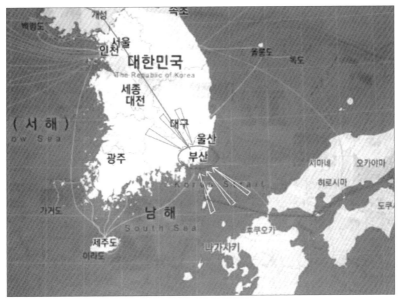

그림 9. 만남과 이별의 공간

으로 둘러 성벽을 방불케 했다. 왜관 바깥에는 출입을 감시하는 복병소를 6 곳 설치하고, 동ㆍ남ㆍ북 세 방향에 문을 두었다. 공사에 투입된 인원은 조선 측 목수와 잡역부 연 125만 명과 일본 측 목수ㆍ미장ㆍ잡역부 등 2천 명이 투입되었다. 특히 가장 난공사였던 선창 공사에는 날마다 인근 범어사와 효의사 등 경상도에 분포되어 있는 사찰의 승려가 400명 이상이나 동원되었다. -『부산부사원고』

이처럼 막대한 공사에 소요된 비용은 조선 측에서만 쌀 9천 석, 은 6천여 냥으로 당해 연도의 공무역으로 충당하였다. -『증정교린지』

대마도 측의 비용은 알 수 없으나, 많은 일본식 건축의 가옥에 거액이 투입된 것은 말할 것도 없다. 막부에서 자금 원조도 받지 않고 이처럼 대공사를 완성할 수 있었던 것은 당시 무역으로 막대한 이익을 올려 대마번 경제사정이 좋았기 때문이다. 이후 동ㆍ서 삼대청의 유지 관리에는 부

표 4. 초량왜관의 규모와 구조 ※1간=6尺5寸

연 도	내 용
1675. 3월	33년의 줄다리기 끝에 용두산 일대 10만여 평의 부지에 착공
1678. 3월	초량왜관 준공(두모포 왜관을 고관, 초량왜관을 신관이라 했음)
면 적	약 10만평(동면 약 280間, 서면 약 225間, 남면 약 375間, 북면 약 290間.
건물 배치	조ㆍ일 합작 건축으로 용두산을 중심으로 동쪽을 동관(무역공간), 서쪽을 서관(객사)이라 했으며 약 150동의 건물을 조성.
동원 인력	조선 측 인부 500명, 목수 300명으로 연인원 125만 명. 일본 측 목수 및 미장, 잡역부 150명으로 연인원 2천명.
건물 구조	지붕은 조선식, 주거 공간은 일본식으로 조성
조성비용	조선 측 쌀 9천석. 은 6천 냥. 일본 측 비용은 불명
울타리	동ㆍ서ㆍ남ㆍ북 사방에 1.8m 높이의 돌담장을 구축
출입문	동쪽 수문(守門 : 주 출입문). 남쪽 부정문(不淨門 : 유해 운구문), 북쪽 연석문(宴席門:연향대청 출입문)을 두고 왜관 서쪽과 북쪽에 복병막을 6곳 설치

산진主鎭 이하 두모진 · 개운진 · 포이진 · 서생진 · 다대진 · 서평진 7개소에서 부담했다. 또한 대수리나 대개축이 필요할 때에는 동래부의 허가를 받은 후 경비의 분담을 위해 7개 진 이외에서 경비를 제공하기로 약속되었다.

한편 일본식 건축물은 항상 대마번 측에서 부담했다. 초량왜관에는 대마도에서 파견된 다다미 수리공과 목수가 상주하면서 작은 수리 등을 맡았다.

Silver & Silk Road의 경유지

초량왜관의 무역

초량왜관의 교역은 주로 일본의 은銀 · 동銅 · 주석錫 염료와 중국의 백사白絲, 조선의 인삼이 주종을 이루었다. 초기에는 조선의 목면과 쌀이 주류를 이루었으나, 조선의 흉작과 일본에서 목면 재배가 성공하여 품목이 바뀌어갔다. 조선 사절이 중국에서 수입한 백사와 견직물은, 11월에 귀국하는 역자행歷咨行 편으로 왜관에 들어왔고, 다음 해 2월~4월에 귀국하는 동지사冬至使 편은 6월~7월에 왜관에 도착했다. 그리고 사절단이 귀국한 2~4개월 후에 왜관의 개시대청으로 운반되었다. 이와 같이 은의 경로

표 5. 실버로드의 경로와 기간

운송지역	교토⇒대마도	대마도⇒초량왜관	조선⇒중국
황력은(皇曆銀)	6월중	7~8월	8월 이후
동지은(冬至銀)	8월중	10~11월	11월 이후

표 6. 왜관에서 처형된 왜인

연 도	이 름	직 책	죄 명
1684년	太田勝右衛門	杉村又左衛門 의 家臣	밀무역
1698년	白水與兵衛	僉官盧守	밀무역
1704년	吉右衛門	茶碗 屋守	밀무역, 살인
1714년	大浦伊右衛門	橫髷	밀무역
1717년	喜兵衛	御	밀무역

를 역류하여 백사와 견직물은 일본 최대의 견직물 산업지대인 교토에 도착했다. 따라서 교토는 은 경로의 출발지이자 비단길의 종착지였다. 은 경로의 귀로는 그대로 '비단 길'이 되어 초량왜관은 Silver Road & Silk Road의 경유지였다.

왜관의 사건 · 사고

200년 동안 초량왜관에서 일어난 사건은 헤아릴 수 없을 만큼 많다. 10만여 평의제한된 공간에서 혈기왕성한 젊은 남성들만이 살았기 때문에 조선정부의 엄격한 통제에도 불구하고 그들은 말썽을 일으키기 일쑤였다. 그들이 경계 바깥으로 나갈 수 있는 것은 고관(두모포왜관) 일대에 있던 조상의 묘소 참배였다.

생필품도 왜관의 수문守門 바깥에 매일 아침 열리는 새벽시장에서 구입했다. 그곳에서 물건을 파는 조선 상인은 모두 남성으로 제한했다. 그러나 후일에는 노파가 참여하기도 했는데, 늙은 여성이라도 여자가 파는 물건은 불티가 났다. 이와 같은 남성들만의 공간인지라 급기야는 왜관 안으로 조선여성을 불러들여 매매춘이 발생하기도했다. 이를 교간交奸이라 했는데, 당사자는 물론, 소개한 사람도 처형하는 엄격한 규정이 적용되었다. 또한 밀무역도 끊이지 않았다. 일확천금을 노리는 무리들이 수단 방법을 가리지 않고 저지르는 잠상潛商 즉 밀수였다. 이를 방지하기 위해 초량왜관에는 1683년(숙종 9) 엄격한 규정을 정한 「약조제찰비」가 세워졌다.

1. 경계 바깥으로 나오는 자는 대소사를 막론하고 사형으로 다스린다.
2. 노부세路浮稅(밀무역 자금)를 주고받는 것이 발각되면 쌍방 모두 사형으로 다스린다.
3. 개시開市 때 각 방에 들어가 암거래하는 자는 쌍방 사형으로 다스린다.
4. 일본인은 매 5일 잡물 지급 때 아전·창고지기·통역 등을 구타하지 말 것.
5. 쌍방 범죄인은 왜관 문 바깥에서 모두 형을 집행한다.

문화의 용광로 초량왜관

초량왜관은 뭍(육지)의 끝이자 시작이고, 물(바다)의 시작이자 끝이기도 하다. 그곳에서는 쉼 없이 만남과 헤어짐, 충돌과 조화가 반복되는 공간이기도 했다. 중국 쪽의 대륙문화와 물화物貨, 열사熱砂의 나라 남방으로부터 오는 문화와 물화가 어울려 충돌과 조화를 반복한 장소이기도 했다. 그곳에는 일본(대마도)과 조선 두 나라의 사람들이 끊임없이 부딪히면서 충돌과 조화를 연출하는 공간이기도 했다.

이 과정에서 서로의 이익과 주장을 위해 다툼과 시비가 교차하는 공간이기도 했다. 이와 같은 갈등을 조절하기 위해 때로는 '성신교린'을 외치며 독특한 문화를 만들어내기도 했다. 초량왜관은 이질적인 문화의 용광로와 같은 공간에서 부산만이 갖는 새로운 문화가 탄생했다. 그래서 부산 사람들은 다혈질이고 다정다감하며, 의리에 강하고, 직선적이다. 다양한 문화를 오래 간직할 시간적 여유가 없었기 때문이다.

초량왜관은 본질적으로는 조선과 일본(대마도) 두 나라의 '문화교류'를 목적으로 한 장소는 아니다. 조선-대마도-일본 사이의 외교·무역·정보 수집의 최일선으로 쌍방의 국가 이익과 대마번의 이익이 마주치는 장소였다. 그와 같은 공간에서 저마다의 관계가 단순한 이익 추구에 매달리지 않기 위한 이념으로서 '성신誠信'을 외쳤다고 이해하는 것이 중요하다.

초량왜관은 조·일 양국의 자유로운 교류를 통제하는 장소였다. 조·일 두 나라 사람이 일상생활에서 직접 만날 수 있는 새벽시장도 조선의 시각에서 보면 초량왜관의 일본인(대마도)과 주변의 지역주민(조선인)이 자유롭게 상업 활동의 공간이라기보다 '왜인난출지폐倭人欄出之弊'를 방지하기 위한 통제 수단의 장소였다. 물론 그와 같은 공간에서 쌍방 사람들의 접촉이 오랜 기간에 걸쳐 쌓인 것은 사실이다.

또한 초량왜관은 조선-대마도-일본 간의 외교와 교역 관계에서 저마다 국익과 대마번의 이익이 걸린 교섭의 장소이기도 했다. 이와 같은 사실은 한·일 관계사가 결코 대립만의 역사가 아닌, 다양한 접촉이 쌓인 역사인 것을 일깨워줌과 동시에 근세 안정된 외교 교류 관계를 오늘날의 양국간에 활용하려는 상호 교류의 계기가 되었다.

왜관을 통한 외교에 국가나 민족을 초월한 우정과 신뢰 관계가 없었다면 양국의 '교린' 관계는 유지될 수 없었다고 말할 수 있다. 왜관은 그와 같은 국익, 혹은 대마번의 이익이 충돌하여 마찰을 일으킨 장소로서 조선과 일본, 대마번이 제각기 주장의 '결착장면'을 찾아내는 교섭의 장소이기도 했다. 두 나라 사이에 다양한 충돌과 마찰의 엄격한 현장으로서 왜관이 있었고, 그 속에 '성신'의 이념이 보다 강하게 작용했다. 이익이 충돌하는 외교·무역의 최일선으로 왜관은 그러한 이익추구가 노골적으로 대립하지 않도록 조·일 쌍방이 외교적 노력을 쌓아 온 공간이었다.

초량왜관은 문화 교류를 목적으로 한 장소는 아니라고 해도, 그러나 조선 땅에 일본인(대마도)이 일정 기간 머무르는 공간이었다는 것은 그것이 통제의 대상으로 다른 지역 보다 두 나라 사람이 접촉하는 기회가 훨씬 많았다. 왜관 안에서 실시된 다양한 교섭은 서로 다른 문화권 사람들의 교섭이고 그곳에서 인간 관계도 결과적으로 다른 문화와의 접촉이었다.

아메노모리 호슈雨森芳洲는 일찌기『교린제성交隣提醒』[1]에서 '조선과 일본은 풍습이 다르고 기호도 다르다. 이것을 모르고 조선과 교제하게 되면, 서로 맞지 않는 경우가 많다'라고 하면서, 먼저 인정과 사세를 아는 것이 중요하다'고 했다. 예를 들어 '일본에서는 고관의 가마를 끄는 사람이 추운 겨울에도 옷자락을 걷어 올리고 다닌다. 또 창을 들고 주인을 모시고 다니는 하인이나 짐꾼들은 가짜 수염을 붙이고 발장단을 맞추며 다닌다. 그들은 그것이 틀림없이 조선인의 눈에 훌륭하게 보일 것이라고 생각하겠지만 사실은 그렇지 않다. 조선인은 옷자락을 걷어 올리는 것을 무례라고 생각하고 가짜 수염을 다는 것은 이상한 짓이라 여길 것이며, 발장단을 맞추는 동작은 고생을 자초하는 어설픈 짓이라고 비웃을 것이다.'

또 전에 있었던 일인데 어떤 일본인이 조선 역관에게 물었다. "국왕의 정원에는 무엇을 심어 두느냐?"라고 묻자, 박첨지가 대답하기를, "보리를 심는다."고 대답했다. 그러자 일본인들이 "아니!, 형편없는 나라구나."하고 손뼉을 치며 비웃은 일이 있었다. 아마도 조선국왕이 정원에 꽃을 전혀 심지 않았을 리 없겠지만, 역관이 그렇게 대답한 것은 이런 의도였을 것이다. 즉 '국왕의 신분이면서도 농사를 잊지 않고 있다고 하면, 그것은 예부터 군주의 미덕이 되는 일이므로 아마 일본인도 동감할 것이다.' 라고 생각하고 대답했건만, 오히려 일본인의 비웃음을 샀다. 모든 일을 처리할 때 이러한 점을 깊이 헤아려야 할 것이다. 구체적인 문화의 차이를 예로 들었는데, 초량왜관의 향응 요리에서 식문화의 차이는 그 정보가 일본에서 조선통신사 접대에 활용되었다.

오늘날은 다문화 사회로서 구성원마다 다양한 문화적 배경을 갖고 있다. 그런 집단 속에서는 구성원의 각자가 '타문화의 경계선'에 있게 되는 경우가 많다. 그곳에서는 마찰과 교류도 생긴다. 초량왜관을 단순한 문화 교류의 이상理想이 아니고, 조선시대 왜관의 실제 모습에 접근하려는 노력과 그로부터 발견하는 것 중에서 오늘날 우리의 사회와 한·일 관계에 활용할 수 있는 것을 찾아가야 한다. 현재의 입장에서 과거를 재구성하여 그로 인해 미래로 나아가는 행위에 의미를 부여해야 한다.

우리는 조선시대 왜관의 실상을 염두에 두고 과거의 실제 모습을 근거로 오늘날에 연결시켜 생각해야 한다. 다양한 외교 무대로서 온갖 마찰을 일으키면서도 그 속에서 쌍방의 문화적 차이를 이해하면서, 쌍방의 이익과 타협점을 찾아 안정된 외교 관계를 유지했다는 점에 주목해야 한다.

왜관은 국익이 서로 부딪치는 외교·교역의 현장이었다. 그리고 그 과정에서 조·일 양국의 이질적인 문화 마찰이 일어났다. 그러한 마찰을 노골적으로 대립하지 않도록 쌍방의 문화적 차이에 진심을 다해 상호 타협점을 찾는 작업이 이뤄져야 할 것이다.

「동래부전령서」와 왜관의 종말

1871년, 지금까지 대마번이 실시했던 조선과의 모든 외교 업무는 명치 정부(외무성)가 소관하게 되었다. 그리고 1872년 5월에는 일본정부 관리

(대마인) 등의 왜관 난출사건이 발생하여 초량왜관은 철공撤供·철시撤市의 제재를 받았으나, 일시적인 기간이었으므로 대마도로부터 생필품을 보급하여 간신히 어려움을 극복 할 수 있었다.

또 같은 해 8월, 명치정부는 외무대승 하나부사 요시모토花房義質 등을 파견하여 1872년 9월 24일 초량왜관을 외무성의 관리 아래 두었다. 이런 과정을 거치면서 새로이 탄생한 명치정부는 초량왜관을 접수한 후 조·일 간에 외교적 마찰이 계속되었는데, 그 원인의 하나로 '동래부전령서東萊府傳令書'라는 괴문서가 왜관의 수문장守門將방에 붙었다. 여기서 동래부전령서의 내용을 살펴보자.

「東萊府伝令書」(朝鮮始末)より

近日彼我人相持、可以一言打破、我則一依三百年約條、而彼之欲變不易之法、抑獨何心乎、事若違例、則雖行之本國、亦所難强、而況可以行於隣國、而唯意行之乎、彼雖受制於人、不恥其變形易俗、此則不可謂日本之人、不可許來往我境、所騎船隻、若非日本舊樣、則亦不可許入我境、馬州人與我和賣、本是一定不易之法、則他島人交易、又我國之決不許者也、潛貨冒犯、又兩國之所同禁也、近見彼人所爲、可謂無法之國、而亦不以此爲羞、我國則法令自在、行之我境之內、留館諸人、欲行條約中事、則皆當聽施、而欲行法外之事、則永無可成之日、雖潛欲賣一物、此路終不開、我之守經奉法、彼亦想無他説矣、須以此意洞諭於彼中頭領之人、使不至妄錯生事、以有後悔、而汝矣、則與譏察諸校、晝則秘密廉探、夜則水陸諸處巡行、守直更無如前解弛之弊是矣、若不恪勤擧行、至於現露、則堂々三尺之法、先施於汝輩、苟欲保汝首領、各別惕念向事、

－ 明治六年 癸酉五月 日

「동래부전령서」 조선시말에서

우리(조선)는 지금까지 300년 동안 약조에 의해 일본(초량왜관)과 교제하고 있다. 그런데 초량왜관 측이 왜 불변의 법령을 바꾸었다. 도대체 어떤 생각으로 이런 행동하는가? 자신들의 현재 행동이 그동안의 관습과 다르지 않는가? 아무리 본국에서 실시한다고 해도, 도저히 이해할 수 없다. 하물며, 이런 행동을 이웃나라인 우리 땅에서 저지르고 있는 것은 말할 필요조차 없지 않은가? 일본 측은 이 제도를 타국(서양)에서 받아들였다고 하면서, 풍모를 바꾸고, 풍속 관습을 바꾸는 것을 부끄럽게 생각하지 않는가? 이래서는 우리들이 지금까지 교제해 온 일본인이라고 할 수 없으므로 이후에는 우리나라 왕래를 허락할 수 없다. 일본 측이 타고 오는 선박이 만약 왜선이 아니라면 이 또한 조선의 국경에 들어오는 것을 허락하지 않을 것이다. 대마도 사람이 조선과 교역하는 것은 옛날부터 정해진 불변의 규칙이다. 때문에 대마도 이외의 사람과는 교역을 절대로 허락하지 않을 것이다. 잠상을 되풀이하는 불법은 양국이 공동으로 금지하고 있다. 그런데 최근 일본인의 거동을 보건대 무법의 나라인 것처럼 보인다. 또한 이를 부끄럽게 생각하지도 않는다. 우리나라에는 우리의 법령이 있다. 이 법령을 우리는 조선 땅인 초량왜관에서 실시하고 있다. 왜관 거주자들이여! 약조에 규정된 대로 행동하겠다고 말하면 지금까지의 잘못은 틀림없이 용서할 것이다. (하략)

－ 명치 6년(1873년) 계유 5월 일

이로부터 일본정부와 조선정부 사이에는 성신교린의 관계가 이어지지 않고, 양국의 성신교린은 악화일로를 치닫게 된다.

맺음말

　임진왜란은 포르투갈이 전해준 조총과 조선의 다완 때문에 일어난 전쟁이라고도 한다. 1543년 2명의 포르투갈 사람이 큐슈 남쪽 타네가시마種子島에 표착, 그들이 갖고 있던 총 두 자루를 일본인이 은 8천냥에 샀다. 그리고 이들에게 조총의 제조, 화약의 배합, 사격술을 전수받았다. 이후 타네가시마에서 철포 제조에 성공하였고, 1549년에는 사쓰마薩摩의 시마즈 타카히사島津貴久가 카지키加治木 성 공략에 일본 최초로 실전에 사용했다.

　우리나라에도 임진왜란 3년 전인 1589년(선조 22) 대마도의 소우 요시

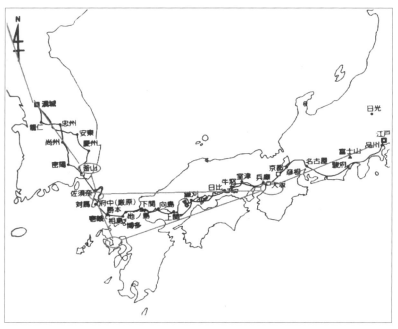

그림 10. 초량왜관의 확장 예상도

토시宗義智가 철포 2점을 진상했지만, 평화로운 시대였던 당시 이를 무기로 활용할 생각을 하지 않았다. 임진왜란 초기에 조선이 왜군에 밀린 것은 조총 때문이었다. 임진·정유재란, 병자·정묘호란의 위기를 겪고도 쇄국을 고집했던 조선은 교역으로 얻을 수 있는 자본 축적의 기회를 놓치고 말았다.

일본의 국보인 이도다완井戸茶碗은 조선 도공의 작품이다. 임진왜란 때 왜장들은 많은 조선도공을 납치하였다. 그 중에는 일본 도자기의 시조로 추앙받는 아리타야키의 이삼평, 사쓰마야키의 심당길, 하기야키의 이작광과 이경 형제가 있다. 하지만 조선은 이들 명공들을 활용하지 못하고 천민으로 취급하였다.

조선은 임진왜란 이후에도 바깥으로 통하는 문을 굳게 걸어 잠갔다. 임진왜란이 일어나는 것을 예측하지 못한 것이 주변의 정세에 어두웠기 때문이라는 교훈을 얻지 못했다. 그렇다고 전란을 거울삼아 대비를 철저히 한 것도 아니었다. 결국 조선은 만주족 청나라에 유린당하고 결국 인조가 항복하는 삼전도三田渡의 굴욕을 겪게 된다.

조선에서는 대마도의 개항장 사스나佐須奈에 무역공관이나 상인을 두지 않았다. 사스나가 나가사키처럼 다양한 문화를 가진 지역으로 발전하지 못한 것은 위와 같은 사정 때문이다. 만약 조선이 은둔의 나라가 아닌, 모험심이 강한 나라로서 사스나에 초량왜관과 같은 조선의 무역소를 설치하고 무역 담당자와 허가된 상인을 상주시켰다면, 일본문화와 함께 재미있는 현상이 일어났을 것이다. 이를 실행했다면 사스나 거리에는 상권이 확보되고, 그 상권은 부산과 나가사키, 오사카를 잇게 되어 자연적으로 부산에는 독특한 경제문화를 꽃피웠을 것이다.

만약 이것이 실행되었다면, 훗날 물밀듯이 밀려오는 산업혁명 이후의 세계사에 조선이 대응하는데 부산이 큰 거점이 되었을 것이며, 일본에서 일어난 명치유신에 대해서도 냉정하게 그 정체를 파악하여 대처할 수 있었을 것이다. 요컨대 조선은 사스나를 좋은 의미로 적극적으로 활용하기 위한 체질을 갖고 있지 않았다. 이것은 조선이 유교국가 일변도로 치우쳐 있던 것과 무관하지 않은 것으로 볼 수 있다.

참고문헌

『조선왕조실록』

『증정교린지』

『倭館 鎖国時代の日本人町』, 田代和生, 文芸春秋

『壱岐 · 対馬の道』, 司馬遼太郎, 朝日新聞社

『対馬からみた日朝関係』, 鶴田啓, 山川出版社

『交隣提醒』, 雨森芳洲

『조선을 사랑한 雨森芳洲』, 최차호 역, 어드북스

『釜山窯 · 對州窯』, 최차호 역, 어드북스

「동래부전령서」, 酒井勝記, 論文 외 다수

주석

1. 아메노모리 호슈(雨森芳洲)의 『교린제성交隣提醒』: 에도(江戸) 중기 유학자. 키노시타 쥰앙(木下順庵)의 문하생으로 중국어 · 조선어에 능통했다. 22세 때 대마번에 발탁되어 조선담당 외교관의 보좌역으로 출발. 조선어 연수와 외교관으로 7차례 부산으로 왔으며, 초량왜관의 재판裁判으로 근무했다. 또한 조선통신사를 수행하여 두 차례 에도(江戸)까지 수행하였으며, 일본 최초의 조선어 학교(韓語司)를 이즈하라에 설립했으며, 초량왜관의 훈도관사인 성신당에 「성신당기」를 쓰기도 했다.(1668∼1755) 『교린제성』은 아메노모리 호슈가 1728년 조선과의 '성신교린'을 위해서 지켜야 할 전문 54개조의 글을 써서 대마 번주에게 제출한 글로써 당시 조선외교의 지침서라고 해야 할 중요한 내용이 담겨 있다.

김 승 한국해양대 국제해양문제연구소 인문한국 교수

영도를 걷다

영도는 동삼동 패총을 통해서 알 수 있듯이 이미 신석기 시대부터 사람들이 살았던 곳이다. 특히 동삼동 패총에서 발견된 흑요석黑曜石을 통해 선사 시대부터 영도는 일본과 교류가 활발했던 곳임을 알 수 있다. 이후 영도는 삼국 시대로부터 조선 시대에 이르기까지 말馬과 관련해서 중요한 곳으로 주목을 받았다.

임진왜란이 끝난 직후에는 왜관倭館이 일시 설치되기도 하였으며 개항 이후에는 국방상 중요한 곳으로 인식되어 1881년 절영도진絶影島鎭이 설치되기도 하였다. 1898년에는 한때 러시아가 조차를 하려고 했던 곳으로 일제강점기를 거치면서 영도는 조선과 수산업 관련 시설들이 들어서 현재까지 부산의 원도심에서 중요한 공간으로 자리 잡고 있다.

2013년 현재 인구 13만 8,600여 명이 거주하는 영도의 역사와 문화에 대해서 대표적인 몇 곳을 소개하면 다음과 같다.

영도의 지명 유래와 명마, 환장(고리장)

영도의 원래 이름은 절영도絕影島였다. 하루에 천리를 달리는 천리마가 빨리 달리면 그림자가 못 따라 올 정도라 하여 끊을 절絕, 그림자 영影을 붙여 절영도라고 불렀다. 동삼동 패총에서 알 수 있듯이 절영도는 일찍부터 사람들이 거주하였다. 섬의 특성상 신라 시대부터 조선 중기까지 목장牧場이 설치되어 말을 방목한 곳으로 유명했다.

『삼국사기』 김유신 열전 내용을 보면 신라 33대 성덕왕(聖德王, 재위 702~737) 때 김유신의 손자 김윤중金允中에게 왕이 신하들의 만류를 뿌리치고 "지금 과인이 경卿들과 더불어 평안 무사한 것은 윤중의 조부(김유신) 덕이다. 만일 그대의 말과 같이 그 공을 잊어버린다면 착한 이를 잘 대우하며 그 자손들에게 마치도록 하는 의리가 아니지 않는가?"하면서 절영산絕影山의 말 1필을 준 기록이 있다. 『고려사』 세가世家 제1권 태조편을 보면 924년 7월 고려와 후백제는 경북 북부지역에서 조물성曹物城 전투를 치른 뒤 견훤이 왕건에게 화해의 뜻으로 '절영도의 총마驄馬 1필'을 보낸 것으로 되어 있다. 이 기록은 조선시대 발간한 『동국여지승람』 제23편 동래현 조항에도 수록되어 있다.

1663년 허목許穆이 편찬한 「목장지도牧場地圖」 중 「목장지도 동래부」의 그림을 보면 부산에는 절영도, 석포(石浦, 현 우암 · 감만 · 용호 일대), 오해야항(吾海也項, 서구 · 사하구 일대) 세 곳에 목장이 설치되어 있었다. 그 중 절영도의 경우 암수 111필을 방목하고 이들 말을 기르는 목자牧子 73명이 있었던 것으로 기록되어 있다. 이처럼 절영도는 신라 시대부터 조선 시대에 이르기까지 목장으로 유명하였다. 각 시대별 목장의 현황을 보면 신라 시

그림 1. 1663년 허목許穆이 편찬한 『목장지도』 중 「목장지도 동래부」의 그림. 절영도, 석포, 오해야항 등의 목장 위치를 알 수 있다. 맨 위의 섬이 쓰시마(對馬島). 중앙의 섬이 절영도이다.(사진출저 : 부산광역시 · 부산대학교, 《釜山古地圖》, 2008)

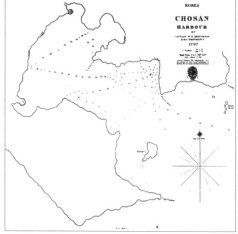

그림 2. 1797년 영국 함선 프로비던스에서 작성한 부산항 지도. 영도가 육지와 연결된 것으로 그려져 있다. 중앙의 섬이 현재 한국해양대학교가 있는 아치섬(朝島)이다.(사진출저 : 부산광역시 · 부산대학교, 《釜山古地圖》, 2008)

226

대 174곳, 고려 시대 160여 곳, 조선 시대 200여 곳에 목장이 있었는데 임진왜란 이후 효종 때는 전국에 119개 정도의 목장이 운영되었다.

절영도에서 양육된 명마는 1년에 한 두 차례 씩 말들을 검사하고 육지로 가져가게 되는데 이때 말의 상태를 검사한 검마장檢馬場이 현재 봉래로타리에 있었다. 말의 상태를 검사하기 둥근 울타리에 말들을 가두게 되는데 '둥근 울타리가 있는 장소' 곧 환장環場이 설치되었던 것이다. 환장은 일명 고리장이라고도 불렸는데 말을 가둔 울타리가 고리還 모양으로 둥근 형태였기 때문이다. 그런데 둥근 울타리에 갇힌 말들 중에서 육지로 나가게 되는 좋은 말에 대해 인두로 낙인을 찍었는데 이때 낙인에 놀란 말들이 미친 듯이 날뛰게 되는 데서 현재 우리가 사용하는 '환장하겠다'는 말이 파생되었던 것이다.

한편 절영도가 외국에 알려지기 시작한 것은 이양선異樣船이 한반도에 출몰하기 시작한 18세기 후반부터이다. 1797년(정조 21년) 10월 14일(음력 9월 6일) 표류한 이양선 한 척이 도착하였는데 그 배가 바로 일본 나가사키長崎에서 출발한 영국함선 프로비던스Providence호(87톤)였다. 이들이 남긴 1799년 작성한 부산항의 지도를 보면 영도가 육지와 연결된 채 그려져 있다(《그림 2》참조). 영도가 섬이라는 사실을 몰랐던 것이다.

아마 자성대에 위치했던 부산진釜山鎭의 군사들과 충돌할 것을 우려해서 북항 깊이 들어오지 않았기 때문에 영도가 육지와 연결되어 있는 것으로 착각한 것 같다.

프로비던스에서 작성한 지도에는 현재 한국해양대학교가 있는 아치섬朝島 역시 '애매모호한 섬Mudge Island'으로 표기되어 있었다. 이후 1859년 영국해군 탐사선 악타이온(Actaeon, 377톤, 대포 26문)호와 부속선 도브(Dove,

60마력의 증기선)호를 지휘한 함장 존 워드John Ward 함장은 그해 6월 9일부터 21일까지 부산항에 머물면서 해도를 작성하였다. 이때 절영도를 '사슴섬Deer Island'로 표기했다. 실제 사슴이 있었는지 아니면 노루를 보고 사슴으로 착각한 것인지 확인할 수는 없으나 어쨌든 이후 유럽에서는 절영도가 '사슴섬'로 알려지게 되었다. 개항 이후 절영도는 일본인들에 의해 '말을 기르는 섬'이란 뜻의 목도牧島 또는 목지도牧之島로 표기되고 '마키노시마'로 불렸다. 그러나 해방 이후 한국인들에 의해 영도影島로 불리게 되어 현재에 이른다.

조선시대 절영도왜관

조선시대 절영도왜관은 임시왜관 혹은 가왜관이라고도 했다. 임진왜란 이후 조선과 일본이 국교을 재개할 때 일본 사신이 부산에 왔을 때 머물렀던 곳이다. 임진왜란 이전 부산에 있었던 왜관은 증산甑山에 있었던 부산진 주변에 위치하고 있었다. 그러나 임진왜란이 끝난 이후 부산진이 자성대 쪽으로 옮겨가게 되어 과거 일본인들이 거주했던 왜관 또한 자성대성子城臺城, 곧 부산진성釜山鎭城 안에 포함되어 버렸다. 따라서 임진왜란의 아픔을 경험한 조선으로서는 부산진성 안에 있는 왜관에 일본사신들을 맞이할 수가 없었다. 그래서 임시로 설치하게 된 것이 절영도왜관이다.

대마도주對馬島主와 일본국 사신들은 조선과 국교를 정상화하기 위해 1598년 12월부터 1606년 11월까지 21차례의 사신들이 왔다. 이때 일본 사신들이 임시 거처로 머물렀던 곳이 절영도왜관絶影島倭館이다. 이후 1607

년 현재의 동구청 주위로 1만 평 규모의 두모포왜관豆毛浦倭館이 설치되면서 절영도왜관은 폐쇄되었다. 절영도왜관의 존속 기간에 대해서는 5년~7년 등 여러 가지 설들이 있다. 절영도왜관의 위치 또한 한진중공업 주변과 대평포매립지 일대로 추정하는 두 가지 설이 있다. 절영도왜관의 존속시기와 위치에 대해서는 향후 좀더 연구가 뒷받침되어야 하겠다.

조선통신사 조엄의 고구마 전래와 절영도의 '조내기'

조선통신사는 임란왜란 이후 한일 양국이 구원을 풀고 친선과 우호를 다짐하기 위해 진행된 일종의 친선교류사절단이었다. 따라서 한일 양국은 조선통신사를 통해 많은 문화적 교류들을 하였다. 이 과정에서 쓰시마對馬島에 있던 고구마가 우리나라에 들어오게 된다. 그 과정을 살펴보면 원래 고구마는 남아메리카가 원산지이다. 1492년 아메리카대륙의 서인도제도 발견 이후 유럽으로 돌아갈 때 고구마, 옥수수, 땅콩, 감자, 고추, 호박, 강낭콩, 딸기, 담배, 해바라기, 당근, 코코아, 사탕수수 등의 다량의 종자를 채취해서 에스파니아로 돌아오게 된다.

이후 이들 식물들은 유럽 전체로 전파되었고 이후 에스파니아가 1565년 필리핀을 식민지로 만든 뒤 선원들이 비상식량으로 가지고 다녔던 고구마 또한 자연스럽게 필리핀에 전파된다. 이렇게 필리핀으로 전파된 고구마는 1594년 명나라 상인 진진룡陳振龍이 필리핀에 가서 고구마를 보고 귀국 후 중국의 복주福州 지방에서 재배하게 된다. 그 뒤 1601년 현재의 오키나와인 류큐琉球왕국에서 명나라에 사신으로 가게 된 노쿠니野國 총관總管이 1605년 류큐로 귀국할 때 가지고 와서 다시 재배하게 되고 대략

1612년 무렵 큐슈 남부 사쓰마(薩摩)지역에 전파된다. 그 결과 일본에서는 지금도 고구마를 사쓰마에 있는 토란 모양의 식물이란 뜻에서 사쓰마이모(薩摩芋)라고 부르게 되었다. 사쓰마에 전래된 고구마는 나가사키(長崎)를 거쳐 일본 관서지역에 보급되고 다시 관동지역에까지 보급된 것이 대략 1716~1735년 무렵이다.

일본에 전래된 고구마는 1763년(영조 39년) 10월 조선통신사의 정사로 일본에 가게 된 조엄(趙曮, 1719~1777)이 대마도의 사스나(佐須奈)에서 고구마를 보고 친구의 아들로 당시 부산진 첨사로 있던 이응혁(李應爀)에게 보내어 "부산진에 파종케 하였다". 고구마는 원래 사쓰마에서도 자식이 마치 부모를 공양하는 것처럼 '토란같이 생긴 효도스러운 작물'이란 뜻에서 효자행(孝行芋) 곧 일본음으로 '고우고우이모'로 불렸는데 이것이 현재 우리가 사용하는 고구마(古貴麻)의 원음이라고 하겠다. 조엄은 1764년 6월 귀국할 때도 종자 몇 말을 더 구해서 장차 동래에 심도록 하였다. 조엄은 고구마에 대해 "문익점이 목면을 퍼뜨렸던 것처럼 한다면 어찌 우리 백성에게 큰 도움이 아니겠는가"라고 생각할 정도로 백성을 위한 목민관으로서 자세를 잃지 않았다. 이런 전후 사정을 볼 때 절영도가 우리나라 고구마의 시배지가 되었을 가능성이 많다.

영도 청학동 동삼주공아파트 단지가 들어 선 곳에는 조내기란 지명이 전래되고 있다. 그것은 곧 '조엄이 전래한 작물을 모내기하는 것과 마찬가지로 심게 된 곳'이란 의미와 관련이 있는 것으로 생각된다. 지금은 사라져 버렸지만 어릴 적 영도에서 자란 필자는 크기가 작은 빨간색의 영도 고구마를 많이 보았다. 2010년 영도구청에서는 고구마시배지로서 영도를 확정하기 위해 연구조사를 실시하였다. 그러나 여러 가지 사정으로 아

그림 3. 청학동 동
삼주공단지 일대.
절영도 고구마시배
지 추정지(사진출
저:http://onepluso
ne21.blog.me)

직 확정되지 못하고 있는 실정이다. 좀 더 학술적 연구가 뒷받침된다면
영도는 한국 최초의 고구마 시배지로서 그 명성을 얻게 될 것이다.

19세기 후반 러시아의 절영도조차를 둘러싼 갈등

일본은 1885년에 조선정부에 자신들의 해군용 저탄 창고를 절영도에
설치할 것을 요구하였다. 그 결과 1885년 12월 27일 절영도 흑석암黑石巖
의 땅 4,900평의 토지를 매년 지조地租로 은銀 20원을 지불한다는 약조를
조선정부와 체결하고 조차하게 되었다. 이후 1897년 고종의 아관파천俄
館播遷에 따라 친러정권이 들어선 것을 기회로 러시아 또한 절영도조차를
조선정부에 요구하였다. 그러나 조선정부와 일본의 방해로 절영도조차에
실패한 러시아는 1898년 새해 벽두부터 절영도조차를 위해 노력하였다.
러시아는 1898년 1월 21일 오전 9시 부산항에 시우우치호シウウチ號를 입
항시켜 그날 오후 2시쯤 사관士官 2명과 수병水兵 20명이 절영도에 상륙

하여 소나무와 삼杉나무 수십 그루를 육지로 날랐다. 이는 석탄고 부지의 경계를 지우기 위한 조치였다. 그리고 오후 3시에 러시아 함장과 소좌 1명이 부산항 감리서를 방문하였다. 러시아의 이러한 계속된 노력에도 불구하고 절영도조차는 실패하게 된다. 러시아가 조차하고자 한 곳은 현재 봉래로터리를 중심으로 하는 일대였다. 이곳은 육지 쪽 일본전관거류지를 바로 마주하고 있는 곳으로 일본으로서는 수용할 수 없는 안이었다. 절영도에서 조차에 실패한 러시아는 마산포에서 조차지를 확보하기 위해 재차 노력하지만 이 또한 실패하게 된다. 당시 러시아의 절영도조차를 둘러싸고 러시아와 일본은 매우 극도의 긴장관계로 치달았다. 왜냐하면 청일전쟁을 통해 한반도에서 영향력을 과시하고 있던 일본은 러시아가 시베리아 횡단철도를 완공하면서 극동지역에서 남하 정책을 적극적으로 펼치고 있었기 때문이다. 러시아의 절영도조차는 바로 이런 시대적 상황에서 나온 사건으로 결국 일본과 러시아는 6년 뒤 러일전쟁을 일으키고 그

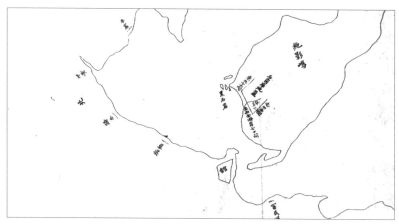

지도 1. 1885년 12월 일본의 절영도 석탄저장소. 러시아가 조차하고자 했던 곳은 지도상 육지에서 바다 쪽으로 치고 나온 곳(옛 용미산, 현 롯데백화점) 맞은편 봉래동 일대였다.

결과 전쟁에서 승리한 일본이 조선을 식민자화 하게 된다. 러시아의 절영도조차는 바로 러시아의 남하 정책과 그것을 저지하려는 일본과 조선정부의 방해로 실패하였던 것이다.

개항 이후 절영도의 일본인 이주 어촌

개항 이후 한반도로 이주해 왔던 일본인들은 1894년 청일전쟁과 1904년 러일전쟁이 일어난 이후 대거 이주해 온다. 러일전쟁을 통해 조선에 대한 자신들의 지배력이 안정화 되면서 많은 이주민들이 조선으로 왔다. 초기 일본인들의 한반도 이주는 당시 일본정부의 시책에 따라 수산자원이 풍부한 한반도의 어촌에 집단적으로 이주해 와서 이주 어촌을 형성하는 모습을 보였다. 1910년 통계를 보면 경남지역 전체 일본인 이주 어민 수는 3,854명 정도였다. 이 중에서 절영도는 309호 910명이 이주해 있었다. 당시 부산지역 전체 이주 어민 1,294명(대변, 용당, 다대포, 절영도)

그림 4. 절영도 이주 어촌이 있었던 대교동 일대의 모습. 중앙의 창고건물 뒤쪽에 유곽이 있었다.

은 경남 전체에서 33.6%의 비중을 차지하였고 그 중에서 절영도의 비중이 제일 높았다.

러일전쟁의 시작과 함께 일본에서 파견된 농상무성기사가 육해군의 중요 전략기지로 진남포, 평양, 인천, 해주, 위해도, 군산, 죽도, 개야도, 목포, 팔구포, 마산, 거제도, 절영도, 울산 등 14개소를 일본인 어업 근거지로 정하면서 절영도는 주목을 받기 시작했다.

절영도에 이주한 일본인들은 지역별로 다양하였으나 실제 한반도와 지리적으로 가까웠던 관사이關西지역 7곳의 현縣의 출신들이 절대적 다수를 차지하였다. 1921년 연말 무렵 절영도 이주 일본인은 가호 1,138호 인구 4,214명이었다. 이 수치는 1910년 절영도 거주 일본인 가호 517호, 인구 2,002명이었던 것과 비교하면 10년 사이에 이주 어민 수가 2배로 증가한 것이다. 동일한 기간 동안 부산거주 전체 일본인 인구는 21,928명에서 33,979명으로 12,051명이 증가하여 55% 성장세를 보였다. 이 비율과 절영도의 일본인 이주 어민의 증가율을 비교하면 절영도 쪽이 2배 정도 높은 비율로 증가하였음을 알 수 있다.

1921년 연말 절영도 이주 일본인들의 지역별 현황을 보면 히로시마 17.3%(728명), 나가사키 14.6%(615명), 야마구치는 13.9%(584명), 오가야마 8.2%(346명), 에이메 5.1%(214명), 후쿠오카 4.79%(202명), 오이타 3.9%(164명), 미에 3.8%(160명), 아이치 2.8%(118명), 사가 2.7%(113명), 구마모토2.5%(105명), 시마네 2.1(87명) 순으로 파악된다. 이 중에서 히로시마, 나가사키, 야마구치, 오가야마 출신들이 영도 거주 일본인 가운데 절반에 해당하는 53.9%(2,273명)을 차지하였다.

업종별로 보면 절영도 거주 전체 일본인 중 수산 관련 업종(어업, 어부, 수산제조, 수산상업) 종사자는 33.6%(1417명)이고 이들 중 어업

21.7%(917명), 어부 10.6%(445명), 수산업 이외 각종 상업 9.3%(389명), 수산 상업 0.7%(28명) 순으로 파악된다. 그리고 수산 관련 업종의 성별 구성을 보면 남성은 35.8%(791명/2,211명), 여성은 31.2%(626명/2,003명)로 남성이 여성보다 약간 높게 나타난다.

수산업과 관련하여 지리적으로 부산과 가까웠던 위치에도 불구하고 후쿠오카인들의 경우 수산업 계통 종사자는 적었다. 후쿠오카 출신 이주자들은 수산업보다는 오히려 수산 이외 각종 상업, 농업, 목축, 각종 공업 부분에 31.7%(64명/202명)가 종사하고 있었다. 절영도 이주민 가운데 수산 관련 업종을 제외하고 많은 비중을 차지하는 것은 근육노동자 혹은 일가日稼노동자에 해당하는 유업자 20.6%(867/4,214명)와 도시비공식부문의 잡업층·잡업노동자층에 해당하는 무직업자 12.8%(540명/4,214명) 순으로 파악된다.

이들 노동 부문을 담당했을 유업자와 무직업자를 합치면 33.4%(1,407명/4,214명)로 파악된다. 그 다음 공업부문이 14.4%(607명/4,214명) 순이었다. 절영도 이주어촌의 산업 구성 형태를 1920년 부산부釜山府 전체 거주 일본인 산업 구성과 비교할 때 재부在釜 일본인 중에서 10.6% 정도가 절영도 이주 어촌에 거주하였음을 알 수 있다. 그리고 산업 구성 부문에서는 앞서 보았듯이 수산업 계통 부문에서 절영도 이주 어촌이 33.6%인 반면 부산부 전체에서는 6% 정도 혹은 약간 그 보다는 상회하는 수준이었다. 공업에서는 절영도 14.4%인데 부산부는 20.11%로 1920년대 초 절영도 지역의 공업화 수준이 낮았고 상업에서는 절영도(수산상업+수산 이외 각종 상업) 9.9%인데 부산부는 교통업을 제외한 상업이 최소 40% 전후였음을 짐작할 수 있다.

그런데 절영도 이주 어촌은 기타유업자(20.57%)와 무직업자(12.81%)

부문에서 부산부와 비교가 되지 않을 정도로 월등하게 높은 비율을 보여주고 있다. 결국 절영도 이주 어촌은 1921년 당시 공업 수준은 낮고 수산업 계통의 업종은 월등히 많은 구조에서 수산업과 연계된 노동 관련 유업자 및 무직업자들이 다수 고용되는 산업 구조를 이루고 있었다.

한편 절영도 이주 어촌의 경우 대변항과 마찬가지로 유곽과 요리음식점 비중이 낮지 않았다. 유곽에 해당하는 대좌부貸座敷는 17개 전포에 50명의 인원이 종사하였다. 절영도는 일찍부터 부산을 대표하는 유곽지로 명성을 날렸다.

그림 5. 일제강점기 영도 유곽지역에 세워져 있었던 불상. 위치는 봉래나루로72에 있다.

1915~1917년대 중반 무렵 예창기의 수가 150명 내외로 이곳을 출입하는 여흥인은 1,900~2,400명 내외였다. 따라서 대좌부 관련 50명은 예창기들이 제외된 수치로 보인다. 그리고 이들 유곽에 종사하는 여성들의 의료 검진 및 검사와 관련하여 병원 및 의료 시설에 해당하는 곳이 3곳이 있었으며, 그 결과 의사 및 간호사를 포함한 의료 종사자 또한 13명이 있었다. 1920년대 전반 부산 최대의 이주 어촌이었던 절영도 이주 어촌은 이후

도심과 가까운 탓에 시간이 지나면서 자연스럽게 도시화되면서 이주 어촌으로서 기능은 약화되고 일본인 거주 지역으로 변모하게 된다. 그러나 대변과 용당, 하단에 있었던 일본인 이주 어촌의 경우는 해방이 될 때까지 계속되었다.

조선경질도기 주식회사(대한경질도기주식회사)

1917년 쇼후카조松風嘉定 외 11명이 조선경질도기주식회사를 설립하였다. 이 회사는 1905년 일본 가나자와金澤에 설립되어 1907년 주식회사로 전환한 일본경질도기의 분공장分工場의 성격을 가졌다. 가나자와와 고베神戶에 공장을 두었던 일본경질도기는 1917년 자본금 750만 원으로 본점을 고베에 두고 지점은 부산에 두는 형식으로 조선경질도기를 설립하였다.

조선경질도기는 1934년 당시 25,500평의 부지에 공장건평 6,000평, 직공 800명, 공장건물은 3,000여 평의 규모로 공장에 사용되는 석탄 연료는 규슈에서 수입하였다. 부산항에 외치한 입지 조건으로 오늘날 폴리네시아와 동남아 지역에 해당하는 남양군도, 네델란드령 인도제도, 영국령 해협식민지, 필리핀, 인도, 호주, 테국, 남북아메리카, 남아프리카, 만주, 중국 각지로 수출하였다. 일본경질도기는 1922년 조선경질도기와 통합하여 새로운 일본경질도기를 설립하고 1922년 본점을 고베에서 가나자와로, 1925년 다시 본점을 부산으로 이전하면서 가나자와 고베 공장은 지사가 되었다. 1925년 부산의 재벌 카시이 겐타로香椎源太郞가 회사를 인수하면서 일본경질도기는 국내 최대의 도기회사로 성장하였다.

그림 6. 변관식, 「진양풍경」, 1951년, 직경 35.8㎝, 부산시립박물관. 대한경질도기주식회사에 근무할 당시 변관식이 그린 도자기.

그림 7. 조선경질도기주식회사 당시의 담 벼락이 현재까지 일부 남아 있다.

그림 8. 조선경질도기주식회사가 있었던 곳은 현재 미광마린타워가 들어서 있다.

그림 9. 소정 변관식의 「영도다리」, 대한경질도기회사에 근무하던 시절 그린 것으로 동아대학교 박물관에서 소장하고 있다.

해방 후 4년간 적산관리로 있다가 1950년 11월 자유당으로 3, 4대 국회의원을 역임한 양산 출신의 지영진이 4억 5천 만 환으로 불하받고, 4·19 이후 윤보선 대통령의 동서인 최유상(崔遺翔)이 맡아 경영하면서 각종 양식기외 식당식기, 장식용접시와 타일, 변기 등 다양한 도기를 생산하였다.

1957년 당시 월 100만 개의 고급식기와 대중식기를 생산하였으나 1960년대 후반부터 플라스틱 제품이 밀려 경영난에 어려움을 겪다가 1972년 마침내 공장은 폐쇄되었다. 한국전쟁 당시 부산으로 피난 왔던 많은 화가들이 생계를 위해 대한경질도기주식회사에 근무하면서 생계를 위해 각종 도안을 도자기에 그리는 경우가 많았다.

그 중 대표적인 인물로 소정小亭 변관식(卞寬植, 1899~1976)과 이당以堂 김은호(金殷鎬, 1892~1979) 등을 꼽을 수 있다. 이중섭 역시 두 달 동안 대한경질도기에 근무한 것으로 알려져 있다. 당대 이들이 그렸던 도자그림들은 예술품으로서 그 진가를 발휘하고 있다.

목도도선牧島渡船

옛날 육지와 절영도 사이를 왕래한 도선渡船은 조선인 도선업자가 운영한 작은 배 1척에 불과하였다. 그러나 청일전쟁 이후 일본인의 거주가 눈에 띄게 증가하여 일본인 도선업자도 생겨나 도선수가 5척이 되면서 경쟁과 그 밖의 폐해들이 생겨났다. 이에 절영도에 있는 일본인 단체 경영 아래 도선 운영을 통일하려고 하였으나 성사되지는 않았다. 이후 1901년 11월 나가사키현長崎懸 출신 오타 쯔지마츠太田辻松와 세토린타로瀨戶林太郎

그림 10. 자갈치와 대평동을 운항했던 대평동의 도선 선착장. 2010년 운항이 정지된 채 배만 정박하고 있는 2011년 6월 모습.

등의 유지有志가 합동해서 당국의 인가를 얻어 경영해 왔는데, 여전히 일본배和船이었기 때문에 풍랑을 만나면 교통이 두절되는 불편이 있었다.

그러자 관헌이 1914년 영업자에 명령하여 석유발동기선을 사용하도록 한 결과 조금씩 교통의 완화를 보게 되었다. 그러나 겨우 3척의 발동기선으로 운영하다 보니 한계가 있어 1919년 11월 부산부釜山府는 도선 운영을 부영府營으로 이관하게 된다. 1934년 당시 11톤에서 38톤까지 발동기선 5척(이 중 2척은 예비)이 남빈(南濱, 현 자갈치와 충무동 일대)과 절영도牧の島 사이 그리고 남빈과 주갑(洲岬, 현 대평동) 사이를 끊임없이 운항하여 화물과 승객의 운수교통에 편의를 도모하고 있었다. 1934년 영도다리가 개통되면서 봉래동 방향으로 운행했던 목도도선은 중단되고 이후 오랫동안 자갈치에서 대교동 방향의 도선만 운항되다 2010년 중단되었다. 최근 부산시에서는 영도다리 복원에 따라 부산의 옛 명물이었던 영도와 자갈치 사이를 왕래하는 도선을 복원할 계획을 세우고 있다.

그림 11. 매축되기 이전 1905년 영도의 대풍포 모습

그림 12. 매축 이후 대풍포 일대의 모습과 영도다리. 붉은 실선은 당시 전차노선

매립지 대풍포

대풍포大風浦는 원래 대풍待風이란 말과 같이 방파제 시설이 갖추어지지 않았을 때 어선이나 그 밖의 선박들이 세찬 바람과 풍랑을 피하는데 알맞은 곳이다. 대풍포 이 일대는 매축과 1931년 10월 기공하여 1934년 11월 완공된 영도다리가 세워지고 현재와 같은 대평동의 해안선 모습을 갖추게 되었다. 원래 대풍포가 있었던 곳은 개항 초기 지도와 사진을 보면 영도 본섬에서 마치 모래톱과 같은 것이 남부민동 방향으로 길게 뻗어져 나와 있어 남항을 마주보면서 약간의 만灣과 같이 생겨 있었다.

그래서 언제부터인지 모르나 이렇게 모래톱과 같이 길게 휘어져 뻗어 있는 곳을 주갑洲甲이라고 불렀다. 원래 이곳에는 임진왜란 당시 일본 사쓰마薩摩藩에서 차출된 병력들이 머물렀던 곳이기도 하다. 당시 사쓰마에서 차출된 일본 병사들은 자신들의 배가 쉽게 정박할 수 있도록 이곳을 손대게 되었는데 이런 연유로 뭔가 '파다'의 의미인 굴堀자를 붙여서 일제강점기 한때는 이곳을 사쓰마호리薩摩堀라고 부르기도 하였다.

그림 13. 영도 대풍포 매축 기념비. 대교맨션 입구 모퉁이에 세워져 있다.

　1876년 2월 개항 강화도조약에 의해 10개월이 지난 1877년 1월 부산항의 실질적인 개항 문제를 두고 조선과 일본은 부산항조계조약을 체결하였다. 이로써 과거 초량왜관草梁倭館이었던 곳은 하루아침에 근대법적인 일본의 치외법권이 작동하는 조차지租借地, Concession로 전환하게 된다. 이때부터 일본인들은 과거 초량왜관이 있었던 곳을 일본인전관거류지日本人專管居留地라고 불렀다. 조약을 체결할 당시만 하더라도 일본인들은 전관거류지에서만 머물러야 했다. 그러나 개항 이후 일본 선박의 왕래가 증가함에 따라 지금의 중앙동 부산데파트 부근에 있었던 초량왜관의 선창은 많은 배들의 정박으로 그 공간이 협소하게 느껴지게 되고 자연히 전관거류지와 마주보고 있던 영도의 봉래동과 대풍포 일대에 토지들을 장악하게 된다.

　전하는 이야기에 의하면 대한제국의 높은 관리가 일본으로 갔다가 돌아와서 부산에 머물게 되는데 이때 부산주재 일본영사가 대풍포일대 사용을 구한국정부 고관에게 간청했다. 그러자 그 고관은 토지의 소유관계도 확인하지 않은 채 대풍포 일대가 국유지라고 생각하고 구두로 그곳의 사용을 허가해 주게 된다.

그러나 이미 대풍포에는 조선인들이 소유권을 갖고 있는 상태였다. 하지만 토지의 소유권자였던 조선인들이 백방으로 자신의 권리를 주장하기 위해 서울로 올라가서 정부의 조치가 부당함을 역설하였으나 관계 관청이 서로 핑계만 대면서 발뺌하기에 급급할 뿐 조선인 토지 소유주의 권리를 보장하는데 앞장서지를 않았다. 결국 시간이 지나면서 대풍포 일대의 소유권은 일본인들의 자치기구였던 거류민단에 넘어가고 말았다. 그 뒤 봉래동과 대풍포 일대의 토지사용의 효율성이 높아지면서 이곳을 매축하려는 움직임들이 조성된다. 이에 志村이란 사람이 대풍포를 매립하려고 일본 거류민단의 승낙을 얻어 매립권을 최초로 가지게 되었다. 그러나 志村이란 사람이 매립을 못하고 있는 사이 일본인 大澤이라는 사람이 일본인 거류민단에서 매립권을 양도받게 된다. 이런 우여곡절 끝에 대풍포의 매립공사는 1916년 착공하여 1926년 6월 준공하게 된다. 당시 매축을 했던 규모는 40,200여 평이었다. 이런 사연을 담은 대풍포매축기념비가 1996년 건립되어 대풍폭 한쪽 귀퉁이에 세워져 있다.

3

교점
node

차철욱 부산대 한국민족문화연구소 조교수

부산 원도심 시장과 거래물건

부산사람과 국제시장

　국제시장은 부산의 표상이다. 부산 사람들의 기질을 가장 잘 보여준다고 한다. 하지만 외부에 인식된 국제시장은 이것만은 아니었다. 1950년대부터 70년대까지 국제시장과 관련한 신문기사에는 대체로 '밀수단속' '일제검속' 등 국가권력에 의해 감시받고 있는 장소, 혹은 밀수를 비롯한 불법이 유행하는 공간으로 이해되었다. 그런데 최근의 국제시장은 '관광명소'라는 의미가 부여되어 있다. 그렇다면 시대에 따라 변하는 국제시장의 이미지를 부산에 살고 있는 우리는 어떻게 받아들이고 있는가. 국제시장을 이끌어가는 상인들은 정말 어떤 심정일까.

　논의의 출발을 외부나 바깥이 아닌 우리와 내부의 시선으로 바라볼 필요가 있다. 국제시장 상인 하면 대부분 이북에서 피난온 사람들로 생각한다. 그러면서 가장 부산다운 곳이라 한다. 과연 이북 피난민과 부산은 어떤 관계가 있을까 생각해 보자. 그리고 국제시장 상인들이 취급한 상품들에 관한 이야기이다. 이 시장에 유통되는 상품은 밀수품도 많았고, 불법으로 미군부대에서 흘러나온 물건도 많았다. 이러한 유통 질서를 어떻게 이해해야 할까. 국가가 마련한 법에 의하면 불법이다. 그런 불법을 자행한 상인들을 모두 범죄자로 이해해야할까. 최소한 같은 부산 땅에 사는 사람들의 생각이 궁금하다.

국제시장의 생성

국제시장은 중구 신창동 4가에 위치하고 있다. 일제 말 미군 폭격에 대비해 일정한 구역의 건물을 없애고 공터로 만들어 놨다. 기존 국제시장 글들에서는 국제시장의 생성이 귀국하는 일본인들이 소유한 물건을 내다 팔아 돈을 마련하는 과정에서 기존 부평시장에 넘쳐 이곳 국제시장까지 연결되었다고 한다. 하지만, 당시 조선인들의 구술에 따르면 돌아가는 일본인들이 이곳에 나와 장사를 하고 그럴 정도의 분위기가 아니었다고 한다. 따라서 국제시장은 오히려 일본에서 들어오는 귀환 동포가 생계수단으로 가지고 온 생필품을 팔거나, 아니면 일본인들이 남겨두고 간 가재도구나 생활용품을 가지고 나와 거래를 한 데서 시작되었다고 한다.

이렇게 시작된 국제시장은 당시에 '돗데기시장'으로 불렸다. 이 명칭에 대해서도 여러 가지 설이 있었으나, 유력해 보이는 것이, 일본어 '取る'에서 '돗다(가진다) 하는 곳(시장)' 즉 중매상들이나 물건 소유자들이 한꺼번에 판매할 물건을 내 놓으면 상인들이 내용물은 확인하지 않고 전체를 바로 산다라는 의미라고 한다. 초기에는 귀환 동포, 일본인 물건이 많았으

나, 점차 미군 물자도 이곳으로 흘러 들어오기 시작하였다. 그러다 보니 시장에는 '돗대기 어깨'라 하여 쌈지꾼, 야바위꾼, 소매치기, 물품 강매 등이 유행하는 그야말로 '박터지는 싸움'의 현장이었다.

돗데기 시장은 1946년 1월 당국의 해산 명령에도 불구하고 자체 조직을 갖추어 민정장관으로부터 공식 시장은 아니지만 임시 운영허가를 받았다. 1948년 시장 이름을 자유시장으로 하였다가, 1949년 1월 노점 시장을 개축하고, 시장 이름도 국제시장으로 하였다. 1946년 초 약 200여 개의 점포였으나, 1950년 초 점포 수 1,300개, 업종 61, 시장과 관련해 먹고 사는 사람 약 10만 명 정도가 되었다. 시장의 주체도 초기 귀환 동포에서 점차 원주민들로 바뀌었다.

한국전쟁 전 국제시장에서 주로 팔리던 상품은 셔츠, 옷, 통조림, 기계 부속품, 청과, 양곡, 잡화 등 약 60여 가지였다고 한다.

시장 상인의 구성 또한 초기 귀환 동포에서 자본 규모가 조금 나았던 원주민으로 점차 교체되고 있었다. 1948년 자유시장 무렵에는 경상도 원주민과 귀환 동포가 약 절반 정도였으나, 1949년 국제시장으로 새 출발하였을 무렵에는 경상도 원주민이 시장을 거의 장악했다고 한다.

이처럼 국제시장은 태생부터 해외에서 유입된 귀환 동포, 부산의 원주민 등 출신 성분이 다양하였고, 생존 경쟁에서 살아남기 위해 선택한 '돗데기' 거래 방법에서 이곳이 얼마나 투기적이고 모험적인 장소였는가를 알 수 있다.

국제시장의 주인공들

한국전쟁으로 많은 피난민들이 부산으로 몰렸다. 피난민들에게 가장 중요한 문제는 생계였다. 피난민들은 생계 수단을 구할 수 있는 곳에 주거지를 정하였다. 그러다보니 부산항과 국제시장을 중심으로 하는 오늘날 중구 지역에 많이 살았다. 온통 판자집들이나 움집이었다. 국제시장에는 장사를 하러 모여드는 사람, 먹고살기 위해 가지고 있는 물건을 파는 사람, 생필품을 마련하려는 사람, 이들에게 팔 물건을 내 놓는 사람 등으로 붐볐다. 국제시장은 물건과 물건이 옮겨다니고, 사람과 사람이 뒤섞이는 공간이 되었다.

국제시장에서 자리를 잡는 상인들은 대체로 월남한 이북 출신이나 서울에서 대규모 장사를 하던 상인이 중심이었다. 전쟁 전 원주민들이 상권을 장악했으나, 이들에게 자본면이나 강력한 끈기와 생활력 면에서 주도권을 내 놓을 수밖에 없었다. 국제시장에 등장하는 상인의 과거는 아무런 조건이 되지 못했다.

"라이타 돌요, 라이타 돌" "엿을 사소 엿을…" 이렇게 왼종일 떠드는 소학생이 있다. "사라우요" 하는 평안도 사투리가 잇고 악센트가 괄괄한 함경도 삼수 갑산 말씨가 잇고 잔잔한 충청도 말…이래서 14도 사람이 다 모인 듯하다.… 6.25 후 갑작스레 발전한 국제시장은 거의 4북파와 서울파에게 상권을 빼앗기다 싶히 되었다니 여기에도 남모른 갈등과 고민이 숨어 있다.

상인들 가운데는 점포를 가진 상인, 무허가 노점상, 행상 등으로 나눌 수 있다. 서울에서 장사를 하던 상인이나, 피난오면서 금 붙이라도 좀 가

그림 1.						사진 제공_ 김한근

그림 2. 사진 제공_ 김한근.

지고 온 사람들은 점포를 얻어 규모있는 장사를 할 수 있었다. 하지만, 아무것도 없는 피난민들은 행상으로 겨우 풀칠을 할 수 있을 정도였다. 규모가 큰 상인들은 거금을 배경으로 물건을 소개하는 뿌로커를 매개로 대규모 거래를 할 수 있었으나, 노점상이나 행상은 하루 해가 질 때까지 물건 하나 못 팔아 하루 먹을거리를 걱정해야 하는 사람들도 있었다.

국제시장 상인 가운데는 원래부터 상인이었던 사람도 있었으나, 그렇지 않은 경우도 많았다. 피난 전 양반이나 지주 집안의 아낙네도 적지않았다. 피란지 부산의 국제시장에는 신분의 귀천이 없었다. 누구나 다 장사치기였다. 맨손으로 내려온 피난민의 경우 국제시장에서 장사를 하려면, 친구나 고향사람처럼 면식이 있는 사람으로부터 자본이나 요령을 배우지 않으면 안되었다. 아니면 시장에서 뒹굴면서 주위 사람들과 친해지는 과정에서 도움을 받아 정착해야 했다.

부평동 창선동 등 들끓는 골목들 중에서도 가장 혼잡을 이루는 곳이 신 창동 골목 노점과 행상. 그리고 개미떼처럼 모여드는 사람으로 언제나 인산 인해를 이루는 곳이 바로 여기다. 치맛자락 밑에 양기양말, 양복, 샤쓰 등을 둘러차고 하루종일 지나는 사람마다 붓들고 하소연하며 싸게하니 사라고 끈 기있게 말을 부친다. 그러나 …비싸다니 마음에 안든다니 크다니 적다니 하 며 심지어는 본전도 못되도록 엄청나게 에누리를 해 놓고 그래도 안판다면 할 수 없다는 듯이 지나가버린다. 그러나 이 여인네들은 그래도 쉽사리 단념 하지 않고 한번더 손님 뒤를 딸아가면서 또다시 마지막 금을 부른다. 그 많 은 손님이 말을 던질 때마다 조금도 서슴치 않고 치맛자락을 치켜들고 물건 을 끄냈다가는 … 그들은 부산 원주민들이 무서워 할만큼 생활력이 강하며 장사술(?)이 능난하다. 그러나 대부분이 월남피난민 그들은 그렇게 하지 않 으면 벌써 오래전에 굶어 죽거나 병드러 죽고 말었을 것이다.

한국전쟁 당시 국제시장은 1951년 현재 건평 2,500 평, 점포 수 1,500 개, 노점상 300개, 하루 출입인구 10만 명, 하루 평균 거래액 10억 이상, 공동변소 2개 똥 푸는 값이 매월 4백만 원에 이를 정도로 규모가 커졌다.

국제시장 상품

한국전쟁 당시 가장 큰 문제는 생필품 부족이었다. 경상도를 제외한 전 국토가 전쟁터였기 때문에 생필품 공장이 가동되지 못했다. 그러다 보 니 국제시장을 비롯해 부산으로 유입되는 상품은 날개 돋힌 듯 팔렸다. 국 제시장에는 바다를 통해 들어오는 물건만이 아니라 당시 부산에 들어와 있던 군인들에 의해 시중에 유통되는 물건도 적지않았다. 뿐만 아니라 피난오면서 가지고 온 물건 가운데 생계를 위해 내다 파는 물건도 많았다. 고급양복, 화장품, 군복, 담요, 구두, 의복류, 금붙이 등 다양하였다. 그리고 군복을 변형한 의류품이나 미군부대에서 흘러나온 담배 같은 경우에는 행상들이 주로 담당하였다. 이 가운데 국제시장에 유통되는 물건 가운데 가장 중요한 공급처는 미군부대와 밀수품이었다.

사람, 사람, 무수한 사람의 파도가 요동하고 있는 국제시장은 이번 사변으로 인하여 더욱 국제적인 색채가 농후하게 되었다. 돈만있으면 무엇이든지 살 수 있는 편리한 곳으로 된 국제시장 무슨 고급양복 오-바할 것없이 여기서는 구할 수 있고 유한 마담들이 찾는 어떠한 고급화장품도 살 수가 있다. 정말 어떠한 盛裝의 차림이라도 여기에만 가면 능히 할 수 있는 곳이기도 하다. 어데서 그렇게 모여든 黃金商인지 금지환 보석 반지도 수두룩 늘어 노힌 한편 남하한 피난민들이 살려고 아우성치며 미군 군복장사 담요 구두 팔기에 눈을 부릅뜨고 덤비는 장면과 생활유지에 앞길

그림 3.　　　　　　　　　　　　　　　사진 제공_ 김한근

맥힌 일반 가정의 농 깊히 간직했든 의복들도 서글프게 터저나와 고객을 부르는 눈에 쓰린 장면이 있다. … 또한 국제시장은 '사기 공갈 야바우 횡령' 등등의 가진 범죄의 온상이기도 하다. 예를 들면 물건 사러온 특히 부인들을 상대로 좋은 물건 알선한다고 손에 낀 금반지까지 빼앗아 가는 불량도배가 모여드는 곳이다. 아무튼 오늘의 국제시장은 백만 부산의 거울같이 온갖 잡품과 더불어 시민의 살림살이를 그대로 반영시키고 있다.

미군부대에서 흘러나오는 물건은 당시 유행어인 '얌생이 물러 나간다'는 말처럼 미군부대 내에서 훔친 것들이었다. 전문 절도범들이 훔친 물건이 국제시장 상인에 의해 팔렸다. 뿐만아니라 미군과 관련한 특수 카페 여급 및 댄서, 하우스 보이, 하우스 걸 등이 미군에게서 보수나 사례, 증여의 형식으로 받아 유통되는 것이었다. 물론 원조물자나 구호물자의 형식으로 들어온 물건이 시장으로 유통되는 경우도 많았다.

국제시장에 유통되는 다양한 잡품 가운데, 특히 군복지를 염색한 의류도 많았다. 미군복을 입고 다니거나 판매하는 것은 불법이었다. 그래서 염색을 해 새롭게 옷을 만들어 파는 경우도 많았다. 물론 군복

그림 4. 〈국제신보〉 1954. 3. 11

그림 5. 〈국제신보〉 1954. 6. 29

유출이나 염색, 판매 등은 비밀리에 이루어졌다. 밀수품은 대부분 일본에서 수입되었다. 1953년 11월 현재 국제시장 점포 1천 3백 곳 가운데 휴업한 5백 곳을 제외한 8백 곳 가운데 2백 곳이 밀수품 전문 취급점이고, 나머지 250곳은 부분적으로 취급할 정도로 밀수품 취급점이 많았다. 물론 당시 정상적인 수입에 의해 곡류, 비료, 설탕, 신문용지, 인견사, 의약품 등이 많이 수입되기는 했으나, 워낙 생필품이 부족했기 때문에 밀수도 성행하였다. 밀수가 많았던 품목은 견직물(양단, 우단, 주단, 인조견), 양복지 등 직물류, 화장품류, 장신구류, 카메라, 만년필 등이었다. 밀수품 취급에도 자본의 규모에 따라 유통 과정에서 차이가 있었다. 밀수 자금은 국제시장 상인의 자금이 무역업자나 밀수업자에게로 흘러가는 경우, 일본에 수요가 많은 고철, 시중에 수집된 달러 등이 동원되었다.

국제시장은 밀수품의 박람회입니다. 밀수품의 카타로구가 다 있습니다. 국제시장에 가서 무슨 물건이 필요하다고 하면 3일 후에는 반드시 옵니다. 그만큼 밀수를 하는 사람들의 조직이 꽉 짜여져 있는 것입니다.

밀수품은 대부분 사치품에 해당되는 품목이어서 수입 세율이 높았다. 1951년을 기준으로 화장품류는 60%, 모자 40%, 견직물 30%, 카메라 40% 등이었다. 당시 수입에서 소맥이 무관세, 설탕이 20%였던 것과 비교하면 높았다. 한국전쟁 당시 이들 품목은 특별한 경우를 제외하면 수입 금지품이었다. 밀수품으로 규정되는 상품은 사치품 혹은 국내 산업 보호라는 명분 때문이었다. 이들 상품 가운데는 국내 생산이 많아지면서 수입 금지품에서 제외되기도 하였다. 예를 들면 견직물의 경우 밀수도 많았고, 정상수입에서도 인견사의 수입도 많았다. 그런데 1950년대 중반 이후, 나

그림 6. 〈국제신보〉 1952. 7. 9

일론 직물업이 성장하고, 부산의 미진화학, 대구의 한국나일론에서 나일
론 생산을 하면서 직물 수입이 많이 줄었다. 물론 빌로드나 양단과 같은
고급은 계속 밀수가 많이 되었다. 화장품의 경우에는 국내 생산도 많았으
나 밀수도 많았다. 물론 품질의 차이가 있어, 소득 수준에 따라 국내산을
사용하는 사람, 수입품을 사용하는 사람의 차이가 있었겠지만, 국내 생산
량의 절대량이 수요를 따라가지 못했기 때문이다.

국제시장에 유통되었던 상품은 부산 인근에서만 유통 소비된 것이 아
니라 전국적인 유통망에 의해 유통되었다. 특히 전쟁이 소강상태에 들어
가고, 서울로 복귀하는 사람들이 늘어나면서 서울 남대문시장으로 많은
물건이 올라가기도 하였다. 이 무렵 전국적인 물자 유통권을 장악했다고
할 수 있다.

국제시장 상인들의 생활

권력에 의한 통제와 저항

국제시장 상인들은 국가 권력에 의해 항시 감시 혹은 통제를 받았다. 그 이유는 취급 물품이 미군물자 혹은 밀수품이라는 점 때문이었다. 미군 물자는 한미합동수색대가 담당했다. 상품 판매를 위해 진열해 놓은 물자는 발견되는 대로 모두 몰수되었다. 심지어 입고 있으면 그것도 벗겨 가 버렸다. 상인들은 일정한 대금을 지불하고 구입하여 판매하고 있었기 때문에 경제적으로 커다란 손해를 보았다. 밀수품에 대해서는 국제시장에 세무서원을 고정 배치하여 단속하였다.

이처럼 헌병이나 단속반원의 단속이 시작되면 상인들은 물건을 감추고, 도망치면서 장사하는 것이 일상이 되었다. 여인들은 치마 속에 감추어 위기를 모면하기도 하였다. 부끄러움이나 체면은 국제시장 상인들에게 아예 있을 수 없었다. 어쨌든 살아남아야 한다는 악착스러움만이 있었다.

상인들이 권력에 대응해 개인적으로 저항하는 방법 외에 조직적으로도 움직였다. 상인번영회는 대표적인 상인들의 이익을 대변하는 조직이었다. 번영회는 물론 일상적으로 상인들의 다양한 업무를 대행해 주는 기구였으나, 권력과 관련해 권력의 통제를 피해가는 중간역할을 하였다. 번영회는 단속반원과 일정한 친교를 맺고 있어, 단속이 시작되면 사전 연락에 의해 단속 물품을 미리 치워놓도록 되어 있었다. 당시 불법으로 규정된 물자들이 존재했고, 그 물건을 취급하면 비국민으로 대우받기는 했지만, 당시 국제시장 상인들에게 가장 중요한 문제는 국가가 책임져 주지 못하는 생계 문제를 해결이 가장 우선하였다.

철거할 때 왔다 가서는 또 오는거야 (자기도)뭐 묵고 살아야지 그러면서 사는거야… 다 그런거라, 형식으로 단속은 하지마는 끝끝내 단속은 다 못하는 거야. 좀 도와 달라 말이야 이러잖아. 자기도 먹고 살아야지. 아 요즘도 (단속)오게 되면 아 선생님들 좀 도와줘 그러잖아 다. 그런거라 피차 같이 살자 그러고 통하고 마는거라.

국제시장 대화재

한국전쟁 중 국제시장에는 3차례의 커다란 화재가 있었다. 이 가운데 1953년 1월 30일 일어난 '국제시장 대화재'가 피해 규모 면에서 가장 컸다. 소실된 점포 1,600동 전소, 피해액 1,200억 원이었다. 이재민 8,518명이었다. 불이 일어나자 당시의 풍경을 잘 표현하는 신문 기사를 정리하

그림 7. 국제시장 화제

면 "보따리를 메고 아이를 찾는 사람, 땅을 치고 대성통곡하는 사람, 미친 사람 같이 춤을 추면서 우왕좌왕하는 사람, 불속으로 뛰어 들어 가려는 사람들"로 가득했다. 국제시장복구대책위원회가 만들어져 복구를 시작했으나, 복구비용은 전부 상인들이 감당해야 했다. 부산시는 비협조적이었다. 심지어 성금이 전달되어도 상인에게 건네주지 않을 정도였다. 같은 해 7월 17일 2층의 신축 시장을 낙성하였다.

삽시간에 국제시장을 중심으로 하여 그 부근이 그야말로 무서운 불바다로 화하게 되자 광복동과 대청동 거리는 '보따리'를 메고 아해를 찾는 사람 땅을 치고 대성통곡하는 사람 마치 미친 사람과도 같이 춤을 추면서 우왕좌왕하는 남녀 경찰관과 헌병의 제지에도 불구하고 불바다 속으로 띠여 들어 가려는 사람 등등 문짜 그대로 대혼잡의 일대 수라장이 생지육처럼 전개되었으며 거리에는 과자 밀가루 포목 등등 불에서 건저낸 상품들로 범람하였었도 어떤 사람은 응급실에 문짝을 '다다미'를 메고 나오는가 하면 그래도 권세와 돈있는 사람은 '추럭'으로 짐을 실어 나로는 등 이 수라장 가운데에서도 고르지 못한 사회상까지 엿볼 수가 있었다.

표. 국제시장 화재 일지

일자	피해규모	피해액	자료
1950.12.24.	3,500가호 전소	2억8,000만원 피해	〈부산〉 1950.12.26.
1952.2.14.	116점포 전소	약 9억원	〈국제〉 1952.2.14.
1953.1.30.	1천6백동 전소	1,200억원	〈국제〉 1953.2.1.
1956.8.2.	163개 점포 전소	약 3천 5백만환	〈동아〉 1956.8.4.
1957.11.13.	118점포 전소	약 1억환	〈동아〉 1957.11.14.
1960.10.4.	80점포 전소	약 1억 수천만환	〈동아〉 1960.10.5.
1960.12.25.	234점포 전소	5억환 이상	〈동아〉 1960.12.26.

부산의 랜드마크, 국제시장

국제시장의 구성원을 볼 때 귀환
동포, 부산 원주민, 서울 사람, 이북
피난민 등 아주 다양한 지역에서 들
어온 사람들로 구성되어 있다. 그리
고 여기에서 유통되는 상품도 국내산
은 물론이고 미국산, 일본산 등 다양
한 제품들이었다. 물건을 취급하는데
는 국가가 규정하는 불법적인 것이
많았기 때문에 상인들은 항상 긴장하
면서 국가 권력의 감시망에 대응하지
않으면 안되었다. 국제시장 사람들의
삶이 근대법적으로 불법이고, 비윤리

그림 8. 준공기념비

적인 요소가 있었다고 해도, 전쟁과 근대화 과정에서 생존해야 했던 사람
들의 삶의 방식이었다. 그 과정에서 국제시장은 다양한 말씨와 문화, 습
관을 가진 여러 출신지역 사람들이 섞이는 곳, 다양한 국적의 상품이 유
통되는 공간으로 만들어져 간 것이다. 부산의 시선에서 본다면 부산 시민
과 문화가 형성되는 과정으로 보인다.

이동일 창원대 사회과학연구소 전임연구원

부산의 광장과 문화, 그리고 미래

광장의 의미

광장이란

광장의 사전적 의미를 살펴보면, ①많은 사람이 모일 수 있게 거리에 만들어 놓은, 넓은 빈터이자, 여러 사람이 뜻을 같이하여 만나거나 모일 수 있는 자리를 비유적으로 이르는 말이다. 뿐만 아니라 광장은 ②여러 사람이 모일 수 있는 넓은 장소이며, ③거기서 뜻을 같이 한다는 의미를 갖고 있다. 즉 광장은 정치적, 사회적 의견을 함께 나누고 표명할 수 있는 곳이다. 이러한 사전적 의미는 공간과 인간들의 관계를 포함한다.

또한 사회적 삶의 공간이기도 하다. 예를 들어 최인훈의 『광장』을 보면, 광장은 단순히 물리적 공간만을 의미하지는 않는다. 즉 사상적 이념적 논쟁과 주장이 존재하는 정신적 공간도 광장일 수 있는 것이다. 그런 점에서 사실, 남한과 북한이라는 두 공간은 사상과 이데올로기의 광장이 되지 못했다. 최인훈의『광장』은 주인공의 자살을 통해 남북 분단의 비극을 적극적으로 해결하지 못하는 아쉬움이 남는다.

내용은 이렇다. 이명환은 남한의 모순 때문에 월북한 아버지 이형도를 찾아 북으로 가지만 역시 북한의 한계를 느끼게 된다. 그는 비록 인민군으로 참전하지만 포로 잡혀 남과 북을 선택하기에 이른다. 이명환은 남·북 모두를 부정하면서 제3국을 선택하지만 가는 도중 배에서 뛰어 내려 자살한다.『광장』에서의 광장은 인간의 생각 속에서 형성된 이념의 공간이자 그 전쟁터이기도 하다.

한편 프랑스 사회학자이자 철학자인 앙리 르페브르(Lefèbvre, Henri, 1901-1991)는 공간에 사회학적 의미를 부여하고 있다. 그는 1930년-1958년까지 프랑스 공산당 운동을 했고, 낭테르 대학교수를 역임했다. 그가 쓴 대표적인 책들 중『공간의 생산』이라는 책이 있다. 여기에 (사회적) 공간은 (사회적) 생산물이라는 언급이 있다. 그에게 공간은 추상적이기도 하지만 현실적인 곳이었다. 이를 아마도 구체적 추상이라 말할 수 있을 것이다. 구체적 추상으로서 공간은 생산관계의 표현이면서 사회와 개인의 추상적 장소이다.

뿐만 아니라 사회적 공간은 집단적인 동시에 개별적인 주체들의 행위를 통합시킨다. 그래서 공간은 사회적 관계를 내포하고 있다. 다시 말해 사물들(대상들과 생산물)이 맺고 있는 관계의 총체라고 할 수 있다. 그러므로 공간으로서의 광장이 민주적 공간이 될지, 아니면 관제 홍보의 공간이 될지 그리고 젊은이들의 춤 공간이 될지는 그 공간의 다양한 사회적 관계의 의미를 살펴보아야 한다. 이는 공간이 다양한 의미의 생산처가 될 수 있다는 말이기도 하다.

광장의 역사 : 서구의 광장과 우리의 광장

① 서양의 광장

고대 그리스의 광장을 아고라Agora라고 부른다. 그리스인들의 풍습에 따르면, 주로 남성들이 주로 시장에서 물건을 샀다. 아고라는 시장이 있던 곳이었다. 그리스인들은 시장에서 사람을 모으고 생각을 교환했다. 이러한 생각 중에 정치적 생각 역시 시장에서 펼쳐졌는데, 그리스 시대의 정치적 논쟁은 남성들의 전유물이었다. 그러니까, 아고라는 남자들이 시장에 모여서 정치, 철학, 사상을 공유하고 논쟁하던 곳이었다.

프랑스 혁명의 상징인 콩코드 광장은 앙제 자끄 가브리엘에 의해 1755년에 설계되었다. 이 광장은 최초 루이 15세의 기마상이 있었다. 그래서

그림 1. 독일 프랑크푸르트 뢰머광장. 히틀러가 연설했던 광장으로 유명. 때로는 광장이 독재자의 선전장이 되기도 했다

그림 2. 이탈리아 밀라노 두오모 성당앞 광장. 수백년 동안 지어진 성당 앞 광장은 신분제사회에서 노예의 땀과 피가 얽혀있는 곳

그림 3. 이탈리아 베네치아 광장. 베네시아 독재의 상징. 그러나 현재는 가장 상품화된 광장으로 변신

그림 4. 이탈리아 바티칸 광장. 전세게 카톨릭교인들의 성지, 무솔리니의 파시즘에 대항해 평화를 지키고자 했던 교황과 카톨릭교인의 노력이 숨겨진 광장

이 광장을 프랑스 사람들은 '루이 15세 광장'이라 불렀다. 그러나 프랑스 혁명이 발발하면서 '혁명 광장'이라 불리게 되었고, 1793년 루이 16세와 마리 앙뚜와네트가 여기서 혁명의 이슬로 사라진다. 이후 1795년부터 지금까지 화합, 일치라는 뜻의 '콩코드 광장'이라는 이름으로 불리게 된다. 콩코드 광장은 어두운 프랑스의 과거사를 넘어 평화와 화합으로 나가자는 프랑스의 염원이 담겨 있는 곳이다.

이러한 서양의 광장은 주로 종교적, 정치적 가치가 관련된 장소이다. 특히 교회의 광장이나, 관청 앞의 광장은 정치적 선언이 일어나던 장소이거나, 마녀사냥과, 처형이 일어나던 장소이다.

② 동양의 광장

중국의 천안문 광장은 자금성 앞의 광장이다. 이곳이 이전에는 대규모로 모인 군중의 집회 장소였다면, 지금은 애국심 고취를 위해 동원되는 장소가 되었다. 여기서 중국의 민주화 운동이 일어났지만, 중국 정부는 이 운동을 무자비하게 진압했고, 인권을 무참히 짓밟았던 장소이다. 천안문 광장은 중국이 강대국으로 성장하는 데 있어서 치명적인 아킬레스건이 되고 있다.

③ 우리의 광장

한국의 광장은 주로 공터 그리고 길, 장터였다. 덕분에 서구적 의미의 광장은 부재했다. 이는 한국이 민주주의의 부재와 이로 인한 왕권 중심주의 형태의 국가라는 성격을 갖고 있다는 증거가 되었다. 그럼에도 불구하고 사회에 대한 이야기들은 장터라는 장소를 통해서 이루어 졌다. 장터의 공간성은 여론 형성과 정보 교류의 성격을 지니는 것으로 자리매김하게 되었다. 이는 아고라와 같은 맥락에서 생각해 볼 수 있다.

오늘날 한국의 광장은 시청이나 관청의 넓은 공간으로 다가온다. 하지만 서구의 경우와는 다른 공간적, 역사적 의미를 가진 다는 점에서 많이 다르다. 그렇다면 이러한 공간이 어떠한 모습으로 다가오는 지 보도록 하자.

한국의 민주화 과정에서 광장은 중요한 역할을 담당했다. 최근에는 쇠고기 파동, 노무현 탄핵 규탄, 세월호 집회 등 사회적 여론과 시민의 주장을 표시하는 곳이기도 했다. 부산의 경우 변변한 광장이 없었기 때문에 서면의 주디스 백화점 앞이 아주 초라한 광장으로 역할을 할 따름이었다.

한편 사회적 열기를 담는 곳도 역시 광장이었다. 2002년의 월드컵 당시의 광장은 정치적 이슈와는 다르게 전 국민의 응원장이 되기도 했다. 또한 서울의 경우 광화문, 청계, 시청 광장에서는 다른 지역과 다르게 사회적 주목을 받고 지방에서 올라간 많은 사람들이 함께한 공간이었다. 광장이 의미 있는 것은 단순히 사람이 모임만으로 끝나는 것이 아니라 또한 가두시위의 출발점이 된다는 점이다. 그래서 공권력과 시민의 충돌의 장이 되는 것이다. 또한 광장은 자발성이 표현되는 장이기도 하다. 광장에서 이루어지는 모임은 특정한 한 단체에 의해 이루어지기도 하지만 다양한 주체와 참여가 이루어지기도 한다. 과거 광장에서의 모습은 주최측에 의해 어느 정도 통제가 되었지만 지금에 와서는 어느 방향을 나아갈지 모르게 되었다. 이러한 변화는 결국 다양성과 자발성의 표현이라는 점에서 설명 될 수 있을 것이다.

마지막으로 광장은 사이버 광장과 현실이 만나는 장이 된다. 시위가 온라인on line에 중계되어 마치 네티즌은 함께 참여하고 있다는 착각을 느끼게 한다. 그런 의미에서 사이버 광장은 현실이며 실존이다.

공간으로서 광장

부산역 광장

사실 부산의 광장을 대표하는 것은 부산역 광장이다. 부산역은 1969년 현재의 위치에 자리잡게 한다. 부산역 광장은 광장이 부재한 부산의 대표적인 공간이다. 부산역은 과거부터 대선 후보의 집회 장소였고, 정치적 표현의 장소였다. 즉 시위와 집회 그리고 정치적, 종교적 이념이 공개되고 주장되는 곳이다. 왜 역의 광장이 정치적 장소로 부각되는 가를 보도록 하자. 2010년의 통계에 따르면 부산역의 유동 인구는 6만 5천 명에 이른다. 그리고 역은 특히 부산역은 경부선의 출발점이자 종착역이다. 따라서 한 지역의 여론이 다른 지역으로 전달되는 공간이기도 하다. 또한 일상적으로 종교단체의 포교 장소로 이용되고 있다. 이러한 모습은 다른 지역 특히 서울역 광장에서도 볼 수 있는 장면이기도 하다.

특히 부산역은 부산의 역사를 담고 있다. 해방 이후 귀국 동포의 집결지였다. 부산역 부근의 영도다리는 서로 헤어진 가족을 만나고자 하는 사람들로 북적이는 만남의 장소였다. 또한 한국 전행후에는 전 국민이 모이는 장소였다. 피난민, 이북 출신의 시민들이 서로를 애타게 찾는 만남의 장소였다.

역광장은 떠나는 사람을 배웅하고 오는 사람을 반갑게 맞이하는 만남의 장소이다. 그래서 역광장은 슬픔과 기쁨이 교차하는 그리고 나그네에게 먹거리와 잠자리를 베풀어 주는 삶의 광장이다.

남포동 광장

남포동 광장은 과거 70년대 말 민주화 운동의 상징적 장소이고 부산의 대표브랜드인 비프BIFF 광장이 자리 잡았던 곳이다. 비록 해운대로 그 위상을 빼앗겨 버렸지만…. 우선 남포동 광장은 부산의 민주화 과정의 역사적 장소다. 사실 유신대학이라는 비아냥을 받던 부산대 학생 7천여 명이 대학 정문에서부터 시작된 시위의 최종 종착지가 바로 남포동 광장이었다. 여기에는 역사적 우연이 있었다. 사실 대학생들의 최종 집결지는 시청이었지만 경찰의 저지로 남포동 일대 부영극장, 국제시장, 유나백화점 등으로 확대되었던 것이다. 또한 1987년 6월 항쟁기간에도 남포동은 시위의 중심지였다. 특히 남포동 극장가와 부산가톨릭센터까지는 가장 격렬한 시위가 일어 났던 곳이었다. 사실 남포동 광장이라기 보다는 남포동 인근 지역이라는 것이 맞을 지도 모른다. 그 많던 시민들을 담아내기에는 작은 광장이었기 때문이다.

광장이 시민들의 의지를 반영하는 데에는 이유가 있었다. 남포동은 상가와 사무실이 많았던 곳이다. 비록 평소에는 침묵하고 있지만 그들이 현실을 체감하는 가장 주체들이었다. 시위대와 이들은 어느 순간에 합쳐지고 그리고 엄청난 힘을 발휘하기도 한다.

마지막으로 김산의 『아리랑』에서 민중이 왜 중요하고 그들에게 왜 귀를 기울여야 하는 가들 들어 보도록 한다.

민중은 침묵한다. 행동에 들어가기 전까지 침묵한다. 진실은 작은 목소리로 이야기 되는 것이다. 진정한 지도력은 신중한 귀와 입을 필요로 한다. 민중의 의지에 따르는 것만이 승리로 인도하는 유일한 길이다.

한편 비프광장은 해운대로 중심이 옮기기 전까지 부산국제영화제의 대표적인 공간이었다. 사실 부산은 문화의 불모지라고 비판 받아왔다. 다른 지방에서 흥행되지 않던 홍콩 '느와르noir'영화가 인기를 끌기도 했다. 한때 400만이 넘었던 도시에 국립박물관이 없는 부산은 이러한 비판을 받고 있었다. 언제부터인가 부산은 여러 다른 지방의 한 도시로 전락했다. 경제적, 정치적 대응의 부재, 문화적 인프라의 한계는 부산의 몰락을 부추겼다. 이러한 상황은 부산 영화인들의 열정과 부산시의 의지가 합쳐져서 국제영화제를 만들게 되었다. 부산의 역사적 경험은 다양성, 복잡성, 개방성이라는 부산만의 문화적 배경을 만들게 되었던 것이다.

이와 같은 남포동 광장의 역할에 불구하고 소위 원도심인 남포동은 주변으로 전락하게 된다. 물리적 공간의 한계, 경제적 중심의 이동, 동부산권의 발전 그리고 시청의 이전은 원도심의 몰락을 가져 오게 된다. 부산의 랜드마크가 된 광안대교는 원도심과 신도심을 연결하는 것이 아니라 해운대, 센텀시티, 기장, 대변의 지역으로 인프라가 모이는 계기가 되어 버렸다.

부산의 다른 광장들

이제 변화된 광장은 문화와 경제적 공간을 제공하는 벡스코BEXCO 광장이 부산의 대표적 광장이 되었다. 또한 부산 시청광장은 사실상 광장이라고 불리우는 것이 초라할 정도의 공간이다. 그나마 정치적 주장을 할수 있는 곳이기도 하다. 또한 49호광장(수영구 남천동), 66호광장(사하구 신평동), 75호광장(영도구 동삼동 절영로 해안가)은 이름뿐이 광장이기도 하지만 교통의 집결지의 또 다른 이름이다. 이런 의미에서 광장은 문화, 역사, 교통의 중심지라는 의미를 지니고 있다.

광장과 부산시민

광장은 열려 있는 공간이다. 독재와 민주가 함께 이용하는 공간이다. 1981년 5공 시절 '국풍 81'은 독재가 광장을 이용한 대표적 실례이다. 그러나 또한 민주화 과정에서 광장은 정치적 사회적 의견을 토로하는 공간이기도 했다. 부산은 부마항쟁을 통해 부산이 일어나면 전국이 바뀐다는 자부심을 갖게 했다. 너무나 초라한 광장을 가진 부산이었지만 민주화의 기폭제가 되기도 하고 민주화 이후에는 자신의 실리를 주장하지 않는 불편한 겸손을 표현하는 곳이기도 하다.

광장의 기본적 의미는 열린 공간이라는 것이다. 누구나 접근 가능해야 한다. 개인의 공간인 동시에 집단의 공간이 되어야 한다. 집단에게 개방되어 있다는 점은 집단적 의사 표현이 가능하다는 것을 의미한다. 또한 개인적, 정치적 의사소통의 공간이다. 이것은 광장이 정치적 발언과 정치적 행위의 공간이자 장소임을 의미한다. 따라서 공간의 자유는 곧 민주화의 척도이다. 그래서 광장은 소통과 참여의 공간이었던 것이다. 그럼에도 불구하고 부산의 광장문화는 부재한 것이 사실이다. 공간의 부재는 정치적 사회적 표현 공간의 부재를 의미한다. 일상적으로 정치적, 사회적, 사상적 논의 장이 부족하고 협소한 것이 부산의 현실이다.

미래의 광장과 공간

SNS와 현실의 광장

현실의 광장은 이제 광장의 전부는 아니다. 미래의 광장과 공간은 SNS와 밀접하게 연결되어 있다. 트위터와 페이스북이라는 정보화시대에 광장은 오프 라인off line의 광장을 닮아 있다. 네트워크의 광장은 이제 네트워크의 힘net-power로서 사회적, 정치적 의견을 제공해 주고 있다. 네트워크의 이슈들은 현실의 광장에서 구현되기도 한다. 노사모, 낙선운동, 촛불시위 등이 인터넷과 SNS의 네트워크가 현실의 장으로 이어진 대표적인 예이다. 트위터는 이제 열린 공간을 통한 광장의 역할을 제대로 해내고 있다. 리트윗과 팔로우를 통한 연대는 하나의 무시 못 할 사회적 세력으로 자리잡고 있다. 현실의 장이 물질적 공간이라는 한계에 머물러 있다면 SNS의 광장은 어디에나 있다. 즉 정보와 의견의 소통은 어디에나 있다.

부산의 송상현 광장

그 동안 부재한 광장을 한꺼번에 만회할 광장이 부산에도 들어섰다. 전국 최대 규모의 광장이 부산에 선 것이다. 부산 송상현 광장 34,740㎡, 서울 광화문 광장 16,500㎡, 서울 시청 광장 13,207㎡, 대전 중앙 광장 12,000㎡, 여의도 광장 22만 9,539㎡으로 전국 최대이다.

부산 송상현 광장은 서면과 동래를 잇는 도로에 일대 혁명을 이루었다. 또한 부근의 하야리아 부대 이전 지역과 연결되어 부산진구의 또 다른 랜드마크를 만들게 되었다. 이러한 광장은 시민친화적 공간, 친수공간으로 역할을 담당하고 있다. 물론 아직 운영과 활용에서 한계를 보이고 있지만 부산의 대표적 광장으로 자리잡을 것이다.

광장 그리고 사람

사람이 모이는 곳이 곧 광장이다. 이제는 온 라인on line과 오프 라인off line의 경계가 무너진 시대이다. 그래서 장소와 공간이 중요하다기 보다는 누구와 무엇 때문에 만나는가가 중요하다. 또한 광장의 공간성에 대한 고민과 인식의 변화가 필요하다. 과거 민주화 시대의 광장은 독재와 민주라는 이분법적 논의의 장이었다. 하지만 지금 이 순간에도 여전히 광장은 필요하다. 보수와 진보의 갈등과 같은 사회적 견해의 차이에 대한 논의의 장이 되어야 한다. 이와 아울러 광장은 자유와 연결되어 있다. 집회와 시위 그리고 자유의 공간은 서로 함께 한다. 누가 나의 정치적, 사상적 공간의 점유를 막는가? 기본적인 인간의 자유를 누가 막을 수 있는가? 라는 의문은 계속되어야 한다.

4

경계
Edge

홍순연 상지건축부설연구소 선임연구원

근대도시 부산 경계에서 일어난 또 다른 공간

일반적으로 도시의 이미지를 결정짓는 것은 바로 다른 것과 구별하는 비교치, 어떠한 대상을 관찰하는 이에 따라 이해되는 패턴, 그리고 내가 스쳐간 공간에 대한 기억을 통해 표현되는 것을 의미한다. 예를 들면 초 등학교 학생들에게 학교에서 집까지의 도로를 그려진 그림 지도 위에 약 도를 하나 그려달라고 요청하면 과연 아이들은 모든 정보 값을 다 그려 넣을 수 있을까? 정답는 아니다. 단지 아이들은 스스로 인정하는 이미지를 가지고는 동일하게 그려지지 않을 것이다. 내가 좋아하는, 평소에 다니던 길에서 읽혀진 이미지를 그려 넣을 뿐이지 모든 것을 다 그리지 못할 것이다. 그럼에도 여러 명의 아들이 인지하고 있는 이미지들이 바로 도시의 공통분모가 되며 이를 찾아내는 과정에서 도시의 공공의 이미지를 결정짓는 요소로 발전하게 된다. 이러한 이미지 중에 경계는 무엇일까? 경계는 도시 내에 존재하는 지역 또는 지구를 다른 부분으로부터 구분할 수 있는 선형적 영역들을 말한다. 예를 들면 해안, 철도 모서리, 개발지 모서리, 벽, 강, 철도, 옹벽, 우거진 숲, 고가도로, 늘어선 빌딩들 등이 될 수 있다. 이러한 경계는 때로는 인간들이 갈 수 없는 장소로 존재할 수도 있고 새롭게 만들어지는 이중적인 선으로 존재할 수도 있다. 특히 현대도시에서 경계를 규정하는 요소가 많을수록 더욱 복잡한 구조를 가진 거대도시로 변화되는 듯하다. 선형적인 경계는 끊임없이 이어져 있어야 한다. 그 속에서 리듬감 있는 이미지도 만들어 낼 수 있고 때로는 수평적으로 때로는 수직적인 요소로 존재하게 된다.

경계는 움직인다. 도시구조의 변화는 새로운 경계면을 날카로운 선을 연결시켜주는 역할로 시작되지만 이 날카로움은 이내 익숙해짐에 따라 무뎌지며 자연스러움으로 변하는 게 일반적이다. 따라서 사람이 닿지 않는 선을 하나의 경계로 본다면 우리의 원도심은 시대가 지남에 따라 새로운 선들을 재조정하는 작업을 끝없이 함으로서 지금까지 존재되어 왔다. 땅을 분할하고 땅에 번호를 붙이고 그 용도에 따라 지역을 제한하는 경계는 지금도 도시에서 수없이 반복되는 일상이 된다.

부산이 확장되고 확장되어 지금의 모습을 가지게 된 그 출발점은 바로 원도심에서부터 시작된다. 그곳에 무수히 건설된 공공의 건축물과 필요한 도로와 블록들은 우리가 알고 있는 것처럼 쉽게 형성된 곳이 아니기에 좀 더 세밀하게 살펴봄직 하다. 수평적 경계와 새롭게 결정짓는 경계들과 다시 결합하여 새로운 도시의 이미지를 만들어 내는 과정을 우리는 다시 한번 되새겨 봐야 할 것이다. 따라서 경계를 규정짓는 것에는 많은 논의가 필요하다. 이러한 과정에 이루어낸 합의들은 지도 속에 단순한 선이지만 이 선을 통해 우리의 일상을 읽을 수 있게 된다. 예를 들면 관공서가 어디에 있냐에 따라 도시의 행정적 공간이 바뀌게 되고 이에 따라 도시의 선들이 재조정되고 지하철역의 명칭도 바뀌어 나타나게 된다. 즉 도시에서 경계 짓는 요소들은 시작과 끝을 만드는 중심에서 나타나는 현상들로 이해할 수 있을 것이다. '경계는 움직인다'라는 표현은 시대적 요구와 인간의 욕망에 따라 새로운 선형적인 경계를 찾게 되고 이 경계를 통해 도시의 구조는 새롭게 발전하게 되는 것이다.

부산은 근대도시. 부산이라는 곳은 과거 작은 포구 정도였으며 근대 이전의 도시로서의 면면을 찾기 위해서는 동래를 주축으로 형성된 읍성과 외부의 침입자를 막기 위해 쌓은 진성으로 나뉜 지명과 위치를 통해 확인할 수 있다. 최초의 경계로 형성된 것은 아니지만 특히 부산을 결정하는 가장 큰 경계는 바로 왜관과 조선인 마을의 경계일 것이다. 왜관은 부산의 일시적인 무역의 공간이기도 하니만 바로 심리적인 경계의 공간이요, 동시에 감시적인 경계의 공간으로 존재하고 있었다. 이러한 공간이 점점 허물어졌음에도 조선인들에게는 여전히 심리적 경계를 느끼는 공간으로 존재해 왔다. 강압적이 부분도 있지만 당시 개항 이후에도 이 공간에는 조선인 가옥들이 1~2채가 존재한 것을 보면 근대기의 왜관주변 즉 원도심은 여전히 존재하는 경계의 공간이었다. 그럼에도 불구하고 부산이 그나마 잘 알려지게 된 것은 왜관과의 관계를 통해 개항과 함께 도시의 새로운 거점 공간으로서 부각되기 시작하였기 때문이다. 여전히 우리가 기억해야 할 사실은 부산은 근대기에 만들어졌고 지금도 그 틀에서 생활하고 있는 곳이다. 그렇기에 부산은 근대의 도시 형성에 대한 이야기와 그 속에 새롭게 만들어진 새 마당 이야기를 빼면 경계로서의 도시를 이야기 할 수 없을 것이다.

이러한 측면에서 부산의 근대화는 내부가 아닌 외부에서부터 시작되었으며, 부산釜山이라는 명칭은 과거에는 동래부의 한 지역을 지칭하는데 불과하였으나 근대에 이르러서 동래와의 마찰을 최소화하기 위한 이름과 대상이 필요해지면서 부산이라는 명칭이 부각되기 시작하여 도시로 바뀌게 되었다는 사실이다. 그리고 이러한 관계를 통해 심리적 경계와 더불어 도시의 틀을 새롭게 조정되는 움직이는 경계가 만들어지게 된다. 그리고 이 장소에서 근대도시의 틀이 형성되는 시작을 만들어 낸다. 이를 바탕으로 형성된 근대도시는 토지의 구획의 정형화, 도시기반시설의 교통의 연계성 등을 기반으로 형성된다. 재미있는 사실은 근대의 선형정이 경계가 사람을 밀집시키는 곳으로 재탄생되는 계기가 되었다. 이러한 획일적이지만 체계적인 규칙이 어느 곳에 적용이 되었는지 찾는다면 근대의 경계 속에서 원도심을 투영해서 볼 수 있지 않을까?

1676년

용두산 주변 약 7,000평에 방파제로 둘러싼 선착장이 설치된다. 두모포(지금의 수정동 일대)에 있던 왜관에 화재가 발생하고 난 뒤 새로운 터가 필요했다. 동래부사는 되도록 한국인 마을과 좀 더 떨어져있는 장소를 찾아야했고, 확장성이 없고 감시가 용이한 지형을 가지고 있는 부산포가 지목되었다. 이곳에서 1647년에 왜관은 동관과 서관으로 나뉘어 개축공사를 하게 되고, 초량왜관이라 명명한 뒤 그들의 생활을 한정된 공간으로 밀어 넣게 된다. 또한 1739년 초량왜관을 중심으로 3개소의 복병막을 설치하여 감시의 체계도 갖추게 되었다. 이 같은 경계는 외부적인 모습으로 나타났다면 초량왜관 내부에서도 서로 간의 약속처럼 경계와 영역을 구분하여 활동이 이루어지게 된다. 이렇게 시작된 초량왜관은 동서로 행정중심구역과 생활중심구역으로 공간을 나누어 권역을 설정하고 한정적인 개시가 일어날 때 즈음 자유로운 거래 무역을 할 수 있도록 하였다. 이 영역을 나누는 이 영역을 나누는 가장 큰 장애물과 같은 장소가 바로 복병산에서 용두산으로 이어지는 경계로서 가장 자연스러운 지형적 경계였다.

1876년

병자수호조약이 체결된 후 기존의 초량왜관을 기점으로 일본전관거류지가 형성되었고 조선 최초의 개항장인 부산은 새로운 형태의 공간이 필요하게 된다. 기존 관수왜가 자리에 영사관이 들어서고 과거 행정중심지역인 동관에는 경찰서, 은행, 대규모 상점들이 입주하여 중심 지역으로 발전하게 되고 서관지역은 기존의 상인들의 거처와 1층에는 무역잡화상점, 2층은 적산가옥으로 구성된 건물이 즐비한 일본식 마을이 형성되게 된다. 하지만 애초부터 왜관이 갖고 있는 확장성의 문제를 극복하기에는 자연스러운 경계인 복병산자락에서 시작된 용두산까지의 방패막은 장애물로 자리 잡게 되고 다시 한계를 극복하기 위한 경계가 필요하게 된다. 다시 움직이는 경계를 통해 이러한 지형적 한계를 극복하면서 일본인들의 유입이 원활하도록 할 수 있는 방법과 부산과 일본을 링크하기 위한 새로운 경계 형성을 위한 도시기반공간을 요구하게 된다. 이러한 욕망은 땅이 아닌 바다로 향하게 된다.

매축공사

일본인들이 협소한 땅을 확장시키는 것보다 우선적으로 관심을 가진 것은 보이지 않는 새로운 땅인 바다를 메우는 일이었다. 최초로 바다를 메우는 일은 1888년 청나라 북양대신 이홍장의 주선으로 당시 해관장인 헌트(영국인, 한국이름은 하문덕)에 의해 일부 용미산 쪽 일부를 깎아 매립하는 것이 시작이었다.

밀려오는 일본인들의 수요를 수용하기위해 새로운 항만시설이 필요하였고 이를 위해 그림 1에서 볼 수 있듯이 1903년(明治 36년) 기존의 호안 뒤 점선으로 표시된 부분인 선박 입구와 방파제와 더불어 영국영사관 앞바다는 경부선철도회사 매축 예정지로, 복병산 앞바다는 부산정차장 예정지가 표지되어 있으며 방파제의 아래와 우측에는 부산매축회사에서 매축

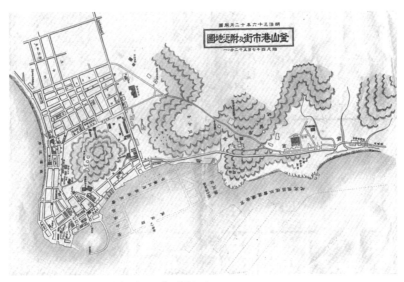

그림 1. 부산항시가 및 주변지도 (1903년), 개인소장

공사가 진행 중으로 표시되어있다. 이것은 바로 부산 대규모 도시 항만프로젝트인 북항 매축이 시작되었음을 알 수 있다. 북항 매축의 결과로 1902년 7월부터 1909년 8월까지 약 41,374평의 부지를 확보하게 되었으

그림 2. 새 마당에 조성된 부산역과 부산세관

며 이로 인해 부산에는 대창정, 중정, 경부정, 고도정 등 새로운 필지 이름이 부여되고 잔교의 모습도 갖추게 된다. 제1잔교는 1906년 부산잔교 회사에 의해 건립하여 관부연락선를 비롯해 배들이 정박할 수 있는 시설을 완성하였다. 북항 매축이 끝날 무렵에는 르네상스 스타일의 고풍스러운 건축물이 건립되게 되는데 그 대표적인 건축물이 바로 경부선철도의 종점인 부산역과 부산세관이다.

이후 지금의 중구지역으로의 확장을 위해 기존에 가로막혀 있던 영선산을 깎아 부산포를 중심으로 부산진까지 연결하는 착평공사 프로젝트를 1909년 5월부터 1913년 3월까지 진행하게 된다. 이것은 해상교통과 내륙교통을 잇는 동시에 일본인들의 이권을 확대하는 계기를 마련하였다. 또한 중앙동사거리의 넓은 평지는 관부연락선에서 부산항을 거쳐 경부선, 경의선까지 연결되는 대륙 간 루트를 재정립하는 계기가 되었다. 북항 매축이 거류지의 주요 공공 건축물과 항만 지원시설들과의 교통의 거점으로 자리매김하며 1차적 중심 공간의 역할을 담당하였다면, 공업과 새로운 군사시설을 위한 또 다른 매축공사는 바로 부산진 매축공사이다. 부산진 매축공사는 1913년부터 시작하여 1937년까지 약 40만평의 대규모 공사로서 3기로 나누어 진행하였다. 1기, 2기 공사는 영가대까지였고 3기는 범일동 우암동 일대까지 진행하였다. 부산진 매축으로 군대와 군대물자의 수송시설이 들어서게 되고 그 외 철도관사, 경찰서, 우편소, 부산진역, 초량역, 학교 등이 위치함으로서 근대도시의 모습을 갖추게 되며 특히 3기 매축으로 대규모 공업지대까지 형성되게 된다. 또한 초량동 일대는 전관거류지 내의 도시정비 이후 초량정, 수정정, 좌천정 등으로 시구개정 계획을 세워 도시화 작업이 진행되었으며 초량정 지역은 종횡 및 경사로 관통하는 도로를 연장 거리 2,888간間05를 폭 3간間에서 6간

閘으로 개수하고 수로 32개소, 하수도 11개소, 교량 2개소를 각각 설치하여 새로운 토지구획과 주거지가 들어서게 된다. 그리고 부산궤도주식회사에 의해 부산진–초량, 초량–부산우편국 앞을 지나가는 전차를 부설함으로서 초량지역은 본정과 서부지역을 연결하는 중심적 지역으로 자리매김하게 된다.

이후 남항 매립은 1925년부터 1940년까지의 지금의 자갈치 일대를 매립하여 방파제를 축조하고 보수천 하구에서 남포동 일대와 충무동 일대를 매립해 간선도로를 개통하게 된다. 용두산공원을 중심으로 시작한 근대기 도시의 모습은 좌우 날개형으로 뻗어나가며 새로운 도시의 축을 형성하게 된다. 남항 매립은 기존의 북항이 장거리 및 국외 무역항을 모습을 갖추었다면 남항은 근거리 무역 및 수산업과 관련된 업종을 활성화시키는 데 큰 역할을 담당하였으며 부산 중심지에서 송도로의 도로망이 확충되면서 송도해수욕장을 찾는 부산의 일본인들에게 편의를 제공하였으며 이 공사로 인해 송도가 부산부로 편입되었다.

그 외 1916년에서 1926년까지 진행된 영도 대풍포 매축은 영도에 어항 건설을 목적으로 추진하여 1934년 준공된 부산대교(영도대교)가 건설되어 바다를 메우고 섬과 육지를 연결하여 새로운 가로망과 교통망으로써

그림 3. 적산가옥 사옥에서 합리주의 스타일로 신축한 구)남선전기주식회사

새로운 공간이 탄생하게 되었다.

대규모 공사가 진행되는 동시에 이를 연결시켜 주는 도로 위에는 많은 전차가 오고가게 된다. 간선 도로가 처음 조성된 것은 1888년 11월 용두 산과 복병산 사이 중간 도로가 확장되면서 지금의 대청로와 중앙로, 보수 로가 만들어지게 되고 1890년 서관쪽 도로인 광복로가 들어섬에 따라 매축된 공간과 연결할 수 있는 기본 도로들이 형성된다. 착평공사 이후 행정구역상 다섯 개의 공간으로 구성된 신시가지가 조성되고 1920년경 서 구지역으로 토지계획이 확장되었으며 1930년대에는 동구와 서면지역까지 부산부의 영역으로 편입되었다. 이 길들 위를 오가는 전차는 장수통과 대청적구간에서 시작하여 1916년 9월 부산우편국에서 부성교까지 개설되고 1917년 12월에는 우편국에서 남선전기까지와 1928년에는 도청에서 대신정까지 연장되고 1935년에는 본정에서 영도대교를 거처 영선동까지 오가는 복선전차가 연결됨으로써 부산의 근대적 교통수단이자 도시의 연계선이 완성되게 된다.

이렇게 형성된 도로선 주변에는 새로운 블록이 만들어지고 격자무늬 블록은 건축물과 건축물 사이의 경계를 만들어 내게 된다. 이곳에 꽉 채워진 도시형 건축물이 들어섬에 따라 원도심은 새로운 공간으로 탈바꿈 하게 된다. 도시의 욕망이 다시 경계를 짓기 위해 도시형 건축물들은 영역으로 표시된 땅의 형태를 여유롭게 남겨놓는 것을 거부하게 되고 이에 따라 건출물들은 하나같이 땅모양이 생긴 그대로 건물을 짓는 형식으로 만들어지게 된다. 이러한 건축물을 우리는 합리주의, 기능주의 건축이라 부른다. 합리주의 건축의 특징은 비대칭적 입면과 넓은 창과 캔틸래버, 외관상 평활한 면과 직선을 강조하는 동시에 내부적인 기능을 강조하는 형식을 가지고 있다. 일명 빌딩형 건축물들이 도시의 도로면 옆에 즐비하게 들어서면서 새로운 수직적인 경계의 벽이 만들어지게 된다.

대지의 경계 하천

하천은 주변인들의 식수원이 되고 때로는 빨래터를 제공하는 행위의
장소이자 커뮤니케이셔이 이뤄지는 장소가 된다. 부산의 해안선으로 연
결된 하천은 동천, 부산천, 보수천 등 내륙을 가로지르며 흐르고 있다. 그
중 대표적인 원도심의 하천인 보수천은 지금은 복개되어 사라진 경계가
된 곳이다. 부산의 고원견산과 구덕산에서 발원하여 송도만으로 유입되
는 하천으로 당시에 12개정도의 다리가 서구와 중구를 잇고 있다. 1894

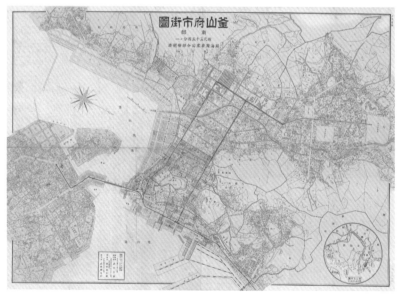

그림 4. 1936년 부산시가도에 표현된 보수천변 모습

년 보수천 상류에서 끌어들인 물을 대청동에 모아 대청동에서 배수를 하는 배수지를 설치하였다. 이 배수장치는 상수도장치로 활용되어 일본거류민에게 공급되는 부산 상수도의 시작이 된다. 이후 구덕산 산자락에 수원지를 축조하여 하루에 2천톤 정도의 물을 공급하기도 하였다. 1936년 지도에 나타난 보수천변에는 이 물을 활용하여 주변에 새로운 신도시가 건립되게 되며 그 하천을 중심으로 조선와사주식회사가 보수천변 하부에 위치하여 가스, 전차, 전기시설을 만드는 시설들이 건립되게 된다. 그 외에 보수천 주변에는 맑은 물을 이용한 주조공장의 모습을 확인할 수 있다. 기존의 매축에 의해 형성된 해안선의 경계는 이미 결정된 규칙에 의해 형성된 블록과 그 위에 건립된 건축물들은 공공성을 담보로 그 성격이 부여되어 형성되는 특징을 가지고 있다. 반면에 보수천과 같은 하천들은 도심 내에 형성됨에 외향적이기 보다는 내향적으로 발전되며 자연발생적으로 형성됨에 따라 단순히 구역을 경계하는 모습과는 달리 주변 건축물과의 연계성을 가지고 발전해 나가는 특징을 가진다. 이를 통해 하천의 경계들은 동질적인 모습으로 상호보완적인 성격으로 나타나게 된다.

원도심에 형성된 경계들은 지금도 우리가 버스를 타고 다니는 길들로 존재하고 있고 도로 아래 하천들은 잠시 시선에서 사라졌을 뿐이지 그대로 존재하고 있다. 1911년 영도대교 상판해체공사 당시 기존의 전차가 다니는 선로의 모습이 아스팔트 아래에 있는 것을 확인할 수 있었다. 아이러니하게 여전히 우리는 근대에 만들어진 경계를 아주 단순한 방법으로 흐려지게 만드는 방법으로 아스팔트로 덮고 대지면을 높이는 방법으로 그 공간을 포장하여 살고 있다. 사실은 근대에 만들어진 경계인 그 길을 그대로 사용하고 있는 것이다.

이러한 경계를 결정체들은 부산 근대의 도시 공간을 새롭게 만드는 계기를 마련하게 된다. 이를 위해 바다를 메워 새로운 땅으로 만드는 대규모 사회기반공사를 통해 이루어졌으며 부산의 해안선은 과거의 조용한 어촌의 모습에서 벗어나 획일적이고 규칙적인 도시의 모습을 갖추게 되

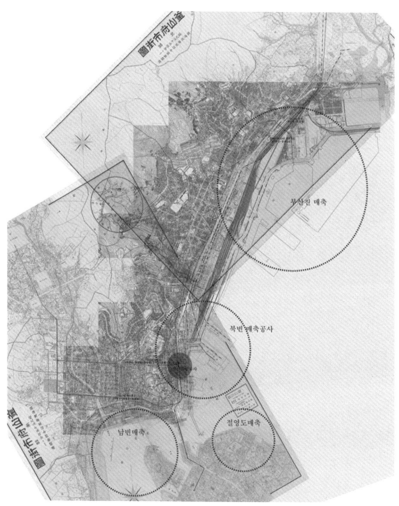

그림 5. 근대와 현재가 투영되어 있는 부산의 경계모습

었다. 우리는 그로 인해 구획된 토지의 모습과 그 위에 놓인 도로망들을 그대로 사용하며 오가고 있는 것이다. 결론적으로 부산은 근대 경계인 길 위에 얹힌 도시라고 할 수 있다. 현재에 덮혀져 사리진 모습이 아닌 서로 겹쳐져 투영되어 있는 도시의 모습을 가지고 있다.

얼마 전 우연히 1936년 부산시가도 지도 위에 현재의 항측도를 오버랩을 시켜보았다. 물론 도시의 형성을 새로운 시각에서 보기위해 시작한 이 작업은 나에게 신선한 발견을 한 계기가 되었다. 과거 근대기 부산에 살고 있던 이들과 우리와의 공통점 말이다. 그 공통적 요소들은 바로 내가 걷고 타고 그리고 스쳐지나간 그 길들이며 당시의 모습과 똑같이 구획되고 만들어진 틀들이 그대로 존재한다는 점이다. 원도심은 이러한 경계를 투영하는 장소이자 여전히 배경으로 존재하는 곳이다. 오늘도 버스 안에 몸을 싣고 그 경계를 지나가고 있다.

참고문헌

『신부산대관(新釜山大觀)』, 1934

『부산의 지형변화』, 건축, 열린부산도시건축포럼, 2009

『부산시 연안공간 내 역사문화자원을 활용한 관광테마거리 조성사업』, 영남씨그랜트사업단, 2012

『(구)남선전기주식회가 보존 및 활용을 위한 타당성 조사』, 한국전력부산지점, 2008

『부산지역 근대문화유산의 보존 및 활용사례에 나타난 특성에 관한 고찰』, 홍순연, 김기수, 대한건축
　　학회지회연합회논문집, 10권 3호 PP.35-46, 2008

www.tour.busan.go.kr, 부산시사, 부산광역시

5

랜드마크
landmark

강영조 동아대 조경학과 교수

근대 부산의 3대 공원

공원의 존재에 대해서는 우리나라의 선각자들은 도시민이 무료로 사용할 수 있는 행락의 장소이며 휴게의 장소, 나아가 근대 산업 도시의 문명 시설, 국민 의식을 창출하는 사회 계몽시설이라고 생각하였지만, 공원의 건설은 이윽고 일제에 의하여 식민지로 전락하면서 좌절한다.

부산은 개항 이후 일본인이 본격적으로 이주하기 시작했다. 그리고 일제강점기가 시작하기 전부터 시작된 철도의 부설, 상수도 시설의 정비, 신사의 설치와 함께 시간이 지나면서 공원시설도 정비하게 된다. 물론 도시 공원은 일본에서도 생소한 도시 시설이었지만 선진국으로 진입하기 위해서는 꼭 필요한 도시 시설로 인식하고 있어서, 식민지 도시 부산의 위정자들도 본토와 같이 공원의 필요성을 느끼고 있었다.

부산은 일제강점기를 통 털어 3개의 큰 공원을 조성하였다. 이른바 근대 부산의 3대공원이다. 용두산공원, 대정공원, 고관공원. 이들 공원을 3대 공원이라고 부르는 것은 당시 부산일보의 기사에서 발견할 수 있다. 아마 당시 부산사람들도 그렇게 느끼고 있었을 것이다. 여기서는 이들 공원이 어떤 경위로 공원으로 조성되었는지를 살펴본다.

용두산공원

용두산신사 태동기(1678-1898)

① 석사, 왜관의 중심시설

용두산공원이 역사적으로 드러나게 된 것은 왜관이 용두산 부근으로 이전한 뒤다. 이른바 초량왜관이라는 곳이다. 왜관은 조선 태종 7년(1407)에 일본인과의 무역을 허용하면서 그들의 접대와 유숙, 외교 교섭 등의 기능을 지닌 곳이었다. 설치된 곳은 부산포와 제포 두 군데였다. 부산에서는 절영도, 두모포를 거쳐 1678년에 초량왜관이 설치된다.

1687년 용두산 일대 11만 평의 넓은 부지에 들어선 초량왜관은 용두산을 중심으로 동관과 서관으로 구분된다. 동관은 왜관에 거주하는 일본인의 생활 공간과 업무 공간으로 건물이 꽤 많았다. 서관은 일본에서 온 사신들이 머무르는 곳이다. 이 왜관이 설치되어 있던 용두산에 나중에 용두산신사가 되는 석사石祠가 세워졌다. 규모는 4척. 약 1.2m 크기의 돌 사당이었다. 제작자는 대마도 영주 종의진宗義眞. 대마도와 부산간을 다니던 한일통상선의 안전을 기원하기 위하여 콘삐라다이진金比羅大神을 봉사하던 작은 돌 사당이었다.

1876년 강화도 조약의 조인으로 개항이 되자 조선 시대부터 설치되어 있던 초량왜관은 1877년 부산거류지관리조약에 의하여 일본전관거류지로 계승된다. 이에 따라 초량왜관은 사실상 일본의 영토처럼 되어 버렸다.

그림 1. 용두산신사의 창건을 보여주는 지도

그림 2. 1920년대 용두산신사

결과적으로 작은 돌 사당은 일본인에게는 정신적인 중심이 되었을 것이다.

② 석사의 개축

1880년 9월 사우가 크게 무너지는 일이 생겼다. 이를 계기를 일본인 거류민은 기부금을 모은다. 총 2천원의 기부금이 모이자 이제는 목조의 신전을 신축하고 거기에 팔번대신八幡大臣, 홍국대신弘國大神 등 제신을 합사한다. 용두산신사 사무소가 1936년에 발행한 용두산신사 사료에 의하면 공유신사 2개소의 제전 및 청소 인건비로 월 3원을 책정하여 담당자를 고용했으며 그 비용은 신자들의 기부금으로 충당하였다. 신사를 신축한 뒤, 1882년 1월, 위원회가 조직되어 신사를 위하여 대리 위원을 선출하고 또 대리위원이 일정한 기부금을 낼 수 있는 경제적 지위가 있어야 한다는 점과 신사의 유지비를 거류민의 기부금으로 충당했다는 점으로 당시 용두산신사가 일본인들에게는 상당한 의미적, 상징적 공간이었다는 점을 알 수 있다. 1894년 용두산신사의 사호는 거류지신사로 개칭된다.

신사 창건기(1899-1907)

① 용두산신사의 탄생

1899년 용두산신사는 비로소 신사로서 체계를 갖추고 사호를 용두산신사로 개칭한다. 용두산신사 사료 1907년 5월 31일자에 따르면 신전은 목조에 동판지붕을 쓰고, 그 면적인 14평, 배전은 마찬가지 목조로, 이번에는 지붕은 기와를 이고 있으며 면적은 21평 2합 5작의 건물을 완성한다. 이외 경내에는 배전에 부속된 4평의 신찬소와 20편 7합 5작의 목조기와 건물의 사무소와 화장실 2동이 있었다.

사호도 용두산신사로 명명된다. 1899년의 일이다.

② 신사 창건기 용두산 주변 상황

1905년 부산 주재 일본 영사관이 편찬한「재부산령관내경상도사정在釜山領館內慶尚道事情」에 의하면 신사 창건기 용두산 주변은 소나무로 뒤덮여 있으며 거류지를 한 눈에 내려다 볼 수 있는 절호의 장소이며 신사의 숲으로서 손색이 없었다고 했다.

한편 1902년에 조사한 토지 종별에 의하면 용두산 및 용두산의 지맥인 용미산은 공원지로 구분되어 있었다. 이는 도시공원으로 인위적으로 조성되었다는 의미라기 보다는 '신사=공원'이라는 일본인의 시각이 담겨 있는 것으로 보아야 할 것이다.

신사 확장기(1908-1915)

① 용두산의 정비

1908년 용두산을 남서로 관통하는 도로가 개설된다. 이 때 입구도 정비되는 등 물리적인 변화가 나타난다. 이 도로는 용두산의 서쪽 부평정에서 용두산신사로 통하는 것으로 신사로 접근을 용이하게 하기 위한 도로로 보인다. 일본인은 용두산신사가 개축되던 1899년에 6,326 명에서 1908년에는 21,292 명으로 거의 3배나 늘었다. 부평동 일대에는 민가가 밀집해 있었으므로 거기에서 용두산신사로 쉽게 접근하기 위한 도로였다. 다시 말해서 용두산신사가 일본인 사회에서는 매우 중요한 도시 시설이었다는 것을 말한다. 1908년부터 공원비는 일본거류민단의 세출 항목에 잡혀 있었다. 물론 공원비는 벤치, 휴게소를 수선하거나 화목을 심는 경비였다.

② 공원 병설의 시작

1915년에는 많은 일들이 일어난다. 신락전의 신축, 휴게실과 편전의 조영, 용두산공원 조성 등이 그것이다. 용두산에 공원을 조성하자는 의견은 1915년 7월 24일에 처음으로 제시되었다. 메이지 천황이 서거하고 타이쇼 천황이 즉위하면서 이를 기념하기 위하여 공원을 조성하자는 의견을 낸다. 제안자는 하자마 후사타로迫間房太郎. 당시 부산 상공회의소 회장이었다. 그는 공원 조성비로 1만 원을 기부하면서 기념공원의 건설을 제안한다. 우여곡절 끝에 공원 부지로 용두산신사가 자리 잡고 있는 용두산이 결정된다. 가장 큰 이유는 신사는 공원으로 여기고 있었고, 거기에는 부지 구입의 경비가 들지 않는다는 점이었다.

공원 병설기(1916-1925)
① 근대공원의 탄생

1915년 어대전기념공원으로서 용두산에 공원을 조성한다는 계획이 발표되자 용두산에 이미 들어서 있던 신사의 이전이 논의되기 시작한다. 애초 공원은 신사 위쪽의 산을 절개하여 조서한다는 계획이었다. 그러자 이는 신성모독에 해당하는 것이 아닌가, 하는 반대 의견이 개진되었다. 또 거기에다 용두산의 암반이 경질이어서 산정을 깎아 광장으로 만들어 공원으로 사용하는 것 보다 신사를 위로 옮기고 공원 시설은 아래에 두는 것이 합당하는 의견도 나왔다. 신사는 산정으로 이전하고 공원은 그 아래에 두는 것으로 결론이 났다. 공원은 1916년 6월에 착수하여 그해 10월에 준공한다. 준공 당시의 용두산의 상황을 당시 부산일보 1916년 10월 13일자 기사로 정리하면 다음과 같다.

> 원래 산 정상 약 250평 광장을 약 1간(1.8미터) 절삭하여 약 610평으로 확대, 거기에 용두산신사와 사무소를 이전한다. 그 아래 남쪽으로 약 220평 가량의 평지를 만들어 그 한 모퉁이에 도사신사를 이전한다. 가장 아래 부분은 원래 용두산신사가 있던 자리인데 거기에다 1,100평의 평지를 만들어 광장과 공원 시설을 두었다.

② 용두산신사의 장소적 의미

용두산은 그 정상 부분에 신사가 자리잡고 그 아래에 공원이 들어선다. 왜관의 중심적인 장소였던 용두산이 일본인 사회의 중심이 되었다. 거기에 공원 시설이 들어선 것이다. 조망과 랜드마크로서 용두산은 1916년 이후 비어 있는 중심이 되었다.

공원 확장기(1926-1945)
① 공원 시설의 확충
1920년 중반 공원은 문화 시설로 인식하게 된다. 특히 물질문명의 구

원책으로 공원의 필요
성이 공감되어 있었다.
공원의 정원으로서, 휴
양 오락의 중심지, 보존
림, 체육운동장 등으로
공공에게 개방되고 국
민 보건 상 매우 필요한
장소라는 의식을 공유
하였다. 이러한 공원관

그림 3. 1948년 용두산 전경.   사진_김한근

은 용두산에 공원 시설의 확충을 불러왔다. 궁도장의 설치도 그런 의식
속에서 추진되었다.

② 용두산의 물리적 확장

1932년에는 용미산 신사가 이전해 온다. 그것은 용미산 신사가 자리
잡고 있는 작은 산을 허물어 매립라고 거기에다 부산부청을 건설하게 되
었기 때문이다. 1934년에는 부산대교의 완성과 함께 부산은 일대 변화가
일어난다. 그 이후 용두산신사는 1936년 8월 국폐신사로 승격하게 되면
서, 공원으로서의 장소라기 보다는 성역으로서 자리매김 되어 간다.

용두산신사의 소멸

용두산신사는 일제강점기 이후 1948년 화재로 소실되었다. 한국전쟁
때에는 미군이 주둔하였고, 피난민 판자촌이 자생적으로 들어 섰기도 했
다. 대화재로 이들 판자촌이 소멸되자 1955년 우남공원으로 정비되어 용
두산은 그야말로 공원으로 시민의 손에 되돌려졌다.

대정공원

대정공원 건설의 발의

① 근대 부산에서 운동장 설치를 위한 발의 시점

근대 부산에서 조성된 대정공원은 야구장을 중심 시설로 한 체육공원이다. 근대 부산에 운동장이 필요하다는 논의가 언제부터 시작되었는지는 알 수 없다. 지금까지 근대 부산에서 체육 시설의 도입과 관련한 역사적 연구가 없기 때문이다.

부산에서 운동장 설치에 관한 논의의 시점을 확인하기 위하여 근대 부산에서 발간된 부산일보의 기사제목을 검색할 수 있는 데이터베이스를 이용하였다.[1] 검색 언어는 '운동장'으로 하였다. 그 결과 검색된 기사 중에서 가장 오래된 것으로, 1915년 3월 9일자 신문의 '공중운동장 설치, 구산 龜山운동장이라 명명'이라는 기사다. 그 기사는 내용을 정리하면 다음과 같다.

> 카메야마龜山 이사관의 영전 기념으로써, 부산 재류민 모두는 그가 부산을 위하여 진력한 공적을 기리고 기억하기 위하여 영세불망비적 기념물을 건설하려고 일찍이 민단 당국 및 민회 의원들에게 요청하고 백방으로 노력한 결과, 민단 당국도 이에 찬동하였다. 그리하여 민회의 안으로 상정하여 기념품으로서 학교 아동의 운동장 뿐 아니라 일반 공중의 행락장으로서 카메야마 운동장으로 명명하기로 가결하였다. 장소는 현재 수비대 아래쪽 구 수원지 호반의 부지 약 2,590여 평으로 한다.[2] - 〈釜山日報〉, 1915.3.9

그런데 이 기사의 말미에 괄호를 한 다음과 같은 문장이 이어진다.

위와 같은 기사는 1910년 9월 28일, 부산 재류민 일동이 카메야마 이사 관이 대만으로 전임할 때 성대한 송별회를 제1심상소학교 강당에서 개최하 였는데 그 때 본지 제 2면에 게재한 것을 오늘 부산 관민이 다수 모여 카메 야마 군의 추도법회를 혼간지本願寺에서 갖게 되는 것을 기하여 기억을 되살 리도록 이것을 지적하는 바이다. -〈釜山日報〉, 1915.3.9

다시 말해서 부산에서 운동장을 건립하자는 얘기는 일찍이 1910년 9 월로 거슬러 올라가는 셈이다. 그로부터 5년이나 지난 지금 이 시점에서 카메야마의 송별회 때 결의한 운동장 건립을 부산일보가 거론한 것은 다 름 아니라 카메야마가 사망했다는 소식이 전해 왔기 때문이다. 카메야마 는 3월 5일 지병으로 사망했다. 1915년 3월 7일자 부산일보는 그의 사망 소식을 전하고 있다. 그리고 나서 이틀 후인 3월 9일, 부산의 히가시혼간 지東本願寺에서 추도 법회를 연다. 이 추도 법회에 발맞추어 카메야마의 기념공원을 거론한 것이다.

카메야마 리헤타龜山理平太는 1898(明治 31)년 도쿄제국대학 법학과를 졸 업하고 그해 고등문관시험에 합격하여, 내부부에 소속된다. 1899년 2월 에는 치바 현千葉県 참사관, 1900년 10월 야마가타 현山形県 경찰부장, 1903년은 나가사키 현長崎県 경찰부장을 역임한 뒤 1905년 한국으로 들 어와 통감부 경시, 서기관, 내무부 내사과장, 법제과장, 지방과장 등을 역 임한 뒤, 1907년 여름, 부산 이사관으로 부임한다. 3년간 재직하다가 1910년에 대만 총독부 경시총장으로 전출, 1915년 1월에 도쿠시마 현 지 사로 취임한 직후, 사망한 것이다(〈釜山日報〉, 1915.3.7).

1910년 9월 카메야마의 대만 전임을 기념하여 운동장을 건설하자는 의 견은 카메야마의 사망을 계기로 다른 국면을 맞게 된다. 1915년의 부산

은, 타이쇼大正천황이 즉위하고 이를 기념하기 위하여 용두산공원을 건설하고 있었다. [3]

② 타이쇼 천황의 즉위 기념사업으로써 운동장 건설

부산일보 1915년 8월 9일자 신문 1면에 '용두산공원 완정과 운동장 신설, 카메야마 유원지는 어떻게 되나(상)'의 제목의 기사에서 운동장 건립에 관련한 부산 경제계의 동정을 알 수 있다. 그 기사를 간단하게 정리하면 다음과 같다.

> 올 가을, 천황의 즉위 기념으로 부산 서부에 운동장 본위의 신 공원을 개설해야 한다는 것은 하자마迫間 상업회의소 회장의 발안이었다. 이에 회의소 간부회는 이 의견에 따라 회의소는 금 일만 원을 보조하기로 결의하였다. 그런데 부협의회, 학교조합 및 상업회의소 등 3 의원 연합회의 조사위원회는 용두산공원과 서부 운동장 병설은 불가하다는 결론이었다. 먼저 지금 건설 중인 용두산공원의 완성에 모든 힘을 기울어야 한다는 의견이었다. 이 의견을 받아들인 하자마 회장이 운동장 본위의 서부 공원은 없는 것으로 하였다.
> ― 〈釜山日報〉, 1915.8.9

이 기사로 알 수 있는 것은 다음과 같다. 먼저 카메야마가 죽은 뒤, 부산의 운동장 건립 움직임은 이미 건설 중인 용두산공원과 같이 타이쇼 천황의 기념사업의 일환으로 진행하고 있었다는 점이다. 두 번째는, 운동장의 건립에 하자마迫間가 적극적이었다는 것이다. 이는 하자마가 부산 서부에 많은 땅을 가지고 있는 데 이 운동장이 들어서게 되면 지가 상승 등 개발 이익을 볼 수 있는 위치에 있었던 것도 그 이유 중 하나였다. 다시 말해서 표면상으로는 천황즉위 기념사업이지만 그가 노린 것은 개발이익이었다. 부산일보도 기사에서 이점을 지적하고 있다.

부산에서의 운동장 겸용 공원의 설치 움직임은 용두산공원의 완성을 기다려야 했다. 용두산공원은 1916년 10월 16일 준공되었다.

③ 운동공원 건설의 재개

근대 부산에서 운동장 건설의 논의가 다시 일어나는 것은, 용두산공원이 준공 되고 나서 거의 1년 뒤인 1917년 10월이다. 부산일보 1917년 10월 9일자 신문에 '공설운동장 건설 계획, 현 수비대 연병장 적지에'라는 기사가 실린다.

> 부산부 관내에 야구 그 외로 사용할 운동장이 없는 것은 유감이다. 어대전 기념사업으로서 서부 시가지에 설치하자는 의견이 있었지만 한참 전의 일이다.[4] 최근 다시 운동열이 더욱 고양하고 있어서 더욱더 운동장이 필요하다는 것이다. 마침 부산에 주둔하고 있던 수비대가 올해 안으로 대구로 옮기기 되어, 영사營舍와 연병장이 필요 없게 된다. …(중략)… 이 땅을 공설운동장으로 하기 위한 계획을 위하여 부산부는 서둘러 총독부에 무상으로 불하를 청원해야 한다. ─〈釜山日報〉, 1917.10.9

하자마가 어대전 기념사업으로서 운동장 건설을 제안한 뒤 거의 2년이 지난 뒤, 부산에서 다시 운동장 건립의 움직임이 일어났다. 이번에는 지금까지와는 전혀 다른 곳에서 일어났다. 용두산공원의 건설과 함께 서부 지역에 운동장을 건립하자고 한 것은 부산의 경제계의 거두 하자마迫間였다. 그런데 이번에는 부산부의 수장이 운동장 건립을 제안한 것이다.

부산부윤 와카마츠 우사부로若松卯三郎는 1917년 10월 경 청년자제에게 운동 취미를 고취하도록 하기 위하여 운동장이 필요하다는 얘기를 몇 몇 인사에게 하자, 모두 시의 적절한 것이라고 찬동하면서 부윤이 이를 부산부민에게 제창하면 시민이 호응할 것이라고 한다.[5] 운동장 건립 논의는 이때부터 급하게 진행된다.

공원의 입지 선정 과정
① 운동장 설치 협의회의 가동
운동장 설치에 관해서는 부산부 협의회에서 과반의 찬성을 얻게 된다. 그러자 와카마츠若松 부산 부윤은 11월 6일 시내의 음식점에 부 협의회원과 유지를 불러 운동장설치협의회를 개최한다. 협의회에 참석한 것은, 앞서 운동장을 부산 서부에 유치하려고 제안했던 하자마를 비롯하여 부산의 경제계 인사들로 채워졌다. 총 30여명이 그 모임에 참석했다. 한국인으로는 박영길도 거기에 참석했다.

거기에서 운동장의 위치 선정과 실행 방법을 논의되었다. 하지만 그 결정이 쉽게 이루어지지 않자 당시 부산 경제계의 실력자 오이케大池, 하자마迫間와 와카마츠 부윤에게 운동장의 위치와 기부 모금의 방법을 결정하는 실행위원회를 설치하도록 하였다. 그러자 이들은 총 12인의 위원을 선출하여 이들로 하여금 운동장 부지 후보지를 제출하도록 하였다(《釜山日報》, 1917.11.8).

② 공원 후보지를 둘러싼 논의
㉠ 후보지의 장단점
운동장 설치 협의회 실행 위원회는 11월 6일 늦게까지 회의를 한 뒤 세

군데 후보지를 부윤에게 제출한다. 그 장소는 제1안이 지방 법원 뒤쪽 2,800평의 부지, 제2안이 지방 법원 방면의 5,000여 평의 부지, 제3안이 대신리 연병장인데 이곳은 먼저 무상으로 빌려 이를 확장 이용하는 것으로 했다. 실행위원회는 각 안의 장단점을 이렇게 설명했다.

제1안은 설비비 일만 수천 원이 필요하다. 제2안은 이만 수천 원이 필요하다. 제3안은 비용의 면에서는 제 1안과 큰 차이가 없고 대운동장을 설치할 수는 있지만 너무 멀다는 점이 단점이다. 그래서 제2안을 가장 좋은 것으로 하여야 하지만, 지금 부산의 상태로서는 이만 원이나 되는 설비비를 구하기에는 도저히 불가능하므로 제 1안과 제 3안 둘 중 하나를 선정하도록 제안한다. -〈釜山日報〉, 1917.11.8

이 보고에 대하여 거기에 모인 사람들의 의견은 구구했다. 제1안의 찬성자는 교통의 이변성을 운동장의 가장 중요한 조건으로 꼽았고 만약 5,000평의 부지를 얻을 수 있다면 시기를 봐서 확장하면 되므로 이곳이 가장 좋다고 했다. 3안을 찬성하는 쪽은 연병장을 확장하고 교통이 불편한 부분은 도로를 개설해서 이를 해소하면 되니 이쪽이 더 좋다고 했다.

결국 그날은 부지 후보지를 정하지 못하고 다음날 다시 논의하기로 하고 산회를 한다.

ⓛ 후보지로서 연병장 적지 선정과 그 이유

다음 날인 1917년 11월 7일 오후 4시 부청에서 실행위원회의 제 1회 협의회가 열렸다. 먼저 운동장을 어디에 설치할 것인지를 논의했다. 그 논의의 내용을 요약하면 다음과 같다(〈釜山日報〉 1917.11.9).

먼저 운동장 부지 선정에 가장 중요한 요소로 교통의 이변성을 꼽았다. 그런 의미에서 지방법원 뒤쪽의 후보지가 적임인데 그 땅의 지주인 하자마는 부지 제공의 교섭에 응하고 있지만 백삼십은행百三十銀行이 소유하고 있는 부분은 가격 그 외의 면에서 교섭에 응하지 않고 있고, 또 그곳에 부지를 확보하려면 자금이 이만 원 이상 필요하므로 현재 부산의 재정 형편상 곤란하다는 것이 난점이었다.

조금 멀지만 부산수비대 연병장이 적지라는 의견도 나왔다. 민간 모금으로 오천 원 내지 육천 원의 기부금으로 연병장 부근의 부지를 사서 부산부에 기부하고, 연병장을 합치면 약 일 만 평의 운동장을 얻을 수 있다고 하면서 이곳을 운동장의 부지로 선정하기로 하고 기부금은 위원들이 구역을 정하여 호별 방문하여 모집하기로 했다.

이날 실행위원회는 부산수비대 연병장이 적지라는 결론을 냈다. 이 결론을 이틀 뒤 상업회의소에서 운동장 설치 협의회 위원에게 보고하기로 하고 산회를 하였다.

ⓒ 후보지로 법원 뒤쪽 부지 선정과 그 이유

운동장 후보지로 부산 수비대 연병장 적지로 하고 이를 총독부로부터 무상 대여를 받기로 하는 한편 부근 부지를 사들여 총 일만여 평 이상의 대운동장을 건설한다는 것과 자금은 시민들의 기부금으로 하는 것은 결정되었다. 그리고 기부금은 순조롭게 거두어지고 있었다. 하지만 부지는 연병장에서 다른 곳으로 바뀌어 있었다.

부산일보 1918년 5월 12일 자 신문은 이렇게 보도하고 있다.

(전략) 아무래도 연병장은 시내에서 너무 원거리에 있다는 점을 들어 위

그림 4. 1910년대 부산지방법원
출전_ 부산광역시 서구청(2013) 송도 100년

그림 5. 1910년대 부산수비대
출전_ 부산광역시 서구청(2013) 송도 100년

원들 사이에서도 의견이 갈라져 있었다. 12월 5일 다시 이 문제를 원점에서 다시 거론하였다. (중략) 당일 참석한 위원들은 실제 장소를 답사하였다. 위원들은[6] 돌아오면서 상공구락부에 들러 투표로 결정하기로 했다.[7] 결과, 법원 뒤가 8표, 연병장이 6표로 법원 뒤를 제1후보, 연병장을 제2후보로 결정했다. - 〈釜山日報〉 1918.5.12

부산 수비대 연병장과 그 주변을 운동장으로 하는 계획이 원점에서 다시 논의하여 결국 법원 뒤 부지를 후보지로 선정하였다. 그 이유는 운동장 부지 입지 선정 요인으로 시민들이 접근하기 쉬운 곳이어야 한다는 점을 가장 우선으로 삼았기 때문이다.

③ 운동장 부지 결정
㉠ 부산법원 뒤쪽 부지 협상의 좌절
우여 곡절 끝에 부산법원 뒤쪽 부지를 운동장 후보지로 선정했다. 하지만 그 부지는 많은 부분이 백삼십은행百三十銀行이 가지고 있었는데 그 부지의 매각에 소극적이었다. 당시 백삼십은행은 오사카에 본점이 있었다. 부산 부윤 와카마츠는 나고야로 출장 가는 사람 편으로 평당 3원 이

하로 매각하도록 교섭했다. 하지만 백삽십은행은 이를 거절했다. 가격이 맞지 않았던 것이다. 백삽십은행은 평당 5원을 요구한 것이었다(釜山日報 1917.12.20). 부윤은 이를 위원회에 보고하면서, 운동장의 규모를 3,000평 이하고 줄이던가 아니면 제 2안인 연병장으로 하던지, 그도 저도 아니면 다른 곳을 물색하도록 제안했다.

운동장 후보지 선정이 백지화된 것이다. 부윤의 설명을

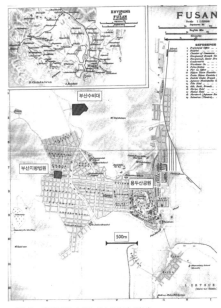

그림 6. 대정공원 부지 후보지의 위치
1912년 발행, 〈FUSAN〉에 가필.

들은 위원은 사태의 심각성을 인식하고, 부윤에서 새로운 부지선정위원회를 구성할 것을 권하고, 위원 선정의 전권을 부윤에게 일임하였다. 부윤은 새롭게 7명의 위원을 선정하였고, 이들과 함께 구 전염병원 적지와 공립고등여학교 부근 부지를 실사하였다.

ⓒ 제 3의 부지 후보, 구 전염병원 적지

새로이 구성된 위원회는 이미 거론되는 부지 후보지 외에 다른 2,3 곳을 실사한다. 그 결과 가장 유력한 곳이 드러났다. 전염병원이 다른 곳으로 이전하고 그 자리에 제6심상소학교가 들어서기로 한 곳이다 소유는 부산학교조합이며, 면적은 4,000여 평이다. 인근 부지 1,700여 평을 사들이면 약 6,000여 평의 부지가 마련된다. 이 정도면 야구와 같은 경기는 충분히 할 수 있다. 문제는 거기에 들어서게 되어 있던 제6심상소학교를 어디로 보낼 것인가 하는 점이었다(〈釜山日報〉 1917. 12. 21).

ⓒ 대정공원 부지 결정

대정공원의 부지는 구 전염병원의 적지로 결정이 되었다. 그 자리에 들어서기로 한 제 6심상소학교는 고등여학교 앞으로 하고 부지를 매입했다(釜山日報 1918. 5 12). 당초에는 부

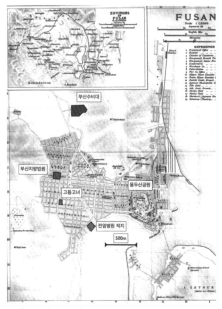

그림 7. 2차 대정공원 부지 후보지 위치

지 면적을 4,796평으로 하고 부지 매수를 교섭했는데 토지 가격을 고가로 매도하려는 부분 309평은 제외하고 나머지 4,487평을 공원 부지로 했다. 중앙의 도로를 폐도로 하고 이를 운동장 부지에 포함하였다. 공사는 병원이 신축하여 이전하는 3월 이후 시작하는 것으로 하였다. 드디어 대정공원이 착공을 기다리게 되었다.

공원 조성 자금

대정공원은 타이쇼 천황 즉위 기념사업으로 추진되었다. 마찬가지 용두산공원과는 달리, 이 공원은 부산부윤이 선두에 서서 추진했다.[8] 관이 주도하는 사업이었다. 하지만 그 내용을 들여다보면, 부지 선정에 민간인

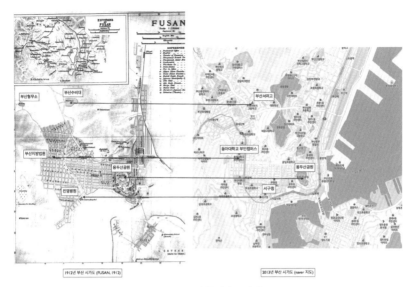

그림 8. 1912년 대정공원의 후보지 위치와 2013년 현재의 토지 용도

위원을 선정하여 이들에게 부지를 물색하도록 하고 또 조성 자금을 기부금으로 모금하는 등 부산부민이 참여하는 공원 만들기를 추진한 점이 특징이다.

여기서는 공원 조성 자금의 모금 과정과 기부금 갹출의 면면을 살펴보고, 그 결과 대정공원이 용두산공원과는 달리 시민의 참여로 조성된 것이라는 점을 밝혀본다.

① 공원 건설 자금의 조성
㉠ 기부금 모금 위원회의 구성

부산 부윤이 운동장을 신설하기로 했다는 소식은 1917년 10월 9일 자 부산일보를 통하여 부민에게 알려졌다. 그로부터 한 달이 채 되지 않은 11월 2일 자 신문에 운동장 건설 자금으로 기부하겠다는 단체가 나타났다.

대정공원인 운동장의 기부금 모금은 착착 진척되고 있는 가운데 조선은
행은 지난 20일 200원의 기부금 신청을 했고, 또 부산의사회는 18일 100원
을 기부하기로 했다. - 〈釜山日報〉 1917. 11. 2.

약 1주일 뒤, 부산일보 11월 10일 자 신문에는 부산부 직원도 기부금을
모금하여 기탁했다는 소식을 전하고 있다. 운동장 조성을 위한 기부금 모
금이 산발적으로 이루어지고 있다가 이윽고 기부금 모금 위원회가 나서
조직적으로 기부금 모금 방법을 논의하기 시작한다. 1917년 11월 9일 기
부금 모금 위원회가 결성되고, 12월 13일에는 위원이 확정되었다(〈釜山日
報〉 1918. 5.12.).

그 날 토지교섭위원 5인과 함께 기부금 모금 위원회의 명단이 발표되
었다. 위원은 관공서와 회사 은행을 담당하는 자, 그리고 각 지역 별로 담
당자를 배정하고 있다. 일테면 지금의 남포동인 남빈정에는 6명의 위원
을 배정했으며, 광복동인 변천정에도 6명을 배정하였다.

ⓒ 기부금의 기부자들

기부금 모금 상황을 살펴보자. 부산일보에 게재된 기부자 명단으로 정
리하면 표 1과 같다. 기부 일자는 부산일보 게재일로 하였다.

개인 명의로 300원을 기부한 사람들은 부산 재계의 실력자들이다. 단
체로는 은행, 우체국, 의사회가 있다. 회사의 기부금이 100원 단위인 것은
사원들이 한 푼 두 푼 갹출한 것인지 아니면 회사의 공금으로 뭉친 돈을
기부한 것인지는 확실하지는 않다. 그러나 학교 교직원, 부산부 직원의 기
부금이 '전' 단위의 잔돈인 것으로 보아, 개인의 기부금 갹출로 보인다.

눈을 끄는 것은, 지역 명으로 기부한 부분이다. 앞서 기부금 모금 위원

회를 구성할 때 지역 단위의 담당 위원을 선정했다고 했는데, 그 위원들이 자신들에게 할당된 지역의 주민들의 기부금을 모아, 지역별로 제출한 것으로 보인다.

② 공원 조성 사업비와 기부금

그러면 공원 조성 사업비 총 규모에 대하여 부민의 기부금은 어느 정도를 차지했을까. 부산일보 1918년 5월 12일 자 대정공원 기념호는 '대정공원 신설 수지결산 보고'라는 기사를 게재하고 있다. 여기에서 기부금이 총 공사비에 차지하는 비중을 알 수 있다.

공원 조성 사업비는 크게 부지 구입비와 부지 조성 공사비로 나눌 수 있다. 부지 구입비는 구 전염병원 부지를 공원 부지로 제공 했는데, 이를 금액으로 환산하면 16,535원이다. 부민의 기부금은 13,735원 66전, 이 기부금의 은행 이자가 107원 37전이다. 따라서 기부금으로 마련한 재원은 총 13,843원

표 1. 대정공원 건설 자금의 기부자와 기부금
(부산일보 게재순)

게재일	기부자	기부금
1917.11.2	조선은행	200원
	부산의사회	100원
1917.11.9	若松府尹	100원
	福永政治郎	300원
	조선기업회사	200원
	조선가스회사	200원
	大池忠助	300원
	迫間房太郎	300원
	香椎源太郎	300원
	坂本文吉	200원
	萩野彌左衛門	200원
1917.11.10	부산부직원	24원 36전
1917.11.16	부산우체국장	20원
	부산우체국 직원 일동	30원
1917.11.20	부산잔교회사	100원
	제일은행 부산지점	200원
	오사카 상선 부산지점	100원
	본정	2,148원
1917.11.30	대청정, 복정정	1,161원
1917.12.5	초량 방면	95원
	보수정, 중도정	261원
	변천정, 금평정	1,508원
	고관 방면	43원
	서정	343원
	매립 방면	196원
	경상농공은행	100원
	고녀교직원일동	11원14전
1917.12.1	제3심상교 교직원 일동	5원 60전
	제2심상교교직원일동	6원38전
	福田增兵衛	300원

3전이다.

〈표 2〉와 같이 대정공사의 공사비가 총 13,843원 3전이다. 기부금과 딱 떨어지는 금액이다. 따라서 대정공사의 시공비는 모두 부민의 성금으로 충당한 것이다. 대정 공원의 건설비 모금에 부산부민 전체가 참여한 것으로 봐도 무방할 것이다. 도시 기반 시설의 정비 사업비를 시민의 기부금으로만 충당한 것은 근대도시공원사에서 드물게 보는 사례로 평가할 만하다.

대정공원의 공간 구성

부산일보 1918년 5월 12일 자'대정공원 개설기념호'의 기사를 근거로 해서 대정공원의 공간구성을 정리하였다. 대정공원의 부지는 삼각형이다.

표 2. 대정공원 공사비 내역과 기부금

수입		지 출		
총액	13,843원 3전	총액		13,843원 3전
부민 기부금	13,735원 66전	토지매수비		8,620원 29전
기부금 이자	107원 37전	가옥 이전비		1,330원
		땅 고르기 기타 설비		3,036원92전
			땅고르기 공사비	1,322원 70전
			마사토 구입 및 바닥 깔기	690원
			전면 석축 덧쌓기	355원 50전
			화장실 2개소 설치	490원 35전
			우물 설비비	38원 50전
			테니스 코트 2개소	103원
			야구 설비비	2원 67전
			스모 장 설치비	34원 20전
		식수비		549원 91전
			수목구입비	177원 50전
			수목 이식비	372원 41전
		운동기구비		234원 13전
		인쇄 기타 잡비		71원 78전

거의 이등변 삼각형과 같은 형
상을 하고 있다. 삼각형으로
치면 밑변에 해당하는 가장 긴
부분이 바다에 면해 있다.

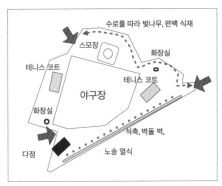

그림 10. 대정공원 공간 구성 모식도

① **운동 공간** - 대정공원
　　의 운동 시설은 야구 그
　　라운드와 테니스 코트,
　　그리고 스모장이다.

㉠ 야구장

야구 그라운드와 공원의 중앙에 배치했다. 홈 베이스는 삼각형 부지의
가장 깊숙한 곳에 자리 잡고, 바다 쪽으로 1~3루의 다이아몬드를 배치했
다. 지면의 경사는 투수 플레이트를 향하여 부드럽게 높아지도록 했다. 중
앙의 투수 플레이드는 결과적으로 5촌(15cm)이 높다. 바다 쪽의 경계 부
에는 공이 바다로 넘어가지 않도록 벽돌 벽을 쌓았다, 높이는 3척(60cm
정도)이다.

㉡ 테니스 코트

테니스 코트는 운동장 바깥에 설치했다. 장소는 두 군데로 각각 운동
장의 동쪽과 서쪽이다. 테니스 코트의 네트를 고정하는 기둥은 고정하지
않고 언제든 철거할 수 있도록 하여 테니스 코트로 사용하지 않을 때에는
다른 용도로 이용할 수 있도록 하였다. 예를 들면 야구 경기가 있을 때에
는 관중들이 야구장을 둘러싸고 관람할 때 테니스 코트는 네트를 철거하

고 관중을 수용할 수 있도록 하였다. 아울러 관중이 야구장 안으로 들어오지 못하도록 간이 울타리용으로 3촌(약 10cm)의 철봉 150개와 로프를 구비하였다.

ⓒ 스모 장 – 북쪽 가스공장 편으로 스모 장을 마련하였다.

② 휴양공간

대정공원은 운동장으로 정비하였지만 아울러 산책하기 좋은 공원이다. 봄부터 가을까지는 산책하기 좋으며 특히 해안의 해수욕장과 가까우므로 여름의 시원한 저녁 공기는 부산에서도 손꼽히는 명소다. 전차의 종점과도 가까워서 접근성도 좋은 장소였다.

㉠ 입구 – 입구는 사방이 개방되어 있으므로 어디서든 접근할 수 있다.

ⓛ 식재공간

공원의 외주로 바다에 면한 부분은 약 6-7m 간격으로 소나무를 39 그루 심었다. 그 소나무는 예전 이곳에 있던 전염병원이 1890년 무렵 창립될 당시 구내에 심었던 것 중에서 수형이 좋

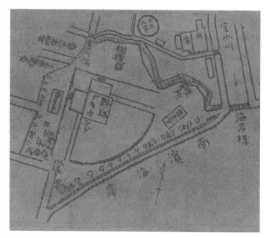

그림 9. 대정공원 완성 평면도　　　　　출전_ 釜山日報 1918.5.12.

312

은 노송이다. 서북쪽에는 맑은 물이 솟아 나오므로 물길을 터고 버드나무를 심었다. 그 아래에는 창포를 심어 두었다. 북쪽의 가스 공장 경계 부분은 벚나무를 심어 두었다.

ⓒ 벤치 - 그 소나무 길 아래에 벤치 25개가 배치되어 있다.

ⓔ 화장실

화장실은 로마의 고성을 연상하게 하는 원형의 당당한 모습이다. 그 화장실 안에는 손을 씻을 수 있는 분수처럼 생긴 수도 시설이 있다. 화장실 바깥은 은행, 버드나무, 편백나무가 식재되어 있다

ⓜ 다점茶店

삼각형 부지의 가장 서쪽은 조망이 좋으므로 다점을 두었다. 다점은 예산상 차후에 건설하기로 하였으므로, 공원이 준공 될 당시에는 계획만 세워둔 상태였다. 다점의 건설은, 1918년 5월 26일 연합운동회 직후 바로 시작하였다. 공사 기간은 총 70여 일 소요되었다(《釜山日報》 1918.5.24.).

그림 11. 대정공원에서 야구 경기 장면. 오른쪽 위에 다점이 보인다.
출전_ 부산광역시 서구청(2013) 송도 100년

그림 12. 대정공원의 해안부 모습. 석축을 쌓고 그 위에 벽돌담을 둘렀다. 소나무 열식은 전염병원 부지의 노송을 이식하였다.
출전_ 부산광역시 서구청(2013) 송도 100년

고관공원[9]

고관공원 여명기(1891-1914)

고관공원이 조성되기 이전, 그 장소는 쓰노에 헤이고의 추모 공간이었다. 그리고 그곳은 부산에 거류하고 있는 일본인에게는 역사적으로 매우 중요한 장소였다. 임진왜란의 고적인 부산진성과 함께 고적지였다. 이른바 고관공원의 여명기에 해당하는 이 시기에 어떤 경위로 고적지가 되었는가를 밝혀 고관 공원이 탄생하게 되는 이유를 정리한다.

① 고관의 지명 유래

고관은 한자로 古館으로 쓴다. 옛 관청이라는 뜻이다. 고관이 지명으로 사용하고 있는 곳은 부산광역시 수정동 일대다. 지금도 고관 입구, 고관파출소 등 부산 시민에게는 익숙한 지명이다. 이곳을 고관이라는 지명으로 부르게 된 것을 알기 위해서는 먼저 조선과 일본과의 무역 관계를 이해할 필요가 있다.

조선 전기부터 진해 웅천의 제포, 울산 염포동의 염포, 부산 범일동의 부산포 등 3개의 포구에 일본과의 무역을 위하여 왜관을 설치해두고 있었다. 하지만 임진왜란 이후 이들 왜관은 모두 폐쇄되었고, 유일하게 부산에서만 왜관이 설치되었다(양흥숙, 2004:165-166).[10]

조선 후기에 부산에 설치된 왜관은 1601년 절영도왜관이 처음이다. 절영도는 지금의 영도를 가리킨다. 1607년 두모포왜관이 설치되자 이곳은 폐쇄한다. 국교 재개의 분위기가 고양되고 사절과 상인의 거래가 활발해진 까닭에 이전 보다 큰 규모의 왜관이 필요하게 된 것이다. 두모포왜관은 지금의 부산진역 맞은편의 수정시장 부근에 있었다. 두모포왜관은

1678년에 초량왜관으로 옮길 때 까지 그곳에 존속했다. 용두산을 둘러싸 듯 조성된 초량왜관이 설치된 뒤 이곳 두모포왜관은 구관舊館 또는 고관 古館으로 부르기 시작했다(양흥숙, 2004:166). 고관이라는 지명은 이때부터 사용하게 된 것이다.

② 쓰노에 헤이고의 추모공간으로서 고관공원

고관이 공원이라는 공간으로 만인의 장소가 되게 되는 데에는 쓰노에 헤이고라고 하는 인물이 중요한 역할을 하게 된다. 왜냐하면 쓰노에 헤이고의 추모비가 있는 장소를 부산부에 공원부지로 기증하면서 그곳이 고관공원으로 부르게 되었기 때문이다. 쓰노에 헤이고라는 사람과 고관과의 연관성을 살펴보자.

㉠ 쓰노에 헤이고의 고관

쓰노에 헤이고는 근세 조선과 일본과의 관계를 이해하는 데에 핵심적인 인물이다(김동철, 2008:104). 앞에서도 언급한 대로 절영도왜관은 개설한 직후부터 인적 교류가 활발했고 그 때문에 왜관의 확장 또는 이전이 절실했다. 쓰시마번은 1640년에서 1672년에 걸쳐 8차례나 사신을 보내 왜관의 확장 또는 이전을 조선 정부에 요구

그림 13. 구관의 위치(1872년 동래부 지도의 일부)

했다. 그런데 1671년의 일이다. 6차 교섭의 사신인 쓰노에 헤이고가 동래에서 급사한 사건이 벌어졌다. 이 일이 벌어지자 1673년 조선 정부는 서둘러 두모포왜관의 이전을 허락한다. 1678년 초량왜관이 설치된다(김동철, 2008:104).

쓰노에 헤이고는 두모포왜관 시대를 마감하고 초량왜관 시대로 변환하는 시기의 중요한 인물이다. 그런데 단순히 왜관의 확장 또는 이전을 설명하는 인물에 지나지 않는 쓰노에 헤이고를 위하여 고관이라는 장소에 추모비를 세우고 선양하는 이유는 무엇일까. 그것은 초량왜관이라는 장소가 지닌 상징성 때문이다. 알다시피 초량왜관은 1678년 용두산 부근으로 이전한 뒤 약 200년 간 조선과의 무역과 교류를 하기 위한 일본인의 거류지였다. 그곳이 1876년 부산이 개항되면서 일본인 전관거류지가 된다. 일본인 전관거류지는 일제강점기의 부산의 중심으로 발전하게 된다.

절영도왜관에서 시작된 일본인의 부산 거주의 역사는 개항 후 일본인 전관거류지에서 역사적 근거를 얻게 된 셈이다. 그 단초가 초량왜관이며 현재 일본인의 존립 기반을 제공한 자가 쓰노에 헤이고인 것이다. 따라서 쓰노에 헤이고는 부산에 죽음으로써 일본인이 뿌리를 내리게 한 영웅인 셈이다. 따라고 두모포왜관이 설치되어 있던 고관은 쓰노에 헤이고를 기억하는 장소이다.

ⓛ 쓰노에 헤이고 추모 공간과 그 의미

고관이 쓰노에 헤이고의 추모 공간이 된 것은 1879년이다. 부산에 거주하던 일본인 상인이 중심이 되어 두모포왜관이 설치되어 있던 두모진 서쪽의 언덕의 약 168평의 토지를 매입하고 거기에 묘지와 초혼비를 세웠다. 토지 매입과 추모비 건립에는 1871년 부산에 도항하여 양조업으로

316

거대한 부를 축적한 후쿠타 마스헤이福田增兵衛를 비롯한 8명의 상인들이었다(김동철, 2008:8-9). 후쿠다 마스헤이는 나중에 부산의 3대 거부로 성공하게 되는 자로 쓰시마 출신이다. 그가 동향의 쓰시마 영주의 가신인 쓰노에 헤이고의 초혼비를 세우는 데에 앞장 선 것이다.

역사학자 김동철은 쓰노에 헤이고의 추모비와 고관이라는 장소의 의미를 다음과 같이 해석하고 있다.

> 부산의 일본인 거류민들은 이 새로운 땅에 대한 역사적 전통성을 부여할 필요가 있었다. 중세 왜관과 근대 거류지를 연결하는 가교 역할을 해 줄 수 있는 극적인 역사적 사건이 바로 쓰노에 헤이고의 죽음이었다. 따라서 거류민들은 개항 이후 부산의 일본인 사회를 탄생시킨 원조인 쓰노에 헤이고를 현창하기 위한 작업으로 그의 무덤과 추모비를 건립한 것이다. 그의 무덤과 추모비가 있는 고관은 부산의 거류지가 중세와 단절된 것이 아니라 중세와 연결되는 역사적 당위성을 부여하는 이상의 공간으로 자리매김하였다. 이 묘지와 비석은 개항 이후 일본인이 부산에 세운 중세 역사에 관한 최초의 기념물이었다. 묘지와 추모비가 건립되면서 이곳은 고토의식을 느끼게 하는 중요한 유적지로 자리 잡았다(김동철, 2008:11).

쓰노에 헤이고의 추모비가 있는 고관은 부산진성, 영가대와 함께 부산의 고적으로 소개될 정도였고[11], 사진엽서로도 발매되었다. 그 사진엽서에는 쓰노에 헤이고의 초혼비는 거북상을 좌

그림 14. 쓰노에 헤이고의 초혼비

대로 하고 그 위에 세웠다. 그리고 그 초혼비를 석주가 사방으로 둘러싸고 있는 모습이다.

고관공원 창시기(1914-1928)

① 쓰노에 헤이고 유적지의 확장과 영구 보존

1914년 부산은 부로 승격된다. 그리고 1915년 무렵 고관 언덕에 마련된 쓰노에 헤이고의 추모비는 일본인 거류민들로 구성된 보존회에 의하여 시설의 확장이 시작되었다. 그 이유는 1879년 세워진 묘비가 30여 년이 지난 1915년 무렵에는 황폐화 되어 있었기 때문이다(釜山日報. 1916.2.2). 1915년 6월 11일 자 부산일보에 "쓰노에 헤이고 묘지 보존회, 기부금 모금의 허가"라는 기사를 살펴보면 쓰노에 헤이고의 추모 행사가 일본인 사회로 그 저변을 확대해 가는 것을 알 수 있다.

> 초량 방면의 유지는 부하 고관에 있는 구 소宗 대마도 번 가신 쓰노에 헤이고의 묘지 보존회를 조직하여 기부금을 모금하고 묘지를 정리 확장하며, 이를 영구히 보존할 것을 목적으로, 타나카 히데지로씨田中秀次郎 외 12명의 대표자로부터 기부금 모금을 출원 중이다. 다음과 같은 조건으로 지난 7일 도청에서 허가를 얻어 곧바로 기부금 모금에 착수할 것이다.
> 1. 모금은 일본인으로만 하고 조선인에게는 하지 않는다.
> 1. 모금 예정액(2,500원)의 반 정도가 모이면 사업에 착수한다
>   - 〈釜山日報〉 1915.6.11

1879년 고관 언덕에 마련되었던 묘지와 추모비를, 고관이 설치되어 있었던 초량 지역의 유지들이 앞장서서 기부금을 걷고 이 돈으로 묘비의 확

장과 영구 보존 사업을 시작한 것이다. 1910년 한일합방과 1914년 부산부의 승격 등으로 부산에 거류하던 일본인이 자신들의 존재 이유를 증명하는 역사 사업을 시작한 것이다. 일본인만으로 기부금을 조성하겠다는 것은 이 사업이 조선인과는 무관할 뿐 아니라 오히려 쓰노에 헤이고의 존재과 고관이라는 장소의 의미를 일본인 사회가 공유하려고 하고 있음을 알수 있다. 기부금 모금은 일본인 사회에서 크게 호응이 있었다.

> 고관의 쓰노에 헤이고 묘지의 보존회에서 기부금을 모집하는 가운데, 동 묘비 정리 확장비는 부산의 관민유지가 많이 응모하고 있어서 발기인측은 크게 기뻐하고 있는 모양이다. -〈釜山日報〉 1915. 7. 23

그리고 그 다음해 묘비의 정비 사업이 진행된다. 부산일보 1916년 2월 2일 자 신문에 "쓰노에 헤이고 묘비의 보존"이라는 기사에 기부금 모금과 정비 사업의 진행 상황이 보도된다.

> 고관의 쓰노에 헤이고의 묘비가 오랫동안 황폐화되어 있는 것을 안타깝게 여긴 고관 주위에 살고 있던 지역 유지 타나카 히데지로, 우에니시 이사부로, 나카노 교스케를 비롯한 다수의 사람들이 보전을 강구하려고 기부금을 모금하였다. 그 기부금으로 매수한 쓰노에 헤이고의 묘지 192평[12]은 부산부에 기부하고, 별도로 기재한 것처럼 동 석비의 지붕 가옥(250원 이상의 예산)은 후쿠다 마스헤에이福田增兵衛씨가 기부하였고, 또 오래된 석비의 보존비와 동 석비 앞의 돌계단은 인토 세이스케印東清助씨가 이미 보관하고 있던 쓰노에 헤이고 기념비(용두산 위) 건설의 잔여금을 가지고 지불하는 것이라고 들었다. -〈釜山日報〉 1916.2.2.

이렇게 해서 정비한 쓰노에 헤이고의 무덤과 초혼비는 부산부에 기증한다.[13]

② 공원 여명기의 공간 이용 행태로 본 시설 정비 내역

쓰노에 헤이고의 묘역 일대는 부산부에 인계되었다. 그리고 부산부는 주변 관유지 468평을 더하여 이 일대를 고관공원으로 조성하였다(김동철, 2008:20). 하지만 고관공원의 시설 내역에 대해서는 알려지지 않고 있다. 다만 고관공원의 이용 실태를 통해 시설물 정비 상황을 추측해본다. 1917년 9월 24일자 부산일보에 "쓰노에 헤이고 예제例祭, 스모 등 여흥 있으니"라는 기사를 참조하여 공원 시설의 내역을 추측해 본다.

> 이곳 고관공원에 있는 쓰노에 헤이고 초혼비의 추계 예제는 오늘 9월 24일 오전 11시부터 집행할 것이며 여흥으로서 일본인 조선인 합동의 아마추어 스모 및 꽃꽂이 등이 있다. 동 보존회는 당일 와카마츠 부윤을 비롯하여 부협의회원 등을 초대하였다. -〈釜山日報〉. 1917.9.24

이 기사로 알 수 있는 것은, 쓰노에 헤이고의 묘역을 고관공원이라고 부르고 있다는 것과 초혼비에 대하여 보존회 주최의 예제를 지내고 있다는 점, 그리고 스모를 하기 위한 장소가 마련되어 있다는 것을 알 수 있다. 다시 말해서 1917년 무렵에는 쓰노에 헤이고의 묘역이 부산부의 도시공원 시설로서 자리매김되어 있었던 것이다.

공원 확장기(1926-1928)
① 오이케 츄스케大池忠助의 동상 건립

고관공원의 역사에서 중요한 또 한 명의 인물이 있다. 바로 오이케 츄스케다. 오이케 츄스케는 대마도 출신으로 부산에 온 것은 1875년이다. 부산의 개항이 1876년이니 상당히 빠른 시기에 부산에 왔다. 그 후 그는 무역업과 부동산으로 하자마迫間, 카시이香椎와 함께 부산의 3대 거부로 성장한다. 그 중에서 가장 이른 시기에 부산에 온 것도 오이케다.

1926년. 부산 개항 50주년이 되는 해다. 부산의 일본인들에게는 의미 있는 해다. 개항 50주년을 기념하기 위한 각종 행사가 개최되었다. 상공인에 대한 표창이 이루어졌다(김동철. 2004:123).[14] 이 무렵 오이케의 동상 건립 움직임이 일어난다. 1926년 11월 28일자 부산일보에 "오이케 씨의 동상 건설"이라는 기사가 있다.

표 3. 고관공원 관련 역사적 사항 연표

관련 역사적 사실	연도	고관공원 관련 사항
절영도왜관 설치	1601	
두모포왜관 설치	1607	
	1671	쓰노에 헤이고 급사
초량왜관 설치	1678	
	1875	오이케 츄스케 부산 상륙
부산 개항	1876	
	1879	쓰노에 헤이고 고관 언덕에 추모비. 묘지 설치
한일합방	1910	
부산부 승격	1914	
	1915	쓰노에 헤이고 보존회 기부금 모금
	1916	쓰노에 묘역 부산부에 기부 고관공원의 탄생
	1926	부산개항 50주년. 오이케 츄스케 동상 건립 움직임 오이케 츄스케수상건립위원회 결성
	1928	5월 부산부. 고관공원 설계를 오야 레죠에게 의뢰 5월 25일 오야 레죠 부산 방문. 부산의 공원과 고관공원 조사 6월 17일 고관공원에서 동상 건립 제막식 10월 23일. 고관공원 공사비 예산 통과

오이케 큐스케는 부산 개항의 전년 1975년 2월 28일 조선에 건너온 이후 50여년간 일관하여 공공에 진력하고 각종의 사업을 벌려 부산은 물론 조선

의 개발에 공헌한 것은 실로 다대하다. 이 공로를 영구히 후세에 전하고 기념하기 위하여 이번에 오이케 츄스케 옹의 동상 건설, 표창을 하자는 의견이 있어서 모치즈키 타츠조(중략) 등이 발기인이 되어 옹의 동상 건설에 관한 제반의 계획 간담을 위하여 28일 오후 6시부터 호텔에서 유지 간담회를 개최할 것이다. -〈釜山日報〉1926.11.28

그리고 유지들이 모여 간담회를 열었다. 그 때의 모습이 1926년 11월 30일 자 부산일보에 실려 있다.

오이케 츄스케 옹의 수상壽像 건설에 관한 상담회는 28일 밤 호텔에서 개최되었다. 이즈미자키 부윤, 가시이 회장을 비롯한 많은 관민이 출석하여 만찬을 했다. 나중에 발기인을 대표해서 모치즈키 타츠조씨가 개회 인사를 했는데 요약하면, 오이케옹의 근친자들이 중심이 되어 조선에 건너온 지 50여 년이 된 오이케옹의 공로를 표창하기 위하여 수상을 건설하자는 얘기는 인정미의 발로이며 크게 찬성할 일인데, 나는 바쁜 일이 있어 안내

그림 15. 오이케 츄스케의 동상 제막식 광경(가장 오른쪽은 제막식에서 인사하는 오이케 츄스케)

장의 자구에 신경을 쓰지 못하여 못내 오해를 불러왔지만 안내장의 본의는 지금 제가 말씀 드리는 것 이외에는 어떤 의도도 없으므로 양해를 해 주시고 이 사업을 원만하게 성공하도록 해 주시기 바란다. 이렇게 일장 인사를 했다. 이것에 대하여 카시이 회장은 모치즈키 씨가 말한 대로의 취지라면 누구도 이의가 없을 것이며 옹을 위하여 옹을 둘러싼 근친자들이 발기하여 일반의 찬성을 구하는 것은 그야말로 잘된 일이며 우리들도 대찬성이라고 하며 일동을 대신하여 사사謝辭를 내놓았다. 다음은 이즈미자키 부윤의 소감이 있었고 요시오카 츄미츠씨의 인사와 좌장 추천이 있었다. 만장일치로 모치즈키씨를 좌장으로 추천하고 십 수명의 전형위원을 천거하였다. 좌장이 산회를 했는데 위원은 19일 정오 남빈 치토세에서 회합하고 첫 번째 협의를 진행했다. -〈釜山日報〉1926.11.30

이 기사로 알 수 있는 것은 오이케의 수상壽像 건설에 부산부의 수장인 부윤과 상공계의 거두인 카시이가 참석했고 또 사업비는 일반 모금으로 진행한다는 것이다. 다시 말해서 오이케의 수상 건설은 근친자들의 개인적인 경로 사업이 아니라 부산 상공계의 사업이며 나아가 부산 일본인 사회의 조선 진출의 기념사업인 셈이다.

모치즈키를 비롯한 전형 위원회가 구성되고 나서 본격적인 활동에 나섰다. 발기인은 484명. 이들을 중심으로 오이케 수상건설회大池壽像建設會가 구성되었다. 회장은 부산상공회의소 회장인 카시이 겐타로다. 그리고 수상건설회 실행위원회가 구성되었다.[15] 지역 유지들의 모임이 있은 뒤 약 1년 6개월 뒤, 드디어 수상 제작이 마무리되고 설치 일정이 결정되었다.

오이케 츄스케옹의 수상제작은 동경에서 주조 중으로 드디어 이번 달 말에 완성이다. 동경에서 발송하면 6월 3일 부산에 도착하여 수정동 고관공원에 조립하여 6월 17일 제막식을 거행하는 것으로 건설위원회에서 결정했다. 한편 건설위원회는 기부금을 5월 31일까지 전부 완결해야 한다며 요시오카 건설위원장을 비롯하여 이토, 고미야, 나카지마, 코하라, 아쿠다가와 등이 모여 모금에 힘쓰고 있다. - 〈釜山日報〉 1928.5.25

이 기사에서 알 수 있는 것은 수상은 동경에서 제작했고, 건설에 관련한 비용은 기부금으로 충당하고 있으며, 설치장소는 고관공원, 그리고 제막식은 6월 17일이라는 점이다. 수상의 설치 장소에 관한 논의에 대해서는 알려진 것이 없다.[16]

② 고관공원의 확장
예정대로 1928년 6월 17일 제막식이 거행되었다. 카시이 겐타로 건설회 회장의 식사에서 그간의 건설과정과 모금을 알 수 있다.

오이케 츄스케옹 수상건설의 준공을 여기에 와서 길일인 오늘 제막식을 거행하게 되었다. 본회는 1926년 10월 부산 개항 50주년을 기념하여 개항이 전부터 조선에 건너와 조선개발의 선구자가 되어 시종일관 공공에 진력하신 오이케 츄스케 옹의 공로를 표창하기 위하여 484명의 발기인인으로 오이케 츄스케옹 수상건설회를 설립하고 회원을 모집하고 건설의 공무에 착수하였는데 본회의 취지에 찬동하는 범위가 너무 넓어 회원이 1만 2천여 명, 기부금 총액이 3,500원을 넘는 등 그야말로 예상하지도 못한 성황을 이루어 오늘에야 수상 건설을 완료하게 되었다. - 부산부, 1928:41

오이케 츄스케 수상 건립의 목적이 부산 개항 50주년 기념을 위한 공로 표창이라는 점, 기부금은 회원 모금으로 하였고, 1만 2천 명의 회원이 3,500원의 회비를 갹출했다는 점을 알 수 있다. 뒤이어 쿠와하라 이치로 부산 부윤의 축사다.

(전략) 수상 건설의 부지는 오래전 일본인의 거류지였으며 왜관의 고적인 땅을 오이케 옹이 거액을 들여 공원 부지로서 부산부에 기부한 곳이다. 이곳은 기대가 높아 멀리 현해탄의 파도가 보이고 풍광이 웅대한 곳인데 이번에 오이케 옹의 수상이 건설되어 한층 더 위채偉彩를 더해가고 있다.

    - 부산부, 1928:42

오이케 수상 제막식 당일 카시이의 식사와 부산부윤 쿠와바라의 축사를 통해 그간의 사정을 유추해 볼 수 있다. 사정은 이렇게 된 것이다. 오이케 수상의 건립 장소는 쓰노에 헤이고의 묘역과 초혼비가 있는 고관공원이다. 그곳은 이미 보존회가 부지를 구입하여 부산부에 기증하여 고관공원으로 일반 공개하고 있었다. 오이케 츄스케의 수상은 고관공원 인접한 개인 저택의 부지[17]를 구입하여 거기에 설치하고 그 부지를 부산부에 기증한 것이다. 이 부지를 기증 받은 부산부는 기존에 공개하고 있던 고관공원과 병합한 것이다.

고관공원에 오이케 츄스케의 공적을 기념하는 수상이 건설되는 것은 매우 상징적인 사건이다. 일본인이 부산에 존재하게 된 근원의 상징으로써 쓰노에 헤이고와 무역업 등 상업 행위로 거부가 된 오이케는 번영하는 미래의 일본인 사회를 상징하는 인물이다. 이로써 이방의 땅 부산에 일본인 거류의 역사적 근거와 찬란한 미래를 공원이라고 하는 일반 공개지를 통하겨 공유하게 된다. 근대 공원은 국민을 통합하고 이를 통하여 국가라고 하는 이데올로기를 견고하게 하는 장치라는 점을 고관공원을 통해서도 알 수 있다.

③ 고관공원의 설계

쓰노에 헤이고의 추모 공간이며 고적지였던 고관공원의 인접지에 오이케 츄스케의 수상 설치가 결정되고 그곳을 공원으로서 부산부에 기증하는 것이 결정되는 시점에서 고관공원의 정비는 불가피한 일이 되었다.

오이케 츄스케의 수상이 설치되는 장소는 일본정원으로 조성되어 있는 개인 저택이며 공원으로 일반에게 개방하기 위해서는 새롭게 정비를 해야 했다. 공원의 부지는 쓰노에 헤이고 보존회가 부산시에 기증하여 고관공원으로 사용하고 있는 것과 오이케 츄스케가 동상의 건립을 위하여 손에 넣은 개인 저택의 정원 부지, 그리고 주위의 밭으로 사용하고 있던 땅 등 총 5000평과 입구 연락 도로 폭 5칸, 길이 30칸이었다(오야 레죠, 1930:268). 이 부지에 조성될 공원 설계는 일본 오사카부 기사인 오야 레죠 大家靈城에게 설계를 맡겼다. 1928년 5월 25, 26일자 부산일보에 오야가 고관공원 설계를 위하여 현지조사를 한다는 기사가 실렸다.

그림 14. 오야 레죠의 고관공원 설계안

부산의 어대전 기념사업이 될 오이케 츄스케씨가 기부한 고관공원의 설계는 이 분야의 권위자인 오사카부大阪府 기사 오야大

屋임학박사에게 의뢰해 두었는데 드디어 25일 오전 8시 10분 부산에 입항하는 연락선으로 부산에 와서 현지 조사를 하게 되었다.

– 〈釜山日報〉 1928.5.25

오사카부 공원기사 오야 박사는 25일 아침 부산에 와서 오이케 여관에서 약간 휴식을 한 뒤 우치야마 이사관의 안내로 고관의 공원 부지를 시찰하고 이어 용두산공원, 대정공원, 송도 등을 시찰하였다. 일단 개념을 얻기 위하여 3일 체재 하면서 상세하게 고관공원 부지의 실지 조사를 할 예정이다. 박사는 이 장소가 각종 진귀한 수목이 많고 조망 또한 뛰어나고 위치도 좋다면서 대단히 촉망된다고 했다. – 〈釜山日報〉 1928.5.26

오이케의 수상이 동경에서 제작되어 다음 달 부산에 온다는 소식과 함께 고관공원의 설계자가 부산에 현지조사를 와서 공원 부지를 조사했다는 것은 오이케 츄스케의 수상 건설 장소의 결정이 급하게 이루어졌다는 것을 추측하게 한다. 아니면 수상 건설지는 결정이 되었는데 그곳을 공원으로 부산부에 기부하기로 한 결정이 늦어졌는지도 모른다. 아무튼 고관공원의 정비는 오이케 츄스케 수상의 제막식 이후라는 점이다.

고관공원의 설계 사상
① 고관공원의 설계 방침
오야는 부산의 공원 현황과 현장의 상황을 조사하고는 부산의 공원 현황과 과제를 다음과 같이 제시한다.

부산은 해변공원으로서 대정공원과 송도해수욕장이 있고 운동장으로 조성중인 고원견 그라운드가 있어 시민의 운동과 해수욕 등에는 상당한 시설이 구비되어 있지만 한편 아동의 유희장으로서 소공원과 시민의 미적 정서를 함양하게끔 심신의 휴양에 도움을 주는 식물원 또는 삼림공원 등의 시설은 부족한 상태다(오야례죠, 1930:267).

그리고는 고관공원의 설계 방침을 다음과 같이 제시한다.

이번에 계획하는 고관공원 부지는 다행히도 각종 진기한 나무들이 있는 정원을 일부 포함하고 있고 또 휴양하기에 좋은 송림과 조망하기에 좋은 장소가 많아 이 부지를 화훼, 관상 식물 등을 주가 되는 휴양공원으로 조성하면 장차 시민의 정신을 부드럽게 하고 나아가 미적 정서를 양성하며 심신의 건강한 발달을 가져다 주는데 효과가 있을 것으로 믿는다. 그래서 나는 고관공원을 장래 시민의 교화와 휴양기관의 하나가 되는 공원으로서 적당한 시설이 되도록 설계하였다(오야, 1930:268).

② 시설 배치 개념
㉠ 입구시설
입구에는 폭 10칸 깊이 5칸의 광장을 설치한다. 여기서 고지대로 오르는 폭 5칸의 언덕길을 만들고 양쪽에 잔디를 심고 벚나무를 열식한다. 광장에는 공원표지판을 세우고 풍치수로시 가시나무, 벚나무를 섬식하고 식수대와 도로 경계선에 철제책을 세워 잔디를 보호하고 풍치를 더한다.

㉠ 대광장 시설
연락도로 종점인 평지는 광장으로 하고 반은 잔디, 반은 점토로 깐다.

주위에 원숭이 우리猿舍 1
개소와 휴게소 1개소(다점)
을 둔다.

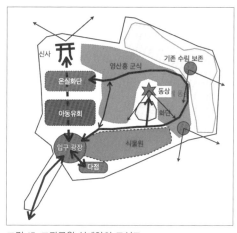

그림 15. 고관공원 설계안의 모식도

ⓛ 식물원 시설

공원 부지가 된 정원에
는 진기한 식물을 많이 모
아 두었는데 이것을 가급
적 그대로 보존하여 여기
에 진수진초를 보식하고
하나하나에 수목 명 및 간단한 설명을 기재된 명찰을 세워 시민 식물원
으로 한다.

ⓒ 동상 앞 시설

동상 앞에는 작은 정원을 만든다. 중앙의 땅을 평평하게 고르고 화단
은 배치하고 그 중앙에는 분수를 설치하여 주위에 적당하게 벤치를 배치
한다. 오른쪽의 산자락에 있는 영산홍을 여기까지 연장하여 영산홍화단,
분수, 동상 등을 한눈에 보면서 휴식할 수 있도록 한다.

ⓔ 영산홍 시설

영산홍 군식을 동상 앞까지 확장하고 이를 바라보기도 하고 또 멀리
해상을 조망하면서 휴식을 할 수 있는 지점에 작은 집을 지어 귀빈의 휴
식에 사용한다.

ⓜ 송림시설

기존 송림 안에 3칸 폭의 원로를 관통하고 군데군데 유람자가 소요할 수 있도록 하고 쇄약해진 소나무는 적당하게 간벌하여 햇볕이 들 수 있도록 하여 소나무를 양성한다.

ⓑ 신사시설

신사는 가장 높은 곳에 설치하고 석단을 2개소 신설하여 입구 광장에서 곧 바로 올라갈 수 있도록 한다. 사전의 뒤편은 드문드문 소나무를 배치하고 뒤편의 산야를 원망할 수 있도록 한다.

ⓢ 온실화단시설

신사 아랫 쪽 대지, 지금 정원사가 사용하는 창고가 있는 광장은 이것을 화단 본위의 정원으로 하고 한쪽에 약 12평의 유리온실을 짓고 그 안에서 배양한 진기한 초목을 봄 가을로 화단에 심어 시민의 원예 취미를 고취하고 숭고의 정서를 함양한다.

ⓞ 아동유원 시설

하단의 한쪽을 구획하여 아동의 놀이터로 하고 그네, 사장, 미끄럼틀 등을 설치한다.

공원의 공사비와 완공 시기

오야는 이 설계도를 제시하면서 공사비는 부지의 측량 등이 남아 있지만 대략 부지 구입비 등을 포함해서 2만에서 3만 원 정도로 보았다(오야 레죠, 1930:269). 그러면 이 설계안을 받은 부산부는 언제 공사를 진행했을까. 이 의문에 대답하는 것이 부산부 협의회의 회의록이다.

1928년 10월 23일 자 부산일보에 부산부 협의회의 회의록이 게재되었다. 기사의 제목은 "2만원으로 고관공원을 완성"이다. 이 기사는 부산부 협의회 의원들의 질문과 이에 대하여 부산부윤 등 행정 당국의 답변을 게재하고 있다. 회의 내용은 부산부의 세입출 예산의 추가경정 심의이다. 추가경정 예산 심의안건은 화장장의 경비 지출과 고관공원의 공사비 지출에 관한 것이었다. 먼저 혼간지가 경영하고 있는 화장장의 경비 보조에 대한 질의 응답이 있은 후 공원의 공사비 1만 원에 대하여 하야미즈 기사가 내용 설명을 했다. 이에 대하여 아와바시岩橋 의원이 질문을 한다.

이와바시 의원 : 현재 부의 재정은 핍박하고 있어서 그야말로 긴급한 사안이 아니라면 가급적 절약해야 하는데 공원 이용의 성질상 급박한 사업인 것 같지도 않고 그런 사안에 대하여 2 만원이라고 하는 거액을 지출해야 한다는데 무슨 깊은 사정이라도 있나

구와바라 의장 : 공원으로서 모습을 갖출 정도의 시설로 필요 이상의 시설을 하려는 것은 아니다.

이와바시 의원 : 본 시설은 긴급한 것이 아니다. 고관공원 부근은 조선인들이 부락을 이루고 있을 뿐 도축장에 인접하고 있고 시구개정조차 이루어지지 않고 있는 그런 장소에 공원을 시설로서 누가 이용하겠는가. 이와 같이 급하지 않는 시설에 거액을 사용하지마라. 다른 급한 곳도 얼마든지 있지 않은가.

타케시타 의원 : 이와바시 의원의 의견에는 찬동할 수 없다. 오이케씨가 토지와 현금 1만 원을 기부했으며 그 지극 정성과 순수한 동기에 대해서는 이와바시씨도 지금 들었지 않은가. 간담회를 뭐 하려고 열었나. 간담회에서

모은 의견을 존중하는 의미에서도, 또 오이케씨의 순정을 생각해서라도 이와바시씨의 의견에는 찬성할 수 없다

　　고하라 의원 : 이와사키군의 발언 속에 조선인의 일개 소부락이라는 말은 요우僚友라는 사람이 하는 말로서는 그야말로 유감이며 불근신이다. 조선인이라고 해서 공원 이용에 자격이 없다는 투의 말은 공인으로서 조심해야 할 말이다. 서둘러 이 실언은 삭제하는 것이 좋을 것이다. 따라서 원안대로 가결하고(이하 생략). -〈釜山日報〉1928.10.23.

　이 회의록으로 알 수 있는 것은 고관공원의 공사비는 2만 원이며, 이 중 1만 원은 오이케 츄스케의 기부금이며, 이 돈으로 공원을 완성했다는 점이다. 오야가 설계서에 공사비를 2만 원에서 3만 원으로 예상했는데 최소한의 공사비로 공원을 완성한 것으로 추측할 수 있다. 그럼 모자란 1만 원으로 공원의 어느 부분이 오야의 설계대로 추진되지 않았을까. 추측컨

그림 16. 고관공원의 모습(김승, 양미숙(2010) 신편 부산대관)

대 신사 부분으로 보인다.

고관공원의 설계 사상
① 성속의 병치
먼저 성스러운 역사적 인물과 이에 필적하는 현존 인물의 병치다.

고관공원은 쓰노에 헤이고의 추모공간이었다. 그것은 일본인 거류민이 이국땅 부산에 정착하게 하는 동기이자 근원이었다. 오래전부터 부산에 뿌리를 내린 증거이자 존재의 이유이기도 했다. 그 추모공간은 역사적 토지이며 성스러운 장소였다. 그런 역사적인 장소에 현재 부산은 물론 조선 전역에서도 이름이 알려질 정도로 성공한 상공인 오이케 츄스케가 같은 무게로 자리를 잡는다.

부산 개항 50주년을 기념하는 해, 개항 전 해 부산으로 건너와 부산의 상업을 일으킨 오이케 츄수케의 공적을 기리는 수상을 부산 상공인은 물론 부산부 행정 당국이 지원하여 건설하기로 한다. 그의 수상을 고관공원에 인접한 개인 정원에 건립하고 이 장소를 이미 일반에게 공개하고 있던 고관공원에 편입하면서 결과적으로 현존하는 인물을 순국 선열과 동일한 반열에 두었다.

② 산수 컨텍스트의 계승
두 번째는 현존하는 식생과 지형을 그대로 이용하는 산수 컨텍스트의 계승이다. 오이케가 그의 동상을 건립하기 위하여 매입한 장소는 경상남도의원 우에스기의 별장이었다. 그곳은 부산항과 원해를 내려다보는 비탈지를 따라 각종 진기한 식물이 수집되어 있는 일본식 정원으로 조성되어 있었다. 공원설계자 오야는 현존하는 진기한 식물을 그대로 이용하여 식물원으로 조성하려고 했다. 또 먼 바다를 내려다 볼 수 있는 장소에는 조망점으로 활용했다. 가장 높은 장소는 신사라고 하는 신성한 장소로 자리매김하고 여기서 서북쪽의 수정산을 바라볼 수 있도록 했다.

③ 공원 컨텐츠의 보완

부산의 공원 배치와 내용을 치밀하게 관찰하여 그때 까지 부산의 공원에 부족한 시설인 아동 유희 시설을 배치하여 공원 컨텐츠를 보완했다.

④ 국민국가 형성의 장치

근대 부산의 고관공원은 일본에서의 공원과 동일하게 국민국가 형성의 장치라는 역할을 충분히 수행했다.

마무리

이 3대 공원 중, 용두산공원만 그 자리에 잔존하고 있다. 대정공원은 서구청사로, 고관공원은 동구청사로 그 용도가 바뀌었다.

인용문헌 : 이글은 다음 논문을 수정 가필한 것이다. 이 글을 쓰는데에 사용한 문헌은 다음 논문이 인용문헌을 참조해 주기 바란다.

1. 정지영, 조승래, 강영조, 2006, 근대 용두산공원의 성립과 그 변용에 관한 연구, 한국전통조경학회지, 24(1): 69-77
2. 강영조, 2013, 근대부산에서 대정공원의 성립과정과 공간구성에 관한 연구, 한국전통조경학회지, 31(2):92-102
3. 강영조, 2013, 근대 부산에서 고관공원의 성립과 설계 사상, 한국전통조경학회지, 31(4):22-32

주석

1. 한국연구재단의 기초학문자료센터가 구축해 놓은 토대연구DB 중 '일제시기 釜山日報 기사 목록 및 기사 검색을 위한 DB. 1914년-1944년의 부산일보 기사 42만개에 대한 정보 제공'을 이용하였다. 자세한 것은 데이터베이스 소개를 참조. http://ffr.krm.or.kr/base/td002/intro_db.html

2. 카메야마를 기념하는 장소로 다른 곳도 아닌 운동장과 유원지가 거론된 이유는 확실하지 않다. 카메야마가 고등문관 시험에 합격하고 첫 부임지였던 내무성에서는 부국을 위하여 국민의 체력의 중요성을 인식하고 이를 학교 교육에 적용하려는 움직임이 있었다. 1880년대 일본 내무성 위생국이 펴낸 〈学校衛生概論〉에서 아동의 건강과 운동과의 관계를 기술하고 있다(小野良平,2003:31-48). 건강한 국민의 육성이 국가의 융성으로 이어진다는 생각이었다. 당시 카메야마는 내무성 토목국에 착임하고 있었다. 이런 내무성 위생국의 영향을 받았을지도 모르겠다. 하지만 이를 검증할 사료를 없다. 당시 일본의 지도층은 부국과 국민의 체력, 운동, 체육, 운동장. 그리고 공원이 하나의 범주에 넣어 공원배치 정책을 추진했다. 카메야마는 물론 당시 부산의 일본인 지도층은 이런 본국의 움직임을 알고 있었던 것이다. 물론 추측에 지나지 않으므로, 이 대목은 차후 연구를 기다려야 할 것이다.

3. 용두산공원의 부분 참조

4. 용두산공원을 건설할 때, 공원 설계자에게 요청한 것이 운동장이었다. 하지만 설계자는 용두산의 부지 특성 상 운동장을 마련할 수 없다고 한다.(정지영 외 2, 2006)

5. 부산일보 1918년 5월 12일자. 대정공원 개설 기념호

6. 총 14명이었다.

7. 부산일보 1917년 12월 6일 자. 여기에는 와카마츠 부윤도 참석했다.

8. 용두산공원의 조성 자금은 당시 부산상업회의소 회장인 하자마 후사타로(迫間房太郎)가 부담하였다. 금액은 10,000원이다.

9. 고관공원의 조성에 관한 선행연구로 〈김동철(2008), 기억의 표상으로서의 왜관, 쓰에효고 추모비의 건립과 고관공원의 조성, 한국민족문화 31:103-126)이 있다.

10. 양홍숙, 2004, 178세기 두모포왜관의 경관과 변화, 지역과 역사 15호, 부경역사연구소, pp165-196

11. 釜山要覽(1912:354),釜山商業会議所

12. 부산부세요람에는 쓰노에 헤이고의 무덤과 추모비가 있던 부지를 168평이라고 하고 있다(釜山府勢要覽,1932:3-4)

13. 신문 기사와는 달리 부산부세요람에는 이 부지의 기증 시기를 1914년 부제(府制)시행과 함께 부산부에 인계했다고 하고 있다. 하지만 1915년 6월에 기부금 모집이 있었고 1916년 2월에 묘지 정비가 이루어졌다는 것으로 보아, 이 부지가 부산부에 인계된 것은 1916년 이후인 것으로 보인다.

14. 김동철(2004), 식민지 도시 부산의 대 자본가 香椎源太郎의 경제활동, 역사문화학회 학술대회 발표자료집, 2004.11. p106-127. 역사문화학회.

15. 釜山日報 1927.4.3.자에 "오이케 수상위원회"라는 기사에서 실행위원회가 철도호텔에서 열렸다는 사실을 확인할 수 있다.

16. 오이케 수상 제막식 당일 카시이의 축사를 통해 그간의 사정을 추측할 수 있다. 釜山府(1928)「釜山」 제3권 6호. pp41-42

17. 경상남도 도의원 우에스기(上杉)의 별장이다.

김종세 나락한알 원장, 소셜 디자이너

민주공원을 스토리텔링하다

시간과 공간을 동시에 호흡할 수 있는 랜드마크

부산의 원도심 지역은 1876년 개항 이후 한국의 근·현대 역사 경관이 고스란히 숨쉬고 있으며, 8·15 이후 도시민들의 이야기narrative가 짙게 묻어 있다. '공간의 미美' 뿐 아니라 '시詩'를 갖추고 있는 곳이다. 일본의 기획에 의해 형성된 시가지에는 일본식 문화의 잔재가 짙게 남아 있고, 일본이 물러가고 난 뒤에는 한국전쟁 이후 서양식 문화가 물밀듯이 들어와 그 자취를 길게 남기고 있으며, 1970년대 이후에는 대중문화와 더불어 '성장 지상주의' 세력들이 공공 공간을 사적으로 점유하여 이 지역의 문화 지형을 비틀어 놓았다. 그런 한편 민족민주운동의 정치적·문화적 실천이 그 한가운데서 치열하게 전개된 곳이다.

이러한 역동적인 역사를 품고 있는 원도심 속에서 민주화 운동의 기억과 기념을 위한 대표적 건축 공간으로 민주공원이 자리하고 있다. 민주공원은 영주동의 산복도로 끝자락을 벗어나서 초량의 구봉산과 대신동의 구덕산을 잇는 보수산 산마루에 위치하고 있다. '부산의 지붕'이라 할 만한 이곳을 찾는 재미와 의미는 부산의 시간과 공간을 동시에 호흡할 수 있다는 데 있다. 민주공원은 부마민주항쟁을 비롯한 부산시민들의 민주화 운동의 역사를 상징하고, 백두대간의 끝자락에 위치하여 부산항과 부산시 전경을 한눈에 내려다 볼 수 있는 매력을 갖추고 있는 부산의 랜드마크다. 그리고 민주항쟁기념관을 품은 민주공원은 주변 산책로를 따라 4월혁명희생자위령탑, 광복기념관, 중앙도서관, 대한해협전승기념비, 조각공원에 둘러싸여 있고, 맞은편에 충혼탑을 바라보고 배치되어 있다. 이들은 특정한 시기의 역사나 가치를 기억하기 위한 기념비적인 공간들로 시기에 따라 기념 방식을 달리하며 부산의 역사를 이야기한다.

민주공원의 건립 경위와 목적

민주공원은 중구 영주동 산10-16번지 민주공원1길에 있다. 이름이 '공원'이지만 그 핵심 시설은 민주항쟁기념관이다. 공원 부지 면적은 20,337㎡이고, 기념관의 규모는 지하 1층, 지상 3층, 연면적 5,278㎡이다. 주요 시설은 민주항쟁기념관 안에 상징 조형물 '민주의 횃불'과 상설전시실 · 기획전시실 · 중극장(419석) · 소극장(116석) · 사료보존실 · 사무실 · 식당 · 회의실 등이 있고, 야외에 장승터 · 원형극장 · 들풀나무뜰 · '넋기림마당' · '가리사리마당' · '쉬운길'과 주차장을 겸한 일주순환로 등이 있다.

민주공원의 건립 과정은 민관 협치의 모범적 사례다. 건립 사업은 1995년 (사)부산민주항쟁기념사업회가 부마민주항쟁 기념탑 · 기념관 ·

기념공원 조성 사업을 추진하기로 결의함으로써 시작되었다. (사)부산민주항쟁기념사업회와 부산광역시가 공동으로 사업을 추진키로 하고 '부산민주공원 조성 범시민추진위'를 발족하였다. 추진위원장은 문정수 부산광역시장이 맡고, 집행위원장은 (사)부산민주항쟁기념사업회 송기인 이사장이 맡기로 하는 한편, 추진위원회를 각계 인사 및 민주항쟁 관련자 등 428명으로 구성하였다.

조성 예산은 당초 국비와 시비에 시민 모금을 합쳐 약 200억 원을 마련하기로 하여 부산지역 신문·방송사들도 시민모금사업을 공동으로 추진할 것에 합의하였다. 그러나 이후 시민모금금지법에 의하여 시민 모금이 불가능하여 국비 80억 원, 시비 80억 원으로 예산 계획 편성하였다.

이때가 김영삼 대통령의 문민정부가 '역사 바로 세우기' 정책을 힘있게

그림 1. 민주공원 전경 그림

추진할 때였다. 이리 하여 민주공원은 1997년 10월 기공식과 더불어 공사를 시작하여 1999년 10월 16일 개관식을 거행하였다. 이 날은 박정희 유신독재체제를 무너뜨린 부마민주항쟁이 일어난 지 20년이 되는 날이다.

민주공원은 단지 조경과 생태 환경을 갖춘 보통의 '공원'과는 다르다. 민주공원은 부산광역시 소유 시설로 현재 (사)부산민주항쟁기념사업회가 수탁 관리·운영하고 있으며, 민주항쟁기념관에서 다양한 교육 문화 프로그램들이 활발하게 벌어지고 있다. 민주공원은 한국 현대사의 발전에 결정적 기여를 한 4.19민주혁명과 부마민주항쟁 및 6월항쟁으로 이어져 온 부산 시민의 저항 정신과 민주주의 발전에 대한 가치와 자부심을 계승 발전시키기 위해 조성되었고, 이를 역사의 산교육장으로 활용하여 민주화의 산실인 부산의 역사적 위상을 높이고자 여러 가지 프로그램들을 전개하고 있다.

민주공원은 민주항쟁기념관이다

민주공원에 들어서면 각 장소의 이름이 거의 순우리말로 되어 있다. 그 말들이 아름답기도 하고, 그렇게 이름 붙인 이들의 생각과 노력에 공감이 절로 된다. 그런데 몇몇 장소 이름은 매끄럽지 못하거나 그 장소의 성격에 어울리지 않는다. 그 중, 민주공원의 순우리말이 '마루누리쉼터'라는데, 도저히 번역의 연결이 되지 않는다. 마루란 '등성이를 이루는 지붕이나 산 따위의 꼭대기'를 이름이요, 누리란 '세상世上'을 예스럽게 이르는 말인데, 그렇다면 마루누리쉼터란 '산등성이 세상('공간'에 있는 쉼터'란 것이 되지 않는가? 이건 민주공원의 순우리말 명명이 쉽지 않음을 말한다. 민주공원의 역사적 사회적 개념은 물론 건축이나 조경적 개념도 없이 단지 자연적 지리적 위치와 휴식 기능만을 담은 것이 마루누리쉼터인 것이다. 이제는 창조적인 여가의 이용이 널리 인식되어 있어, 현대의 공원은 휴식공간과 오락시설을 사회적으로 제공해야 한다는 생각이 거의 보편적이다. 그래서 공원을 도시 가까이에 자연의 일부를 옮겨놓는 것이라고 생각한다. 그러나 '공원'이라는 것이 낭만적 유형의 공원이나 19세기 영국식 공원만 있는 것은 아니다. 파리의 베르사유, 빈의 벨베데레, 로마의 바티칸, 잘츠부르크의 헬브룬, 영국의 블렌하임, 스웨덴의 드로트닝스홀름, 소련의 표트르호프 공원 등은 오히려 도시에서 가장 호화롭고 화려한 중심지로서 통치자의 부유함이 과시되는 장소이자 수많은 군중이 운집하는 광장이었다. 그리고 이슬람교에서 공원은 사막에 있는 소중한 오아시스로서 내세를 상징하는 곳이었고, 인도의 타지마할은 17세기 건축물로서, 가난한 사람들이 돌아다니며 과일을 따먹을 수 있도록 만든 것이다.

세계적으로 볼 때도 공원은 단지 '쉼터'만이 아닌 것이다. 다양한 기능과 역할이 공원에 있다. 그리고 민주공원은 건축 · 조경적 측면에서 보면 민주항쟁기념관이 거의 전부다. 민주항쟁기념관의 사명은 쉼터가 아니다. 역사적 기억과 성찰(민주화운동의 기념 공간), 도덕적 교육과 문화(민주주의 교육과 문화 서비스 기관), 실천적 연대와 소통(대중적 봉사 기관)이 그 사명이다.

민주공원을 수호하는 장소- 장승터

민주공원에 들어서면 좌우의 펼침막이 오늘의 행사들을 안내하고, 정면에 약간 경사져 있는 잔디마당이 어머니처럼 찾아오는 이들을 푸근하게 맞이한다. 중앙의 낮은 돌계단 왼쪽에는 '마루누리쉼터'(민주공원) 표지석이, 오른쪽에는 장승과 솟대가 설치되어 있는 장승터가 방문객을 맞이하였다. 하지만 2014년 6월 현재 장승과 솟대는 흔적만 남아 있을 뿐이다.

원을 품고 있는 피라미드 삼각형 모양의 '마루누리쉼터' 표지석의 조형적 특징은 지상으로 나와 있는 두 면이 서로 손을 맞잡은 형상이라는 것이다. '연대solidarity'를 상징하고 있는 것이다. 민주주의를 쟁취하기 위한 과정에서 연대는 생명과 같은 것이다. 굳건히 연대하지 않고는 승리할 수 없다. 이 앞에서는 다같이 옆 사람과 서로 손을 꼬~옥 잡아 보자.

장승터는 비록 공원 전체의 공간 조성상 경사진 마당으로 꾸며졌지만, 이곳은 어린이들과 가족들의 정겨운 놀이, 휴식 공간이자 어린이 행사, 상설문화마당 등 공연장으로써 기능도 마다하지 않는다. 파란 잔디가 자

그림 2. 장승터

라고 있는 이곳은 주로 어린이들이 뛰어노는데, 놀다 지치면 선생님이나 동무들과 맛있는 간식을 나눠먹고, 온몸으로 뒹굴며 맑은 하늘을 쳐다보기도 한다.

'민주평화여장군'과 '민족통일대장군' 두 장승은 1999년 민주공원 개관에 발맞추어 세워졌다. 두 장승이 들머리에 터를 잡고 온갖 삿된 것을 막아서니 이곳이 감히 범접하기 힘든 부산시민의 '소도蘇塗'임을 선언하는 듯하다. 소도는 삼한 시대 하늘에 제사를 지내던 특수한 신성 지역, 곧 성지이다. 이 소도는 매우 신성한 곳으로서 제사에 참석하는 자는 죄인이라도 처벌하지 않았다.

장승은 세월이 지남에 따라 훼손되면 새로운 장승으로 교체된다. 나무 장승은 주로 소나무와 밤나무가 사용되지만, 비바람에 십 년을 넘기지 못하고 부식되므로 몇 년마다 새로 만들어 세우곤 한다. 민주공원 장승은 1999년 10월 17일에 여섯 번째 민족통일대동장승굿이 이곳에서 벌어져 두 장승을 세웠다. 민족통일대동장승굿은 1988년 11월 지리산 노고단과 임걸령 사이에서 처음으로 치른 이래 문경새재, 계룡산, 금정산, 치악산을 거쳐 부산민주공원으로 왔다. 그 뒤 팔 년 반만인 2008년 2월 21일 정월대보름을 맞아 영호남 대화합과 우리 사회 대통합을 기원하는 장승굿이 함께 새로운 장승이 세워졌는데, 멀리 진도군에서 군민들이 힘을 모아 이곳에 장승 나무를 기증한 것이라 더욱 뜻이 깊다. 하지만 이 장승도 2012년에 나무의 밑둥이 썩어 넘어져버렸다.

두 장승은 민주공원을 수호하는 것을 상징한다. 전통문화에서 장승은 마을굿洞祭의 주신 또는 하위신으로서 신앙의 대상이며, 솟대·돌무더기·신목神木·서낭당·선돌 등과 함께 마을굿복합문화를 이룬다. 보통 한 쌍으로 마을 입구에 많이 세워진다. 그 얼굴의 표현이 가장 중요한 양상을 띠고 있다. 보통 불거져 나온 눈, 크고 감자모양인 주먹코, 튀어나온 치아에 모자를 쓰고 있다. 장승 얼굴의 표현은 두 가지 다른 종류가 있는데, 하나는 수호자나 도깨비 모습이고, 다른 하나는 대중의 자화상의 이미지이다. 이 다른 두 모양은 인간을 사실적으로 묘사한 것이거나 해학적으로 풍자한 것이다.

솟대는 꼭대기에 새가 앉아있는 모양의 기둥이다. 옛날에 우리 민족은 환인(신)이 하늘에 살아서 하늘로 뻗은 것들(산과 특히 나무들)이 신과 교감하는 것으로 믿어왔다. 새들은 환인의 사신으로 생각했다. 솟대는 하늘과 대지를 연결하는 사신으로서 새의 역할을 상징한다. 주민들은 대지에 인간의 생존과 번성을 바라는 마음으로 마을 입구에 솟대를 설치했다.

들풀들의 민주세상- 들풀나무뜰

민주공원을 방문하여 민주항쟁기념관 바깥을 둘러싸고 있는 뜰[정원]을 돌아보는 사람들은 아마도 예쁘게 핀 꽃이나 쭉 뻗은 나무들에게만 시선을 주고 그것만 기억할지 모른다. 하지만 자세히 들여다보면 민주공원은 들풀들의 세상이다.

민주공원 들꽃나무뜰에 피어있는 풀들을 보면서 제대로 이름을 불러줄 수 있는 종류가 얼마나 될까? 봄이면 이 뜰에는 소루쟁이, 보리뱅이, 기린초, 찔레순, 질경이, 쇠뜨기, 쑥, 쇠별꽃, 민들레, 얼치기, 냉이, 씀바귀 등 대충 눈에 들어오는 것만 약 서른 종 이상이 여기저기 빼곡빼곡 올라와 있다. 그리고 놀라지 마시라. 사계절 피어나는 대부분의 풀들이 모두 산삼, 녹용 뺨치는 약초가 될 수 있다는 사실을! 민주공원에는 뜰뿐 아니라 곳곳에서 풀내음을 가득 담은 풀들이 자라고 있다. 행인들이 무심코 밟고 지나가는 땅 위에, 멋지게 심어 놓은 나무와 꽃들 사이로, 심지어 시멘트 틈새로도 들풀들은 멋대로 자라고 있다. 가히 뻔뻔스러움(?)의 극치를 달린다. 하지만 그들의 정체를 알고 나면 넘쳐나는 생명력에 경의를 표하지 않을 수 없으리라.

이렇게 생명의 노래를 부르는 풀들을 우리 인간들은 "잡초"라고 부르며 스스로의 무지와 편견을 드러낸다. 우리나라에서 제일로 유명한 잡초는 아마 대중가요 가수 나훈아의 '잡초'일 것이다. "~ 이름 모를 잡초야. 한 송이 꽃이라면 향기라도 있을 텐데 이것저것 아무 것도 없는 잡초라네." 이것저것 아무 것도 없다니? 이 '잡초'들은 얼마나 서러울까?『대지의 수호자 잡초』의 저자 조셉 코케이너는 "잡초라는 보통명사는 식물에 대한 인간의 무지와 편견을 드러내는 이름이며, 잡초를 없애는 작업은 인간의 자연에 대한 폭력성을 보여줄 뿐이다."고 했다. 잡초는 상대적인 평

그림 3. 들풀나무뜰

가일 뿐이다. '야생초본식물자원 종자은행'을 세운 강병화 교수의 이야기 처럼 밀밭에 벼가 나면 잡초가 된다. 아프리카 인들 틈에 있으면 내가 잡초인 것이요. 우리 사회 상위 5퍼센트와 같이 있으면 나머지 95퍼센트는 모두 잡초인 것이다.

들꽃나무뜰에는 삼월부터 시월까지 일백 종이 넘는 갖가지 들꽃들이 돌아가면서 아름답게 피고, 나무들에는 싱싱한 잎과 열매와 꽃들이 핀다. 십일월부터 이듬해 이월까지는 대다수가 재충전의 시간을 갖는다. 새로운 생명의 힘을 생성하기 위해 열심히 자신에게 충실하는 기간인 것이다. 꽃, 나무, 풀의 생태를 옳게 체험하려면 봄, 여름, 가을, 겨울을 모두 보아야 한다. 우리네 인생도 희로애락喜怒哀樂이나 생로병사生老病死를 모두 겪어야 제대로 인생을 알게 되듯. 꽃이 잘 피어 아름다울 때만 본다면 그건 생태의 일부만 보는 것이다. 생성-발전-소멸-재생성의 순환 과정에서 꽃, 나무, 풀들이 소멸과 재생성하는 모습도 볼 때 생태를 옳게 체험하는 것이리라.

들꽃나무뜰을 둘러보는데 민주공원 조경 담당 두 분이 리어카에 거름을 싣고 오신다. "벌써 진달래가 폈네요?" "개나리 피면 진달래 피고, 지금 진달래 피는 때가 맞습니다. 저기 가면 명자나무 꽃이 많아요. 명자나무 꽃은 아가씨처럼 예쁘다 해서 아가씨나무라고 하지요. 이건 일 년에 꽃이 세 번 피는 밤나무. 꽃이 세 번 피는 밤나무는 대한민국에 여기밖에 없을 겁니다. 심을 때부터 땅을 깊게 파고 지 평생 먹을 거름을 해줬거든. 이 봐요. 이게 세 번째 핀 꽃이 말란 거거든."

방문객들에게 아름다움을 선사하는 들꽃나무뜰도 그냥 이렇게 되는 것이 아니다. 땅을 파서 거름을 해주고, 비바람에 쓰러지지 않도록 나무를 받쳐주고, 흙들이 빗물에 쓸려 내려가 꽃들이 뿌리 뽑히지 않도록 방비를 하여 주고, 목마르지 않도록 물주는 등 돌보는 손길 덕분에 이렇게 아름다운 것이다. 민주화운동도 잘 가꾸어진 뜰에 핀 꽃을 구경하는 것이 아니라 그렇게 아름답게 피어날 수 있도록 그 뜰을 잘 가꾸는 집단적 실천 행위이다.

민주주의 상상 공간 – 가리사리마당(인식의 장)

민주공원은 우리가 먹고 놀고 자고 일하는 일상 공간이 아니다. 그러면 우리는 왜 이 비非일상의 공간에 오는가? 일상에서 해방되어 카타르시스를 느끼고자 하는 것 아닌가? 여행이나 등산, 낚시를 가는 것도 레저 leisure를 통해 카타르시스를 느끼고자 함일 것이다. 여가를 뜻하는 'leisure'라는 말도 어원이 'school'이다. 레저는 학습이 본질이다. 그러나 이 학습은 돈벌이나 지위 획득이나 명예를 얻기 위해서 하는 학습이 아니다. 인간이 궁극적으로 지향하는 '깨달음'을 위한 학습, 바로 그것이다.

우리는 민주공원에 와서 우리 사회의 질을 더욱 민주적으로 변화시키기 위해 어떠한 노력들이 있었는지를 알 수 있을 것이다. 그리고 민주주의에 대한 내용과 그러한 변화를 위해 서로 토론하고 상상하는 기회를 가질 수 있을 것이다. 즉, 민주공원은 민주주의의 역사와 그 계승에 대한 인식을 위한 공간인 것이다. 이 가리사리마당은 그냥 보면 텅 빈 공간에 불과하다. 하지만 알고 보면 참 여러 가지를 품고 있는 공간이다.

이 마당에서 반半개방형 벽 너머를 보면, 밤에는 찬란한 도시의 불빛을 볼 수 있고, 해가 있는 동안에는 맞은편 충혼탑이 모든 시선을 앗아간다.

충혼탑은 1948년 대한민국 정부 수립 이후 순직한 부산 출신 국군과

경찰관을 비롯한 애국전몰용사들의 영령을 추모하는 위령탑이다. 1982
년에서 1983년에 걸쳐 시공하여 건립하였다.

우리나라 정치계에 두 김씨가 있다면, 건축계에도 두 김씨가 있다. 정
치인 김대중, 김영삼이며, 건축가 김수근, 김중업이다. 충혼탑은 김중업
작품이다. 조각가들은 저렇게 큰 규모로 잘 작업하지 않지만, 건축가이기
에 자연스럽게 가능했으리라.

김중업이 설계한 이 탑은 9개의 벽체가 원형 열주列柱로 구성되어 높
이 70미터이다. 탑신 아래에는 위패가 안치된 반구형(돔)의 영령실이 있
으며, 2011년 10월 현재 9,314위의 위패가 안치되어 있다. 부산항이나 부
산역 등 시내에서도 쉽게 눈에 띄고 수직으로 우뚝 솟아 규모가 주는 위
압감과 더불어 비장감마저 주는 충혼탑의 수직적 조형미는 민주항쟁기념
관의 수평적 조형미와 매우 대조적이다.

그림 4. 가리사리마당 (인식의 장)

기념 조형물이나 건축물들은 특정한 시기의 사건이나 인물을 기억 속에서 잊혀지지 않고 계속 현재에 되살리기 위한 제도나 형식으로는 매우 유효한 방식이다. 하지만 국가, 민간단체, 가족 등 '누가' 건립하느냐에 따라 기념의 내용뿐 아니라 재현 방식도 달라진다. 1980년대 초에 구상하여 세워진 충혼탑의 경우, 주변 산세의 스카이라인을 압도하는 수직적인 큰 스케일로 기념비성을 표현하고 있다. 반면, 약 이십 년의 시차를 두고 1990년대 말에 지어진 민주항쟁기념관의 경우, 주변의 지형과 시각적으로 넘나들면서 내부의 길을 매개로 건축이 구성되는 수평적인 공간으로 이루어져 있다. 건축이 그 시기 사회의 미적 수준의 성숙도와 건립 추진 주체의 철학을 그대로 반영하고 있다.

연못과 2층 현관으로 오르는 계단 사이에는 각기 다른 색깔과 모양의 바닥 돌이 깔려 있다. 뭔가, 이것은? 민주주의의 덕목 중에 '다양성'을 사색하게 하는 것일까? 건축가들은 사소한 것도 '의도' 없이 하지 않는다는데… 하지만 건축가의 의도와 상관없이 방문하는 이들은 자기 나름으로 해석하면 될 일이다. 시나 그림이 시인이나 화가의 창작 의도대로만 해석되는 것이 아니듯.

성찰과 하모니의 길— 달팽이길

민주항쟁기념관에서 우리는 독특한 구조의 공간을 만난다. 나선형의 경사로인 달팽이길이다. 이 달팽이길은 기념관 지하 1층에서 지상 1, 2, 3층은 물론 옥상까지 다 통하여 어디서든지 들어오고 어디서든지 나갈 수 있는 사통팔달의 길로, 중앙통로 구실을 한다. 그리고 민주항쟁기념관의 건축 형태의 특징인 둥근 외관과 가장 잘 호응하는 공간이 이 달팽이길이다. 이 길은 바티칸미술관의 내부 나선형 계단과 흡사하고, 또 1959년 프랭크 로이드 라이트에 의해 완공되어 20세기의 중요 건축물 중 하나로 꼽힌 뉴욕 구겐하임 미술관을 본뜬 듯하다. 뉴욕 구겐하임 미술관은 도너스형 건물의 내부 나선형 통로 벽면에 작품을 전시하고 관람객들이 빙빙 돌아 걸어가며 관람을 할 수 있다. 하지만 민주항쟁기념관 달팽이길은 노약자들이나 휠체어를 탄 장애우들이 쉽게 기념관을 오르내리도록 배려한 마음이 먼저 눈에 들어온다.

바닥에서 옥상까지 이백 미터가 되는 이 길은 성찰의 길이다. 중국의 마오쩌뚱은 대장정 때에도 임마누엘 칸트의 삼대 비판서를 손에서 놓지 않았다는 일화를 남겼다. 이 영웅은 치열한 혁명 투쟁의 와중에도 늘 성찰하는 자세를 유지했다는 것이다. 자, 이 길을 따라 그냥 걸어보자. 천천

그림 5. 달팽이길

히, 아주 천천히. 아래서 위로, 위에서 아래로, 몇 차례 걸어보자. 하얀 공간이, 텅 비어 있는 공간이, 원형의 공간이 내게 말을 걸어온다.

어! 그런데 이건 왜 이렇지? 달팽이길의 안쪽 벽면의 위·아랫면이 매끈하지가 않고 구불구불하다. 예사롭지 않아 보인다. 좀 유심히 관찰해보면 반듯하게 마감되지 않은 듯한 겉모양에서 설계자의 의도가 읽힌다. 우여곡절 많은 우리의 근현대사 속의 우리네 삶, 고난과 저항으로 점철된 민주화운동 과정을 건축 조형에서 담으려 했으리라 짐작한다.

이 달팽이길은 단지 공간을 이동하는 기능만 하는 것이 아니다. 청각체험을 해 볼 수 있는 좋은 통로 공간이다. 통로에서 뜻기림햇불이 서있는 중앙을 향하여 소리를 내보자. 원통형의 내부에서 그 메아리가 겹쳐겹쳐 들리는데 느낌이 묘하다, 아름답다. 노래를 불러보자. 독창보다는 제창으로, 그보다는 중창으로, 그보다는 합창으로. 하모니를 이루어 메아리쳐 들려오는 노래를 들으며 그 속에 자신의 음을 다시 합쳐보면 곧 음악의 힘에 도취된다. 이 가슴 떨리는 음악적 상황의 창조가 바로 아름다움 '미美'이고, 여기서 우리는 카타르시스를 체험하게 된다. 다같이 정성을 모으고 힘을 모아 부르면 이 아름다움이 만들어진다. 하모니는 다양성이며 개성이고, 상호존중이며 상호소통의 어울림이다. 이것은 또한 민주주의의 내용이다. 민주주의는 아름다움이다. 아름답지 않으면 민주주주의가 아니다.

민주항쟁의 공유 상징 – 뜻기림햇불(민주의 햇불)

민주항쟁기념관 내부 중앙의 정상에는 뜻기림햇불(민주의 햇불)이 자리하고 있다. 이 작품은 엠조형환경연구소 소속 작가 김정헌, 박찬국, 김용덕 세 작가가 작업한 것이다. 이 작품은 본체부, 기둥부, 제단부로 이루어져 있다. 그 중 본체부는 무엇을 상징하는가? '민주'는 수많은 사람들의 희생과 고통, 인내의 집적을 통해서 비로소 가능하다. 이 조형물은 내부에 수많은 반사 재질의 작은 삼각형 알루미늄 조각과 작은 조명등들을 설치하여 민주화를 위해 노력한 이름 없는 별들을 형상화 하였다. (몇 년 전 안전을 이유로 삼각형 알루미늄 조각을 떼어냈다.) 내부와 외부는 죽은 자와 산 자, 이상과 현실, 안팎이 일체가 되어 '민주'라는 하나의 공간에서 승화하는 것을 보여주며, 부산의 힘이 무한의 시공간으로 끝없이 비상하는 것을 상징한다.

뜻기림햇불(민주의 횃불)은 낮에는 산 정상의 실루엣과 시간의 변화에 조응하면서 다양한 색채와 이미지를 제공하고, 밤에는 내부에 설치된 소형 조명 장치들이 수많은 민주의 별처럼 반짝이며 부산 하늘을 장식하고 있다. 어두울수록 멀리서도 더 잘 보인다. 시대의 어둠이 깊을수록 민주의 불빛이 더욱 빛나듯이.

민주공원 입구 왼쪽에서 민주항쟁기념관으로 올라오는 주계단을 따라오면 스텐레스 스틸로 된 기둥형 조명등이 줄을 서 있다. 모두 열한 개로 이루어진 열주등列柱燈이 하나하나의 횃불로, 민주항쟁기념관 내부 중앙의 뜻기림햇불을 향하고 있다. 수많은 횃불이 민주항쟁의 퍼레이드를 하여 뜻기림햇불로 하나가 되고 있는 것이다.

우리 역사에서도 멀리는 부패척결과 내정개혁 등을 부르짖으며 일어나 침략적인 외세에까지 맞선 동학농민군들이 횃불을 들었고, 삼십여 년 전인 5 · 18민중항쟁 때 전두환 등 신군부의 등장을 막기 위해 "비상계엄을 해제하고 민주화 일정을 밝혀라"는 요구를 외친 민족민주화대성회에

그림 6. 뜻기림 횃불 (민주의 횃불)

서 그러했다.

횃불은 우리 역사에서 시대의 어둠을 밝히고 그 모순과 질곡을 극복하고자 할 때 어김없이 등장한 우리 사회의 공유상징이었다. 횃불은 퍼레이드를 펼치는 민중들의 연대의 깃발이요, 정의의 대열에 서겠다는 단호한 결단의 상징이다. 횃불은 물러설 수 없는 용기의 불꽃이며, 대동세상을 이루겠다는 민중들의 노래다.

우리 사회의 민주화는 현재진행형이기에 이 불꽃 또한 현재성을 갖고 있다. 2002년 6월 여중생인 효순이 미선이가 미군의 장갑차에 깔려 꽃도 피워보지 못한 채 희생되자 수많은 시민들이 촛불을 들고 가해자 미군의 처벌과 한미행정협정의 개정을 요구하였고, 미국의 석유 수탈을 위한 침략 전쟁에 등 떠밀려 이라크전쟁에 파병을 한 우리 정부에게 민족의 자주권을 지켜라고 촉구하며 촛불을 높이 들었다. 광우병 쇠고기 수입 강요를 담은 한미FTA나, 멀쩡한 환경과 생태를 파괴하며 일방적으로 추진하는 4대강사업 반대 집회에서도 시민들은 촛불을 들고 있다. 21세기에 횃불은 촛불로 이어지고 있는 것이다.

'조용한 증언들(the silent witnesses)'의 속삭임 – 사료보존실

민주공원은 민주화운동 역사자료들을 2층 수장고와 3층 자료실에 나누어 보관하고 있다. 부산민주화운동 사료를 보관하는 보물창고인 것이다. 민주공원에서 민주항쟁기념관이 '가슴'이라면 넋기림마당은 '심장'이요, 이 사료보존실은 '뇌'에 해당한다. 이 사료실의 존재 이유는 부산 지역 민주화운동의 기억과 역사를 보존하고 정리하여 우리의 삶을 성찰하고 다음 세대에게 민주화운동의 정신을 계승시키기 위해 민주화운동과 관련된 가치 있는 사료를 수집, 정리하여 활용할 수 있도록 하는 것이다.

민주화운동 당시의 활동과 역사를 증거하는 중요한 기록물들은 상당 부분 보안상 등의 문제로 소각되거나 버려져 개인이 보관하고 있는 경우가 드물다. 그렇기에 기증되어 이 사료보존실에 보존 중인 사료들은 대단히 귀중한 역사적 '증언자'들이다.

보존 사료 중에는 고 서정만 선생께서 기증한 6월항쟁 관련 사료들이 있다. 부산민주시민협의회(약칭 부민협) 회원이셨던 선생께서는 이른 새벽에 유인물 배포 작업을 하는 등 참으로 성실하게 부민협 활동을 하면서 6월항쟁기에 뿌려졌던 운동단체의 기관지, 전단, 성명서와 각종 유인물들을 약 일백 점 가까이 차근차근 수집하여 칠 년 가량 보관하고 계시다가 기증하셨다. 이러한 기증 사료가 있기에 부산지역 6월민주항쟁의 연구나 전시를 구체적 수준에서 할 수 있는 기반이 마련되어 있는 것이다.

그 중 '민주시민' 2호, 13호는, 1985년 5월 3일 결성되어 6월항쟁 투쟁 조직의 집행부를 맡았던 부산민주시민협의회가 발행한 기관지로, 발행 당시 기성 언론이 보도하지 않는 독재 정권의 탄압상과 민주화운동의 실상을 시민들에게 생생하게 전달하였다. 이 유인물은 독재정권에 의한 구속을 각오하고 취재, 편집, 인쇄, 배포를 각각 담당했던 여러 사람들의 결단과 헌신이 없었다면 결코 발행될 수 없었다. 하나라도 더 제때 알리기 위해 밤을 세워가며 타자기를 두드리고, 한정된 지면에 넣기 위해 원고의 압축미를 최대로 살려내고, 대중적 설득을 위해 쉬운 문장과 촌철살인의 제목을 뽑는 일을 비밀리에 진행하는 것은 취재와 편집을 맡은 이들의 몫이었다. 그리고 섭외한 인쇄소에서 정보기관의 눈을 피해 비밀리에 대량으로 인쇄를 하는 일은 독재 정권을 하루빨리 몰아내고 민주 세상을 앞당기고자 결단한 이들이 있었기에 가능했다. 이리하여 인쇄된 이 유인물은 아무도 일어나지 않은 이른 새벽에 주택가를 돌며 뿌려진다. 또한 손과 손을 통해 은밀히 배포된다. 민주주의의 신새벽을 맞이하기 위해서는 시민들의 동참이 절대로 필요하기에 가능한 더 많이 더 넓게 배포하고자, 발각되면 구속될 것을 각오하고 배포의 대열에 나선 이들이 있었기에 이 기관지가 발행될 수 있었던 것이다. 이 유인물을 읽은 시민들은 독재정권에 대한 분노와 동시에 민주화운동 세력들에 대한 지지를 보내고 일반 시민들과 연대의식을 갖고 독재 타도의 열망에 동참했다. 그리고 1978~1979년 부산 양서협동조합(약칭 양협) 조합원이었던 이길웅 선생이 양협의 출자증권과 이사회 보고용 일별매출표, 양협 인쇄 홍보물, 조합원 교육 통지서, 회보, 타 지역 양협 유인물, 직영서점인 협동서점 사진 등 이십여 점을 기증해 주었다. 이 사료들로 양협의 활동과 민주운동사에서 부산 양협의 역할 등에 대한 연구가 시작될 수 있었고, 사진으로 남은 협동서점을 실물 재현한 전시를 할 수도 있었다.

　그 중 출자증권은 중요한 사료이다. 부산 양협은 박정희 유신 통치 시기인 1978년 초 '참된 삶은 진실을 아는 일로부터 시작한다.'며 창립하여 일 년 동안 오백 명이 넘는 회원을 모았다. 양서를 매개로 하고 협동조합을 조직 원리로 한 최초의 조직 형태로 전국적으로 민주화운동의 새로운 모델을 제시하였다. 이후 양협은 부산 민주화운동의 산실로서 역할을 했다. 양협은 십시일반의 정신에 기초하여 1만 원권 등 여러 종류의 출자증권을 발행하였다. 이 사료는 1970년 후반 부산지역 민주화운동 연구에 귀중한 것이며, 동시에 민주화운동가들에게 상상력을 넓혀주는 물건 사료다.

　2003년 민주항쟁기념관 늘펼쳐보임방을 리모델링 하면서 부산민주항쟁기념사업회는 기획 수집을 전개하였는데, 국제신문 폐간호, 고 양영진

그림 7. 사료보존실

의 유서(혈서) 원본, 촛불시위에서 사용되었던 양초와 종이 컵, 민주화운동 관련 사망자 유품 등 다양한 물건 사료를 상당량 수집하였다. 그 중 국제신문 폐간호(1980년 11월 30일)는 전두환 등의 신군부가 자행한 폭력적 언론 통폐합을 조용히 증언한다. 1979년 12·12 군사쿠데타로 실권을 잡은 전두환은 국군보안사령부 언론반을 신설하여 모든 언론에 통제를 강화하며 대중들의 민주화 여론에 대해 신문, 방송 등이 부정적 논조로 보도하도록 유도하는 공작을 펼쳤다. 이 공작을 통해 파악한 정보를 바탕으로 전두환은 1980년 11월 14일 이른바 언론 개혁을 명분으로 민주적 성향의 기자들을 강제 해직시키고 신문사와 방송사도 강제 통폐합시키는 '언론 대학살'을 자행했다.

민주공원은 민주화운동 관련 예술 작품도 수집, 관리하고 있다. 전주에서 사재를 털어 온다라미술관을 운영하였던 김인철 관장이 2005년 말 민중미술작품 오백육십여섯 점을 부산민주항쟁기념사업회에 기증했다.

기증 작품은 대부분 1980년대에 제작된 것으로, 모두 오십 명이 넘는 작가들이 망라되어 있다. 민중미술 작품들은 한국미술사뿐만 아니라 세계미술사에 당당히 내세울 수 있는 민족·민중문화 자산들이다. 모두 한국의 민주화운동과 궤를 같이 하고 있으며 당시의 고민과 상황, 시대정신, 민중의 정서와 꿈, 희망, 통일의 열망 등을 적나라하게 드러내고 있다. 민주항쟁의 역사성을 성찰하고 계승하기 위해 민주항쟁을 경험하지 못한 세대들과 소통을 하는 데에는 문화예술 사료는 매우 효과적이다.

그 중 홍성담 판화 작품은 오월 연작 판화로 1980년 5월 광주를 구체적이고 사실적 형상으로 담아내고 있기로 유명하다. 작품 속에는 진압의 잔인함부터 투지 넘치는 시민군의 모습, 광주시민의 대동정신까지 여러 모로 5월 광주가 사실감 있게 그려져 있다.

사료를 기증이 아닌 수탁 받아 보존, 관리하기도 한다. 고 산수 이종률 선생의 이백 자 원고지 이만 장이 넘는 분량의 유고를 정리, 분류, 분철하고 스캔해서 보존하고 있다. 산수 이종률 유고는 평생을 독립운동과 민족통일운동을 하며 살다 가신 산수 이종률 선생이 남긴 우리 민족사의 소중한 기록이다. 역사, 철학, 문학 등 광범위한 분야의 기록 중에는 교도소 안에서 쓴 것도 있고 병석에 누워서 구술하여 대필한 것도 있다. 그 깊이를 잴 수 없는 이 사료들을 연구한다면 민주화운동의 정신과 가치를 크게 높일 수 있을 것이다.

사료보존실이 보관하고 있는 것이 총 37,500건이 넘는데, 이들 소장 자료를 종류별로 구분하면, 민주화운동 부문별 자료 약 13,000건, 공판 자료 약 3,000건, 유고 자료 약 100건, 미술품 931점, 포스터(인쇄물) 58점, 기타(만화) 2점, 미술 자료 약 1,200건, 사진 약 2,500점, 도서 약 1,500권, 구술 사료 200건, 미분류 기록물 약 15,000건이다. 이러한 소장 사료들이 사료보존실에서 '조용한 증언'들을 준비하며 속삭이고 있다.

민주주의의 확장을 위한 탐색 – 늘펼쳐보임방

민주항쟁기념관이 '가슴'이라면 넋기림마당은 '심장'이요 사료보존실은 '뇌'에 해당합니다. 그러면 이 늘펼쳐보임방은 뭘까요? …… '민주주의의 내용과 민주화운동의 역사에 관한 대화방'이지요. 우리는 왜 민주주의의 개념을 되새김질하며 민주화운동의 역사를 기억하고, 이야기를 나누는가? 그것은 먼저, 망각하지 않기 위해서다. 민주화운동의 역사를 잊지 않고 거기서 교훈을 얻어야 반민주 세력들이 판을 칠 수 없는 것이다. 그래서 민주화운동의 역사를 잊지 않는 것도 하나의 투쟁이다. '기억투쟁'인 것이다. 그리고 민주주의는 지나간 역사의 한 페이지에 기록될 과거의 문제가 아니라 매번 그 내용을 성찰하고 새로운 결의로 지켜내고 확산시켜야 할 오늘과 내일의 당면한 과제인 것이다.

오늘 우리가 누리는 이만큼의 민주주의도 저절로 '얻은' 것이 아니다. 억압과 예속에 맨 몸으로 맞서 '싸워서 갖게[쟁취]'된 것이다. 말로 할 수 없는 어려움과 희생이 있었기에 가능했다. 늘펼쳐보임방을 관람하는 것은 이러한 민주항쟁의 기억을 새롭게 되살려 민주주의의 확장을 위한 탐색을 하는 것이다. 탐색을 위해 전시물과 '서로 이야기하는 것(대화)'이 대단히 중요하다.

기념관은 2종 박물관에 속한다. 그러면 민주항쟁기념관이란 무엇인가? 민주항쟁의 역사자료[사료]를 체계적으로 관리하는 영구적인 공공의 교육 기관이다. 민주항쟁기념관의 기본적인 구성 요소는 무엇인가? 바로 사료다. 그 목적은? 교육이다. 어떻게 교육적 목적을 성취하는가? 사료의 활용을 통해서 한다. 사료를 잘 활용하기 위해서는 무엇이 요구되는가? 사료의 기록과 보존, 그리고 현대적인 수장고가 필요하며, 열람 환경과 연구 활동이 따라야 한다. 사료의 주된 활용 방법은 무엇인가? 무엇보다도 전시다.

전시exhibit란 진열display인 동시에, 진열된 대상의 의미와 중요성에 대한 전시 기획자의 '해석'이 개입된 맥락에 따른 진열이며, 이를 관람객과 공유하기 위한 것이다. 진열을 단순히 보여 주는 것이라고 한다면, 전시는 보여 주는 동시에 무엇인가를 이야기하고 전달하고자 하는 상황을 만드는 것이라고도 구분할 수 있다. 따라서 전시는 단순히 개별 사물의 진열을 지칭하는 것이 아니라 전시물에 대한 신중한 해석과 특정한 주제에 따른 맥락 위에 사물들을 무리지어 놓은 것을 말한다.

기념관 전시의 중요한 기능은 사료에 대한 풍부한 의미 해석을 통해 전시물의 역사적, 문화적 맥락과 현재적 의미를 드러내도록 하는 것이며, 중요한 목적은 그 전시물이 나오는 상관없는, 진열장 속의 오래된 물건 차원에 머무르는 것이 아니라 관람자들의 현재의 삶의 맥락 안에서 각각의 의미를 구성하고 새로운 기념관 경험을 할 수 있도록 하는 데에 있는 것이다.

개념적이고 추상적인 측면에서 전시물에 대한 해석적 정보를 제공하는 동시에, 경험적이고 구체적인 측면에서 전시물에 대한 직접 체험을 할 수 있도록 하였다. 그리고 통시적(연대기적) 차원과 공시적(당대적) 시간 구조를 통해 전시물에 입체적인 시간대를 부여하고 있다. 통시적 구조는 전시물을 역사화하고 공시적 구조는 전시물을 현재화한다. 자칫 통시적

그림 8. 늘펼쳐보임방 (상설전시실)

구조로 치우칠 수 있는 기념관 전시에 공시적 구조를 적용하여 현재적이고 생동감 있는 의미를 부여하고 있다. 온갖 전시물들이 살아 움직이며 시선과 발걸음을 멈춘 관람객들과 무언가 이야기를 나누고 있는 것이다.

민주항쟁기념관의 늘펼쳐보임방은 1999년 개관 이후 2003년에 이어 2011년 세 번째의 상설전시를 선보이고 있다.

관객과 배우가 첫날밤의 신랑 신부가 되는 공간 – 작은방(소극장)

'작은방'은 돌출가변형 무대로서 관객들과 배우들이 함께 호흡할 수 있는 마당놀이, 춤, 연극전문공연장으로서 많은 극, 노래, 춤 단체들과 민주공원을 찾는 관객들에게 사랑받고 있는 공간이다.

작은방은 주로 연희자와 관중이 서로 몸이 닿을 정도의 가까운 거리에서 함께 호흡하고 느낄 수 있는 마당극과 마당춤판, 음악공연 등 공연예술 작품의 공연에 제격이다. 애초부터 덧마루를 활용한 실험용 소극장으로 설계하여 그 활용을 일정 범위로 한정하였다. 하지만 그 뿐만이 아니라 여기서는 매우 다양한 행사가 열린다. 영상 상영, 학술토론회나 소규모 강연, 추모제는 물론, 연수회나 각종 회의도 자주 열린다. 기념관 사명의 달성을 위한 운영을 위해 공연예술을 중심으로 하되 다목적 소극장으로 기능하고 있는 것이다.

소극장으로서 작은방의 매력은 뭐니뭐니 해도 그 규모가 주는 구조 때문에 공연자와 관객이 손닿을듯한 거리에서 서로 화답하고 소통한다는 것이다. 공연자는 관객이 그의 발끝 앞에 있다는 것을 의식하지 않을 수 없고, 관객 또한 공연자의 움직임이나 호흡을 바로 느낄 수 있게 된다. 더 나아가 공연자의 동작이나 말, 그 뿌리가 되는 근육의 움직임, 그 에너지의 정도, 호흡의 순환까지도 느낄 수 있다.

마당극 공연의 경우, 배우들의 동작 하나하나, 표정 하나하나를 가까이서 자세히 볼 수 있고, 배우의 숨소리를 들을 수 있고, 땀 내음을 맡을 수 있다. 그 팽팽한 긴장감을 소극장 공간에서 오롯이 느낄 수 있다. 사물놀이 공연은 어떤가? 상쇠를 비롯한 사물 연주자들이 어울려 내는 소리가 소극장 공간 전체를 감쌀 뿐 아니라 그들의 움직이는 손놀림, 팔놀림, 신명어린 몸놀림에서 눈을 떼려야 뗄 수가 없다. 춤 공연은? 숨가쁘게 뛰고 움직이며 근육을 죄고 푸는 춤꾼의 모습이 그 작은 공간 속에서는 예술 작업이란 고상하고 심오한 노력이기보다는 단순 노동으로 더 보여지게끔 만들기도 한다. 소극장 속에서 인간은 '예술 인간'이 되기보다는 오히려 '노동 인간'이 되는 것인가?

그림 9. 작은방 (소극장)

작은방은 작은 공간이기 때문에 어울림이 자연스럽다. 소극장은 희극 comedy의 공연에 잘 어울리고, 비극tragedy의 공연은 공간이 큰 극장에서 이루어져야 제격이다. 큰 극장에서는 신이나 영웅, 혁명과 같은 엄청나게 큰 이야기를 다룬 서사적 비극이나 장엄미를 다룬 오페라 등과 같은 작품이 공연 무대에 오른다. 이에 비해 소극장은 희극이 무대에 오른다. 희극은 웃음을 주조로 하여 인간 생활의 모순이나 사회의 불합리성을 골계적, 해학적, 풍자적으로 표현하지만, 어쨌든 희극에서는 문제가 해결된다. 그래서 희극에서 결말은 결혼, 재회, 회복, 용서와 화해 등을 다룬다. 용서하고 화해함으로 질서가 회복된다. 해결할 수 없을 것 같은 문제도 비밀이 밝혀지거나 몰랐던 사실이 드러나면서 풀린다. 당연히 희극의 끝은 잔치로 이루어지게 된다. 잔치에는 모두가 어울린다.

작은방은 과시의 공간이 아니다. 섬세함과 솔직함의 공간이다. 공연자는 자신이 준비하여 왔던 것, 상상하여 왔던 것들을 조용히 펼쳐 놓으면 된다. 눈에 보이는 곳에 있는 관객은 결혼 첫날밤의 신랑이거나 신부의 모습과 아주 비슷하다. 그렇다면 섬세하게 또 솔직하게 '발가벗는 일'만 남은 셈이다. 그 발가벗음의 상황에 뛰어드는 것 – 공연자와 관객이 신랑과 신부가 되는 것 –이 소극장에서의 공연이다.

민주화 여정의 숨가쁜 파노라마 – 민주항쟁도

대형 역사기록화 '민주항쟁도'. 가로 8.8m 세로 3m로서 회화 호수로 치면 일천오백 호에 해당하는 대작이다. 이 그림은 재중동포인 이철호 옌볜대 교수가 그의 나이 40세 때인 2001년 민주공원에서 구상부터 완성까지 거의 일 년 동안 작업한 것이다. 이철호 작가는 "사진 하나하나를 형상화하는 과정에서 견디기 힘든 고통이 따랐지만 진혼제를 대신하는 충실한 기록화를 남기자는 생각으로 견뎌냈다"고 완성 소감을 밝혔었다.

100년 가까운 한국민족민주운동의 역사와 대동세상의 염원을 한 장의 그림에 표현하였다. 1907년 한말 의병전쟁부터 1989년 임수경 통일투쟁까지, 우리 민족민주운동의 역사를 자주와 민주, 통일을 쟁취하기 위한 항쟁으로 기록한 것이다. 그리고 살풀이춤을 추며 원혼을 달래는 여성의 춤사위와 자유를 상징하는 갈매기의 비상, 미래를 상징하는 어린이들이 손을 잡고 뛰쳐나오는 장면을 통해 민족민주운동이 염원하는 대동세상을 형상화하였다. 참으로 우리의 항쟁의 역사가 파노라마처럼 펼쳐질 뿐 아니라, 항쟁의 정신을 계승하여 끊임없이 저항하고 피땀 흘린 역사의 순간들이 몇 겹으로 겹쳐져 있지 않은가? 작품을 역사적 순서를 따라 자세히 감상해보자. 감상은 민주항쟁도 맞은편 '큰방' 이층 테라스에 올라가서 하는 것이 좋다. 천장의 전시 조명으로 인한 난반사를 피할 수 있고, 적당한 작품 감상 거리와 높이를 확보할 수 있기 때문이다.

작고한 고 이동석 부산시립미술관 학예연구사는 민주항쟁도에 대해 이런 말을 남겼다. "흔히 역사화나 기록화라는 것이 미학적으로 상투성을

그림 10. 민주항쟁도

띠게 되어 감동을 주는 작품이 의외로 드물다. …… 그러나 이 그림은 그런 상투성과 위험을 훌륭하게 극복하고 있다. 이 그림은 사실주의라는 기록화의 전통에 충실하면서도 현대적 기법과 감각을 모범적으로 접목시켰다. 이 그림에서 사용한 꼴라쥬 기법은 과거와 현재와 미래, 그리고 역사의 현장으로 이어지는 민주화의 순환 과정을 성공적으로 담아낸 탁월한 선택이었다. 또 기록 사진을 바탕으로 사실적으로 그려졌지만, 세부 묘사를 과감하게 생략한 터치가 그림의 전체적인 분위기를 더 힘있고 장중하게 만들고 있다."

①작품의 기록은 화면의 중심 바로 오른편의 한말 의병전쟁 당시 의병들의 모습으로부터 시작한다. 외국 세력 및 문물의 침투를 배척한 위정척사衛正斥邪와 공평한 토지의 분배와 같은 봉건 수탈의 해체를 기치로 내건 의병전쟁은 우리 민주항쟁의 뿌리이다. ②화면 맨 오른쪽 아래 부분은 1960년 4·19혁명이다. ③1979년 10월 정문에서 쏟아져 나오며 "유신정권 타도하자"고 외치는 부산대 학생들을 상상하며 형상화해 놓았다. ④찝차를 몰고 가는 화면이 1980년 5·18학살과 민중항쟁의 모습이다. ⑤화면의 맨 오른쪽에 하얀 건물이 불길과 연기에 쌓여 있다. "미국은 더 이상 한국을 속국으로 만들지 말고 이 땅에서 물러가라"고 외쳤던 1982년 부산 미문화원방화사건 장면이다. ⑥1987년 박종철의 물고문 사망으로부터 시작하여 6월항쟁에 이르는 전국적 사건을 표현하고 있다. ⑦1987년 7~9월의 노동자대투쟁이다. "머리를 기를 수 있게 해 달라!" "출퇴근 시 사복 착용하게 해 달라!" "안전화 신고 조인트 까지 마라!" 87년 노동자대투쟁 때 수만 명의 노동자가 모여서 외쳤던 중요한 요구 사항들이었다. 지금 사람들은 이 이야기를 듣고 웃는다. 그러나 87년 이전의 한국 노동자는 지금과 같은 인간이 아니었다. 개발독재가 한국의 노동자를 그 지경으로 만들

었다. 노동자들이 제대로 된 점심을 회사 식당에서 먹을 수 있고, 화장실에 들어갈 때마다 스스로 인간인 것을 잠시 잊지 않아도 된 것은 그때부터였다. 한국의 노동자가 지금의 모습을 갖추기 시작한 것은 87년 노동자대투쟁부터였다. ⑧'통일의 꽃' 임수경이다. 1989년 평양에서 개최된 제13차 세계청년학생축전(평양축전)에 전국대학생대표자협의회[전대협] 대표 자격으로 참가하여, "하나의 조국, 하나의 민족이 타의에 의해 겪어온 45년의 분열은 민족 비극의 45년이었다."로 시작하는 남북청년학생 선언문을 낭독한 후, 이북에서 이남으로 휴전선을 통해 걸어서 넘어옴으로써 한반도의 분단 현실을 세계에 알리고 분단의 장벽을 극복하려는 젊은이의 용기를 보였다.

이번에는 그림에서 항쟁의 거리에서 외쳤던 구호들을 시간별로 정리해 보자. "의에 주고 참에 살자." "살인선거 책임자들을 잡아내라"(4 · 19 혁명), "유신철폐 독재타도" "유신정권 타도하자"(부마민주항쟁), "군부통치 결사반대" "전두환 즉각 사퇴"(5 · 18민중항쟁), "호헌철폐" "독재타도" "고문추방" "애국시민 단결하여 사기정권 몰아내자"(6월항쟁), "단체협상 승리하여 내집마련 쟁취하자"(노동자대투쟁). "조국은 하나다"(임수경 방북통일투쟁). 대중들이 길거리 항쟁에서 외치는 구호는 그 시기 대다수 대중들의 공감을 담은 절박한 요구이다.

아! 그리고 그림 속에 등장하는 태극기는 몇 개인가를 맞춰보자.

숭고한 희생sacrifice과 국가폭력의 희생자victim를 추모 넋기림마당

민주공원에 들어와 장승터 왼편 주계단을 따라 민주항쟁기념관 입구로 올라가다 보면 넋기림마당(추념의 장)에 이른다. 아담하고 정갈한 분위기의 공간이다. 이 넋기림마당은 민주화운동을 실천한 이들의 숭고한 희생sacrifice과 독재정권에 의한 국가폭력의 희생자victim들의 넋을 기리는 공간이다. 그 중심에 분향와 헌화를 할 수 있는 추모 조형물 '민주의 이름'이 서있다.

'민주의 이름'은 보란듯이 우람하지도 않다. '민주의 이름'은 바닥 지름 5미터의 원형 위에 높이 4.5미터의 원통형으로서 민주항쟁기념관과 조형적으로는 '형-아우'와 같다. 또한 좌우의 스텐리스 스틸로 된 벽면도 횃불을 상징함으로써 기념관 중앙의 뜻기림 횃불과 맥을 같이 하고 있다. 조형물의 내부에는 분향과 헌화를 하는 공간이기에 제단이 디자인 되어 있다. 뒷벽면은 노출 콘크리트로 병풍처럼 둘러쳐져 있으며, 중앙의 영정대를 중심으로 좌우에는 6월항쟁의 과정에서 희생된 청년 박종철, 이한열에 관한 것들이 형상화되어 돌에 새겨져 있다. 여기서는 참배객들이 남향으로, 뜻기림 횃불 방향으로 보고 서서 분화와 헌화를 한다.

인간은 육신肉身과 혼백魂魄으로 구성되어 있다. 마음이나 열정 등의 감정이나 이성의 상태를 이야기하는 백魄, soul은 육신과 함께 움직이고 육신이 죽으면 함께 소멸하지만, 혼魂, spirit은 육체의 안팎을 넘나드는 자유로운 존재다. 넋은 얼, 혼, 혼백과 같다.

'넋을 기린다'는 것은 무엇인가? 그들을 단지 참배와 존경의 '대상'으로만 삼아 영웅화, 우상화 하는 순간 이 넋기림마당도 박제화 된 공간이 될 뿐이고, 추모 의례도 산 자들의 정치 행위 이상이 되지 못할 것이다. 헌신한 이들과 희생된 이들의 백은 갔지만 혼(넋)으로 지금도 우리들을 '깨우치고' 있다. 그리하여 여기는 "죽은 자가 산 자를 일으키는 장소다." 또한 민주공원에서 기념관이 '가슴'이라면 넋기림마당은 '심장'이라, 따뜻하고 다정한 분위기의 공간이고, 돌아가신 이들과 진정성을 가지고 도란도란 이야기 하는 공간이다.

역사학자 김선미는 민주공원의 추모 대상자 중 부산지역 관련자에 대해 2기 늘펼쳐보임방 해설문에서 다음과 같이 썼다(일부 수정, 일부 보충).

"민주주의와 민족통일을 향한 우리 사회의 진보는 그간 민주화운동을 이끌어 온 지도자들의 헌신과 희생sacrifice으로 이어져 왔습니다.

이종률과 유혁, 김상찬은 이 땅의 진정한 민주주의는 자주적인 민족통일을 통해서만 완성된다는 신념으로 통일운동을 펼쳤습니다. 소외된 이들의 이웃으로, 평등을 지향하는 삶을 살다 간 장기려는 우리 사회의 민주적 자산을 더욱 풍요롭게 하였습니다. 최성묵과 임기윤, 김영수, 이상록은 질식 상태에 빠진 민주주의를 구하고 새로운 사회를 건설하기 위해 온 몸을

그림 11. 넋기림마당 (추념의 장)

불살랐습니다. 노무현은 인권변호사로, '6월항쟁의 야전사령관'으로 민주항쟁의 실천에 헌신하였습니다. 김정한과 윤정규, 최정완은 민족미학의 현장에서 실천적 문화예술인의 삶을 실천하였으며, 신용길과 박순보는 참교육을 실현하고자 교육운동의 길을 걸은 스승이었습니다. 육지희는 젊은 청춘을 학생운동에 온전히 희생함으로써 불꽃으로 살다 갔습니다.

폭력적이고 부정한 권력은 꽃다운 젊은 생명을 자살로 몰고 갔습니다. 황보영국과 조수원, 진성일, 장재완, 양영진, 권미경, 김주익, 곽재규는 스스로를 희생sacrifice하여 권력의 부당성을 고발함으로써, 민주주의의 발전과 민족통일의 달성에 작은 밀알이 되고자 하였습니다.

반민족적인 독재 권력에 맞서 싸운 4·19민주항쟁의 치열했던 항거는 많은 희생자victim를 내고서야 결실을 맺을 수 있었습니다. 이들의 희생과 헌신을 바탕으로 우리 사회는 민주를 넘어 자주적 통일운동의 지평을 활짝 열 수 있었습니다.

민주화운동과 시민을 하나 되게 한 6월항쟁에서 폭압정권의 최루탄에 희생자가 된 이태춘과, 도시 빈민의 삶을 허물어뜨리는 철거를 저지하다 희생된 김선호와 민주노조 활동에서 의문의 죽음을 당한 박창수는 폭력 정권과 그에 기대어 이윤을 증식하는 부도덕한 기업 풍토가 만든 비극이 었습니다."

넋기림마당에 서니 노래가 절로 나온다.

서럽다 뉘 말하는가 흐르는 강물을/ 꿈이라 뉘 말하는가 되살아 오는 세월을
가슴에 맺힌 한들이 일어나 하늘을 보네/ 빛나는 그 눈 속에 순결한 눈물 흐르네
가네 가네 서러운 넋들이 가네/ 가네 가네 한많은 세월이 가네.

마른 잎 다시 살아나 푸르른 하늘을 보네/ 마른 잎 다시 살아나 이 강산은 푸르러

 – '마른 잎 다시 살아나' 안치환 글/ 곡

사랑도 명예도 이름도 남김 없이/ 한평생 나가자던 뜨거운 맹세

동지는 간 데 없고 깃발만 나부껴/ 새날이 올 때까지 흔들리지 말자

세월은 흘러가도 산천은 안다/ 깨어나서 외치는 뜨거운 함성

앞서서 나가니 산자여 따르라/ 앞서서 나가니 산자여 따르라

 – '임을 위한 행진곡' 백기완 글/ 김종률 곡

참고문헌

「민주공원」 1호~100호.

부산민예총(2003), 계간지 〈함께가는 예술인〉, 통권 제3호.

(사)부산민주항쟁기념사업회(2009), 『민주공원 시설 보완 및 재구성 조사사업 결과보고서』

민주화운동기념사업회 엮음(2006), 『세계의 역사기념시설』, 민주화운동기념사업회.

김문환, 『로마극장의 구조』.

김석철(1997), 『김석철의 세계건축기행』, 창작과비평사.

김선미 외(2003), 『민주공원과 함께 하는 부산민주운동사』, 민주공원.

손혜진(2011), 〈무대미술 공간개념에 관한 연구〉, 상명여자대학교 석사학위논문.

스테판 그리말디, 〈기념관은 왜 필요한가?〉.

승효상(2010), 『노무현의 무덤-스스로 추방된 자들을 위한 풍경』, 눌와.

아르놀트 하우저 ; 염무웅 · 반성완 옮김(2003), 『문학과 예술의 사회사 3』, 창작과비평사.

이승엽(2002), 『극장경영과 공연제작』, 역사넷.

전진성(2011), 〈기억의 공간, 트라우마의 공간, 희망의 공간〉, 『민주공원 상설전시실 리모델링을 위한
  집담회 자료집』.

조지 엘리스 버코 ; 양지연 옮김(2001), 『큐레이터를 위한 박물관학』, 김영사.

『The Holocaust Museum in Washington』(1995), Rizzoli International Publications, Inc., New York.

http://www.demopark.or.kr (민주공원)

III

비가시성

유승훈 역사민속학자, 문학박사

사라지는 것과 생겨나는 것

도시민속이란?

얼핏 보면 도시와 민속은 조합될 수 없는 단어로 생각된다. 우리는 은연 중 민속이란 단어 앞에 '전통의', '과거의'와 같은 복고적 접두사를 붙인 채로 상상하였기 때문이다. 이것은 한국의 민속학자들이 과거의 소재들을 중심으로 민속을 연구 해 왔고, 시대사적으로 '민족주의적 민속'이 과도하게 유행하는 가운데 생겨난 오해이다.

민속이 현대와 과거가 교차하는 지점에서 생겨난 문화라고 여긴다면 시골과 도시, 전통과 현대가 전혀 조합될 수 없는 개념인가? 라는 물음을 던져봐야 할 것이다. 어떻게 보면 이러한 질문을 던지는 것 자체가 아이러니한 일일 것이다. 문화는 공기와 물과 같아 장벽과 경계에 구애되지 않기 때문이다. 도시화가 되기 전 시골의 문화는 자연스레 도시문화의 토대가 되었을 것이며, 도시의 역사가 진전되는 과정에 새로운 민속도 생겨났을 법하다.

우리가 민속의 원형을 발견하기 위해서 멀리 산간벽지로 가더라도 마음먹은 대로 민속을 찾기가 쉽지 않다. 현대사회의 농어촌은 1차 산업을 기반으로 하고 있지만 생산수단은 기계화·자동화되었으며, 의식주·교통·통신·상하수도 등 도시적 생활양식을 수용하면서 민속의 변용이 상당히 진행되었기 때문이다. 얼굴이 바뀐 민속을 민속의 하나로 인정한다면 도시의 한가운데 서있는 점집과 지역적 전통성을 상실하고 도시로 이주해온 무속인의 연구조사를 기피할 이유가 없는 것이다.

도시민속의 재발견을 위해서는 먼저 지금까지 '민속의 발견적 태도'에 대한 성찰이 필요할 것이다. 이러한 성찰을 통해서 우리는 도시민속이란 비로소 현대 도시인의 삶을 채우고 있는 수많은 소재들이라는 깨달음으로 전진할 수 있을 것이다. 민속이란 멀리 있는 것이 아니고 도심의 곳곳에 널려져 있어 손쉽게 볼 수 있는 것이다. 다만 도시민속이 탄생한 사회적 배경과 그 안에 내재되어 있는 의미들에 대한 정밀한 탐구가 동반되어야 할 것이다.

도시민속은 도시에 거주하는 도시민들의 생활문화이며, 도시민속학은 궁극적으로 도시인의 총체적인 생활양식을 밝히는 것이다. 그러나 일상의 생활문화라는 점은 민속학의 민속과 상통하지만 도시민속의 속성은 종래의 민속 개념과 차이점들이 있다. 왜냐하면 민속의 공간적 기반이 농·어촌이 아니라 도시라는 점 때문이다. 무엇보다 도시는 토박이들이 떠나고 외지인들이 모여 사는 곳이며, 사람들의 움직임이 많은 유동적 공간이다. 게다가 1차적 산업은 거의 없고 상업, 금융업, 보험업 등 3차 산업을 생업기반으로 한 곳이다. 도시민속은 이러한 도시에 기초를 둠으로써 전통적 민속과는 다른 문화적 특징들을 갖게 되었다.

도시민속은 자본주의적 속성과 연결된다. 우리나라의 도시화는 전 세계적인 동향과 마찬가지로 자본주의화의 과정이라 할 수 있다. 산업화, 근대화, 도시화는 모두 우리나라가 자본주의로 변모하는 과정에서 나타난 현상이며, 도시문화 역시 이 과정에서 형성되는 것이다. 따라서 도시민속은 두레, 품앗이 등 공동체의 속성을 가졌던 민속과 달리 개인의 자유와 편의가 강조되면서 자본의 재편과 맞물려서 변화한다.

도시민속은 계층적으로 볼 때 서민의 일상문화와 밀접한 관련이 있다. 바꾸어 말하면, 도시민속은 도시사회의 정점에서 지식과 자본, 매스미디어를 장악한 채 매일 주목받는 세력들의 생활양식이 아니다. 마치 먹이연쇄food chain의 하부에서 스스로 광합성을 하여 생태계를 유지시키는 녹색식물과 같이 도시사회의 기층을 형성하여, 노동·생산하는 도시민중의 삶과 연관되는 것이다. 즉, 부산항의 선원, 사상 공단의 노동자, 국제시장의 소상인, 부두의 컨테이너 차량 운전사 등은 도시인의 삶을 1차적으로 유지시켜주는 생산과 유통의 업무에 종사한다. 이들의 문화적 관습과 양식이 도시민속과 직결되는 것이다. 하지만 현대의 도시사회, 달리 말하면 후기 자본주의 사회에서 도시민속의 민중성은 다양하게 분화되고 있으므로 단편적인 해석은 거리를 둘 필요가 있다. 현대의 도시민속은 끊임없이 대중문화와 소통하고 있으며, 계급·계층을 아우르는 문화적 속성을 지니고 있다.

도시민속은 다양한 갈래의 기원을 가지고 있으며, 여러 가지 경로를 통하여 성립된다. 도시민속의 역사적 형성을 따져보면 세 가지 유형으로 구분할 수 있겠다. 즉 도시화되기 이전 지역에서 전승되던 민속, 외부의 영향에 의하여 혹은 이주민들에 의하여 유입된 민속, 도시에서 생성된 현대 민속으로 생각해 볼 수 있다. 지역에서 전승된 도시민속은 도시화 이

전에 토박이들이 문화주체로서 전승해오던 민속이 도시 지역에서 잔존해온 것이다. 이주민들에 의하여 유입된 도시민속은 타 지역 혹은 외국의 민속이 유입되어 복합된 혼종의 민속이다. 도시에서 생성된 현대 민속은 근현대 도시화 과정에서 새롭게 출현한 민속이다. 지역에서 전승된 도시민속은 마을신앙 혹은 가정신앙 등 민속신앙과 관련된 것들이 대표적 보기이며, 유입되어 복합된 민속은 북한에서 기원했지만 부산에서 창출된 밀면과 같은 것이 있겠다. 현대 민속은 노래방, pc방, 찜질방 등과 같은 현대의 대중문화, 여가문화의 일환으로 나타난 부산의 '방 문화'를 들 수 있겠다.

해양도시에서 민속의 형성과 역사성

우리나라 해양도시의 역사를 살펴보면 제국 침탈의 과정에서 외국의 문물을 수입하는 역할을 하였다. 해방 후에는 귀환 동포의 이주와 한국전쟁으로 인한 피난민의 이주로 홍역을 치렀다. 이를 문화변동의 차원에서 보면 여러 가지 문화들이 뒤섞이고 혼종되는 과정으로 해석할 수 있다. 이처럼 해양도시의 문화는 이질적인 요소들이 복합·혼종되는 과정에서 창출된 다양성을 그 특징으로 하는 것이다. 해양도시민속학적 관점에서는 피난민 시절에 만들어진 밀면과 돼지국밥 등도 민속의 하나로서 간주된다. 다시 말하면, 해양도시민속은 근현대의 역사를 거치면서 탄생한 일상문화이자, 여러 가지 문화들이 복합되어 나타난 혼종의 문화이다. 이러한 도시민속을 제대로 바라보기 위해서는 다원주의적 관점 및 문화를 결과물이 아닌 과정과 맥락으로 보는 시선이 필요하다.

해양도시인 부산과 인천은 비슷한 근대사를 거치면서 발전해왔다. 부산과 제물포라는 작은 항구가 개항이란 역사적 전환기를 맞이하여 커다란 근대의 항구로서 발전한 것이다. 부산과 인천은 개항을 통하여 외국인의 거류지가 형성되어 열강의 문물이 수입된 곳이며, 일제가 조선 침탈을 위하여 교두보로 삼은 곳이다. 근대시기 부산과 인천은 근대 항구로서 인구·경제·산업 등이 급성장하였지만 근대성의 이면에는 조선 침탈과 외국 문물의 침입이라는 제국의 욕망이 있었던 것이다.

1876년에 운요호 사건을 빌미로 조선은 부산·원산·인천을 강제로 개항하였으며, 치외법권을 인정하는 등 최초의 근대 조약이자 불평등 협약을 일본과 맺게 되었다. 이 강화도 조약 이후로 1877년 부산의 초량왜관은 부산일본인 거류지인 전관 거류지로서 개방되었다. 거류지가 설치되자 개항 당시 80여명에 불과했던 일본인들의 이주가 급증하였다. 일본 상인들은 일본정부로부터 적극적인 지원과 보호 아래서 많은 재산을 모았고 토지를 매입하였다. 이처럼 전관거류지는 일본인들의 활동을 보장해준 지역이므로 조선인들과의 교류가 왕성해졌고, 일본문화가 유입되거나 조선 문화가 복합되는 문화의 경계지대가 되었다.

우리나라가 식민지에서 해방되자 일본과 만주 지방 등에서 돌아온 귀환 동포로 부산은 한 차례 도시의 급속한 팽창을 이루었다. 그리고 연이은 한국전쟁으로 피난민들이 각지에서 몰려들었으며, 인구의 급속한 증가는 도시의 팽창을 가져왔다. 1.4 후퇴 이후 부산거리에 몰려온 피난민들로 부산은 몸살을 앓았으며 당시 언론들은 그 숫자를 70만 명으로 추산하였다. 40여 개소의 수용소로 들어온 피난민과 부산에 인척이 있는 사람들은 방이라도 얻고 끼니라도 때울 수 있었다. 하지만 무작정 피난온 40여만 명은 엄동설한에 떨면서 임시로 산중턱을 개간하여 판잣집을 지었다. 깡통을 펴서 엮어 만든 양철판이나 콜타르를 바른 미군 야전용 식량박스로 얼기설기 엮은 판잣집이었다. 휴전 직후 이런 판잣집이 중구 관내에만 1만 5천여 채, 시내 전체로는 4만여 채가 있었다고 추산된다.

한국전쟁으로 인하여 피해를 입기는 인천시도 마찬가지였다. 직접적인 인명 피해는 물론이고 전쟁 난민 발생으로 인한 후유증은 참담한 것이었다. 인천지역에 몰려든 전재민과 피난민들은 중구 일대가 아니면 주로 동구의 만석동 일대와 수도국산 일대에 몰려들었다. 그 외의 일부 피난민들은 남구의 학익동 일대와 남동구 소래포구 일대에 삶의 터전을 마련했을 것으로 보인다. 그 정확한 비율을 확인할 수 없지만, 피난민들의 새로운 삶의 보금자리는 역시 변두리의 달동네나 해안가의 저지대 습지 외에달리 없었을 터이다. 일제강점기부터 개항장에서 밀려난 조선 사람들이모여 살던 수도국산에도 한국전쟁이 터지면서 이북에서 피난 내려온 이

그림 1. 피난 시절 음식문화의 복합을 보여주는 부산의 밀면집

들이 대거 몰려들었다.

이처럼 한국전쟁은 부산과 인천의 집중적인 인구증가를 가져왔으며, 이들은 정착지를 찾지 못하고 도시의 산비탈과 변두리에서 임시로 판잣집을 짓고 생활을 연명하였다. 이들은 무작정 피난 온 도시에서 석기 시대의 사람보다 못한 환경을 맞게 되었다. 피난민에 의하여 형성된 달동네는 이후 산업화를 거치면서 도시로 상경한 빈민들의 삶터가 되었고, 점차 대도시의 독특한 기층문화를 형성하였다.

해양도시 원도심권의 민속

부산은 원래의 도심으로부터 점차 인근의 지역까지 흡수하여 크게 확장된 행정구역을 가지게 되었다. 도시가 확장되면서 외곽지역에 대한 도시계획과 투자가 집중적으로 이루어졌고, 원래의 도심권이었던 지역은 주민들이 떠나 공동화되어 문화적 에너지가 약화되고 있는 형편이다. 하지만 원도심은 그 역사성으로 말미암아 풍부한 역사·문화자원을 보유한 것이다. 근현대사의 중심에 있었던 지역이므로 근대의 유형문화와 함께 도시민속의 여러 소재들을 지니고 있다.

이처럼 문화자원이 풍부한 원래의 도심지였던 곳을 부산에서는 '원도심', 인천에서는 '구도심'이라 부르고 있다. 인천의 구도심은 아직까지 정확한 공간적 정의가 내려지지는 않았지만 대체로 중구와 동구 지역을 대상으로 하는 것이다. 부산에서는 구도심을 신도심에 대한 상대적 개념으로 해석하여 '낡은 것', '뒤떨어진 것'이란 이미지를 연상시킬 것을 우려하여 원도심이란 용어를 사용하고 있다. 부산의 원도심은 중구, 동구, 서구,

영도구 지역으로 인천과 마찬가지로 개항 이후 급격한 발달이 이루어진 곳으로 대부분 구한말 이래 근대화 과정에서 형성되었다.

도시민속의 역사성은 원도심권에서 찾을 수 있는 것이다. 이러한 원도심권은 근현대사를 정면에서 겪은 곳이기에 풍부한 도시민속의 자원을 갖는 반면에 현재는 퇴락한 재개발 지역으로 상정되어 곧 도시개발에 의하여 사라질 운명을 맞고 있다. 부산은 개항기와 일제시기, 한국전쟁 등 도시개발에 의하여 굴곡을 거쳤지만 이를 통해 대표적인 해양도시로 성장하였다. 부산의 도시민속은 우리나라 특유의 근대사가 낳은 근대성을 지니면서 개방성, 혼종과 복합성, 서민성과 같은 특징을 지니게 되었다.

개방성이란 해양성과 상통하는 것이다. 부산은 바다로 열린 길을 가지고 있으므로 수많은 사람들의 입출이 잦은 곳이다. 1905년 부산과 시모노세키 간의 관부연락선으로 뱃길을 열었고 이를 통해 수많은 조선인과

그림 2. 부산 원도심권의 중심지인 부산항의 풍경(1990년대)

일본인들의 교류가 시작되었다. 또한 1902년 최초로 켄카이호가 하와이 이민 121명을 태우고 떠난 곳이 인천항이었다. 공식적인 이민의 역사가 인천항에서 출발된 것이다. 이처럼 입국과 출국이 모두 항구도시에서 이루어졌으니 해양도시는 출향出鄕과 이주에 따른 서러움과 아픔, 추억과 회환이 절절히 맺혀있는 도시인 것이다.

혼종과 복합성은 외지인들이 크게 늘어남에 따른 문화현상이다. 조선조 변방의 통로였던 동래는 일제강점기 전후 통치전략으로 인하여 부산으로 대체되고 말았다. 일본인들이 대거 부산의 원도심권에 정착하여 살면서 일본풍의 문화가 부산 지역에 보급되었다. 해방과 한국전쟁 이후 난민들이 부산으로 몰려들자 전국의 민속이 부산으로 혼융되는 특이한 현상이 벌어졌다. 마치 민속 백화점처럼 부산의 도시민속은 이질적인 지역문화가 상호 혼종, 융합된 속성을 지닌 채 전승되었다.

해양도시 민속의 '혼종과 복합성'의 문화적 특징을 잘 보여주는 것이 음식문화이다. 원도심권에서 피난민들에게 나눠준 꿀꿀이죽은 전쟁의 굶주림을 벗어나고자 미군부대에서 흘러나온 각종 음식 쓰레기를 수거하여 판 잡탕음식이었다. 속된 말인 '잡탕'은 바로 혼종의 상징이자 기표이다. 부산의 밀면도 이북의 피난민들에 의하여 만들어지고 문화의 복합을 보여주는 음식이다. 냉면은 함경도와 평안도 등 북한지역의 음식이었지만 부산으로 유입되어 새로운 문화접변이 이루어졌다. 특히 부산밀면은 이북의 피난민들이 냉면의 주재료인 메밀을 찾기 어려워 밀가루를 사용하여 만들면서 탄생한 음식이다.

이러한 도시민속은 서민들에 의하여 소비·생산·유통되는 것이다. 정치의 권력층, 경제의 자본층, 문화의 지배층은 도시민속과 직접적인 관련을 맺고 있지 않다. 현대 사회에 들어 대중문화가 발달하고 문화의 경계가 약화된 측면이 있지만 여전히 도시민속의 주요한 향유층은 서민들이라 할 수 있다. 이들은 사회의 기저에서 각종 세파를 맞으면서도 꿋꿋한 문화를 구축해왔다. 부산 사람들은 삶과 죽음을 넘나드는 바닷가를 주요한 생업공간으로 하였고 아울러 폭풍우 같은 근현대사를 겪어왔기에 '억세고 뚝심 있는 기질'을 갖게 되었다. 이러한 도시민속의 서민성은 고통스러운 세상과 정면에서 싸운 결과이지만 내면에는 따스하고 인정이 풍부한 '정情의 문화'를 동시에 소유하고 있다.

도시민속의 사례들 - 사라지는 것과 생겨나는 것

공동체 신앙과 점복

마을의 공동체 신앙은 전국적인 분포를 보이며, 현재까지 전승되는 대표적 민속이다. 촌락이 대도시로 변모하였음에도 불구하고 마을신앙은 새로운 형태로 전개되는데 서울 한강변의 도심에서 행해지는 부군당굿이 그 사례이다. 대도시 부산에서도 동네 구석구석을 돌아보면 아직도 남아 있는 마을제당을 보기가 어렵지 않다. 『부산의 당제』를 보면 중구, 서구, 동구 등 원도심 지역에서 조사된 마을제당이 24개나 된다. 부산의 도심 지역에서 마을신앙은 행정관청과 지자체 의원들, 동네의 유지들의 관심이 촉발되어 여전히 계승되는 곳이 있는 반면 어떤 마을제당은 건축물만 남아있을 뿐 의례가 중단되거나 극소수의 토박이들에 의하여 명맥만 유지되고 있는 곳들도 있다.

마을신앙은 마을을 공동운명체라 여기는 마을 민들에 의해서 조직화된 신앙이다. 자신이 거주하는 마을에 대한 귀속관념이 사라지고, 단순한 거주공간과 행정단위로서 동네를 인식하는 도시사회에서 마을신앙의 본래적 의미는 퇴색되기 마련이다. 게다가 동네마다 세워진 교회와 성당 등 기독교 신앙공간이 도시민들의 믿음을 차지하고 있으므로 기능적으로 전통적 마을신앙이 설 자리가 좁아지고 있는 것이다. 이러한 사회적 배경에도 불구하고 지속되어온 마을신앙을 포기할 수 없으므로 마을의 반장 등에게 동제洞祭의 책무를 넘기거나, 사찰의 승려나 무속인 등에게 제당과 의례를 맡기는 사례가 빈번해지고 있다.

하지만 도시사회에서 전통적 민속 신앙이 모두 약화되고 있는 것은 아니다. 오히려 점복신앙은 더욱 번성하고 있으며, 주술과 금기 관념은 형태를 바꾸어 진화하고 있는 형국이다. 영도다리의 점집은 거의 사라졌지만 중구의 대청동 4가, 동광동 5가 등 여러 곳에서 점집들이 성업 중이다. 현대 사회에서는 근대적 교육제도 하에 통과해야할 시험이 많아지고, 이

그림 3. 공동체 의례를 지냈던 마을제당(구포 대리의 고당할매당)

의 성패에 따라 운명이 크게 갈리는 경우가 많다. 또한 삶의 곳곳에 여전히 불안한 사고와 사건들이 상존하기에 점복신앙은 줄어들 기세가 보이지 않는다.

점복 신앙은 사주카페, 인터넷 점집, 타로카드 점집 등 다양한 형태로 발전하고 있다. 최근 들어 남포동의 비프BIFF 광장에는 타로카드 점집이 많이 세워지고, 젊은이들이 이곳에 자주 드나드는 모습을 볼 수 있다. 타로카드 점은 80장의 카드를 뽑아서 여기에 그려진 카드 그림을 보면서 앞날을 점치는 것이다. 이것은 점복과 놀이가 혼합되어 무거운 점집의 분위기를 순화시키고 재미있게 점을 보는 탓에 호기심 있는 젊은이들에게 성행한다. 젊은이들은 애정과 취직 문제 등으로 타로점을 많이 본다. 영화관 주변과 내부에서 임시 칸막이를 설치하고 점행위를 하는 것은 영화를 보는 젊은이들이 타로점의 주요한 고객이기 때문이다.

도시사회에서 이사를 갈 때 주술과 금기의 풍속은 더욱 발전했다. 이사 날짜는 나이, 운수, 날짜, 일진, 방위 등을 맞추어서 한다. 즉 이사 날짜를 고를 때는 손 없는 날을 택하는 며, 액이 낀 방위는 피하여 가는 것이다. 혹 어쩔 수 없이 불길한 방향으로 이사를 갈 때는 좋은 방향으로 차를 한 바퀴 돌아가 들어가는 액땜 조치를 한다. 떠날 때는 방안을 깨끗이 쓸지 않고 먼지를 그냥 둔 채로 가며, 찬밥을 가지고 이사하지 않는다.

이사 주술과 금기는 주거환경 및 토지 사정, 집과 땅에 대한 소유 관념이 복합되어 나타난 것이다. 근대화 시기 농민들의 도시로의 이주가 급증하였다. 아파트가 대량으로 건립되면서 부동산 투기가 급증하고, 이사를 가는 도시민들도 부쩍 늘게 되었다. 이러한 도시화 과정에서 벌어진 왜곡은 필연적으로 거주 목적의 집이 재화로서 인식되었고, 도시민에게 집은 재산을 축적할 수 있는 부의 수단으로 변질되었다. 이처럼 잦은 이주와 부동산 거래 등으로 인하여 이사가 빈번함에 따라 이사주술과 금기도 발전하는 것이다.

새 집으로 들어와서는 사전에 대문 앞에 소금을 뿌리고, 집 안에는 쌀, 보리, 밀, 콩, 팥 등 곡식을 뿌리는 주술 행위를 한다. 또한 방에서 쑥을 태우거나 쑥을 문 앞에 매달아 두며 복을 불러 오기 위하여 쇠코뚜레를 대문 위에 달아둔다. 이사 간 날의 밤에는 재액災厄을 막기 위해서 머리 방향을 거꾸로 하여 잔다. 전통 사회에서 집안의 구석구석은 일상의 공간이자 가정신이 머무르는 성聖의 공간이었다. 도시 주택이 서구식으로 개량화되었더라도 각 공간에 존재하는 가정신에 대한 믿음은 지속되고 있다. 집안의 곳곳에 주술 행위를 하는 것은 제액의 조치인 동시에 가정신에게 재복을 기원하는 소망인 것이다.

일생의례와 세시풍속

일생의례는 인간이 중요한 인생의 단계를 맞이하여 치러지는 의식이다. 일생의례는 인간의 삶에 기반을 두고 있으므로 탄생과 성장, 결혼과 죽음 등이 인간이 맞이하는 가장 중요한 고비라고 할 수 있겠다. 현대 사회에서도 이러한 일생의례에 깔려 있는 큰 틀은 변함이 없다. 그러나 과학과 의학 기술의 발전으로 인하여 인간의 수명이 연장되고, 병의 치료가 가능해짐에 따라 라이프스타일life style이 변화되고 있다. 일례로 유아사망률이 낮아짐에 따라 돌잔치가 퇴색하고, 평균수명이 늘어나자 환갑잔치가 칠순·팔순잔치로 대체되는 것은 이러한 변화 때문이다.

한편 사회적 배경, 시대철학, 시민의식의 변동도 일생의례의 변화를 촉진시키고 있다. 조선사회를 강고히 결집시켰던 유교이데올로기가 근·현대 사회를 지나면서 약화되고 자본주의 이념이 발전하고 있다. 관혼상

제冠婚喪祭로 대변되는 유교식 일생의례는 지금도 그 유풍이 강하게 남아 있지만 해체되고 있는 내용도 적지 않다. 자본주의적 도시사회에서는 무엇보다 자본과 이윤의 가치가 중요하며, 일상생활 역시 이를 목적으로 재편되기 마련이다. 흔히 유교식 의례의 해체 원인으로 회자되는 '산 사람의 편리'라는 것도 따지고 보면 문화산업의 자본침투가 생활의 근저까지 도달한 것이며, 수용자의 입장에서는 충분한 휴식으로 자본과 노동을 위한 재충전의 시간을 보장받는 것이다.

현대 도시 공간의 상장례 문화의 특징으로서 혐오스런 화장에서 선호하는 화장으로 변화, 장례식장의 등장과 객사客死의 정상화, 일생의례 대행 전문직종의 탄생 등을 들 수 있다. 상장례는 문화적 전통이 강한 일생의례임에도 불구하고 형식의 변화가 빠르게 진행되고 있는 것이다. 이러한 상장례의 변화 추세를 선도하는 도시가 바로 부산이다. 2007년 통계

그림 4. 부산 동구에 위치한 한 예식장에서의 결혼식 장면

를 기준으로 부산 사람들이 선호하는 장묘형태를 보면 '매장'이 12.2%, '화장후 납골당(묘) 안치'가 27.1%, '화장후 가족단위 납골당(묘)안치'가 21.3%, '수목장'이 13.7%, '매장·화장 상관없다'가 23.1%, '기타'가 2.6% 이다.[1] 전통적인 방식의 유교식 매장을 선호하는 부산 사람의 비율이 12.2%에 지나지 않는 사실은 부산에서 진행되는 유교식 장법의 급격한 변화를 시사하고 있는 것이다.

도시사회에서 장례식장의 발전은 주목할 만한 사례이다. 부산에서도 종합 병원 산하에 깔끔하고 편안한 장례식장이 설치되고 있으며, 대형의 전문장례식장이 곳곳에 들어서고 있다. 이곳에서는 과거의 거친 상복은 사라지고 검은 양복 차림의 상주들을 흔히 볼 수 있으며, 고스톱으로 밤 샘하는 조객들은 급격히 줄어드는 현상을 볼 수 있다. 죽음을 애도하는 곡소리도 잦아들고, 조용히 조문하고 빠른 걸음으로 사라지는 장례 풍경의 속도감도 눈에 들어온다. 사실상 망자보다는 산자를 위한 의례가 장례라 하지만 산자의 편의가 지나치게 강조된 느낌을 받는데 따지고 보면 이 모든 것이 의례와 자본의 융합 때문인 것이다.

부산에서 유교식 전통혼례가 사라진 지 오래이며, 결혼식장에서는 신속한 현대식 혼례가 치러지고 있다. 또한 현대의 도시사회에서는 결혼식 그 자체 보다 결혼에 대한 사회적 인식이 더욱 큰 변화를 보이고 있다. 2006년 통계를 기준으로 부산에서 한해 동안의 혼인건수는 20,017건이며(재혼 포함), 평균 초혼 연령(남자)은 31세였다. 1997년 27,838의 혼인건수와 29세의 평균연령을 비교하면 혼인건수는 크게 줄고, 연령은 늘어난 수치이다. 결혼에 대한 견해도 많이 바뀌어서 '반드시 해야한다'(24.5%)와 '하는 것이 좋다'(40%)의 합계가 64.5%로서 나머지 35%는 결혼 자체에 대해서 부정적인 생각을 갖고 있었다. 즉 결혼을 꼭 해야 하는 의무적 일생의례로 서가 아닌 선택적 사항으로 인식하고 있는 것이다. 한편 국제 결혼에 대한 인식도 많이 바뀌어 32% 이상이 국제 결혼에 대한 긍정적 답변을 하였다.

도시사회의 세시풍속은 도시민의 생활리듬에 따라 삶을 영위하는 과정에서 만들어지는 것이다. 음악의 리듬이 음의 강약과 박자를 주면서 일정한 흐름을 유지하는 것과 마찬가지로 인간의 생활 리듬은 노동과 휴식, 일상과 비일상이 강약으로 반복되면서 일정한 삶의 주기를 형성한다. 현대인의 삶의 주기는 1년, 1달, 1주를 분절로 하여 새로운 단계로 넘어가며, 노동과 휴식도 이에 맞추어 편성된다. 24절기, 음력 명절 등 전통사회의 주요한 세시풍속은 현대의 도시사회에서 약화되거나 혹은 다른 내용·형식으로 변용되고 있다.

2004년 이른바 주5일제 근무가 정착됨에 따라 토요일이 공휴일이 되면서 예전의 반공일半空日은 역사 속으로 사라짐과 동시에 한국인의 세시풍속은 전면적으로 재편되었다. 절사節祀를 행하는 4대 명절 가운데 단오는 약화되는 추세이며, 설과 추석, 한식은 여전히 도시민의 주요한 세시풍속으로 자리 잡고 있다.

하지만 현대 사회의 흐름에 따라 양대 명절인 설과 추석도 점차 변용되고 있다. 조상에게 제사를 지내는 차례는 여전히 유지되고 있지만 모이는 친족들의 범위가 좁혀지고, 과거에 행해졌던 풍속도 많이 사라졌다. 장거리 이동과 교통체증 문제는 설과 추석의 대명사처럼 되었다. 도시민들의 생활 범위가 확대되고, 이주 지역이 넓혀지면서 명절에 가족친지들을 만나기 위해서 장거리 이동은 필수적 요건이 되었다. 1990년대 이후 마이 카my car 시대의 개막에 따라 자동차의 보유수가 크게 증가함에 따라 설과 추석의 고속도로는 교통 체증으로 인해 한바탕 홍역을 치른다.

현대의 도시사회에서는 청소년들에 의하여 여러 가지 의례와 풍속이 생성되고 있다. 입시 위주의 교육정책으로 인하여 고3 학생들의 백일주 풍속은 이미 오래 전 부터 유행한 것이다. 그러나 합격 기원의 상품은 많이 달라져 과거의 엿은 여러 가지로 선물로 진화되었다. 수능 시험을 앞두고 부산의 각 팬시문구점 등에는 잘 풀라는 휴지, 잘 보라는 거울, 잘 찍으라는 도끼 엿 등 기상천외의 상품들을 볼 수 있다. 만 20세가 되는 성인식에는 향수, 장미 21송이, 키스 등 세 가지 선물을 받는다. 향수는 과거를 기억하라는 의미요, 장미는 붉은색의 정열을 안고 성인이 된 후 열심히 살라는 뜻이다. 키스는 성적으로 어른이 되었다는 표현인 것이다.

밸런타인데이, 화이트데이, 블랙데이 등과 같은 데이 시리즈는 연인들의 사랑을 주제로 한 현대적 풍속이다. 역사적 기원을 찾을 수 있는 것들도 있지만 대개가 일본과 우리나라에서 초콜릿, 사탕 등을 주고받는 풍속으로 변용된 것을 보면 제과업자들의 상술이 가미되었음이 틀림없는 사실이다. 그러나 이러한 데이 시리즈는 발생적 연원이 불확실함에도 불구하고 어린이부터 중년층까지 대폭 참여하는 도시사회의 신풍속도로 자리를 잡게 되었다. 자본의 상술이라는 비판과 함께 대중들이 데이 시리즈에 왜 열광적으로 참여하는 이유에 대한 진지한 고찰이 필요할 것이다.

여가생활과 놀이

줄다리기, 석전, 횃불싸움, 차전놀이, 강강술래 등과 같은 전통적 세시놀이는 공동체의 단결과 화합을 위한 것이며, 편싸움의 승부를 통하여 공동체의 화복을 점치는 것이다. 이러한 집단 놀이는 근대화의 과정에서 급격히 약화되었고, 현대의 도시사회에서는 찾아보기 어렵게 되었다. 잘 알려진 바와 같이 일제강점기 집단놀이에 대한 탄압은 공동체적 놀이 풍속이 변화하는 1차적 원인이 되었다.

현대의 도시사회에서 놀이는 크게 보아 여가 생활의 범주에 포함하여 논의될 필요가 있다. 도시사회에서 놀이의 전통적 의미는 쇠퇴하고 대중문화, 스포츠, 관광 등 현대적인 여가생활로 바뀌어 가고 있기 때문이다. 현대의 여가생활은 자동화·전산화된 도구, 매체, 시설 등을 필요로 한다는 점에서 전통적 놀이와 차별성이 있다. 도시사회는 도시민을 자연으로부터 격리하고 대신 도시사회의 발전된 인프라를 제공해주고 있다. 그리하여 도시민은 자동차와 고속철도, 운동장과 스포츠 센터, TV와 영화 등이 없으면 자유롭게 놀 수 없는 불안정한 '호모 루덴스homo ludens'가 되었다.

부산의 직장인을 대상으로 여가생활을 조사한 이동일에 의하면 주말의 주된 여가활동은 'TV시청'이었다.[2] 이러한 'TV시청'이나 근래에 들어

그림 5. 부산의 대표 관광지인 해운대 해수욕장

급증하는 PC 게임, 인터넷 등은 모두 개인이 홀로 하는 개별적 여가생활이다. 도시사회에서 여가 생활은 점차 사사화私事化·개별화되고 있는 것이 특징이다. 여가의 사사화란 말 그대로 여가가 한 개인의 사사로운 일이 됨으로써, 타인과의 직·간접적인 정서적 교류가 결여된다는 의미를 내포하고 있다.[3] 순식간에 이루어진 도시화는 인문환경과 사회조직의 급변을 야기하였고, 전통적 여가생활의 단절을 불러왔다. 그 빈틈을 파고든 것이 고스톱 놀이와 대중 매체이다. 이것들은 모두 참가자가 제한적일 뿐만 아니라 폐쇄적 공간에서 즐긴다는 측면에서 모두 여가생활의 사사화를 가져온 요인이었다. 1990년대 이후 TV·영화·PC·DVD 등 대중매체의 발전은 인식론적 단절을 야기할 만큼 질적으로 발전하면서 현대인의 여가생활은 이에 맞추어 재편되었다.

도시사회에서 관광은 여가와 놀이문화의 핵심이 되었다. 도시인들은 가까운 유원지를 비롯해서 외국의 유명한 관광지까지 많은 시간과 경비를 들여서 관광을 떠나고 있다. 나아가 명절에 제사는 뒷전이고 여행을 떠나는 관광객들도 많아져 명절의 새로운 풍속으로까지 정착되고 있다. 아울러 일주일을 기점으로 돌아오는 공휴일, 일 년을 주기로 순환되는 특별 휴가, 꽃피는 봄철과 낙엽 지는 가을철에 관광이 관습적으로 이루어진다는 점에서 도시민의 세시풍속으로까지 정착되었다고 할 수 있겠다. 또한 묻지 마 관광, 관광버스에서의 음주가무, 보신관광, 기생 관광, 배낭여행, 효도 관광 등 여러 가지 관광은 전통문화와 결합한 현대적 관광의 행로, 도시인들의 향락과 소비 행태를 보여주는 풍속이다.

인태정은 이러한 관광 풍속이 한국의 전통 문화적 특징과 근대 이후의 독특한 역사적 경험이 상호작용하면서 형성된 과정이자 결과라고 보고, 이에 대한 여러 가지 분석을 내놓았다. 관광버스나 기차 안에서 춤추고

술 마시는 유흥적 관광 행태는 무교의 영향을 받은 것이며, 보신관광은 현장주의 · 현세주의적 경향이 상승작용을 일으킨 것이다. 또한 문지 마 관광은 유교의 체면문화, 결과 우선주의, 허약한 개인주의, 집단주의가 상호작용하여 이루어낸 것이며, 효도관광은 유교적 영향을 엿볼 수 있는 독특한 관광문화라는 것이다. 배낭여행과 해외여행은 정체성 부재로 인한 서구지향적 문화에서 비롯된 관광문화의 특징이다.[4]

부산 사람들은 현대 관광의 호스트host이자 게스트guest이다. 호스트의 관점에서 보면 부산에서 시작된 해수욕과 온천욕이 관광 문화의 중심적 자산이라 할 수 있다. 부산의 관광풍속은 식민지의 소산이라 할 만큼, 20세기 초반 일제와 일본인들에 의하여 개발된 근대식 온천과 해수욕장이 부산의 대표적 관광명소로 맥을 이어오고 있는 것이다. 게스트로서 부산사람의 관광은 늘 접하는 해변 보다는 내륙지방으로의 여행이 많은 편이다. 해외여행으로는 큐슈, 후쿠오카, 오사카 지역 등 가까운 일본으로의 여행이 많으며 경제적 사정으로 이곳까지 배편을 이용한 이용객이 많다. 부산 사람들은 타 지역사람들에 비하여 예약문화가 취약하고 급한 성격이 도출된다고 한다. 여행계획을 세울 때도 매우 즉흥적이라고 하는데 부산 사람들의 독특한 기질이 관광문화에서도 그대로 반영되고 있는 것이다.

주석

1. 부산광역시, 『부산의 사회지표』, 2008, 106쪽.
2. 이동일, 「부산인의 놀이와 여가문화」 『부산인의 신생활풍속』, 부산발전연구원, 2004, 338~339쪽.
3. 김문겸, 『여가의 사회학』, 한울 아카데미, 1993, 283~285쪽
4. 인태정, 『관광의 사회학-한국 관광의 형성과정』, 한울 아카데미, 2007, 212~226쪽.

구모룡 한국해양대 동아시아학과 교수
해항도시 부산을 보는 시선들

방법으로서의 부산

부산의 기원을 어디로 삼느냐는 문제는 논란의 여지를 남기고 있다. '초량왜관'의 존재의의를 간과하지 않으면서 개항과 더불어 진행된 도시화 과정에 주목하면서 이를 재현한 글쓰기를 탐문하려 한다. 부산의 풍경이 소설 속에 등장하는 것은 청일전쟁(1894~1895)을 배경으로 삼고 있는 신소설에서 비롯한다. 개항(1876) 이후 한동안 부산 이야기는 주로 외국인들의 기행문에 등장한다. 부산이 먼저 타자의 시선으로 그려지고 있는 것이다. 개항과 더불어 형성된 식민도시 부산은 이주 일본인 문화와 로컬토착 문화가 교차하는 공간이다. 또한 근대 해양세계maritime world로 열린 공간이어서 근대가 수용되는 창구이다. 이러한 부산의 근대 풍경을 실감 있게 서술하고 있는 매체가 소설인데, 이인직의 『혈의 누』와 『귀의 성』, 최찬식의 『추월색』, 염상섭의 『만세전』 등에 잘 드러나 있다.[1]

아시아의 여러 해항도시—광저우, 나가사키, 마드라스 등이 17세기 이래 아시아 해양경제의 주역이 되어 활동해온 반면, 조선은 왜관의 활동을 제외하고 이러한 경제활동에 참여하고 있는 해항도시를 갖지 못했다. 그나마 왜관의 중요성이 부각되는 까닭이 여기에 있으며 개항 이후 식민지 해항도시 부산과 왜관을 상관적으로 바라보는 시야가 요청된다. 개항에 대한 시각 또한 긍정/부정을 넘어서 "동아시아 역내의 상호관계로부터 보는 지역적regional 시야"[2]가 요긴한데 식민도시를 일반화하기 어렵다 하더라도 외부의 권력에 의한 지배라는 변수가 도입되어 이종적이고 다원적인 문화 혼종화 경향이 나타난 지

그림 1. 초량왜관 지도　　　국립중앙박물관 소장

역임을 알 수 있을 것이다.[3] 그런데 이러한 문화적 연구가 지나치게 탈맥락화하는 것은 경계해야 한다. 정치·경제사 중심의 협소한 일국사적 담론을 넘어서기 위해서 문화연구를 도입하는 것은 필수적이지만 그렇다 하더라도 식민지 해항도시가 지니는 '복합성'을 견지하는 일이 필요하다.[4] 이 글은 식민지 해항도시 부산의 이중성, 모순성, 복합성을 개항에서 3·1

운동 이전까지의 시기를 배경으로 삼은 소설을 중심으로 고찰하고자 한다. 이를 위해 ①근대 표상-철도와 기선 등 미디어 ②도시 공간과 경관 ③일상생활-주거공간과 의복과 음식 등에 대하여 분석할 것이다. 그런데 소설에 재현되지 못한 개항 이후 러일전쟁(1904~1905) 이전의 근대풍경은 외국인의 여행기travel writing가 보충할 것이다. 말할 것도 없이 '여행자의 시선'이 지니는 제약이나 소설에 가미된 상상적인 것의 한계를 생각하지 않을 수 없을 것이다. 하지만 그럼에도 민족지적 기술에 육박하는 자료가 드문 상황에서 이들은 부산의 면모를 드러내는 최선에 가깝다 하겠다.

식민지 이중도시와 타자의 시선

해항도시 부산의 이중성은 먼저 타자에 의해 구성된다. 일본은 개항과 함께 초량왜관이 포함된 지역을 근대법적인 전관거류지concession로 설정하고 그 안에 거류지역소, 영사관, 경찰서, 상업회의소, 금융기관, 병원 등과 같은 근대시설을 설치하여 신속하게 도시의 면모를 갖추게 된다.[5]

여기는 아무리 바쁜 시기에도 그렇게 활기가 넘치는 곳은 아니지만, 지난 2주 동안 증기선이 한 척도 들어오지 않았다. 그 말은 집에서 보낸 편지도, 빛, 생동감, 문명이 있는 바깥 세계의 소식도 접하지 못했다는 뜻이지. 코리아에서 사는 것이 참 무료하고 지루하다는 걸 느낄 수 있지. 증기선이 온다는 소식을 듣고 며칠째 기다리고 있다. 그리고 이런 기다림이 우리의 마음을 설레게 한단다. 그런데 너와 존, 그리고 이다의 편지를 싣고 와 우리를 기쁘게 해줄 증기선이 아직 오지 않고 있다. 그래도 증기선이 시커먼 연기를 뿜고 즐거운 뱃고동 소리를 내며 올 때까지 기운을 내어 최선을 다해서 참아야 하겠지. 그제는 우리 모두 코리아의 절영도에 가서 한나절을 보냈단다. 진달래가 만발하게 피어 있었고, 그 화려한 색으로 산 한 면을 밝게 물들이고 있었다. (…) 블라디보스톡에서 출항한 일본 정기선 '쓰루가 마루'가 오늘 여기에 올 것이다. 그리고 내일 여기를 떠나 나가사키로 가는데, 그러면 집으로 편지를 실어다 주겠지. 이제 그만 쓰고 나가사키에서 보낸 전보를 보아야 하겠다. 증기선이 예정대로 어제 밤에 출항했다고 하는구나. 몇 줄을 더 적을 시간이 있으면 그렇게 하마.[6]

초대 부산해관장인 영국인 W. N. 로밧이 1885년 쓴 편지의 일부이다. 이 글에서 말하듯이 1885년 당시의 부산항은 "무료하고 지루하다"고 느낄 정도로 교역이 활발하지 않았다. 이는 그가 경험한 영국의 문명사회와 판이한 풍경에 대한 이해에 기반한다. 그렇지만 블라디보스톡을 거쳐 부산에 이르는 '스루가 마루'의 항로가 시사하듯이 러시아와 일본과 조선이 동일한 해역권을 형성하고 있었다는 점이다. 이는 부산을 둘러싼 청과 러시아 그리고 일본의 각축을 예고한다. 그만큼 근대 초기의 부산은 동아시아의 결절점이었다. 로밧의 편지에서 또 하나 주목할 것은 부산의 경관이다. '절영도'[7]의 아름다운 봄을 배경으로 하고 있는데 절영도는 초량에 사는 사람들이 소풍가는 곳으로 보인다. 그런데 1889년 3월 부산항을 둘러본 일본인의 시각은 로밧이 보는 부산과 다르다.

부산, 선박교통은 지금 크게 번성하여 시모노세키로부터 매일 3~4회, 나가사키로부터는 5~6회, 때로는 하카다나 대마도로부터 대개 격일 정도 일본의 우편물을 받아볼 수가 있다. 부산만의 서북해안에 연하여 봉대산의

그림 2. 1885년 부산항

동남록을 동북진하여 하나의 구릉을 지나면 작은 평지가 있으니 사방은 5정
정도로 이를 중국인 거류지라 한다. 당시 하나의 이사부와 2~3개의 상점이
있을 뿐이라 별로 기록할 것이 없다. 동남쪽 인근을 초량항이라 한다. 인가
100여 호 주민은 모두가 어업과 사업으로서 생활한다. 다시 7정 가량 가면
140-150호의 부락이 있어 구관이라 한다. 그 동북 6~7정 떨어진 곳을 부산
진이라 한다. 인가 400여 호가 상업과 어업으로 생계를 한다. 동편에 석조
성곽이 있다. 높이는 2간 반, 주위에 10여 정, 네 개의 문이 비치되어 있다.
서문 위에는 누각을 만들고 액에는 '금루각'이라 대서하였다. 진성의 해안에
연하여 동행하기 약 반 리 가량에 우암포가 있다. 인가 불과 10여 호로 우리
표류민을 수용하던 곳이다. 그리하여 황석거류하는 관민 모두가 일체 관외
에는 나올 수가 없었으나, 이 표류민을 인계받을 때에 한하여 대마도 사신은
부산진성 아래를 지날 수가 있었다는 것을 알 수가 있다. 부산진을 떠나 북
으로 향하여 마비현을 지나 약 2리 남천을 건넌다. 폭은 불과 10간, 좀 견고

한 석교가 가설되어 있는데 세병교라 한다. 좌우에 제방이 있고, 위에는 대나무 숲으로 되어 있다. 그 북쪽으로 약 40리 가량 가면 동래부가 있다. 남문은 이중으로 만들었고, 외곽은 와제로 되어 있다. 높은 형체에 높이 3간 위에 누각을 세워 세병문이라는 편액을 달았다.[8]

로밧의 편지글과 4년의 시차이지만 일본인이 보는 부산은 그와 큰 차이를 드러낸다. 여기서 일본인 서술자는 선박교통과 우편제도의 활성화로 일본인 전관거류지에 대한 서술을 요약하면서 시야를 그 외부로 펼치고 있다. H. N. 알렌이 1884년 일기에서 부산은 '완전한 왜색 도시'[9]라고 한 바 있듯이 시모노세키 등에서 정기선이 왕래하는 부산은 이미 일본 도시와 다를 바 없는 경관을 형성하고 있었다. 소위 이중도시dual city의 성격을 갖추게 된 것이다. 식민 초기 단계에서 이중도시적 성격은 매우 명료하다. 전관거류지를 중심으로 모든 근대적 기구와 소통의 체계를 형성하였기 때문이다. 인용한 일본인의 기록이 말하듯이 내부와 외부의 풍경은 대비를 이루고 있다. 그런데 부산이 세계적인 토포스로 부상하는 것은 1894년 청일전쟁 시기이다.

오스트리아인 헤세-바르텍은 그의 여행기를 통하여 이렇게 말한다: "지난 몇 달 사이에 조선의 남해안에 위치한 작은 항구 도시 부산은 유명세를 타게 되었다. 1894년에 일어난 청일전쟁이 아니었다면 결코 있을 수 없는 일일 것이다. 신문 독자들은 말할 것도 없고 유럽의 지리학자 중에 그해 전반기의 부산에 대해 조금이라도 알고 있던 사람이 과연 몇이나 될까?"[10] 청일전쟁을 통하여 부산은 일본과 러시아와 청국이 해역의 교두보를 마련하기 위해 각축하던 장소에서 세계의 지정학적인 공간으로 알려지게 된다. 앞서 인용한 일본인의 기록은 바로 이러한 상황을 준비한 보

고서의 일부가 아닌가 한다. 그런데 청일전쟁 전야에 조선을 여행한 헤세
-바르텍은 그의 여행기에서 부산에 관한 많은 서술을 남긴다.[11] 이는 대
부분의 여행자들이 부산을 단순하게 지나치는 공간으로 언급한 일과 크
게 구별된다. 앞서 말했듯이 그가 부산의 지정학적인 중요성을 깊이 인식
한 데 기인한 것이라 할 수 있다. 그의 부산에 대한 서술에서 주목되는 내
용은 대략 다음과 같다.

①니폰유센가이샤日本郵船會社 소속 겐카이마루玄海丸을 타고 스시마를 경
유하여 부산에 도착한다. 일본과 다른 조선 해안의 황량함에 실망하고 낙원
같은 일본과 대비되는 조선을 미개와 반문명으로 인식한다. 철저한 유럽중
심주의의 시각으로 일본과 조선을 이해하고 있다.

②초량왜관과 1876년 강화도조약을 통한 지위 변화를 서술하고 일본인
전관거류지가 러시아 블라디보스톡 항로와 나가사키 항로의 결절점임을 설
명한다. 부산의 지정학적인 위상에 대한 이해를 보이고 있다.

③여행자의 시선으로 볼 때 부산은 '철저하게 일본의 항구'라고 생각한
다. 쓰시마와 큐슈에서 건너온 5천여 명의 일본인 여성을 목도하면서 일본
인 거리의 안정되고 깨끗한 배치와 대비되는 배후 풍경을 지적한다. 애초 식
민도시가 지닌 이중도시의 성격을 문명/미개로 치환하고 있다.

④세관을 통제하고 있는 중국과 공무원으로 일하는 유럽인들을 만나면
서 부산에 사는 유럽인들의 처지를 연민한다. 7주에서 8주가 소요되는 편지
며 무료한 시간과 생활여건을 들고 있다. 도시 남부에 있는 '선교사 힐'의 존
재에 대하여 서술하며 미국선교사와 캐나 선교사 몇이 사는 아름다운 집을
조망한다. 도시 남부에 있었다는 선교사 힐은 지금의 어디쯤일까?

⑤세관을 거쳐 시내로 나가는 과정에서 조선인, 일본인, 중국인의 인종

적 차이에 주목한다. 백색신화를 믿는 그의 시선에 타자화된 인종들이 전시되고 있는 것이다.

⑥일본인 거주지와 다른 조선인 어시장의 풍경—지금의 남부민 방파제 부근—을 그로테스크하게 그려내고 있다. 조선인 어민들이 벌이는 상어와 해삼의 해체와 가공 그리고 판매에 대한 서술과 해녀들의 모습과 그녀들의 조개잡이, 8천 명의 부산어부들이 2천여 척의 배를 통해 돌고래와 고래를 잡는 이야기가 있다. 여기서도 날 것과 고래고기를 먹는 조선인에 대한 편견이 엿보인다.

⑦부산의 짐꾼들에 대한 묘사. 일본인들의 생활과 달리 부산과 그 주변에 사는 조선인의 비참한 생활을 그들 스스로 초래한 일이라 지적한다. 이에 비하여 니혼마치는 매우 안정적인데 그곳에서 더러 조선인들을 만나기도 한다. 하지만 식민도시의 혼종hybrid 가능성에 대한 인식은 없다. 이중도시적 시각은 현실이기보다 서술자의 관념에 가깝다.

⑧부산을 "조선의 영토라는 것을 제외하고는 조선과 아무런 연관도 찾을 수 없는 철저한 일본도시"라고 생각하는 서술자는 부산 주변의 동래를 살펴보기로 한다. 통역 등의 문제가 있지만 조선의 지방도시를 보고자 한 의도가 큰 것이다.

⑨초량에서 구관(두모포왜관)까지 중국인 통역과 조선인 선원을 대동하여 배를 타고 가는데 중국인거주지를 지나는 와중에 러시아 증기선인 블라디미르호가 일으키는 물결에 떠밀리기도 한다. 여기서 당시 일본인 거주지에서 구관(현재 수정시장 위치)에 가는 경로가 해로라는 것을 알 수 있다. 그런데 러시아의 블라디미르호는 바이칼호와 더불어 원산, 부산, 나가사키, 상하이를 왕복하며 우편 업무들을 담당한다. 서술자는 이 배들의 존재가 지닌 정치적이고 전략적인 의도를 간파한다. "러시아는 1년 내내 얼지 않은 원산

항을 수중에 넣음과 동시에 시베리아 국경선 너머의 조선을 감시하고자 하는 이해관계를 갖고 있기 때문이다." 이 대목에서 서술자는 청일전쟁뿐만 아니라 다가올 러일전쟁마저 예감하고 있는 듯하다.

⑩구관에 도착하여 말을 타고 동래를 향한다. 조선 고유의 촌락과 허물어진 성벽과 초가들 그리고 이와 대비되는 기와지붕을 얹은 관청을 바라본다. 서술자는 조선인을 매우 게으로고 더럽다고 생각한다. 또한 조선의 관리는 부패해 있다고 믿는다.

⑪"일본과 중국 사이에 언제 전쟁이 터질지 모르는 상황"이기에 동행한 중국인 통역은 불안해한다. 먼발치서 동래를 본 서술자는 구관으로 돌아가 정크선을 타고 초량에 정박한 증기선에 오른다.

여행자의 응시가 비교적 세심하게 그려져 있다. 그러나 근본적으로 제국의 시선을 넘어서지 못한다. 선상에서 내륙의 풍경을 바라보듯이 그는 타자를 응시한다. 유럽중심주의적 세계관이라는 필터에 의해 인종적 편견과 문명과 미개의 대비가 부각된다. 아울러 부산을 처음부터 이중도시로 인식하며 조선인 사회의 내부에 접근하지 못한다. 그럼에도 부산의 지정학적 토포스에 대한 인식은 뚜렷하다. 제국의 관점에서 전지구적 자본주의의 동향을 이해하고 있기 때문이다. 헤세-바르텍의 이러한 시각은 비숍에 이르러 크게 달라지지 않는다. 비숍은 『조선과 그 이웃 나라들』(1897)에서 다음처럼 말하고 있다.

"어느 면으로 보나 부산의 거주지는 일본풍이다. 5,508명의 일본 인구 이외에도 8천 명에 달하는 일본인 어부들의 유동인구가 존재한다. 일본 총영사관은 세련된 유럽식 가옥에 기거하고 있다. 은행 기관들은 도쿄의 일본 제일은행에 의해 설립되었으며 우편전신업무 또한 일본인에 의해 갖추어졌다. 일본인들은 거주지를 청결하게 할 뿐만 아니라 조선에 알려지지 않았던 산업들을 소개하기도 했는데, 그 산업들은 기계에 의한 탈곡과 정미 고래잡이 상어지느러미와 광삼의 요리 어분비료제조법 등이다. 특히 고약한 냄새가 나는 마지막의 산업은 엄청난 양이 일본으로 수출되고 있다. 이쯤에서 성급한 독자들은 투덜거리며 항의할 것 같다. "도대체 조선인은 어디 있단 말이냐? 난 일본인들에 관해 알고 싶은 게 아니잖아!" 나 또한 일본인들에 관하여 쓰고 싶지 않다. 그러나 현실이란 냉혹한 것이며 내가 말하고 있는 것은 부산의 부정할 수 없는 현실이다."[12]

비숍의 말처럼 1897년 당시 부산이 일본도시라는 사실을 부정하긴 힘들지 모른다. 을사조약 전야에 조선을 여행한 스웨덴 기자 아손은 비교적 조선과 조선인에 대하여 우호적 시선을 보이려 한다. 그럼에도 그 역시 깨끗함/더러움과 같은 이분법적 시각을 벗어나진 못한다.

사쿠라이 군노스케(1894)의 『조선시사朝鮮時事』는 타자의 눈 혹은 제국의 렌즈에 비친 부산의 모습이지만 다음과 같이 당시의 부산의 풍경을 그리고 있다.

> 부산은 조선의 개항장 중에서 가장 큰 항구이다. 경상도 동남쪽에 위치하고 뒤에는 노송이 울창한 용미산이 있고 앞에는 절영도가 있어 하나의 큰 만의 형상을 이루고 있다. 큰 선박과 함선들이 항상 모여들어 돛대가 숲을 이루고 있다. 특히 천진, 인천, 원산, 염포 등으로 항해하는 배들은 갈 때나 올 때나 이 항구에 닻을 내린다. 부산 거리의 번창함은 시모노세키나 미스미 항에 비교할 수 없다. 다만 우려할 만한 것은 이 항구의 상업, 무역은 아직 조선무역이라고 하기보다 오히려 일본 거류지 내에 한정된 미미한 상태라고

평하는 편이 타당할 것이다. 인천, 서울, 원산 등의 무역이 발달함에 따라 부산의 상업은 점차로 부진해졌다. 해가 거듭될수록 시장이 활기를 잃어가는 모습이 눈에 띄고 그 결과 거류민들도 늘어나지 않아 작년과 그다지 차이가 없다. 조금 상인 근성이 있는 사람은 인천, 서울, 염포는 쳐도 부산은 빼놓는 경우가 있다. 참고로 5월 하순에 조사한 부산에 거류하는 외국인의 수는 다음과 같다.

일본인 거류인 호수 957호 인구 4,582명(남 2,495명, 여 2,087명), 그 외 외국 거류인 129명(청국인 108명, 영국인 9명, 미국인 2명, 러시아인 2명, 독일인 2명). 부산의 일본 거류지에는 이같이 호수도 많고 인구도 많다. 그래서 살아가는 데 필요한 기관은 모두 갖추어져 있다. 제국총영사관, 경찰서, 동아무역신문사, 우편전신국, 공립공원 등이 있고, 일본우선회사, 오사카 상선회사, 제일국립은행, 제백국립은행 등의 지점이 있다. 조선어학교, 공립소학교, 혼간지本願社 별원도 있다. 이러한 기관들은 완전하다고까지는 할 수 없지만, 또한 불완전하다고도 말할 수 없다. 숙박시설도 비교적 갖추어져 있다. 오이케大池, 도요다豊田, 쓰요시津吉, 고시마小島, 마쓰노松野, 후쿠시마福島 등이 모두 깔끔히 정돈되어 여행자가 편히 쉴 만하다. 숙박료는 매우 싼데도 일본 국내의 숙박시설과 별다른 차이점이 눈에 띄지 않는다. 음식점은 도쿄로東京樓와 게이항데이京阪亭를 최상으로 친다. 일반 손님이 가득 들어차서 가무와 악기 소리로 밤새 시끌벅적하다. 대개 재류인들은 요란스럽게 놀려고 하는 것처럼 보인다. 부산 부근을 돌아보니 마음 놓고 쉴 만한 곳이 없었다. 약 3리 반 정도를 가면 금산리라고 하는 곳에 온천이 나오는데 이곳은 원래 조선인이 개발한 것이라 몹시 더러워서 하루도 머물 수가 없다. 다만 6리 정도 떨어진 곳에 있는 범어사라는 절은 산수가 수려하고 경내가 빗질자국이 물결무늬를 이루고 있을 정도로 정결하다. 이곳은 여름에 더위를 식히러 찾아오기에 적당하다. 그리고 동래부는 그 이름이 알려진 지 오래되고 또한 집도 많지만 한번 가보니 냄새가 나고 더럽다는 느낌부터 일어났다.[13]

마이니치 신문사 특파원의 시각에 비친 19세기 말 부산의 풍경으로 이중도시적 양상이 뚜렷하다. 아직 북빈 매축이 되기 이전이므로 전관거류지와 조선인이 사는 곳의 대비가 확연한데 특히 동래부와의 대비를 포함하고 있는 것이 주목된다. 이러한 이중도시적 시각은 문명/야만, 건강/질병, 깨끗함/더러움이라는 이분법적 표상을 드러낸다. 제국의 눈이라는 특권화된 시각으로 식민지를 바라보기 때문이나 그 실제에 있어 이중도시의 상호연관성이 지적되기도 한다.[14]

그런데 이러한 이중도시의 상호연관성은 전관거류지 중심 시가지가 외부로 확장되는 과정에서 나타난다. 용미산이 깎이어 북빈이 매축되면서 부산항이 근대화되는 시기에 부산은 '식민화된 사회 내의 도시'라는 의미를 갖게 된다. 전관거류지가 지닌 동질성이 어느 정도 해체되면서 이질적인 혼종화 과정이 전개되는 것이다. 이러한 점에서 '왜관'의 전관거류지화는 부산의 전사로서 주목된다.[15] 이중도시는 먼저 제국의 눈을 가진 타자의 시각에 의해 규정되고 이후 탈식민주의적 시각에서 다시 반복된다. 그럼에도 한 가지 놓쳐서는 안 되는 것이 불균등 발전의 과정이다. 식민거류민들과 원주민들의 공간과 문화를 이분법적으로 단순화하는 것도 문제지만 그들 사이의 섞임과 혼재만을 부각하는 것도 한계가 있다. 이들 경계영역에서 보이는 불균등 발전을 간과하지 않으면서 문화 혼종화 과정을 서술하는 일이 요긴하다. 사쿠라이 군노스케와 달리 영국 언론인 조지 린치는 1903년의 여행기에서 부산을 다음처럼 서술하고 있다.

일본과 러시아의 새로운 전략에 걸맞게 철도가 침략의 선봉에 서 있다. 우선 이주민을 들여놓으려고 시도하고 철도 부설을 인정받은 뒤에 말이다. 일본은 제물포-서울 노선을 개통했고 소유권을 갖고 있다. 나아가 부산-제물포 노선도 시공 중인데, 이 노선은 곧 그들의 영토 확장을 위한 침투선이기도 하다. 부산은 이 간선 철도망의 남쪽 종착역으로서 향후 18개월 내에 무역항으로 개방될 것이다. 부산은 일본에 가장 근접한 항구로, 어떤 전함도 안전하게 정박할 수 있는 완벽한 자연항이다. 일본의 감독 아래 수많은 한국인이 이곳에서 일하고 있다. 부두를 조성하여 선박들이 곧바로 하역작업을 할 수 있게 하려는 것이다. 그래서 공사가 결코 만만치 않지만, 이곳에서 이런 일은 수월한 편이고 비용도 별로 들지 않는다. 같은 규모의 작업을 시베리아철도의 종착역인 대련에서 한다면 훨씬 더 어렵고 비용도 많이 들 것이다. 이렇게 부산은 조만간 철도가 열리고 항구의 교역량이 늘어남에 따라 극히 중요한 도시가 될 수밖에 없다. 이런 전망에서, 일본인은 철도 인근의 요지를 확보하는 데 성공했다. 종착역 부근과 시내 중심가에 상당한 규모의 일본인 거류지가 들어섰다. 그 주위로 목재 가옥들이 들어서면 시내 중심가는 지금보다 두 배로 커질 것이다. 이제 조선인을 비롯하여 그 누구도 이곳의 주거지나 상가 부지를 구입할 수 없다. 모두 일본인 손에 넘어가고 말았기 때문이다.[16]

조지 린치는 일본 고베에서 모스크바로 이어지는 긴 여정[17]의 첫 관문에서 부산을 만난다. 마침 북빈 매축공사가 막 시작되는 시점인데, 항로와 철로를 잇는 부산항의 미래를 인식한다. 책의 표제가 말하듯이 그는 철도를 '제국의 통로'라고 규정한다. 철도는 먼저 제국과 식민의 시공간을 통합한다. 그렇기 때문에 철도를 둘러싼 제국의 각축은 심각하다. 조지 린치는 먼저 동아시아에서 철도 부설권을 차지하려는 일본과 러시아의 경쟁에 주목한다. 여기서 먼저 '시베리아 철도의 세계사적 의의'에 대하여 주목할 필요가 있다. 당시 세계의 제해권은 영국이 장악하고 있었고 유럽에서 아시아에 이르는 해상교통은 영국해군의 수중에 있었다. 이러한 상황에서 러시아가 유일하게 육로를 통해 유럽과 아시아에 이르는 가능성을 가지고 있어서 영국 주도의 국제정치에 도전할 수 있는 잠재적인 조건을 갖추게 된 것이다. 이는 영국이 중국에서 보유해온 통상적 권익이나 외교적 우위성을 위협할 뿐만 아니라 국경을 인접한 중국과 일본에게 심대한 위협이 되었다.[18] 일본의 입장에서 러시아는 위협의 대상이지만 시베리아철도가 만들어짐과 더불어 일본이 해역과 육역의 결절지가 될 것이라는 구상을 하게 된다.[19] 이래서 조선반도를 가운데 두고 러시아와 일본의 대결이라는 피할 수 없는 상황이 연출되는 것이다. 조지 린치가 본 것 또한 이러한 상황이다. 그리고 그는 일본인 거주지를 중심으로 도시를 만들어가는 과정을 보면서 일본의 지배를 간파해낸다. 그의 눈에 부산은 일본의 대륙 침략의 기지인 것이다. 사쿠라이 군노스케와 조지 린치의 시각 차이는 말할 것도 없이 이들의 글이 쓰인 10년의 시간적 거리에서 비롯한다. 청일 전쟁의 승리 이후 전통적인 중화체계를 뒤집은(중화체계의 근대적 변용/화이변태) 일본은 조선에 대한 법적, 제도적 지배를 강화하는 한편 자국민을 조선에 이주시킴으로써 보호국으로 만드는 과정을 착실히 진행시킨다. 사쿠라이 군노스케는 점차 안정적인 식민공간이 되어가는 전관거류지를 서술하고 있는 것이다. 그런가 하면 조지 린치는 러시아와 일본이 경쟁하는 장소topos로서의 부산을 설명한다. 다시 말해서 전자가 철저하게 제국의 눈으로 부산을 보았다면 후자는 부산이라는 국지적 영역local을 동아시아 지역regional과 세계체계global와 연관시키는 다층적인 스케일을 통해 부산을 인식한 것이다.

1904년 12월 24일 당시 부산 우체국 국장이 프랑스인이며 프랑스인에 의해 운영되고 있었다는 사실이 주목된다. 그의 여행은 프랑스인 국장에 의해 수월해지며 개통된 경부선을 타고 경성을 향하게 되는데, 낯선 이방인 조선인에 대한 그의 이해는 한계를 지닌다.[20]

만약 20년 전 한국을 방문한 어느 여행자가 1906년 다시 이곳을 방문하게 된다면 그는 대외 문호개방에서 빚어진 물질적 변화에 적이 놀랄 것이다. 일본의 무력과 자본은 부산이라는 보잘것없는 어촌을 수도시설 전기시설, 널찍한 호텔, 은행 박물관, 그리고 당당한 설비를 갖춘 변화한 도시로 변모시키었다. 그보다 더 소규모의 도시 원산, 목포, 군산의 경우도 마찬가지라고 말할 수 있다.[21]

헐버트의 이러한 지적처럼 식민도시 부산은 20세기 초에 이미 근대적 면모를 구비한 것으로 보인다. 또한 H. N. 알렌의 진술[22]처럼 부산은 경부선과 경의선 나아가 만철을 연계하면서 일본과 한반도를 이어주는 네트워크 도시가 된다.

일본인은 지금 조선에 도항하는 것을 먼 나라에 가는 것처럼 생각하기 때문에 조선을 다른 곳처럼 바라본다. 하지만 시모노세키와 부산 사이에는 대형 연락기선과 고속 기선이 왕래하고 있으므로 일본인은 계속 도항해야 한다. 요컨대 내지인이 조선해협을 다리를 건너는 기분으로 왕래해야 일본의 조선정치는 성공할 것이다. 부산의 인사들은 조선해협에 다리를 가설할 것과 이를 통해 시모노세키와 모지를 부산으로 이전시키는 것을 이상으로 삼

아야 한다. 나는 일본 국가를 위해 관민 모두가 발분하여 이러한 이상이 실현되기를 바라마지 않는다.[23]

시게 시게타카의 말이다. 일찍이 해양국가론을 제창한 민족주의자 시게 시게타카는 또한 제국주의자이다. 그의 의도처럼 '부산'은 제국 일본의 결절지가 된다. 이미 1900년대 초부터 일본은 일지주유권日支周遊圈을 설정하였다. 『조선만주지나안내』가 시사하듯이[24] 일본과 만주와 중국을 하나의 통합 공간으로 보기 시작한 것이다. 다카하마 교시는 조선을 여행한 경험을 살려 쓴 소설『조선』(1911년)으로 널리 알려져 있다. 이 소설에서 그는 부산을 거쳐 대구를 향한다. 대구에는 이미 청일전쟁 이후 정착한 친척이 있다. 멀리 평양을 가보려 하는 그에게 부산은 그리 새로운 공간이 되지 못한다.

> 우리 부부가 창밖의 경치를 신기하게 바라보고 있는 동안에 벌써 대구 정거장에 도착했다. 부산을 출발해서 서너 시간의 거리였다. 순식간에 아내를 둘러싼 한 무리 사람들이 있었다. 머리를 묶은 쉰 몇 살 정도 되어 보이는 부인은 작은 무늬의 고풍스런 하오리를 입고 있었는데 그녀는 아내의 숙모였다. 그리고 조금은 색 바랜 무늬의 옷을 입고 가장 먼저 아내에게 말을 건 스물네다섯의 여자가 아내의 사촌이었다. 그 밖에도 서로 닮은 젊은 남녀 얼굴들이 많이 있었다. 아내의 숙부 부부는 청일전쟁 당시 이미 부산에 이주해와 있었기 때문에 나는 이들과는 모두 처음 만나는 것이었다.[25]

이처럼 부산은 철도여행의 한 경로에 불과하다. 서술자가 보이는 파노라마적 시선은 곧 제국의 시선과 겹쳐진다. 이 소설이 많은 의미를 부여하는 공간은 평양이다. 벌써 만주를 향한 제국의 열망을 반영하고 있는 것이다. 그러나 식민도시를 바라보는 내부자의 시선은 이와 다르다. 염상섭의 『만세전』은 식민도시의 혼종성에 주목하고 있다. 다카하마 교시와 달리 서술자는 주인공 '이인화'를 자발적인 산책자로 만들어 식민도시의 경계를 관찰하게 한다. 그리고 그 경계영역과 주변부의 공간과 주거, 그리고 일상과 생활이 상당 부분 혼종화되어 있음을 확인한다. 그리고 이러한 부산을 '식민지의 축도'라 규정하고 있다.[26] 이처럼 내부자의 시선은 식민도시의 구체성에 가 닿으려는 경향을 보인다. 이러한 경향은 비슷한 시기에 동아일보 기자가 쓴 글에서도 나타난다.

> 부산항의 번창을 보고 매우 느꼈었다. 비록 어떤 사람의 力과 智로 되었든지 간에 우리 반도에서는 유일의 양항이요 또 유수한 도시라. 영국 사람이 '맨체스터'를 사랑하고 미국 사람이 뉴욕을 사랑하고 일본 사람이 대판을 사랑함과 같이 나로 하여금 부산을 사랑하게 한다. 그리하고 본정을 지나면서 양측을 돌아보니 즐비한 상포에 모두 조선인의 명패가 걸리었다. 수년 전 그 가로들이 통행할 때 다만 수간의 조선인 황화점 외에는 모두 눈에 익지 아니한 명패만 보이던 안목으로 변한 새 현상을 볼 때에 스스로 격세감을 금치 못하는 동시에 제반 신경영이 많이 있다는 말을 듣고 매우 기뻤다. 그러나 나는 그 상포들의 내용에 대하여는 의심이 없지 못하여 모 실업가에게 의심이 있는 바를 말하였다.[27] (인용자가 현대식 표기로 고침)

이 글에서 '일기자'의 의심은 이어지는 글에 따르면 휴일 휴무에 대한 것일 뿐이다. 그렇다면 그는 부산을 예찬하고 있다. 영국인에게 맨체스터가 있고 미국인에게 뉴욕이 있고 일본인에게 오사카가 있듯이 조선인에게 부산이 있다는 것이다. 이러한 자부에는 본정에 이입된 조선인 상가에서 비롯한다. 상품의 유통과 화폐의 교환으로 이중도시의 경계가 해체되는 국면이다. 따라서 문화적인 혼종화는 필연적이다. 말할 것도 없이 이중도시와 혼종화는 양자택일의 개념이 아니다. 이중도시가 지니는 지배양식을 간과하지 않으면서 혼종화도 살피는 복안이 요구된다. 가령 1910년대 부평시장을 예를 들 수 있다. 비록 일본인 중심상가의 곁다리에 놓여진 경우가 많았지만 조선인 상가도 적지 않았다. 김열규의 회고에 의하면 그의 집은 일본인 상가들이 즐비한 부평동 사거리에 있었다. "달랑 넷뿐"이었지만 조선인 상가 또한 당당하게 자리하고 있었던 것이다.[28]이처럼 식민도시 부산은 차별이 내재한 공존의 공간이었다. 해항도시였으므로 개방적인 문화교섭이 가능했던 것이라 할 수 있다.

식민지 해항도시와 재현의 정치학

타자의 눈에 발견된 부산이 식민지 지식인인 작가의 글 속에 등장하는 것은 이인직의 『혈의 누』(1906년)가 처음이다. 개항 이후 부산은 앞서 사쿠라이 군노스케가 말하고 있듯이 다른 개항장에 비하여 그리 활발한 편이 아니었다. 부산보다 서울을 인접한 제물포가 실질적인 관문 역할을 한 것이다. 확실히 부산의 성장은 철도와 연동되었는데 경부철도가 놓이면서 부산의 위상은 제국과 식민지 대륙을 잇는 결절지가 된다. 이러한 점에서 이광수의 『무정』(1917년)이 '관념적인 차원'에 머문 요인 가운데 하나가 관부연락선이라는 제도적 장치와 부산이라는 구체적인 공간을 생략한 것이라는 지적[29]이 설득력 있다. 그런데 부산을 "조선을 축사한 것, 조선을 상징한 것"[30]으로 본 이는 염상섭이다. 그만큼 식민지 근대에 대한 구체적 인식이 더해진 셈이다. 이인직으로부터 염상섭에 이르는 궤적을 따라 갈 때 부산의 근대 풍경과 그것을 바라보는 주체들의 시선들을 만날 수 있는 까닭이 여기에 있다.

외부를 향한 표상 공간—신소설의 경우

이주상인과 새로운 시장

이인직이 그의 소설 쓰기의 배경을 청일전쟁으로 삼은 것은 중요한 의미를 지닌다. 청일전쟁을 통하여 형성된 그의 세계관을 반영하기 때문인데 『혈의 누』를 통하여 일본은 물론 미국을 시야에 포함하였다는 것이 의미심장하다. 이 소설이 발표된 시기가 러일전쟁 이후라는 사실은 중요한 참조체계에 속한다. 동아시아의 질서의 전면적 재편이라는 관점이 소설 속에 투영된 것이다. 그런데 『혈의 누』 상편에 등장하는 해항도시는 부산이 아니라 제물포다. '옥련'이 부상을 당하여 일본군 군의의 도움으로 제물포에서 오사카로 가게 되는 것이다.

옥련의 눈에는 모두 처음 보는 것이라. 항구에는 배 돛대가 삼대 들어서듯 하고, 저잣거리에는 이층 삼층집이 구름 속에 들어간 듯하고, 지네같이 기어가는 기차는 입으로 연기를 확확 뿜으면서 배는 천동지동 하듯 구르며 풍우같이 달아난다. 넓고 곧은 길에 갔다 왔다 하는 인력거 바퀴 소리에 정신이 없는데, 병정이 인력거 둘을 불러서 저도 타고 옥련이도 태우니 그 인력거들이 살같이 가는지라, 옥련이가 길에서 아장아장 걸을 때에는 인해 중

에 넘어질까 조심되어 아무 생각이 없더니, 인력거 위에 올라앉으며 새로이 생각만 난다.[31]

이처럼 제물포는 항구와 배 그리고 이층 삼층집 형태의 근대적인 주거 공간 그리고 기차와 화륜선 등 다양한 표상으로 그려지고 있다. 여기서 한 가지 눈에 띄는 표상이 '기차'다. 경인선이 부설된 것이 1899년이니 1894년 당시 '기차'는 가장 중요한 근대 표상 가운데 하나인데 원근법으로 서술함으로써 문명의 표상들을 한데 배치하려는 작가의 의도를 반영한다. 제물포와 오사카를 연결하는 항로는 개항 이후 많은 사람들이 이용한 뱃길이다.[32] 이인직이 해항도시 부산을 그의 작품 속에 등장시키는 것은 『혈의 누』하편이다. 물론 '옥련'의 아버지 '김관일'이 부산에 사는 장인 '최주사'의 도움을 받아 미국으로 떠난 곳은 부산으로 추정된다. 장인과 함께 인천으로 갔다 미국으로 가지는 않았을 터이므로 당시의 항로로 볼 때 부산항에서 일본을 경유하였을 가능성이 크다. 조갑상은 '최주사'와 부산의 관계에 중요한 사회학적인 의미를 부여한다. "최주사는 평양의 아전계급 출신으로 부산으로 내려와 객주업으로 큰돈을 번 인물로 파악될 수 있다"는 것이다.[33] 청일전쟁 십여 년 전, 갑신정변(1884년)이 일어나던 해 전후에 부산으로 이주한 '최주사'의 뚜렷한 이주 동기는 알 수 없다. 아마 상업적 목적에서 비롯한 일일 터인데 1876년 부산의 개항 이후 원산(1880년), 인천(1883년), 목포와 진남포(1897년), 군산과 마산(1899년) 등이 차례로 그 대열에 합류하면서 개항도시에 조선과 일본 상인들이 이주하여 상업활동을 전개하게 된다.[34] 평양출신의 상인 '최주사'가 부산으로 이주한 것도 개항장을 통해 장사를 하기 위한 것이라 생각되며 그 근거는 여럿이다. 첫째 개항이 되자 조선인 객주와 상인들이 전국 사방에서 부산으로 몰려들었다는 점. 둘째 '최주사'가 이주할 당시에 생긴 부산의 상업 조건의 변화─일본 상인은 조계지 10㎞ 밖 여행이 금지되었으나 1885년에 가서 개항장 밖 행상이 가능해졌음. 셋째 출신지역과 무역하는 관행이 있었다는 점.[35] '최주사'는 변화하는 상업 상황에 적극적으로 대처하여 부산으로 내려와 평양의 상품들을 일본과 조선의 다른 상인들에게 파는 '거류지무역'에 합류한 것이다. 그런데 정작 부산의 경기가 크게 살아난 시기는 1889년 이후로 보인다. 1883년 말 1,740명이던 부산의 일본인은 1889년에는 한꺼번에 3,033명으로 증가되고 1890년에는 4,344명, 1891년에는 5,254명으로 대폭 늘어난다. 오사카와 부산 간의 항로개설이 영향을 미쳤을 것이다.[36] 1889년 부산 거류 일본인의 직업별 분포는 고용인 240호, 날품팔이와 하역 날품팔이 166호, 소매잡상 135호, 여러 직공 115호, 도매상 95호, 무역상 90호, 어부 61호, 잡점 잡업 60호, 관공리 39호, 교사·의사·신관·승려·서생 25호, 무직 17호, 전당포 10호, 제조업 8호, 유곽·예기 6호, 해상운송 대리업 5호, 요리점 4호, 은행 2호, 해상운송업 2호 여관 1호, 총 1,081호이다.[37] 이러한 일본인들의 동향에 비춰 이들과 조선인들을 매개하는 객주업이 더불어 번성했음을 짐작할 수 있다. 그런데 본격적으로 부산의 근대풍경이 등장하는 『혈의 누』 하편의 배경은 임인(1902년) 년이 지난 뒤이다. 옥련의 어머니가 그녀의 편지를 받는 것으로 상편이 끝나기 때문이다.

부산 절영도 밖에 하늘 밑까지 툭 터진 듯한 망망대해에 시커먼 연기를 무럭무럭 일으키며 부산항을 향하고 살같이 들이닫는 것은 화륜선이다.
오륙도, 절영도 두 틈으로 두 좁은 어구로 들어오는데 반속력 배질을 하며 화통에는 소리가 하늘 당나귀가 내려와 우는지, 웅장한 그 소리 한마디에 부산 초량이 들썩들썩한다. 물건을 들이고 내는 운수 회사도 그 화통 소리에 귀를 기울이고 사람을 보내고 맞아들이는 여인숙에서도 그 화통 소리에 귀를 기울이는데, 화륜선 닻이 뚝 떨어져서 삼판 배가 벌떼같이 드러난다. 부산 객주에 첫째나 둘째 집 가는 최주사 집 서기 보는 소년이 큰사랑 미닫이를 열며,

(소년)"여보시오, 주사장. 진남포에서 배 들어왔습니다. 우리 짐도 이 배편에 왔을 터이니 사람을 내보내보아야 하겠습니다."

최주사는 낮잠을 자다가 화륜선 화통 소리에 잠을 깨어 일어나 앉아서 무슨 생각을 하고 있던 터이라. 서기의 말을 들은 체 만 체 하고 앉았다가 긴치 않은 말대답하듯,

(최)"날더러 물을 것 무엇 있나. 자네가 알아서 할 일이지."

소년은 자기 방으로 가고 최주사는 큰사랑에 혼자 앉았더라.[38](밑줄—인용자, 이하 동일함)

『혈의 누』하편의 도입부에 배치된 이러한 풍경에서 '최주사'가 '진남포'와 무역을 하고 있는 사정을 알 수 있다. 평안도 지역의 상품과 특산물들을 부산으로 실어와 일본상인과 조선상인에게 판 것으로 보인다. 소위 '거류지무역'으로 부산에 펼쳐지고 있는 상업자본주의의 양상을 이해할 수 있지만[39] 이 소설이 그 구체적인 경과를 서술하고 있지는 않다. 오히려 시각과 청각을 동원하여 '화륜선'이라는 근대 표상을 전면에 부각하고 있을 따름이다. 이러한 표상의 묘사는 사회문화적 표상체계의 변동을 의미한다. '화륜선'은 교통의 새로운 미디어로 자본주의 기계문명을 표상하며 이것이 뿜어내는 시각과 청각의 이미지는 기존의 자연현상을 대체한다.[40] 그런데 이와 같은 이인직의 풍경에는 장소의 구체성이 결여되어 있다. 크

로즈업되는 '화륜선'처럼 외부의 문명만 비대화된다. 그에게 지리적 공간의 결정성보다는 시간적 요소에 의해 유동화하는 공간의 변용성을 내포하는 장소(토포스)에 대한 인식 결여되어 있는 것이다. 즉 타자를 의식하고 타자와 비교함으로써 자기존재의 의미를 찾는 장소인식(토포스적 인식) 없이 오직 의식이 외부의 타자를 향해 있는 것이다.[41] 다시 말해서 청일전쟁을 겪고 러일 전쟁의 전야에 임박했음에도 태평성대를 구가하고 있는 '최주사'의 태도처럼 이인직의 문제의식은 내부를 성찰하지 못한다. 그에게 식민도시 '부산'은 문명세계로 가는 관문에 불과하다.

개방성과 혼종성

이인직은 『혈의 누』에서 '최주사'의 '부산'을 통하여 상인의 의미를 어떤 관점으로서 제시하고 있다. 상인은 고도의 적응능력을 가진 계층으로 객주나 거간 같은 중개상인 경우 그러한 성격은 더욱 강하다고 할 수 있다. 그래서 개항장 부산은 자본주의 문화의 패권적 우위에 대한 거부할 수 없는 개방성을 로컬리티의 한 원형으로 삼게 된다.[42] 상인들이 보이는 이異문화(타문화)에 대한 문화접변acculturation의 양상은 '필요성'이라는 필터에 의한 수용이다. 그들은 자본주의 문명과 문화의 운반자라 할 수 있다.[43] 해항도시 부산의 원형에 내재한 상품시장으로서의 개방성이 도피와 월경의 공간으로 반영된 소설이 『귀의 성』이다. 축첩제도의 모순 속에서 빚어진 살인과 복수의 드라마를 연출하고 있는 이 소설이 서술하고 있는 사회상은 무질서에 가깝다. 이인직은 이 소설을 통해 범죄행위에 대하여 공적인 제도에 의하여 처결되지 못하는 반문명적 사회상을 제시함으로써 역설적으로 문명의 가치와 원칙을 강조하고 있다. 이 소설에서 부산은 한편으로 살인자들의 도피처이고 다른 한편으로 그들에게 복수를 가한 또 다른 살인자들이 월경하는 공간으로 그려진다.

① 일이 탄로가 되어 부산으로 도망한 후에 김승지의 부인도 세도하던 꼭지가 돌았던지 돈 한 푼 쓸 수 없이 되었는데, 점순이가 처음으로 부치던 편지는 잘 가고 회편에 백 원이 왔으나, 점순의 마음에는 이만 돈은 이후에 몇 번이든지 서울서 부쳐주려니 생각하고, 부산 초량 같은 번화한 항구에서 최가와 돌아다니며 구경도 하고 무엇을 사기도 하다가, 겨우 하루 동안에 돈이 반은 없어지는지라. 최가는 돈을 몇만 원이나 가진 듯이 희떱게 돈을 쓰려 하는데, 본시 점순이는 주밀한 사람이라. 우선 오막살이 집이라도 사서 있는 것이 주막집에 있기보다 조용하겠다 하고, 방 한 칸 부엌 한 칸 되는 집을 사서들인 터이라. 이전 같으면 점순이 같은 위인이 그러한 집 꼬락서니를 보면, 점순의 마음에 저 속에도 사람이 있나 싶던 점순이라, 죄짓고 탄로가 되어 망명한 중인 고로 마지못하여 있으나, 마음에는 지옥에 들어앉은 것 같은지라.[44]

② 김승지도 평생에 홀아비로 지내려 하는 작정이요, 침모도 평생을 과부로 지내려 하는 작정이 있더니, 강동지가 그런 편지 한 것을 본 즉, 김승지와 침모의 마음에 죽은 춘천집의 모자도 불쌍하거니와 산 강동지의 내외를 더 불쌍하게 여겨서 김승지와 침모가 내외 되어, 강동지 내외 일평생에 고생이나 아니하고 죽게 하자는 의논을 하였으나, 강동지는 김승지 부인을 죽이고 침모의 집에 가던 그날 그 마누라를 데리고 남문 밖 정거장 앞에 가 앉았다가, 경부 철로 첫 기차 떠나는 것을 기다려 타고 부산으로 내려와서, 부산

서 원산 가는 배를 타고 함경도로 내려가더니, 며칠 후에 해삼위로 갔다는데 종적을 알 수 없더라.[45]

①에서 '부산'은 살인의 범죄를 저지른 이들의 도피처이다. 우선 서울에서 먼 곳으로 피신하였다는 의미를 지니는데 그럼에도 편지를 보내고 우편환을 받기도 한다. 사쿠라이 군노스케의 서술에서 보았듯이 일본인 거류지에는 필요한 근대적인 제도들이 대부분 갖추어져 있다. 빠른 전신환이 있었기에 점순 일당을 서울에서 지원하기 어렵지 않았던 것이다. 여기다 1904년 2월 러일전쟁이 발발하자 다급해진 일본이 공사를 급진전시킨 탓에 경부철도가 그해 8월에 개통이 되었으니 식민지 조선의 시공간이 급속하게 통합된 것이다. 철도건설과 더불어 러시아를 견제하기 위해 일본이 적극적인 이민 정책을 펼치게 되면서 부산을 위시한 조선의 여러 지역의 일본인은 놀라울 만큼 증가한다.[46] 철도가 이들 범죄자들의 신속한 도피를 가능하게 했다면 러일전쟁 이후의 혼란스러운 상황이 이들의 은폐를 도왔을 것이다. 아울러 '번화한 항구'는 이들을 익명성의 공간 속에 묻어버린다. 1877년 전관거류지가 설정될 때까지 도시라고 할 만한 시설이 없던 공간에 거류지를 구획하고 행정조직과 영사관을 두고 그 주변에 광대한 매립지를 조성하여 세관과 철도용지로 사용함으로써 도시를 형성하였는데, 한일병합 이전에 이미 주요 시가지의 원형이 형성되었던 것이다. 여기다 1909년경 부산항의 조선인 상인이 1,367명이었다고 하니[47] 당시로 '번화한 항구'였음에 틀림이 없다. 그런데 ②는 부산항이 월경을 위한 공간으로 서술되고 있다. 딸의 원수들을 살해한 '강동지 부부'는 부산에서 배를 타고 원산을 거쳐 블라디보스톡으로 잠적한다. 이들이 러시아를 선택한 데 일정한 연유가 없지 않을 것이다. 일본과 대결 국면에 처한

나라로 피신함으로써 향후 있을 처벌을 피할 요량이 아니었나 한다.

1905년 러일전쟁에 승리하면서 조선을 보호국화한 뒤 부산의 도시공간은 더욱 팽창한다. 경부철도가 놓이고 이에 연동하여 관부연락선이 개설되면서 식민지 해항도시 부산의 규모가 확대되는 것이다. 본정(지금의 동광동), 변천정(지금의 광복동), 부평정(지금의 광복동 일부) 등 일본인 거리 중심에서 일본인의 증가와 더불어 조선인 거주지가 주변부를 형성하게 된다. 이러한 주변부엔 일본인 거리를 둘러싼 남부민정(지금의 남부민동), 곡정(지금의 아미동), 대신정(지금의 대신동)이 있고 교외의 초량정, 영주정, 좌천정, 범일정 등이 있어 조선인들이 살았다.[48] 소위 식민도시가 표상하는 이중도시의 면모를 갖게 된 것이다. 그런데 이러한 이중도시를 이분법적 시각으로 이해하는 것은 잘못이다. 불균등발전을 전제하되 상호연관성에서 비롯하는 혼종화 과정을 주목하지 않을 수 없다.[49] 이해조의 「비파성」(1912년)은 부산의 혼종적 국면을 "부산항은 내외 상인이 복잡하게 모여들고 동서양 물화가 번창하게 왕래하는 곳이라 도처마다 객주 집에는 너무 조용치를 못한즉, 잠시라도 유숙할 수 없는 중"[50]이라 하였다. 개방성과 더불어 혼종문화hybrid culture는 식민지 해항도시 부산의 특성이라 하겠다.

식민지 해항도시 부산의 개방성과 혼종화가 잘 드러나는 소설이 최찬식의 『추월색』(1912년)이다. 이 소설의 기본 구도는 일본과 조선과 만주가 철도에 의해 하나의 시공간에 있음을 전제한다.[51] 부산은 주인공 '이정임'이 일본으로 탈주하는 과정의 결절지이다. 그것은 단순하게 "동경을 가자면 남문 역에서 연락차표를 사가지고 부산 가서 연락선 타고 하관까지 가고, 하관서 동경 가는 차를 다시 타고 신교 역에서 내린다"[52]는 과정에서 거쳐 가야 할 곳에 지나지 않는다. 그럼에도 작가는 부산에서 주인공을 고난에 처하게 하는 흥미진진한 삽화를 개입시킨다. 그만큼 식민지 해항도시가 가지는 소설적 매력이 있기 때문이다. 식민도시 부산에서 겪게 되는 주인공의 고난은 여자들을 색주가에 팔아넘기는 인신 매매범에게 감금되었다 도주하는 일이다. 도시가 커지고 다층화되면서 도심 내 유흥가가 발달하고 주변에 빈민가나 사창가가 형성되었다는 의미이다. 그런데 일본이 건설한 식민도시에는 피지배 민족의 매춘부뿐만 아니라, 일본인 매춘부나 기타 유흥업에 종사하는 일본 여성이 많이 생활하고 있었던 것으로 알려져 있다.[53] 주인공의 고난은 소위 '도시 문제'를 의미한다. 다음으로 주인공이 일본인 복장을 하고 월경하는 과정을 들 수 있다. 이는 이목을 피하기 위한 방편에 그치지 않고 의복이 신체의 연장延長이라는 점에서 일본과 식민지 조선의 문화가 혼종화되는 양상 혹은 기미를 의미하는 것이라 이해해도 무방할 것이다. 마지막으로 관부연락선에 의한 수월한 월경을 들 수 있다. 1901년 고베에서 쿠슈의 북단까지 사철私鐵을 개통한 바 있는 산요山陽철도주식회사는 1905년 9월 11일 신조선 이끼마루壹岐丸를 투입하여 시모노세키에서 부산까지 격일 운항을 시작한다. 그러다 이해 11월부터 매일 취항하게 되는데, 1906년 12월 국유화된다. 11월 27일 정부가 매수하여 철도청 물수부가 담당하도록 한 것이다. 이로부터 관부연락선과 항로는 일본 철도청 히로시마철도국에서 관장하며 1945년 6월까지 독점적으로 운영된다. 1906년 국유화 이후 관부연락선은 매일 야간항해편을 운영하는 한편 격일로 주간항해편을 운행하였다. 그리고 1911년 12월부터 주간항해편도 매일 운항하게 되었는데 그때부터 매일 주야 2회 부산과 시모노세키 양지에서 출항하게 된 것이다.[54]

식민도시의 혼종화 과정—염상섭의 『만세전』

식민지 이중 공간의 산책자

앞에서 말했듯이 부산을 "조선을 축사한 것, 조선을 상징한 것"으로 규정한 이는 염상섭이다. 염상섭의 『만세전』(1922년 발표, 1948년 개작)은 동경 유학생이 조혼한 부인의 장례를 치르고 다시 동경으로 떠나는 여로를 서술하고 있다. 이 소설의 주인공 '이인화'는 기차와 연락선을 번갈아 가면서 동경에서 고베와 시모노세키, 부산과 김천을 경유하여 경성에 이른다. 그리고 경성을 떠나면서 재혼을 권유하는 형의 요청에 "겨우 무덤 속에서 빠져나가는데요?"라고 응답한다.[55] 이러한 응답처럼 이 소설이 발표될 당시의 원제는 '묘지'이다. '만세 전', 즉 3·1 이전의 조선의 현실을 빗댄 은유라는 점에서 그는 문명을 지향한다. 그러나 그를 일방의 근대주의자로 몰아가는 것은 단견이다. 염상섭은 소설의 주인공을 내세워 1차 대전 이후의 세계개조론에 기대어 일본과 식민지 조선을 사색한다. 소설은 그 첫머리에서 "조선에 '만세'가 일어나던 전해 겨울", "세계대전이 막 끝나고 휴전조약이 성립되어서 세상은 비로소 번해진 듯싶고, 세계개조의 소리가 동양 천지에도 떠들썩한 때"라는 설정으로 시작하여 예의 '무덤' 탈출이라는 주장으로 끝막음한다. 이런 가운데 소설의 주제를 암시하는 다음과 같은 구절을 결말에 배치한다.

우리 문학의 도徒는 자유롭고 진실된 생활을 찾아가고, 이것을 세우는 것이 그 본령인가 합니다. 우리의 교유, 우리의 우정이 이것으로 맺어지지 않는다면 거짓말입니다. 이 나라 백성의, 그리고 당신의 동포의, 진실된 생활을 찾아나가는 자각과 발분을 위하여 싸우는 신념 없이는 우리의 우정도 헛

소리입니다.[56]

동경의 여인 '정자'와의 관계를 정리하는 편지의 말미이지만 제국개조론[57]을 반영한 대목으로 보인다. 그러므로 그가 이 소설을 통해 식민지 조선을 '무덤'으로 비유한 것을 제국의 시선으로 바라본 사시斜視로 오인할 까닭이 없다. 이 소설의 주인공 '이인화'는 사색가이지만 관념의 주변을 맴돌지 않는다. 그래서 그는 "…하다. 그러나" 또는 "…하지만 …하다"와 같은 어법을 구사한다. 그야말로 구체적인 진실을 탐문하기 위하여 일상과 생활의 겉과 속을 따지는 것이다. 그만큼 구체에 몰두하되 그 세목에 매몰되지 않는 면모를 보이는데 사람을 만나거나 거리를 나설 때 한결같이 이와 같은 태도를 견지한다. 이러한 그가 관부연락선을 타고 부산에 도착하여 연계되는 경부열차를 타기까지 틈새 시간을 식민지 해항도시를 산책하는 것도 조선의 축도인 부산을 탐문하려는 데 기인한다.

부산에 도착한 주인공이 처음 겪는 일은 검문이다. 당시 관부연락선을 이용하여 도항하고 귀향하는 조선인의 수가 많이 늘어난 시기이므로 유학생 청년인 그가 귀향 과정에 심문의 대상으로 지목된 것으로 보인다.[58] 주인공은 "출출한 듯하기도 하고, 차시간까지는 서너 시간 남았고, 늘 지나다니는 데건마는 이때껏 시가에 들어가서 구경하여본 일이 없기에, 조선 거리로 들어가 보기로"[59] 한다. 내포된 작가에 의하여 "조선 거리"라 명명하는 데 있어 주인공의 이중적인 시선이 감지되는데, 유학생으로서 그에게 일본의 여러 시가가 익숙한 때문이다. 그러나 이러한 산책의 동기가 제국의 렌즈를 낀 유학생의 단순한 호기심에 있는 것은 아니다. 주인공은 부산을 식민지 조선의 제유synecdoche로 인식하며, 그 실상을 경험하기 위하여 시가를 향한다.[60]

부두를 뒤에 두고 서편으로 곱들어서 전찻길을 끼고 큰길을 암만 가야 좌우편에 이층집이 쭉 늘어섰을 뿐이요, 조선 사람의 집이라고는 하나도 눈에 띄는 것이 없다. 얼마도 채 못 가서 전찻길은 북으로 꼽들이게 되고 맞은편에는 극장인지 활동사진인지 울그데불그데한 그림 조각이며 깃발이 보일 뿐이다. 삼거리에 서서 한참 사방팔방을 돌아다보다 못하여 지나가는 지게꾼더러 조선 사람의 동리를 물어보았다. 지게꾼은 한참 망설이며 생각을 하더니 남쪽으로 뚫린 해변으로 나가는 길을 가리키면서 그리 들어가면 몇 집 있다 한다. 나는 가리키는 대로 발길을 돌렸다. 비릿하기도 한 냄새가 코를 찌르는 해산물 창고가 드문드문 늘어선 샛골짜기를 빠져서 이리저리 휘더듬어 들어가니까, 바닷가로 빠지는 지저분하고 좁다란 골목이 나타났다. 함부로 세운 허술한 일본식 이층집이 좌우로 오륙채씩 늘어섰는 것이 조선 사람의 집 같지는 않으나 이 문 저 문에서 들락날락하는 사람은 조선 사람이다. 이 집 저 집 기웃기웃하며 빠져나가가려니까, 어떤 이층에는 장구를 세워놓은 것이 유리창으로 비치어 보인다. 그러나 문간에는 대개 여인숙이라는 패를 붙였다. 잠깐 보기에도 이런 항구에 흔히 있는 그러한 너저분한 영업을 하는 데인 것이 분명하다. 그러나 아침결이 돼서 그런지 계집이라고는 씨알머리도 눈에 아니 띈다.[61]

중심부 일본인 거리를 향하지 않고 주인공은 애써 조선인 거리를 찾다보니 주변부 '여인숙' 거리에 이르게 된다. 전형적인 이중도시의 풍경이다. 그러나 이 시기 부산은 일본인 전관거류지로부터 북쪽 부산진에 이르는 공간으로 팽창한다. 부산진 매축이 한창인 때였으므로 주인공은 지금의 중앙동 방향으로 향하다 해안지대에 이른 것으로 추정된다. 북빈매축공사(1908년), 영선산착평공사(1913년), 부산진매축공사(1921년)의 과정[62]을 거치면서 식민지 해항도시 부산의 규모는 놀라보게 증식한다. 배후 산업지 조성 등 불균등발전이 있었고 주변부로 조선인들이 모여드는 현상이 있었지만 이중도시의 면모가 상당 부분 변화되는 양상이 없지 않다. 이는 당시의 인구 변화의 추이를 보아도 알 수 있을 것인데 당시 부산의 인구는 일본인과 조선인을 합쳐 약 7만으로 추정된다.[63] 이러한 인구구성에서나 소설이 서술하고 있는 도시공간과 주거공간에서 드러나듯이 상당한 문화 혼종화 양상이 진행되고 있는 것이다. 특히 이러한 혼종화는 "함부로 세운 허술한 일본식 이층집이 좌우로 오륙 채씩 늘어섰는 것이 조선 사람의 집 같지는 않으나 이 문 저 문에서 들락날락하는 사람은 조선 사람"이라는 구절에서 전형적이다.

식민도시의 문화 혼종화

공간적 배치는 이미 그 자체가 사회적으로 형성되는 사회적 현상이며, 사회적 변화가 사람들에게 영향을 미치는 통로며, 그 변화에 의해 야기되는, 집합적인 삶의 양상 자체의 변화이다.[64] 『만세전』의 이인화가 경험하는 해항도시 부산 또한 식민지 근대적 삶의 양식을 창출하고 있는 공간인 것이다. "인류학자는 걸어서 도시에 도착하고, 사회학자는 자동차를 타고 큰길을 통해, 그리고 커뮤니케이션 전문가는 비행기를 타고 도착한다"고 했듯이 주인공은 마치 인류학자처럼 도시를 걸으면서 제국 일본의 문화가 융합, 결합, 침투 그리고 대립, 대화하는 과정을 구체적으로 살피는데 이 소설을 통해 드러나는 식민지 해항도시 부산의 혼종화 과정은 여러 가지 양상으로 나타난다.[65]

주거공간의 혼종화는 조선 사람들이 사는 집들이 일본화되어가는 양상으로 나타난다. 집이 삶의 양식을 만드는 조건이라는 점에서 주거공간

그림 3. 1910년대 후반 부산항

의 변화는 단지 방편이 달라진 것이 아니라 의식과 생활이 바뀌었음을 뜻한다.

다시 큰길로 빠져나와서 정거장으로 향하다가, 그래도 상밥 파는 데라도 있으려니 하고 이 골목 저 골목 닥치는 대로 들어가 보았다. 서울 음식같이 간도 맞지 않을 것이요 먹음직할 것도 없겠지마는, 무엇보다도 김치가 먹고 싶고 숟가락질을 하여보고 싶어서 찾아다니는 것이다. 그러나 조선 사람 집 같은 것은 그림자도 보이지 않는다. 간혹 납작한 조선 가옥이 눈에 띄기에 가까이 가서 보면 화방을 헐고 일본식 창틀을 박지 않은 것이 없다. 그러나 우스운 것은 얼마 되지도 않은 좁다란 시가지지마는 큰 길이고 좁은 길이고 거리에 나다니는 사람의 수효로 보면 확실히 조선 사람이 반수 이상인 것이다.[66]

이처럼 주거공간의 혼종화가 일반화된 것이 부산의 시가이다. 당연히 그에 따르는 생활의 변화가 있기 마련이라면 음식과 의복에서도 혼종화 양상이 있을 것이나 문면에 묘사된 바는 없다. 거주 일본인의 혼종화는 주변부 지역으로 이주해 온 일본인 여성들의 생활에서 드러난다. 주변부 주점 접대부 일을 하고 있는 그녀들은 조선의 대중문화와 결합한다. 하지만 그녀들과 식민지 조선인들 사이에 오가는 시선의 권력은 제국과 식민지의 구도를 벗어나지 않는다. 주인공이 조선인이기 때문에 그녀들은 더 개방적이고 노골적이지만 그 내면에는 특권화된 의식이 자리한다. 인종적 혼종화은 일본인 아버지와 조선인 어머니 사이에서 태어난 혼혈여성의 존재를 의미한다.

> 조선 사람 어머니에게 길리어 자라면서도 조선말보다는 일본말을 하고, 조선옷보다는 일본옷을 입고, 딸자식으로 태어났으면서도 조선 사람인 어머니보다도 일본 사람인 아버지를 찾아가겠다는 것은, 부모에 대한 자식의 정리를 지나서 어떠한 이해관계나 일종의 추세라는 타산이 앞을 서기 때문에 이별한 지가 벌써 칠팔 년이나 된다는 애비를 정처도 없이 찾아간다는 것이라고 생각할 제, 이 계집애의 팔자가 가엾은 것보다도 그 에미가 더 가엾다고 생각지 않을 수 없었다.[67]

여기에 등장하는 혼혈 여성은 식민지 문화의 부정적 상징으로 등장한 것은 틀림이 없다.[68] 피의 섞임은 바로 정체성의 훼손이라는 시각이 지배적인 탓이다. 사실 혼종화 과정과 정체성 형성은 별개의 문제가 아니다. 그럼에도 인종적 순수성을 특권화하는 제국과 식민지의 구도에서 혼혈은 정체성의 분열을 의미한다. 달리 말해서 이 경우 혼종화는 인종차별주의와 연관되어 열등한 잡종인간이라는 해석을 낳게 한다. 말할 것도 없이 염상섭이 이러한 인식의 지점에 이른 것은 아니다. 다만 이 소설에 등장하는 혼혈 여성은 식민지 해항도시에서 나타나는 혼종화 과정을 매우 효과적으로 상징하는 장치로 받아들일 수 있을 것이다. 이처럼『만세전』은 이중도시가 내포한 불균등성이라는 모순을 간과하지 않으면서 중심부와 주변부의 상호작용과 이로부터 형성되는 문화 혼종화 과정을 구체적으로 서술하고 있다.

주석

1. "한국소설 속에 나타난 부산의 의미"에 대한 선행 연구는 조갑상에 의해 이뤄졌다. 조갑상, 『한국소설 속에 나타난 부산의 의미』, 경성대출판부, 2000; 조갑상, 『이야기를 걷다』, 산지니, 2006.
2. 인하대한국학연구소 편, 『동아시아, 개항을 보는 제3의 눈』, 인하대학교출판부, 2010, p.10.
3. Haneda Masashi, "Framework and Methods of Comparative Studies on Asian Poret Cities in the Seventeenth and Eighteenth Centuries", Asian Port Cities 1600-1800, Haneda Masashi, ed., NUS press, 2009, pp.7-11.
4. 식민도시의 복합성은 달리 이중성 혹은 모순성이라 할 수 있을 것인데 김백영은 이를 다음과 같이 설명한다.: "식민지 도시공간은 문명의 위광을 과시하는 제국의 스펙터클이 상연되는 극장이자, 인종차별적 양극화의 처절한 드라마가 양산되는 비극적 삶의 무대이기도 한 것이다. 따라서 식민지 도시의 '진실'에 접근하려면 그 모순성과 이중성에 대한 주의 깊은 이해가 선행해야 한다. 김백영, 「식민지 도시 비교연구를 위한 이론적 고찰」, 『공간 속의 시간』(도시사연구회 편), 심산, 2007, p.330.
5. 김승, 「일제강점기 해항도시 부산의 형성과 발전」, 『동아시아, 개항을 보는 제3의 눈』(신기욱 · 마이클 로빈슨 편), 인하대학교출판부, 2009, p.66.
6. W. N. 로밧의 편지(초대 부산해관장, 영국인), 1885. 김재승 외, 『근대 부산해관(1883-1905)과 고빙 서양인해관원에 관한 연구』, 전망, 2006, pp. 84-85 재인용.
7. "사슴섬(deer island)"으로 기술되어 있다.
8. 동방협회 편, 『조선휘보』 1893. *1889년 3월 부산항을 둘러본 기록임. 김재승 외, 앞의 책, p.68. 재인용.
9. 알렌의 일기, 1884.
10. 헤세-바르텍, 정현규 역, 『조선, 1894년 여름』, 책과함께, 2012, p.16.
11. 헤세-바르텍은 전체 31장 가운데 2, 3장을 부산에 할애하고 있다.
12. 비숍, 『조선과 그 이웃 나라들』, 살림.
13. 사쿠라이 군노스케, 한상일 역, 『서울에 남겨둔 꿈』, 건국대 출판부, 1993, pp.269-272.
14. 식민도시를 이중도시론으로 보는 시각을 극복하려면 많은 실증이 필요하다. 가령 김종근(2011), 「식민도시 인천의 거주지 분리 담론과 실제」, 『인천학연구』 14집(인천학연구원)은 인천을 이중도시로 보는 시각을 해체하려 한다.
15. 왜관을 부산의 전사로 보려는 것은 세 가지 차원에서 의미를 가진다. 1)부산의 기원을 '일본전관거류지'에서 발전한 식민도시에 한정하는 데서 탈피할 수 있고 2)민족주의가 투영된 동래 기원설을 넘어

설 수 있다. 3)부산의 도시 비전을 재구성하는 방법으로 이를 활용할 수 있다. 이를 통해 제국과 식민의 이분법으로 부산을 단순화시키는 관점을 벗어나 일정한 단절을 내포한 가운데 중층적으로 발전해온 도시, 나아가서 21세기 세계로 열린 도시라는 개념을 창안하는 계기를 만들 수 있을 것이다.

16. 조지 린치, 정진국 역, 『제국의 통로』, 글항아리, 2009, pp.40-41.

17. 부산→제물포→서울→여순과 대련→북경→천진→신해관→우장→영구→봉천→하얼빈→몽골→러시아의 이르쿠츠크→바이칼 호→톰스크→크라스노야르스크→모스크바에 이르는 여정.

18. 야마무로 신이치, 정재정 역, 『러일전쟁의 세기』, 소화, 2010, pp.63-66.

19. 같은 책, pp.67-68.

20. 아손 그렙스트, 김상열 역, 『스웨덴 기자 아손, 100년 전 한국을 걷다』, 책과함께, pp.28-45.

21. 헐버트, 『대한제국멸망사』, 1906.

22. 예전 같으면 요코하마나 고베로부터 제물포로 가려면 4-6일이 걸렸는데 오늘날에는 많이 바뀌었다. 미국에서 조선을 가는 동안 겪어야 하는 고충 중에서 제일 견디기 어려운 것은 그 케케묵은 일본의 소형 연안 선박을 타는 일이었는데, 요즘은 그렇지 않다. 왜냐하면 도쿄나 요코하마에서 기차를 타고 시모노세키에 도착하여 엄청나게 크고 편안한 기선으로 하룻밤 사이에 부산에 도착하면 다시 기차를 타고 서울이나 제물포에 도달할 수 있기 때문이다. 부산에서는 미국인들이 미국의 기차를 본떠서 표준 규격으로 부설한 철도를 타고 하루면 서울에 닿을 수가 있다. 식당으로 가면 믿고 먹을 만한 식사가 나오고 쾌적하게 달리는 기차 밖을 내다보면 먼 산허리에 자리잡고 있는 고색창연한 사원이며, 멀찌가니 보이는 그림같은 마을 풍경이며, 여기저기 언덕 위에 흰옷 입고 앉아 있는 주민의 모습, 그리고 길다란 담뱃대 위로 속절없이 피어오르는 담배연기가 보인다. 그들의 표정을 보니 자기들의 땅으로부터 그 조용하던 은둔을 빼앗아 갔고 오랫동안 가꾸지 않아 잡초만 무성하던 도로가 북돋워지도록 한 외국인들의 괄목할 만한 개혁에 대하여는 아무런 흥미도 엿보이지 않는다. H. N. 알렌, 『조선견문기』, 1908.

23. 시가 시게타카, 『대역소지』, 1908.

24. 본서 지방 안내기 배열은 책 첫 부분의 색인지도가 나타내는 것처럼 맨 처음 상륙지점을 부산으로 가정하여 거기에서부터 순차적으로 조선 내지에 들어가 안동현에서 만철 연선의 남북을 다 돌고 하얼빈에 이르고, 봉천으로 돌아가 경봉선에서 북 지나 각지를 경유하여 양자강 연안 각지에 들어갔다 나오고, 거기에서 상해부터 해로 남지나 연안 및 항을 지나서 홍콩, 광동 및 운남 방면에 이르는 순서가 채택되어 있다. ("조선만주지나안내", 철도원, 1919)

25. 다카하마 교시, 『조선』, 1911.

26. 구모룡, 앞의 논문, pp.90-96.

27. 일기자(一記者), 「부산에서」, 〈동아일보〉 1920년 5월 3일.

28. 김열규, 앞의 책, pp.14-15.

29. 조갑상, 2000, p. i .

30. 염상섭, 『염상섭』(최원식 외 편), 창비, 2005, p.112.

31. 이인직, 『혈의 누』(권영민 편), 뿔, 2008a, p.37.

32. 1882년 수신사 박영효, 서광범 일행이 일본으로 가는 뱃길에서 국기인 태극기를 고안한 것도 인천을 기항지로 삼아 나아간 항로에서였고, 1884년 갑신정변에 실패한 김옥균이 일본으로 망명한 것도 인천을 통해서였다. 그리고 유길준의 '서유견문'의 출발도 인천이다. 이희환, 『문학으로 인천을 읽다』, 작가들, 2010 pp.47-48.

33. 조갑상, 2006, p.3.

34. 오미일, 「개항(장)과 이주상인」, 『정소성의 형성과 재현』(부산대 한국민족문화연구소 편), 혜안, 2010, p.53.

35. 이러한 요인들에 대한 것은 오미일, 2010, pp.61-65.
36. 다카사키 소지, 이규수 역, 『식민지조선의 일본인들』, 역사와비평사, 2006, p.42.
37. 같은 책, p.43.
38. 이인직, 2008a, pp.83-84.
39. 개항장 거류지무역은 종래 왜관에서 동래상인들에 의해 전개되었던 대일무역과는 전혀 다른 새로운 거래형태였다. 부산항의 이주상인들은 자본주의 상품경제란 새로운 경제상황에서 새로운 상업 질서를 만들어나가고 있었다. 오미일, 2010, p.65.
40. 이리하여 기계문명은 제2의 자연이 된다. 이승원, 『소리가 만들어낸 근대의 풍경』, 살림, 2005, p.17.
41. 토포스와 토포스적 의식에 대한 것은 장인성, 『장소의 국제정치사상』, 서울대출판부, 2002, PP.57-72.
42. 오미일, 2010, p.94.
43. 히라노 겐이치로, 장인성 외 역, 『국제문화론』, 풀빛, 2004, pp.94-101.
44. 이인직, 『귀의 성』(권영민 편), 뿔, 2008b, pp.207-208.
45. 이인직, 2008b, p. 246.
46. 1894년 9,354명이던 조선 내 일본인은 청일 전쟁 이후 1895년 말에는 1만 2,303명에 이르게 된다. 이후 1900년 말에 15,829명이던 것이 1905년 말에는 42,460명으로 증가하고 이민 붐이 일게 된다. 이러한 이민 붐이 이는 시기와 관부연락선 취항이 일치하는 것이다. 다카사키 소지, 2007, p.56.
47. 오미일, 2010, p.61
48. 하시야 히로시, 김제정 역, 『일본제국주의, 식민지 도시를 건설하다』, 모티브, pp.22-23.
49. 앤소니 킹, 이무용 역, 『도시문화와 세계체제』, 시각과 언어, 1999, pp.53-84.
50. 이해조, 「비파성」, 『한국신소설전집』 3, 을유문화사, 1968, p.413.
51. 소설 말미에 만주를 배치한 것은 당시 만주 경영에 대한 제국의 관심에 상응하는 바 있다.
52. 최찬식, 『추월색』(권영민 편), 뿔, 2008, p. 33.
53. 하시야 히로시, 2005, p.88. 조선에서는 이미 합병 전인 1900년에 부산, 1902년에 인천, 1905년에 서울의 일본인 거류지에 유곽이 만들어졌다. 유곽은 때에 따라 이전하면서 경성의 신정, 부산의 녹정, 인천의 부도정 등의 유곽가를 형성해갔다. 하시야 히로시, 2005, p.103.
54. 이러한 관부연락선을 이용한 선객은 1905년 35,000여 명 정도이고 1906년 95,000명, 1907년 112,000명, 1908년 116,000명, 1909년 120,466명, 1910년 148,254명, 1911년 175,502명, 1912년 200,674명으로 합병 이후 매년 15~18% 증가한다. 이러한 가운데 조선인의 도항도 증가하는데 관부연락선 취항 전 1904년 233명에 불과하던 것이 1905년 303명, 1908년 459명, 1909년 790명, 1911년 2,527명, 1912년 3,171명으로 크게 증가하였다. 합병전인 1909년까지 조선인 승객은 대부분 상인이나 도일 유학생이었으니 대륙으로 정책적으로 이주하거나 진출하려는 일본인의 수가 대부분을 차지하고 있음을 알 수 있다. 김재승(2005), 「관부연락선 40년의 현해탄항로」, 『시민시대』 2005년 9월, 10월호.
55. 염상섭, 2005, p.201.
56. 같은 글, p.200.
57. 염상섭이 요시노 사쿠조(吉野作造)의 제국개조론을 염두에 두었는지에 대한 영향관계는 보다 엄밀하게 고찰되어야 할 과제이다. 그럼에도 그는 당시의 개조론을 이 작품을 통하여 의도하였다고 판단된다. 요시노 사쿠조의 제국개조론에 대한 것은 요네타니 마사후미, 조은미역 『아시아/일본 사이에서 근대의 폭력을 생각한다』, 그린비, 2010, pp.113-132.
58. 조선인의 이용 통계는 1917년 도항 14,012명 귀국 3,927명, 1918년 도항 17,910명 귀국 9,305명, 1919년 도항 20,968명 귀국 12,947명 1920년 도항 27,497명 귀국 20,947명으로 조선인의 이용수가 점차 늘어나고 있다. 김재승, 2005, pp.76-77.

59. 염상섭, 2005, p.112.

60. 우선 부산이란 데로만 보아도, 부산이라 하면 조선의 항구로 첫손 꼽을 데요 조선의 중요한 첫 문
   호라는 것은 소학교에 한 달만 다녀도 알 것이다. 그러니만큼 부산만 와봐도 조선을 알 만하다. 조
   선을 축사(縮寫)한 것, 조선을 상징한 것이 부산이다. 외국의 유람객이 조선을 보고자거든 우선 부
   산에만 끌고 가서 구경을 시켜주면 그만일 것이다. 나는 이번에 비로소 부산의 거리를 들어가보고
   새삼스럽게 놀랐고 조선의 현실을 본 듯싶었다. 염상섭,2005, p.112.

61. 염상섭, 2005, pp.112-113.

62. 김승, 2009, pp.68-76.

63. 1910년 일본인 21,928명 조선인 20,990명이던 것이 1920년 일본인 33,085명 조선인 40,532명으로
   증가한 데서 알 수 있다. 김승, 2009, p.77.

64. 이진경, 『근대적 시·공간의 탄생』, 그린비, 2010, pp.161-162.

65. 세계체계의 변동과 이와 연동된 도시 문화의 혼종화 과정에 대한 것은 네스토르 가르시아 칸클리
   니, 이성훈 역, 『혼종문화』, 그린비, 2011, pp.11-41.

66. 염상섭, 2005, pp.113-114.

67. 같은 책, p.122.

68. 이혜령, 『한국소설과 골상학적 타자들』, 소명, 2007, p.127.

김형찬 대중음악 저술가

가요로 보는 부산 원도심

흔히들 대중문화는 가장 사회를 직접적으로 반영한다고들 한다. 아마도 그 역할을 가장 잘 수행한 대중문화는 영화가 아닐까 한다. 누구나 쉽게 접하고 이해할 수 있으며 소리와 영상을 통해 온 몸으로 느껴지며 가격도 싼 편이니 가히 대중문화의 총아라 하겠다. 그 다음으로는 대중음악을 꼽을 수 있을 것이다. 노래를 잘 부르고 좋아했던 한민족에게 대중음악은 영화와는 달리 대중이 스스로 자신을 쉽게 표현할 수 있었던 가장 친숙한 대중문화였다. 어떤 예술장르보다 음악이 인간에게 미치는 힘이 크다는 것은 이미 알려진 바이다.

한국전쟁은 부산을 한국의 역사에서 완전히 새로운 장소로 탈바꿈시켰다. 팔도의 피난민들이 전란을 피해 부산으로 몰려드는 바람에 부산 사람들은 집 마당은 물론이고 있는 방마저 피난민들에게 내주면서 주거를 제공했고 부산시 당국은 이들을 먹이고 입히고 재우느라 노심초사해야 했다. 그 바람에 부산은 대한민국 피난민들의 집단수용소 역할을 했으며 그 속에서 살아가던 피난민들은 엄청난 전쟁의 트라우마를 마음속에 새기고 그것을 치유하고 달래고 위로해야만 했다. 이 과정에서 생겨난 부산을 노래한 대중음악은 부산 뿐만 아니라 온 대한민국의 국민들의 찢겨진 마음을 치료하는 정신적 치료제 역할을 하게 되는 특이한 역사를 겪게 된다.

한국전쟁을 겪으면서 큰 역할을 한 부산을 노래한 대중음악에 대한 대접은 그리 후하지 못했다. 대표적인 히트곡 몇 곡을 제외하고는 누구도 관심을 기울이지 않았고 정작 당사자인 부산에서도 현인의 노래 말고는 제대로 대접한 적이 없었다. 전국적으로 수많은 음반수집가들이 있지만 어떤 한 지역의 대중음악의 가치에 대해 주목하고 수집한 음반수집가도 없다. 자신이 스스로의 역사를 홀대하는데 그 누가 알아줄까?

이렇게 묻혀 가던 부산을 노래한 대중가요를 온 힘을 다해서 수집한 수집가가 부산에 있었다. 대청동 산복도로에서 옛가요보존회를 운영하고 있는 김종욱이 바로 그 사람이다. 김종욱은 1950년대 청년시절부터 대중가요에 애착을 갖고 들어오다가 1980년대부터는 본격적으로 부산을 노래한 대중가요를 수집하기 시작했다. 트럭을 몰고 전국을 다니며 미친 듯이 음반을 수집하다가 마침내 가정경제가 파산하는 어려움을 겪기도 했다. 이렇게 힘들여 수집한 부산을 노래한 대중가요는 500여 곡이 된다. 한 지역을 노래한 대중가요가 500여 곡이나 된다면 노래만으로도 부산의 사회사를 연구할 토대가 충분히 구축된 셈이다.

대중음악 연구자인 본인도 부산의 대중음악사를 연구하겠다는 목표는 세웠지만 음원의 확보가 어려워 감히 엄두를 못 내고 있었다. 결국 김종욱씨를 만나게 되어 이 목표를 제대로 실현할 용기를 얻게 되었다. 부산의 대중음악사 연구의 출발도 나락한알의 세르파 아카데미가 아니었으면 다른 주제에 밀려 지지부진했을 것이다. 이렇게 연구자료와 연구의 기회를 동시에 갖게 된 것은 행운이 아닐 수 없다.

부산의 대중음악사는 한국에서 대중음악이 시작되었던 일제강점기로까지 그 역사가 거슬러 올라갈 수 있겠지만 김종욱씨가 수집한 음원이 1950년대 이후이고 셰르파 아카데미에서 다루고 있는 역사가 부산의 원도심의 역사이니 부산의 대중음악사 연구는 시기적으로는 1950년대 ~1960년대, 공간적으로는 부산의 원도심을 먼저 연구하는 것이 바람직할 듯싶다.

분석의 관점

이 연구를 위해 수집된 음원은 부산을 노래한 대중가요이다. 부산을 노래한 대중가요임을 알아보는 방법은 노래의 가사 속에 부산의 어떤 지역명이 들어가 있는가의 여부이다. 그렇다면 부산을 노래한 대중가요에서 가장 중요한 요소는 부산의 어떤 지역이라는 공간이다. 즉 부산의 어떤 지역이라는 공간에서 어떤 감정을 느꼈는데 그곳에서 느낀 어떤 감정은 당시의 부산지역이라는 사회상과 어떤 관련이 있는가를 분석하는 것이 이 연구의 주된 내용이 될 것이다.

그렇다면 원도심이라는 부산의 지역을 그 공간적 특성에 따라 나누어 보도록 하겠다.

먼저 부산이라는 지역의 특징을 잘 드러내 주는 시설은 부산항과 부산역이다. 부산항은 반도국가인 대한민국의 관문 역할을 하는 대표적인 항구이고 부산역은 가장 중요한 철도노선인 경부선의 남쪽 종착역이다. 대한민국 국민이라면 경부선을 타고 최대한 남쪽으로 내려갈 수 있는 육로의 경계가 부산역인 셈이고 한국을 벗어나 다른 나라로 이동하기 위해서는 부산항에서 배를 타야만 하는 육지와 바다의 경계가 부산항인 것이다. 따라서 첫 번째 공간적 구분을 경계지역이라 하고 부산역과 부산항을 중요한 공간으로 다룬다.

일제강점기에 한국을 지배한 일본은 대륙침략이라는 야욕을 달성하기 위하여 한국을 강제로 근대화를 시켰다. 도시를 중심으로 근대화 작업을 실시하여 도시에 근대화된 건물, 기반시설, 도시적 문화를 집중적으로 이식하였다. 이런 작업이 가장 대대적으로 작용하여 도시의 성격이 근본적으로 바뀌게 된 도시가 바로 부산이다. 개항시기까지만 해도 부산은 한적한 어촌이었고 바닷가까지 산이 내려와 있어서 농토는 물론이고 많은 사람이 거주할 만한 넓은 주거지도 제대로 없는 상태였다. 이런 부산은 일본은 대륙으로 뻗어나갈 시발점으로 삼기 위해 부산의 지형을 근본적으로 변형시키는 토목공사를 진행했다. 바닷가에 붙은 산들을 밀어내어 평지를 확보하여 중심 시가지와 도로, 부산역을 만들고 거기서 나온 흙으로 바다를 메워 부산항을 만들어나갔다.

일본의 부산 근대화 개발을 위한 결정판이 도개식 다리 영도대교의 건설이었다. 당시로는 새로운 기술이었던 도개교의 건설은 일본이라는 지배자가 갖춘 문명의 위력을 증명하기에 충분했다. 일본은 사회기반시설의 구축에 머물지 않았다. 한국을 지배하며 대대손손 살아갈 계획을 세우고 여가생활을 즐길 문화시설까지 만들어나갔다. 이미 1916년에 용두산 공원을 만들었고 도심지 근처에 교통이 불편한 채로 방치되어 있던 송도를 해수욕장으로 개발했다. 따라서 두 번째 공간적 구분을 근대화 체험지역이라 하고 부산역, 부산항, 영도다리, 남포동, 송도를 중요한 공간으로 다룬다.

일본에 의해 이룩된 부산의 도시화된 시설은 다행히 한국전쟁을 거치면서도 파괴되지 않았고 그 이후 부산 발전의 중요한 토대가 되었다. 이속에서 부산시민은 생활을 영위하고, 휴식을 취하고, 때로는 유흥을 즐기며 살아왔던 것이다. 세 번째 공간적 구분을 유흥적 공간이라 하고 부산항과 남포동, 송도를 중요한 공간으로 다룬다. 네 번째 공간적 구분을 휴식의 공간이라 하고 송도와 용두산공원을 중요한 공간으로 다룬다. 다섯번째 공간적 구분을 생활의 공간이라 하고 자갈치와 국제시장을 중요한 공간으로 다룬다.

범주화된 부산의 공간속에서 어떤 감정들이 어떻게 표현되었는가를 살펴보는 것이 분석의 두 번째 단계이다. 주로 표현된 감정은 이별, 사랑, 그리움, 부산의 정체성이다. 부산의 정체성이라는 감정은 부산사람의 성격으로 표현되기도 하지만 부산의 향토애로 표현되기도 한다. 부산이라는 지역의 특성상 마도로스라는 직업의 정체성을 표현한 곡들이 많다. 그외에 묘사의 기능을 갖는 노래들이 있는데 거리의 풍경과, 생활의 풍경을 묘사한 곡들도 더러 있다.

부산이라는 지역을 그 공간의 성격에 따라 나누어 분석하는 씨줄과 그 공간에서 느껴진 감정이라는 날줄을 가로세로로 짜나가면서 부산이라는 지역에서 부산 사람들이 살면서 느꼈던 감정이 장소에 따라 어떻게 다른 양상으로 표현되었는가를 살펴보게 될 것이다. 이런 과정을 통해 1950~1960년대에 부산사람들의 정서가 대중가요라는 대중문화현상을 통해 어떻게 표현되었는지를 조금이나마 알 수 있게 될 것이다.

분석의 한계

이 연구는 부산의 여러 특징적 공간에서 표출된 부산시민의 감정이 당시의 사회상과 어떤 관련이 있는가를 분석하게 될 것이다. 그런데 여기에는 몇 가지 근본적인 한계가 존재한다.

노래의 가사가 중점적인 분석의 대상으로 사용될 것이므로 부산의 사회상에 대한 경험은 작사자 개인의 시선을 벗어날 수가 없다. 그 작사자들은 대부분 부산지역민이 아닌 타지에서 들어온 사람들이었는데 그들의 감정이 일반적인 부산시민의 감정에 호소했는지의 여부를 판단하는 기준은 히트의 여부이다. 히트했다면 일반적인 부산시민의 감정을 대변했다고 볼 수 있지만 히트하지 못한 곡의 경우는 히트한 곡이 비해서는 아무래도 일반적인 부산시민의 감정을 대변했다고 보기는 힘들겠지만 마케팅 전략이 부족해서 사장된 곡일 가능성도 있으므로 반드시 그렇다고 볼 수도 없다.

작사자들이 부산의 지역민이 아니라는 점은 또 다른 문제점을 지닌다. 부산이 고향이어서 부산의 공간과 정서를 속속들이 알고 있지 않고 인구에 회자되는 대로 혹은 매체에서 다루어지는 시선인 타자의 시선으로 부산을 바라보며 작사했기 때문에 부산의 지역민의 시선과는 다른 관점이 개입했을 가능성이 있다. 즉 부산의 정서를 표피적인 관점에서 대상화하여 다루었을 가능성이 있다.

노래는 사운드와 가사의 결합으로 이루어지는 문화상품인데 여기서는 가사만을 분석의 대상으로 삼고 있는 점 또한 이 연구의 한계이다. 이것은 본인의 준비상태가 아직 부족한 때문이다. 사운드의 연구는 가사의 분석에 비해 훨씬 많은 준비와 분석의 시간을 필요로 한다. 이 연구를 계기로 사운드의 분석까지 나아가 부산의 노래에 대한 총체적 연구로 들어갈 계획이다.

분석대상이 대중음악이라는 문화상품이라는 특징 또한 근본적인 한계를 노출시킨다. 자본주의 사회에서 상품은 이윤의 추구가 기본적 목표이다. 따라서 작사자는 대중의 정서에 호소하는 가사를 쓸 때 가능한 많은 대중들에게 호소할 수 있는 가사를 선택하게 되고 그런 노래가 대중의 선택을 받아 히트곡으로 살아남는다. 또한 경제체제로서 자본주의는 사회체제로서 반공을 국시로 하는 민주주의를 외피로 두르고 있다. 따라서 자본주의 체제에서 팔리기 위한 문화상품으로서 대중음악은 반공을 국시로 하는 억압적인 민주주의가 허용되는 범위 안에서의 표현만 허락되었을 것이다.

이런 한계는 대중음악만이 지니는 한계가 아니라 모든 대중문화가 지니는 한계이다. 그래도 대중문화는 대중의 정서를 가장 잘 대변하는 것인만큼 부산을 노래한 수많은 대중음악을 통해 1950년대~1960년대 부산의 정서를 살펴보는 일은 어느 정도 가치를 가지리라 믿는다.

경계지역

부산역

〈이별의 부산정거장〉 1953년 호동아 작사, 박시춘 작곡, 남인수 노래

1. 보슬비가 소리도 없이 이별 슬픈 부산정거장 잘 있어요 잘 가세요 눈물의 기적이 운다/ 한 많은 피난살이 설움도 많아 그래도 잊지 못할 판잣집이여/ 경상도 사투리에 아가씨가 슬피 우네 이별의 부산정거장

2. 서울 가는 십이열차에 기대앉은 젊은 나그네 시름없이 내다보는 창밖에 기
   적이 운다/ 쓰라린 피난살이 지나고 보니 그래도 끊지 못할 순정 때문에/
   기적도 목이 메어 소리 높이 우는구나 이별의 부산정거장

3. 가기 전에 떠나기 전에 하고 싶은 말 한마디를 유리창에 그려보는 그 마음
   안타까워라/ 고향에 가시거든 잊지를 말고 한두 자 봄소식을 전해주소서/
   몸부림치는 몸을 뿌리치고 떠나가는 이별의 부산정거장

〈부산역 이별〉 1969년 반야월 작사, 김성근 작곡, 장고 노래

1. 부산역 푸렛트홈 기적이 운다. 웃으며 보내다오 부산처녀야
   서울에 취직하러 떠나기야 한다만 마음만은 두고 간다 부산역 이별

2. 달뜨는 영도다리 물새가 울면 날 잊지 말아다오 부산처녀야
   삼등표 손에 들고 떠나기는 한다만 성공하여 돌아오라 부산역 고향

3. 송도섬 백사장에 꿈을 파묻고 남포동 걸어보던 부산처녀야
   나도야 사나인데 희망조차 없으랴 헤어지기 안타까운 부산역 사랑

〈부산차는 떠나간다〉 1957년, 김용만, 황인자, 남미랑, 김영국 노래

1. 아 부산차는 떠나간다. 무정하게도 야속하게도 부산차는 떠나간다
   정든 사람 울려놓고 정든 사람 버려두고 아 부산차는 떠나간다

2. 아 부산차는 떠나간다 박절하게도 매정하게도 부산차는 떠나간다
   잡는 손길 뿌리치고 기적소리 남겨놓고 아 부산차는 떠나간다

부산역을 배경으로 삼은 위의 세 노래는 공통적으로 이별의 감정을 소
재로 하고 있다. 이것은 부산역이 육로 철도의 남단경계지역이므로 발생
한 감정이라 하겠다. 부산역을 떠나는 화자가 공통적으로 얘기하는 것은

부산에 두고 떠나는 여인과의 못 잊을 인연이다. 타지에서 흘러들어온 피난민이 부산에서 적응하느라 모진 고생을 했지만 그래도 부산에서 맺은 여인과의 인연 때문에 부산을 떠나면서 눈물짓는 상황을 얘기하고 있다. 이것은 남녀의 별이라는 상황을 제시하여 대중의 정서에 더욱 깊이 호소하고자 한 작사자의 의도도 작용했다고 생각된다.

이때 이별의 슬픔을 더해주는 것은 기적소리인데(〈이별의 부산정거장〉〈부산역 이별〉〈떠나는 경부선〉〈부산차는 떠나간다〉) 이것은 떠나는 남성의 심정을 대변해주는 소재로 사용된다. 남겨지는 여인의 심정을 대변해주는 것은 내리는 비다.(〈이별의 부산정거장〉〈떠나는 경부선〉〈부산역 이별〉) 이러한 소재는 시각적, 청각적 이미지를 사용하여 청자가 노래의 상황에 더욱 몰입하도록 유도하는 장치가 되기도 한다.

부산역에서 이별이란 열차를 타고 북쪽으로 한국내의 다른 지역으로 이동함을 뜻함에도 불구하고 다시 만나지 못할 것 같은 상황을 암시하는 노래가 대부분이다. "고향에 가시거든 잊지 말고"(이별의 부산정거장) "차라리 가실 바엔 미련도 가져가소"(눈물의 부산차) "마지막 잘 있거라 그대 행복 빌고 떠난다"(부산역 이별) "정든 사람 버려놓고 아 부산차는 떠나간다"(부산차는 떠나간다) 이것은 부산을 떠나는 사람이 부산의 지역민이 아니라 대부분이 피난민임을 암시하고 있다.

부산역은 철도라는 빠르고도 큰 소리의 교통수단을 통해 이별을 경험하는 공간이다. 그러다 보니 이별의 감정이 강하게 표현되는 경향이 있다. "몸부림치는 몸을 뿌리치고"(이별의 부산정거장) "잡는 손길 뿌리치고"(부산차는 떠나간다)와 같이 강하고 격렬한 감정이 표현되고 있다는 사실은 교통수단의 종류에 따라 감정변화의 폭이 달리진다는 것은 재미있는 현상이다.

그림 1. 1910년대 후반 부산항

부산역이라는 경계지역은 이별의 감정을 불러일으키는 공간이며 부산에서 살았던 피난민이 부산을 떠나면서 다시 돌아오지 못할 예감에 부산에서 맺은 여인과의 인연을 슬퍼하는 상황이 공통적으로 전개된다. 또한 철도라는 교통수단의 성격상 이별의 감정이 강하게 표현되는 경향이 있다.

부산항

㉠ 이별

〈이별의 부산항〉 1960년 노화당 작사, 한복남 작곡, 손인호 노래

1. 송도야 잘 있거라 해운대야 다시 보자 백사장 숨은 추억 세월도 무심한데/
   흰 돛대 어디 가고 물소리만 처량한가 사공아 정든 님아 나그네 울고 간다

2. 오륙도 건너편에 영도다리 서러워라 부산항 정든 포구 떠난들 잊을 손가/
   섬색시 검은 머리 휘파람도 다정한데 뱃고동 슬피 울어 이별가를 불러주네

〈마도로스 순정〉 1959년 백호 작사, 박춘석 작곡, 최갑석 노래

1. 정든 항구 떠나올 때 뱃머리에 매달려 우는 그 사람/ 이제가면 언제 오나 이제 가면 언제 오나/ 아 슬피 우는 고동소리 내 가슴을 울리는데 눈물지던 그 눈동자 다시 한 번 그리워

2. 이별이란 서러운 것 사나이의 가슴을 울려만 주네/ 다시 만날 그날까지 다시 만날 그때까지/ 아아 행복하게 살아다오 내 순정을 바친 그대 목이 메어 울던 그대 다시 그리워

〈마도로스 사랑〉 1964년 최치수 개사, 고봉산 작곡

1. 눈물의 항구더냐 이별의 항구더냐 배 떠난 부둣가엔 여자가 슬피 운다/ 정들자 헤어지는 항구의 사랑 영원히 맺지 못할 뜨내기 사랑/ 아 부산의 아가씨 야속타 생각 마라 이 몸은 떠다니는 마도로스

2. 온다는 기약 없이 떠나는 사람 가며는 언제 와요 인사가 섧다/ 아 부산의 아가씨 야속타 생각 마라 이 몸은 떠다니는 마도로스 물위의 부평초다

부산항을 소재로 하는 노래는 여타의 다른 공간을 소재로 하는 노래에 비해 월등하게 많다. 이것은 부산의 정체성이 역시 부산의 항구에 있음을 보여준다. 역시 경계지역으로서의 부산항은 이별, 사랑, 그리움, 회상의 감정이 가사에 사용되고 있다. 그리고 선원의 상징인 마도로스를 화자로 하는 노래들이 많은 것은 부산항의 중요한 정체성으로서 마도로스의 이미지가 많이 통용되었음을 보여준다.

빠른 속도의 열차에 비해 배라는 느린 교통수단은 배를 타고 떠나는 사람에게 열차를 타고 떠날 때와는 다른 마음의 상태를 만들어준다. 열차는 소리가 크고 속도가 빠르므로 이별하는 사람에게만 집중하도록 만들

지만 배는 느린 속도로 천천히 떠나게 되므로 이별의 감정에 사로잡힐 때 이별하는 사람에게만 집중하는 것이 아니라 그 사람을 중심으로 벌어졌던 부산 지역의 추억어린 여러 장소들이 같이 머릿속에 떠오르는 효과를 발생시킨다. 〈그리워라 부산항〉에서는 남포동과 오륙도가, 〈이별의 부산항〉에서는 송도, 해운대, 오륙도, 영도다리가, 〈항구의 사랑〉에서는 남포동과 부산극장이 이별의 감정을 불러일으키는 장소로 언급된다. 이렇게 부산항에서의 이별은 천천히 떠나가는 배위에서 이별하는 사람과의 추억이 파노라마처럼 펼쳐지는 상황이 전개된다. 이 때 이별하는 남성의 감정은 뱃고동소리에 의해 더욱 고조되고 이별하는 여성의 감정은 갈매기가 대변하고 있다.

부산항을 배경으로 하는 부산 사나이는 마도로스라는 이미지로 자주 표현된다. 이 마도로스의 이별은 다른 사람들과는 그 양상을 달리한다. 마도로스란 오랫동안 고독한 바다위의 항해를 잠시 중단하고 항구에 상륙하여 회포를 푸는 시간이 육지라는 세상과 접하고 인간의 희로애락을 집중적으로 경험하는 시기가 된다. 이때 마도로스의 사랑의 대상은 주로 항구에서 뱃사람들은 상대로 하는 업소의 여성들이다. 하지만 이들 마도로스의 사랑은 다시 바다로 떠나게 되면 아무 것도 기약할 수 없는 뜨내기 사랑이며 물위의 부평초와 같은 사랑이 될 것임을 마도로스는 이미 잘 알고 있다(마도로스 사랑). 비록 업소의 여성들이지만 마도로스는 그들과의 로맨스를 애틋한 추억으로 간직하고 다시 항해에 오른다. 육지에서의 짧은 사랑이었지만 그것이 순정이었기를 바라고 순정을 마음속에 간직하는 것이 고독한 바다의 생활을 지탱하게 해주는 버팀목이 된다. 마도로스는 다시 항구로 돌아와 그녀들을 만나기를 원한다. 이런 그리움은 아래와 같은 노래들로 표현된다.

ⓛ 사랑

〈찾아온 제1부두〉 1966년, 한산도 작사, 박시춘 작곡, 진송남 노래

1. 돌아왔다 다시 왔다 그리운 제1부두 갈매기도 반가워서 마중하는데/ 웬일 일지 그 아가씨 아무리 찾아봐도 간데 온데 없는구나/ 보이지를 않는구나 항구의 사랑이란 깜박거리는 아 등대불 사랑

2. 그 얼굴을 그리면서 찾아온 제1부두 넘실대는 바닷물도 반겨주는데/ 보고 싶은 그 아가씨 어디로 가버리고 불러봐도 소리쳐도 대답조차 없는구나/ 항 구의 사랑이란 믿을 수 없는 아 등대불 사랑

〈선창가의 처녀〉 1967년 천지엽 작사, 김종한 작곡, 남미랑 노래

1. 이별의 고동소리 슬피 울리고 오륙도 수평선에 사라져간 연락선이/ 그리운 우리 오빠 그리운 우리 오빠 언제나 오시나요/ 손꼽아 기다리는 선창가의 처녀랍니다.

2. 이별의 대포줄을 흔들어가며 아리랑 연락선에 떠나가신 마도로스/ 여기는 부산항구 이 밤도 깊었는데 언제나 오시나요/ 손꼽아 기다리는 선창가의 처 녀랍니다

〈부산 부르스〉 1949년 야인초 작사, 김호길 작곡, 이숙희 노래

1. 정든 님 실은 배가 오륙도에 가무니 나머진 부둣가엔 부슬비만 나린다/ 부슬 부슬 슬픈 이별 부슬부슬 적셔주렴 훌훌히 떠난 님을 잊을 수만 있다면/ 홍 등 아래 술잔 들고 잊어나 볼 걸 아 뱃머리 뜰 때마다 뜰 때마다 부산 부르스

2. 새 별이 떠오르니 송도섬이 검푸러 외로운 발자욱엔 물결소리 산란해/ 살 랑살랑 병든 가슴 씻어주면 훨훨히 떠난 님을 잊을 수만 있다면/ 달맞이꽃 핀 언덕에 울어나 볼 걸 아 쌍고동 울 때 마다 부산부르스

항구의 여인과의 사랑을 간직하고 바다로 떠난 마도로스는 그것이 뜨내기 사랑임을 예감하지만 그래도 그것이 순정임을 믿으며 고독한 항해를 계속하다가 다시 항구로 돌아온다. 예상대로 항구의 여인은 찾을 길이 없고 마도로스는 사랑의 부재 때문에 그리움에 목이 멘다.(찾아온 제1부두) 이와 같이 마도로스의 사랑은 다시 항구로 돌아와 사랑의 부재를 확인하는 노래들이 주종을 이룬다.

그에 비해 항구에 남은 여인들의 심정을 다룬 노래들은 바다로 떠나버린 마도로스에 대한 그리움을 다루는 노래들이다. 떠난 님을 잊을 수 없다거나(부산부르스) 다시 만날 날을 손꼽아 기다리는 기다리는 심정으로 묘사된다(선창가의 처녀). 그런데 이런 여인들의 심정을 다룬 노래들마저 남성들이 작사한 것이기 때문에 여성들의 심정과 상황을 대변한다기 보다는 자신들의 바람을 담은 것이라고 보아야 할 것이다. 그렇다면 바다로 떠났던 마도로스는 뜨내기 사랑임을 알고 있었고 예상대로 항구로 돌아왔을 때 사랑은 부재하였다. 그렇더라도 마도로스는 자신이 사랑한 여인이 자신을 잊지 않고 손꼽아 기다렸을 것이라고 자위하는 것으로 보아야 할 것이다.

ⓒ 정체성

〈마도로스 박〉 1964년 반야월 작사, 박시춘 작곡, 오기택 노래

1. 의리에 죽고 사는 바다의 사나이다 풍랑이 사나우면 복수에 타는 불길/ 바다를 주름잡아 떠돈 지 몇몇 해냐 얼마나 그립던 내 사랑 조국이냐/ 돌아온 사나이는 아 그 이름 마도로스 박

2. 인정은 인정으로 사랑은 사랑으로 한 많은 내 가슴에 술이나 부어다오/ 바다를 주름잡아 떠돈 지 몇몇 해냐 얼마나 사무치던 못 잊을 추억이냐 돌아

온 사나이는 아 그 이름 마도로스 박

〈칠일간의 부산항〉 1967년, 야인초 작사, 김종유 작곡, 정향 노래

1. 잘 있었나 오륙도 하와유 부산항 바다에 시달린 마도로스 가슴을 한잔에 달래보는 선술집이다 도그에 잠든 배는 칠일간 수리 마셔라 마셔 마셔 노래하고 춤추자 남포동 거리

2. 물위에 뜬 등대불 깜박이는 부산항 기나긴 뱃길에 마도로스 향수를 마음껏 불어주는 고향이란다 돈이란 돌고 도는 항구의 풍속 달려라 달려 해운대다 송도다 남포동 거리

항구도시 부산을 상징하는 전형적인 직업인 마도로스의 정서는 부산 사나이의 정서를 대변하는 측면이 많다. 의리에 죽고 살지만 인정도 많고(마도로스 박), 사랑은 불같이 하고(마도로스 주장), 거친 풍랑을 불굴의 의지로 이겨내지만(마도로스 박, 아빠는 마도로스) 마로도스의 숙명은 기약 없는 바가본드이다.(항구의 바카본드) 이런 방랑자의 정체성은 필연적으로 향락문화를 추구한다. 항구에 상륙해서는 뜨내기 사랑을 하게 되거나 음주가무를 즐기는 문화(칠일간의 부산항)를 갖게 된다.

이런 정서는 현재에도 부산 남성의 중요한 정체성으로 존재하고 있다. 한마디로 바다의 유목민적 정서인 것이다. 이런 정서는 과거에 집착하지 않고 변화에 빨리 적응하며 시련에 직면할수록 더욱 강해지고 의리를 중시하는 긍정적인 정체성으로 드러난다. 하지만 이런 특성 때문에 한 가지를 끈기 있게 지속하지 못하고, 섬세하지 못하고 투박하며 찰나적인 향락을 즐기느라 깊이 있는 문화를 형성하기 어려운 단점도 같이 갖게 된다.

부산항 역시 부산역처럼 이별의 주된 공간이었다. 부산역이 피난민의

이별을 주로 다루었다면 부산항은 피난민보다는 마도로스의 이별과 사랑을 주로 다루었다. 속도가 빠른 열차가 아니고 속도가 느린 배라는 교통수단의 특성상 부산항에서의 이별은 수많은 감정을 불러일으키는 느린 이별로 묘사되는 특징을 갖고 있다. 마도로스가 주된 화자로 등장하는 부산항의 노래는 자연히 마도로스의 정체성이 잘 드러나는데 마도로스가 경험했던 사랑과 이별 속에 부산 사나이의 정체성이 잘 드러난다. 그런 점에서 부산항의 노래는 부산의 정체성이 잘 드러나는 노래라고 볼 수 있을 것이다.

근대화 체험지역

부산항

〈로맨스 항로〉 1961년 야인초 작사, 박금호 작곡, 시민철 노래

1. 어제는 이 고향 뱃머리를 돌려놓고 오늘밤은 고향만리 싱가폴 항구 물위에
   설레이는 깨어지는 달빛을 보며 떠나오던 부산항구 그리워 울었소
2. 지중해 나포리 수에즈도 건너가자 불러보는 뱃노래도 뒤돌아온제 낯설어
   이국살이 돌고 돌아 ***항로 손을 꼽아 헤어서 보니 3년이 넘구나
3. 내일은 태평양 마카오다 홍콩이다 마스트에 찾아오는 고향갈매기 부산항
   제2부두 그 술집의 그 아가씨가 수평선 바라보면서 울고만 있더냐

〈부산야곡〉 1950년 손석우 작사, 박시춘 작곡, 신세영 노래

1. 하늘에 성좌처럼 등불 고운 부산항 밤은 깊어 정은 깊어 외항선도 잠든다/
   갑판 위의 젊은이 고국생각 그리워 수평선 바라보며 눈동자도 푸르다

그림 2. 1950년대 초반 부산항의 야경

2. 바다에 조수처럼 오고가는 부산항 밤은 깊어 꿈은 깊어 외항선도 잠든다/
갑판 위의 젊은이 그대생각 그리워 둥근달 바라보며 눈썹이 젖는다

근대화 체험지역으로서 부산항을 배경으로 한 노래는 크게 두 가지로
나타난다. 첫 번째는 근대화된 부산항구의 풍경을 묘사하는 노래이고 두
번째는 부산항을 떠나 근대화된 외국의 지역을 묘사하는 노래이다. 근대
화된 부산항구의 가장 인상 깊은 풍경은 아마도 밤에도 불빛이 찬란한 드
넓은 부산항구의 풍경이었을 것이다. 이것은 "하늘에 성좌처럼 등불 고운
부산항"(부산야곡)으로 나타나거나 "물에 뜬 네온불도 부산항구다"(부산
행진곡)처럼 남포동 밤거리의 네온불이 부산항에 비친 모습으로 묘사되
기도 한다. 그런가 하면 "물결 위에 떠다니는 끊어진 테푸"처럼 부산항에
서 배가 떠날 때 배와 부산항을 연결했던 테이프를 묘사하기도 한다(부산
항 에레지).
근대화된 외국의 지역을 묘사는 대표적인 노래는 〈로맨스 항로〉인데

여기서는 싱가폴, 지중해, 나포리, 수에즈, 마카오, 홍콩 등 전형적인 외국의 항구지역을 언급하고 있다. 아마도 이것은 1950년대에 〈아리조나 카우보이〉〈아메리카 차이나타운〉과 같이 한국이 동경하는 외국의 풍물을 묘사하여 대중의 관심을 끌었듯이 여전히 외국여행이 특수한 사람들만 가능했던 1960년대에 대중들의 선진외국에 대한 관심을 반영한 것으로 보인다.

영도다리

㉠ 이별

〈이별의 영도다리〉 1968년 김대봉 작사, 이현진 작곡 이상열 노래

1. 연락선 떠나가는 영도다리 난간위에 차가운 초생달이 그림자도 외로운데/ 잘 가세요 네 말 한마디 차마 못하고 이별이 서러워서 눈물지을 때/ 님 실은 연락선은 멀어져 가네
2. 갈매기 기럭기럭 울고 넘는 영도다리 희미한 가로등은 불빛마저 서러운데/ 잘 있어요 네 그 인사가 너무 야속해 옷소매 부여잡고 흐느껴 울 때/ 짝 잃은 갈매기만 울어 떠나려네

〈끊어진 영도다리〉 1958년, 전오승 작곡, 김화영 편곡, 박재홍 노래

1. 영도다리 끊어지면 사랑도 끊어지고 영도다리 다시 놓으면 사랑도 다짐했나/ 파도치는 부산항구 세월은 가건마는 마음조차 변한다면 누굴 믿느냐
2. 울고 왔다 울고 가는 서러운 이 사정을 날아드는 갈매기야 너만은 알려마는/ 내 청춘엔 죄도 많아 우는 게 인사더냐 똑딱선에 프로펠라 소리만 섧구나

1934년에 한국 최초의 도개식 교량으로 개통된 영도다리의 도개 모습

은 당시의 한국사람들에게 엄청난 충격으로 다가왔을 것이다. 이렇게 매일 영도다리를 들어올리는 모습을 30년 넘게 지켜보다 보니 부산사람들에게는 매일 영도다리가 들고 내려야 정상적인 상태로 인식이 되게 되었다. 더 나아가 부산 사람들은 영도다리의 개폐 자체에 자신의 감정을 이입시키는 상태로까지 발전했다. 〈끊어진 영도다리〉를 보면 영도다리가 들려져서 길이 끊어지면 사랑이 끊어진다고 묘사하고 영도다리가 내려오면 사랑이 연결된다고까지 하면서 사랑의 감정을 영도다리에 이입시키고 있다.

이별과 그리움을 강하게 갖는 사람이 영도다리에서 느껴지는 전형적인 풍경은 초승달, 가로등, 그리고 갈매기이다. 이별의 상실감에서 고통을 겪는 사람은 자연히 밤하늘의 달에게 자신의 감정을 이입시키게 되는데 그 달 중에서도 가물거리며 꺼져가는 듯 한 초승달은 자신의 아픔을 잘 나타내는 자연물로 여기게 된다. 이렇게 영도다리 난간 옆의 초승달은 〈굳세어라 금순아〉와 〈이별의 영도다리에서〉 같은 가사로 표현된다. 이런 심정은 자연히 영도다리를 비추는 희미한 가로등에게도 같은 감정을 이입시키게 된다.(이별의 영도다리)

이렇게 영도다리가 이별의 장소로 부각되고 있다는 것은 부산항은 해운관련종사자에겐 의미가 크지만 일반 서민들에겐 부산역과 더불어 영도다리가 이별의 정서를 각인하는 장소로 기억되었다고 볼 수 있다. 피난민들이 고향을 떠나 부산으로 올 때에도 영도다리가 중요한 장소였던 만큼 부산에서 생활하면서도 영도다리가 생활에 밀착된 공간으로 자리잡았을 것이다. 따라서 이별시에 영도다리를 떠올리며 이별의 감정을 노래했을 가능성이 크다.

ⓛ 그리움

〈영도다리 비가〉 1960년 손로원 작사, 이시우 작곡, 박재홍 노래

1. 영도다리 끊어질 때 사랑은 끊어지고 영도다리 내려와도 사랑은 간 곳 없네 / 한 치는 부산항구 그 날 그 맹세 마음조차 변한다면 누굴 믿느냐/ 마음조차 변한다면 누굴 믿느냐

2. 영도다리 난간위에 조각달 걸린 밤에 영도다리 물새들도 추억에 슬피 운다 / 여수목포 화물선은 가고 오건만 한 번 떠난 그 사람은 찾을 길 없네/ 한 번 떠난 그 사람은 찾을 길 없네

3. 영도다리 저녁노을 파도에 부서지고 영도다리 나만 홀로 옛 노래 불러본다 / 허허바다 수평선에 흰 구름 따라서 내 마음은 님을 찾아 아득히 간다/ 내 마음은 님을 찾아 아득히 간다

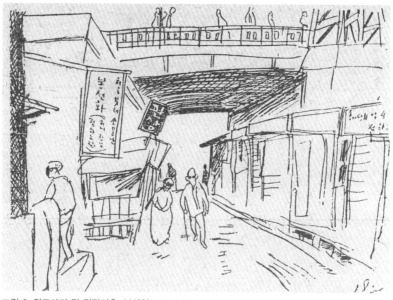

그림 3. 영도다리 밑 점장이촌. 부산일보 1959.5.4

〈울고 넘는 영도다리〉 1961년 야인초 작사, 박금호 작곡, 시민철 노래

1. 고달픈 타관십년 정이들은 영도다리 나 홀로 걸어가니 그림자도 외롭다/ 둘이
   서 녹이 슬은 난간대를 만지며 굳세게 살자던 굳세게 살자던 추억이 새롭다
2. 영도교 난간에서 등불 고운 부산항을 눈물로 보는 것도 오늘밤이 끝이다/
   인연이 없다 하여 울고 가던 사람아 어느 집 지붕 밑에 어느 집 지붕 밑에
   무슨 꿈꾸나요
3. 영도야 잘 있거라 고갈산아 판잣집아 못생긴 하소연도 속절없는 눈물도/ 버리
   고 바라보는 노송나무 가지에 샛별이 반짝이며 샛별이 반짝이며 새 희망 부른

그리움이라는 감정을 표현할 때에도 영도다리의 개폐상태에 감정을
이입시키고 있다. 〈영도다리 비가〉에서는 "영도다리 끊어질 때 사랑은 끊
어지고 영도다리 내려와도 사랑은 간 곳 없네"라고 묘사하며 영도다리의
개폐의 상태에 동시에 상실의 감정을 이입시키고 있다. 그런가 하면 〈들
지 않는 영도다리〉에서는 "들지 않는 영도다리 사나이를 울려주네"라고
표현하는데 이것은 오랫동안 상실의 아픔을 겪고 있는 화자의 마음이 들
어올려지지 않고 내려와 있는 영도다리의 상태와 같음을 표현한 것이다.

이렇게 영도다리의 개폐는 사랑의 상실과 그리움의 상태로 표현되고
있지만 근대화 체험지역으로서 영도다리가 묘사되는 경우는 영도다리에
서 보는 부산항의 밤풍경으로 표현된다. 〈울고 넘는 영도다리〉에서는 "영
도교 난간에서 등불 고운 부산항을 눈물로 보는 것도"라고 표현하고 있고
〈영도다리〉에서는 "네온빛 반짝이는 꿈에 본 이 항구를"이라고 근대화의
체험지역으로서 영도다리를 묘사하고 있다.

근대화 체험지역으로서 영도다리는 부산항의 근대화된 모습을 가장
잘 조망할 수 있는 위치가 된다. 따라서 영도다리에서의 근대화된 체험은

영도다리에서 보는 부산항의 밤풍경으로 묘사된다. 영도다리의 개폐는 부산사람들의 마음속에 엄청난 근대화의 충격으로 각인되어 영도다리의 개폐 자체에 자신의 감정을 표현하는 단계로까지 나아갔다.

남포동

㉠ 이별, 그리움

〈비나리는 남포동〉 1966년 손로원 작사, 김용만 작곡, 백야성, 김용만 노래

1. 비오는 남포동 일대 밤이 나리면 슬픔은 발자국마다 하나둘 더하네/ 두 사람의 이별이 한사람의 눈물이냐 그 님의 꿈만 남은 비나리는 남포동

2. 비오는 남포동의 밤 네온불 바람 술 취한 발걸음마다 그 님을 저주하며/ 가슴 아픈 사랑을 맺었든 게 나예게냐 내 실컷 울고만 싶은 비 나리는 남포동

그림 4. 네온사인이 불야성을 이룬 남포동거리. 부산일보 1958.11.15

〈남포동 소야곡〉 1967년경 강사랑 작사, 신세영 작곡, 태일 노래

1. 안개 낀 남포동 불빛을 따라 헤매는 밤거리에 보슬비가 내린다/ 반짝이는 불빛 속에 부서지는 꿈이런가 가고는 못 오시는 사랑에 우네 미련에 우네
2. 불꽃이 남포동 그 밤하늘에 울리는 고동소리 가슴 미어지는데/ 굽이치는 파도 속에 부서지는 꿈이런가 외로이 이 한 밤을 잠들고 우네 추억에 우네

〈남포동 밤0시〉 1964년 배삼용 작사, 고봉산 작곡, 고봉산 노래

1. 남포동 밤0시 네온불이 꺼지면 서투른 노래가 항구에 진다/ 낯설은 나그네가 타고 온 그 배는 서글픈 기적 속에 정만 싣고 가느냐 / 넘어진 술잔 속에 넘어진 술잔 속에 밤은 깊어 가더라
2. 광복동 형광등 그림자 밟으며 녹슬은 과거사 옛 이야기를/ 다정히 주고받던 미스김과 미스박 지금은 어느 품에 꿈을 꾸고 있느냐/ 아 잠들은 이 항구에 잠들은 이 항구에 밤만 깊어가더라

근대화 체험의 공간이면서 부산의 중심유흥가였던 남포동은 이별과 그리움의 감정을 표현하는 노래에서 전형적인 상황을 묘사한다. 그것은 바로 이별의 아픔을 겪고 있는 사람이 남포동의 밤거리를 천천히 거닐 때 남포동의 풍경들이 감정을 자극하게 된다는 것이다.

이런 감정을 더욱 고조시키는 상황은 비가 내리는 남포동 거리에 네온불이 비칠 때이다. 〈비나리는 남포동〉에서 "비오는 남포동의 밤 네온불 바람 술 취한 발걸음마다 그 님을 저주하며"와 같이 술이 취해 있다면 이별의 아픔은 더욱 고조될 것이며 〈항구의 사랑〉에서처럼 "네온불 반짝이는 부산극장 간판에 옛 꿈이 가롱대는 흘러간 눈웃음"처럼 극장간판의 네온사인도 그런 역할을 했던 것이다.

이별과 그리움의 감정을 더욱 고조시켜주는 다른 매체는 소리이다. 남포동은 항구와 자갈치 해변으로 둘러싸인 지역이니 부산항의 뱃고동소리가 들렸을 것이고(남포동 0시) 파도소리는 직접 들리지는 않았더라도 비오는 남포동 거리에서 상념에 젖은 사람이라면 마음속에나마 파도소리가 들렸을 것이다.(남포동 소야곡)

부산역에서의 근대화체험은 빠른 교통수단인 열차의 경험으로 나타나고 부산항에서의 근대화체험은 부산항의 밤풍경으로 나타나며 남포동은 화려한 네온불로 나타난다. 송도에는 케이블카와 구름다리가 있었음에도 이에 대한 묘사는 거의 등장하지 않는다. 이런 사실들을 종합해보면 오락과 유흥보다는 고달픈 삶의 정서를 이입시킬 수 있는 요소들이 근대화체험과 결합하고 있는 사실을 발견할 수 있다. 특히 영도다리의 근대화 체험의 경험이 감정이입을 바뀐 사실은 그만큼 영도다리가 부산원도심의 역사에서 차지하는 중요성을 잘 보여준다고 하겠다.

유흥의 공간

부산항

〈마도로스 주장〉 1961년, 한산도 작사, 한복남 작곡, 김선영 노래

1. 제3부두 골목길에 돌아앉은 선술집 그 이름도 정다워라 마도로스 주장이다 / 그라스 손에 들고 만져본 카운터에 어여쁜 마담이 눈웃음치는 아 마도로스 주장이다

2. 일 년이면 삼백날을 바다위에 시달려 돌아오면 달려가는 마도로스 주장이다/ 샴펜주 따라놓고 쳐다본 눈동자엔 불같은 사랑이 오고 또 가는 아 마도

로스 고향이다

3. 잘 있어요 잘 가세요 다시 만날 때까지 이 내 마음 두고 가는 마도로스 주장이다/ 데크에 올라서서 던지는 테푸를 받아 쥔 매담이 손짓을 하는 아 마도로스 이별이다

〈미남 마도로스〉 1967년 이철수 작사, 김영광 작곡, 최숙자 노래

1. 파란 가스등에 불꽃이 피던 밤 여기는 부산항 이별의 제2부두/ 정이 들자 떠나가는 사나이 품에 살며시 안겨보는 항구의 에레나/ 미남의 마도로스 안녕히 가세요

2. 테너 색스폰이 이별의 우는 밤 여기는 부산항 선창가 15번지/ 기약 없이 가야하는 뱃사람들의 행복을 빌어주는 항구의 에레나/ 미남의 마도로스 안녕히 가세요

〈홍등가의 여인〉

1958년, 박신자 노래

1. 어차피 배운 거란 홍등가에서 웃음을 팔고 사는 그것뿐인데/ 하룻밤의 풋사랑도 좋지 않아요 부산항구 제2부두 푸른 뻥기집/ 기억이 나시거든 찾아오세요 네 찾아오세요

그림 5. 동광동 소재의 호수캬바레 광고. 부산일보 1959.7.1

2. 눈물은 메마르고 한숨도 자고 현실에 울고 웃는 그것뿐인데/ 속고속고 또 속을 건 없지 않아요 일가친척 동기 없는 타관일망정/ 가면의 동정심은 필요 없어요 네 필요 없어요

오랫동안 바다 위를 떠돌던 선원들이 휴식을 취하고 위로를 얻는 곳은 항구이다. 따라서 부산항은 대표적인 유흥의 공간이라 하겠다. 부산항에서의 유흥을 묘사하는 노래는 마도로스가 화자가 되는 노래와 홍등가 여인이 화자가 되는 노래로 구분된다. 마도로스가 화자가 될 때는 부산항의 유흥업소와 여인들의 모습이 구체적이며 감각적으로 묘사된다. 〈미남 마

그림 6. 40계단근처에 있었던 국제극장 개관작 〈춤추는 대뉴욕〉 광고. 부산일보 1956.11.3

도로스〉에서는 "파란 가스등에 불꽃이 피던 밤 여기는 부산항 이별의 제2부두"와 같이 부산항의 모습이 시각적으로 묘사되고, 〈마도로스 주장〉에서는 "그라스 손에 들고 만져본 카운터에 어여쁜 마담이 눈웃음치는"와 같이 업소와 여인의 모습이 구체적으로 묘사된다. 〈미남 마도로스〉에서는 "테너 색스폰이 이별의 우는 밤 여기는 부산항 선창가 15번지"와 같이 업소의 풍경이 청각적으로 묘사된다.

이에 비해 〈홍등가의 여인〉처럼 업소의 여인이 화자로 등장할 때는 주변에 대한 묘사는 거의 등장하지 않고 여인이 마도로스에게 하고 싶은 말과 여인의 심정만 묘사된다. 물론 이런 노래의 작사자도 남성이므로 여성의 입장에서 묘사했다고 보기는 힘들다. 그러나 적어도 항구의 홍등가를 바라보는 남성의 입장과 홍등가의 여인에게서 바라는 남성의 욕구를 드러내고 있다고 볼 수는 있다.

남포동

〈남포동 마도로스〉 1958년경 반야월 작사, 김화영 작곡, 원희영 노래

1. 포도등불 곱게도 피어난 부산의 남포동 건들 취한 마로도스/ 기분이 나이스다 그렇지만 기적소리 울 때는 떠나간 내 님이더라/ 오렌지 등대불이 내 사랑 내 친구 한손에 샴펜 들고 마시며 떠나간다

2. 네온등불 곱게도 단장한 부산의 남포동 극장마다 거리마다 기분이 나이스다/ 그렇지마는 고동소리 울적에 서러운 이별일랑 파도와 물새들이 내 사랑 내 친구/ 한 아름 장미꽃을 선물로 안고 간다.

3. 밤안개가 곱게도 물들인 부산의 남포동 집집마다 주장마다 기분은 나이스다/ 그렇지마는 사이렌이 울릴 때 헤어질 발길이냐 때 묻은 기름복이 내 사랑 내 친구/ 구성진 콧노래 부르며 떠나간다

〈남포동 부기〉 1964년, 이철수 작사, 고봉산 작곡, 고봉산 노래

1. 밤고동에 출장이다 기타소리 들린다 술잔을 채워다오 항구의 아가씨야/ 날이 새면 굿바이다 언제 다시 만날쏘냐 이 밤이 새기 전에 이 술이 깨기 전에 / 부기부기부기부기부기 남포동의 부기부기

2. 부산항구 밤이다 바다살이 몸이다 사랑을 받아다오 남포동 아가씨야/ 웃고 왔다 울고 가는 마도로스 사랑이야 이 밤이 새기 전에 전작이 식기 전에/ 부기부기부기부기부기 남포동의 부기부기

3. 하루살이 사랑이다 보고 싶은 미스 김 소원을 들어다오 부산의 아가씨야/ 항구마다 미련 두고 떠나가는 사나이다 이 밤이 새기 전에 뱃고동 울기 전에/ 부기부기부기부기부기 남포동의 부기부기

부산항 가까이 있으면서도 부산의 중심가인 남포동의 유흥가를 묘사한 노래는 부산항의 유흥가를 묘사한 노래와는 달리 무척 흥겨운 분위기를 연출한다. 〈남포동 마도로스〉에서는 샴페인을 들고 장미꽃을 선물로 안고 콧노래를 부르며 남포동의 거리를 거닐고 있다. 〈남포동부기〉에서는 기타소리와 부기춤이 있는 업소에서의 흥겨운 분위기를 묘사하고 있다. 두 곡 모두에서 묘사하는 뱃고동 소리는 남포동에서의 유흥이라는 비현실적인 분위기 속에서 곧 떠나야 하는 선원이라는 현실을 일깨워주는 역할을 하고 있다.

이렇게 남포동 유흥가를 묘사한 노래가 부산항 유흥가를 묘사한 노래와 분위기가 다른 이유는 부산항은 육지에 뿌리를 내리지 못한 선원의 현실이 그대로 드러나는 곳이기 때문에 다소 분위기가 가라앉은 반면, 남포동은 부산항과 다소 떨어져 있고 화려한 불빛과 활발한 분위기 때문에 현실을 잊고 유흥에 몰두할 수 있는 곳이기 때문이라고 생각된다.

휴식의 공간

용두산 공원

〈용두산 에레지〉 1964년 최치수 작사, 고봉산 작곡, 고봉산 노래

1. 용두산아 용두산아 너만은 변치말자 한 발 올려 맹세하고 두 발 디더 언약하던/ 한 계단 두 계단 일백구십사 계단에 사랑 심어 다져놓은 그 사람은 어데 갔나/ 나만 홀로 쓸쓸히도 그 시절 못 잊어 아 못 잊어 운다

2. 용두산아 용두산아 그리운 용두산아 세월 따라 변하는 게 사람들의 마음이냐/ 둘이서 거닐던 일백구십사 계단에 그리웁던 그 시절은 어디로 가버렸나 잘 있거라/ 꽃피던 용두산 아 용두산 에레지

〈울며 헤어진 용두산〉 1967년, 정월산 작사, 김진호 작곡, 성가일 노래

1. 웃고 만나 울며 헤어진 용두산 공원 벤치에 쓸쓸하게 낙엽은 지고 찬바람만 몰아치네/ 가슴 설레이며 첫사랑을 속삭이던 그 옛날 아름다운 꿈 찾을 길 없는 못 잊을 용두산 공원

2. 웃고 만나 울며 헤어진 용두산 층층다리에 소리 없이 눈은 쌓이고 그리움만 사무치네/ 팔짱 옆에 끼고 정답게 거닐면서 부르던 사랑의 노래 잊을 길 없는 추억의 용두산 공원

부산 도심 한가운데 존재하는 휴식의 공간인 용두산 공원은 송도와는 달리 별다른 유흥시설이 없으므로 홀로 자신을 돌아보며 차분히 감정을 정리하는 기능을 갖는 공간의 성격을 지닌다. 따라서 용두산 공원에서 느껴지는 대표적인 감정은 회상과 그리움인데 이것을 유발하는 시설물은 계단과 벤치이다. 〈용두산 에레지〉에서는 "한 계단 두 계단 일백구십사

그림 7. 지금은 사라진 미화당백화점에서 용두산공원으로 올라가는 구름다리. 부산일보 1957.7.30

계단에 사랑 심어 다져놓은 그 사람은 어데 갔나" 라고 묘사하고 있고 〈
울며 헤진 용두산〉에서는 "웃고 만나 울며 헤어진 용두산 공원 벤치에 쓸
쓸하게 낙엽은 지고 찬바람만 몰아치네"라고 묘사하고 있다.

송도

〈송도의 밤〉 1958년, 소화당 작사, 한복남 작곡, 송민도 노래

1. 조각달 비춰주는 선창가에서 손길을 마주잡고 맺은 인연을/ 잊지 말자 맹세
   하던 송도의 밤은 행복에 아롱진 무지개였소

2. 고깃배 잠이 들고 별도 잠들은 바닷가 거닐면서 부르던 노래/ 하늘나라 푸른 나라 꿈나라에서 아름답게 수놓은 사랑이었소

〈송도의 달밤〉 1967년 이길언 작사, 라화랑 작곡, 박철로 노래
1. 잊어야 하나 잊어야 하나 송도의 달밤아 백사장에 새긴 사랑/ 잃어버린 여름인가 달빛 아래 은모래는 첫사랑의 사연인가/ 남해바다 파도소리 사나이의 눈물인데 송도의 달밤은 저 혼자서 깊어가네
2. 아무도 없네 아무도 없네 송도의 달밤아 피서지에서 맺은 사랑/ 찾을 길이 없었다면 가을비를 맞으면서 누굴 찾아 예 왔을까/ 남해바다 파도소리 사나이의 눈물인데 송도의 달밤은 저 혼자서 깊어만 가네

용두산 공원이 도심 한가운데 위치한 휴식의 공간이라면 송도는 바닷가에 위치한 낭만적인 휴식의 공간이었다. 이런 분위기 때문에 송도를 묘사한 노래에서 최초로 낭만적인 감정이 드러난다. 〈송도의 밤〉에서는 "행

그림 8. 송도를 묘사한 삽화. 부산일보 1957.8.9

복에 아롱진 무지개였소" "아름답게 수놓은 사랑이었소"라고 묘사된다. 부산의 지역민들은 전쟁을 거치며 치열한 생존의 현장을 겪으며 이별과 슬픔이 점철된 나머지 사랑을 해도 처절하고 슬픈 사랑만 했지 낭만적인 사랑을 하기가 힘들었을 것이다. 하지만 달빛이 비치고 은모래가 반짝이며 파도소리가 들리는 송도라는 휴식의 공간에서는 한번쯤은 낭만적인 사랑을 꿈꿀 수도 있었을 것이다. 이런 사실은 송도를 묘사한 모든 노래에서 송도에서 경험한 사랑과 이별을 회상하는 점에서 잘 드러난다.

생활의 공간

〈저무는 국제시장〉 1957년, 김동민 작사, 한복남 작곡, 황정자 노래

1. 어서 어서 오십시오 마음대로 골라보세요 나이롱 양단 호박단 신 무늬 들어왔어요/ 아주머니 나이에는 밤색 빛깔 남버원 쑥깔색도 어울립니다 빛깔 좋고 무늬 좋지요/ 요새는 이 빛깔이 유행입니다 자유부인 되지 말고 옥동자를 많이 낳아서 군문으로/ 입대시키시오 일요일 낮 또 오세요. 저무는 국제시장 정말 좋대요

2. 어서 어서 오십시오 마음대로 골라보세요 비로도 양단 나이롱 신문에 들어오세요/ 아주머니 나이에는 닷 돈이면 넘버원 백금반지 파라솔은 오메가냐 순금 팔찌요/ 요새는 그것만이 유행입니다 자유부인 되지 말고 간호장교 많이 **군문으로/ 입대시키시오 일요일 낮 또 오세요. 저무는 국제시장 정말 좋대요

부산의 대표적인 생활의 공간인 자갈치와 국제시장에 대한 비중이 부산의 역사에서 매우 큼에도 불구하고 이곳을 묘사한 노래가 무척 드물다

는 사실은 이 소재가 상품으로서 별로 매력이 없기 때문으로 보인다. 하지만 몇 개 안 되는 노래에서 드러나는 사실은 고난 속에서도 활기차고 긍정적인 부산의 정서를 잘 보여주고 있다.

생활풍경을 묘사하는 노래에서는 다른 노래들과 달리 감정과잉의 표현들이 전혀 없다. 이것은 삶의 치열한 공간인 생활의 공간에서는 다른 감정이 끼어들 여지가 없었던 까닭일 것이다. 한편으로 삶의 고단함 때문에 눈물짓기도 했지만 그 속에서도 희망을 갖고 낙천적으로 삶을 살아갔던 부산의 정서를 보여주는 것이라 생각된다.

풍경 묘사 기능

〈로타리의 밤〉 1963년 임헌이 작사, 유금춘 작곡, 후랑크백 노래

1. 네온사인 오색등이 윙크하는 서면로타리 갈 길 몰라 망설이는 애처로운 검은 눈동자/사이렌이 들려온다 크락션이 달려간다 그림자가 교차로에 울고 있네 로타리의 밤

2. 깜박깜박 신호등이 윙크하는 서면로타리 날아드는 눈송이에 기다리는 검은 그림자/ 그대 오면 민망하고 아니 오면 서글퍼라 그림자가 흐느끼네 울고 있네 로타리의 밤

〈송도의 하룻밤〉 1967년, 백년초, 우광남, 성춘남 작사 작곡 편곡, 김종기 노래

1. 바닷물이 철썩이는 송도의 하룻밤 공중다리 오고가는 케블카도 잠이 들고 울고 가는/ 똑딱선은 어디로 가는 거냐 말없는 수평선에 말없는 수평선에 바닷물만 철썩거린다

2. 등대불이 반짝이는 송도의 하룻밤 천마산의 초생달도 외로이 떠있건만 불러봐도 대답/ 없는 흘러간 그 시절이 이 밤도 너를 찾아 이 밤도 너를 찾아 바닷가를 헤매다닌다

〈잘 있거라 경상도〉 1964년 정월산 작사, 유금춘 작곡, 시민철 노래

1. 허구 많은 세상사에 이별이라니 제2고향 경상도야 또 다시 오마/ 눈물을 삼켜가며 떠나가는 몸이지만 해운대 동백섬 꽃놀이 금강원이 그리울 때면/ 진정코 찾아오마 잘 있거라 경상도야

2. 타향살이 십여 년에 환고향 한들 제2고향 경상도를 잊기야 하리/ 서러운 이별이라 아픈 가슴 안고 가나 광복동 야시장 뱃놀이 제2송도 그리울 때면/ 한사코 찾아오마 잘 있거라 경상도야

3. 셋방살이 고생 끝에 낙이 왔건만 제2고향 경상도를 어찌 잊으랴/ 정든 님 남겨두고 혈혈단신 간다마는 오륙도 등대불 들놀이 범어사가 그리울 때면/ 또 다시 찾아오마 잘 있거라 경상도야

〈마도로스 주장〉 1961년, 한산도 작사, 한복남 작곡, 김선영 노래

1. 제3부두 골목길에 돌아앉은 선술집 그 이름도 정다워라 마도로스 주장이다/ 라스 손에 들고 만져본 카운터에 어여쁜 마담이 눈웃음치는 아 마도로스 주장이다

2. 일 년이면 삼백 날을 바다위에 시달려 돌아오면 달려가는 마도로스 주장이다/ 샴펜주 따라놓고 쳐다본 눈동자엔 불같은 사랑이 오고 또 가는 아 마도로스 고향이다

3. 잘 있어요 잘 가세요 다시 만날 때까지 이 내 마음 두고 가는 마도로스 주장이다/ 데크에 올라서서 던지는 테푸를 받아 쥔 매담이 손짓을 하는 아 마도로스 이별이다

부산의 노래들이 어떤 상황이나 감정을 묘사하는 것이 대부분이지만 그 과정에서 드물게 부산의 풍경을 상세히 묘사하는 노래들이 있다. 서면 로타리의 풍경을 묘사한 〈로타리의 밤〉, 송도의 위락시설을 묘사한 〈송도의 하룻밤〉, 부산의 여러 유원지를 묘사한 〈잘 있거라 경상도〉, 부산항의 선술집을 묘사한 〈마도로스 주장〉 등은 부산이라는 공간의 분위기를 잘 드러내주는 노래로 널리 활용할 만하다.

부산의 정체성

부산사람

〈부산사나이〉 1968년 반야월 작사, 박시춘 작곡, 강영철 노래

1. 항구의 사나이는 부산 사나이 인정 있고 의리 있고 눈물도 있어/ 만나면 언제든지 다정한 인사 구수한 사투리로 웅변도 좋아/ 동으로 남으로 주름을 잡는 부산사나이

2. 뚝뚝한 사나이는 부산 사나이 말붙일 땐 어렵지만 사귀면 그만/ 이 친구 저 친구를 만나는 술집 기쁜 일 슬픈 일을 제 일과 같이/ 알뜰히 살뜰히 보살펴주는 부산사나이

〈영도 아가씨〉 1966년 반야월 작사, 전오승 작곡, 최은주 노래

1. 사투리로 말한다고 흉을 보지 마이소 마음만은 누구보다도 아름답다오/ 서울 가는 급행열차 떠날 때마다 여수 가는 여객선이 떠날 때마다 / 아쉬워 눈물짓는 영도아가씨

2. 항구에서 알았다고 흉을 보지 마이소 한 번 먹은 내 마음 속은 변함없다오/

용두산에 초생달이 솟을 때마다 영도섬의 갈매기가 날을 때마다/ 님 그려 눈물짓는 영도 아가씨

부산 사나이의 전형적인 성격을 잘 드러내주는 〈부산사나이〉에서는 부산 사나이의 성격을 무뚝뚝하지만 인정과 의리가 있어서 말붙이기는 어렵지만 사귀면 진국임을 표현하고 있다. 부산 여성의 성격을 드러내주는 노래로는 〈영도 아가씨〉가 있는데 여기서는 영도 아가씨가 마음씨가 곱고 일편단심임을 표현하고 있다. 이런 부산 사람의 성격에 대한 묘사는 부산 사람이 일반적으로 느끼고 있는 특성과 거의 일치한다.

향토애

〈부산유정〉 1967년 박미라 작사, 백창민 작곡, 옥금옥 노래

1. 오륙도 물제비가 노을을 타고 푸른 파도 구비치는 바다 속에는 물길을 가르는 물고기떼들 구리빛 사나이에 눈짓을 한다 내 사랑 부산항구 정다운 내 고장

2. 영도섬 산까치가 알을 품었고 소라조개 모래 속에 하품하는데 멀리서 들리는 쌍고동소리 둥그런 수평선이 곱기도 하다 내 사랑 부산항구 꿈속의 내 고향

〈부산행진곡〉 1957년, 야인초 작사, 박시춘 작곡, 방운아 노래

1. 동서양 넘나드는 무역선의 고향은 아세아 현관이다 부산항구다/ 술 취한 마도로스 남포동의 밤거리에는 꽃 파는 젊은 아가씨들의 노래가 좋다

2. 우뚝 선 영도다리 갈매기도 노니고 물에 뜬 네온불도 부산항구다 매리깽 부둣가에/ 내일 다시 만나주세요 파자마 입은 아가씨들의 인사가 좋다

3. 봄바람 동래온천 바람 한 점 불고요 밤마중 해운대도 부산항구다/ 가는 님 못 가는 이 경상도 사투리 아가씨들의 이별이 좋아

부산을 사랑하는 마음을 표현한 노래도 드물지만 존재한다. 〈부산유 정〉에서는 오륙도, 부산항, 영도섬의 아름다운 풍경을 노래한다. 〈부산 행진곡〉에서는 부산항, 남포동, 영도다리, 동래온천, 해운대의 풍경을 묘사하면서도 전형적인 부산사람인 마도로스와 경상도 사투리의 여성들도 같이 묘사하고 있다.

결론

부산의 원도심에서 경계지역인 부산역과 부산항에서 다루어지는 감정은 재미있는 대조를 이루고 있다. 여기서는 주로 사랑, 이별, 그리움, 회상의 감정이 다루어지는데 속도가 빠른 교통수단인 부산역과 속도가 느린 부산항에서 감정을 다르는 방식이 다르다는 점은 부산의 공간의 성격에 따라 부산 사람들이 어떻게 다르게 적응했는가를 보여주는 좋은 예이다.

근대화 체험공간인 부산항, 영도다리, 남포동에서는 부산사람들이 경험했던 대표적인 근대화의 체험들이 감정표현의 중요한 동기로 작용하고 있음을 볼 수 있다. 부산항에서는 항구의 야경이 감정표현의 배경으로 작용하고 있고, 영도다리에서는 영도다리의 개폐에 이별의 감정을 이입시키는 단계로까지 나아갔다. 남포동에서는 네온불빛이 비치는 비오는 밤거리가 감정표현의 중요한 동기로 작용한다.

유흥의 공간인 부산항과 남포동에서는 감정 표현의 분위기가 달라진

다. 부산항에서는 이별이라는 현실이 그대로 드러나는 현장인 만큼 분위기가 가라앉은 노래들이 많지만 그런 현식과는 지리적으로 좀 떨어진 남포동에서는 보다 활발하고 밝은 감정으로 노래한다. 부산항에서 남성 화자는 풍경을 감각적으로 묘사하지만 여상 화자는 자신의 감정 묘사에만 충실하다는 점도 재미있는 대조이다.

휴식의 공간인 용두산 공원에서는 차분히 자신을 돌아보는 그리움과 회상의 감정이 주를 이루지만 송도라는 바닷가의 낭만적인 위락지에서는 사랑과 이별에 대한 낭만적임 감정묘사가 최초로 등장한다. 이것은 휴식 공간인 용두산 공원과 송도가 부산사람들에게 어떻게 소비되고 있었는지를 잘 보여주는 것이다.

생활공간인 국제시장과 자갈치를 배경으로 한 노래는 아주 드물다. 이 것은 1950년대와 1960년대 사이에 부산사람은 생존이 가장 중요한 일이 었기에 치열한 생존경쟁의 공간 속에서 자신의 감정을 표현할 여유가 없었기 때문으로 보인다. 이와 대비해서 경계지역과 근대화 체험지역으로서 부산항을 다룬 노래가 가장 많다 이것은 정착보다는 이산의 역사가 더 큰 비중을 차지했던 부산의 역사와 관련이 있으며, 평소에 생활감정을 잘 드러내지 않는 부산의 정서와도 관련이 있다고 본다. 또한 이것은 한국사회에서 대표적인 항구도시라는 부산이 소비되는 주된 방식에도 그 원인을 찾아볼 수 있을 것이다.

구모룡 한국해양대 동아시아학과 교수

해항도시 부산의 특이성과 문화도시 전략

부산은 식민도시colonial city로 출발하여 근대도시로 성장하였다. 그동안 부산의 기원을 둘러싸고 다양한 논의들이 있었다. 그 가운데 근대 이전의 동래를 강조하려는 경향이 대표적이다. 이는 임진왜란(조일 7년전쟁) 당시 동래성 전투나 일제시대의 동래시장 만세운동 등, 동래가 지닌 역사적 기억을 호명하려는 의도가 반영되어 있다. 그러나 이러한 입장은 근대도시의 형성과 발달이라는 관점에서 한계를 보인다. 비서구 사회의 많은 도시들이 근대 자본주의 국가의 팽창과 연관된다는 사실은 피할 수 없다. 이는 동아시아에서 일찍이 근대화에 성공한 일본은 물론 중국과 한국, 모두 해당된다. 특히 한국은 같은 동아시아 국가인 일본에 의하여 개항되고 식민지 근대화가 이루어졌다는 점에서 일본과 중국과 차별되는 면이 없지 않다. 그럼에도 전지구적인 자본주의 시스템 속에서 공간의 재편이 이루어진 것은 유사하다. 이러한 점에서 부산을 초량왜관이 모태가 되어 형성되고 발전한 도시로 보는 것이 타당하다. '초량왜관→전관거류

그림 1. 해방 후 부산으로 귀환하는 사람들의 모습

지→식민도시 부산'이라는 공간의 역사적 전개 과정은 우리가 싫다고 피할 수 있는 사실이 아니다. 다만 동래와 가까운 지역으로 시청이 이동하고 기장과 낙동강 서부 일부가 부산으로 통합된 오늘의 관점에서 부산을 바라보는 시각은 다층적일 수밖에 없다. 현재의 부산은 이미 하나의 시각으로 이해할 수 있는 도시가 아니라 복합적인 시각으로 바라봐야 하는 도시가 되었다.

부산이 식민도시에서 근대도시로 넘어가는 과정은 도시계획이 있을 수 없는 상태에서 진행된다. 해방과 한국전쟁이라는 두 가지 역사적 상황과 이러한 상황에 처한 국가의 상태가 부산의 도시공간을 크게 변화시킨다. 먼저 해방은 부산을 거류 일본인들의 출국과 국외 한국인들의 귀환이 이루어지는 공간으로 만든다. 또한 해방은 민주주의 연합국의 한 축인 미군의 진주를 의미한다. 일제 말 일본의 병참기지였던 부산이 미군에게 접수되면서 부산은 일본제국의 결절점에서 미국의 새로운 거점항구로 변신하게 되는 것이다. 이러한 사정은 한국전쟁을 통하여 부산이 가장 중요한 교두보의 역할을 하면서 그 의미가 커지게 된다. 한국전쟁은 미군을 위시한 유엔군을 부산으로 불러올 뿐만 아니라 부산을 수많은 내국 난민을 수용하는 공간이 되게 한다. 이러한 과정에서 부산은 인구의 증가와 공간의 팽창을 겪게 된다. 그런데 도시형성에서 해방과 한국전쟁을 통한 팽창을 가능하게 한 요인은 부산이 해항도시sea-port city라는 데서 찾아진다. 처음부터 일제가 동아시아 네트워크의 한 결절점으로 부산을 형성한 것이지만 해항도시라는 도시적 특성이 더욱 의미를 발하는 계기가 해방과 한국전쟁이다.

문화도시는 20세기 말 전지구적인 산업 재편과 더불어 도시 발전의 새로운 전략으로 떠오른 개념이다. 이러한 전략을 통하여 도시 전반의 문화적 발전을 통하여 지속가능한 성장을 이루려는 것이다. 문화도시 전략에서 가장 중요한 것은 도시가 지닌 내발적인 발전 요인을 찾는 일이다. 도시의 고유성과 특이성singularity을 바탕으로 개성적인 문화도시에 이를 수 있기 때문이다. 해항도시 부산의 특이성은 어디에 있을까? 우선 동아시아 교역의 한 결절지인 왜관을 들 수 있다. 근대의 미명에서 부산은 중국과 일본 그리고 동·남아시아로 열려 있었다. 아울러 이러한 과정은 개항과 더불어 블라디보스톡과 오사카, 시모노세키 등 해역을 오가는 네트워크 도시의 성격을 드러낸다. 부산은 한국에서 대표적인 교류와 교통의 공간이다. 제국의 질서 속에 부산은 식민도시로 성장한다. 일본에 의해 유입된 근대 제도와 건축, 그리고 도시 공간의 형성으로 부산은 혼종 도시로 발전한다. 부산이 지닌 잡거성은 문화적 다양성을 가능하게 한다. 그리고 이러한 특성은 내륙의 관점에서 타자성과 외부성으로 인식된다.

이러한 부산의 위치는 줄곧 도시 다이너미즘으로 작동하면서 운동성을 지니게 되는 것이다. 김열규에 의하면 부산은 한국 현대사의 전위대이며 근현대 역사의 거울이다. 1945년 종전과 함께 수많은 사람들의 귀환이 이루어진 곳이 부산이다. 내국 이민은 한국전쟁과 더불어 증대되어 부산의 혼종성과 잡거성이 더욱 확대된다. 인구의 증가와 함께 도시 공간이 모자이크와 같이 변화한다. 이에 따라 산복도로 마을들이 허다하다. 그런데 부산은 지리적으로 동해와 남해의 점이지대에 위치한다. 350km의 해안선에 60개의 항구와 포구를 거느리고 있다. 동으로 수영강이 흐르고 서로 낙동강을 끼고 있다. 바닷가 항구와 포구마다 크고 작은 마을들이 줄을 잇고 있는 것이 부산이다. 특히 부산항은 일제시대부터 부산의 근대 역사를 대변한다. 한국전쟁과 함께 미국문화가 유입되는 공간이었고 UN 공원이 시사하듯이 자유 세계와 연계되어 있다.

부산의 문화도시 전략은 앞에서 말한 부산의 특이성에 기초해야 한다. 가장 먼저 교역과 교류의 문화를 생각할 수 있다. 다문화는 부산의 문화도시 전략에서 중요하게 생각해야 할 개념이다. 초량 등의 다문화 공간을 확대하고 필요하다면 왜관을 복원하는 방안도 강구할 수 있다. 부산을 네트워크의 결절지로 생각하면서 해역 세계의 문화를 염두에 두어야 한다. 동아시아 각국의 문화가 부산을 통하여 소통하는 장소를 만들어야 한다. 이는 앞서 말한 다문화도시 전략과도 상응한다. 부산이 지닌 혼종성과 잡거성은 부산의 문화적 장점이다. 이러한 장점을 살릴 수 있도록 도시의 공간들을 조정하여야 한다. 보행자 공간을 늘이고 젊은 문화예술인들이 함께 어울릴 수 있는 활동공간을 확대해야 한다. 운동성을 지닌 도시는 창의적이고 대중적인 문화에 더 많은 가능성을 보인다. 부산의 청년 문화가 육성될 수 있는 방법이 강구되어야 한다. 산복도로 마을이나 항구와 포구의 마을들이 서로 연계될 수 있도록 도시 커뮤니케이션을 발전시켜야 한다. 특히 바다에 대한 접근성을 더 높여야 한다. 이와 함께 마을 만들기의 정신에 기초한 해양 문화마을 조성과 산복도로 르네상스가 진행되어야 한다.

도시 패러다임의 변화

21세기의 도시 전략

산업혁명 이후의 도시화 과정은 인간의 삶을 크게 바꾸어놓았다. 그동안 도시에 대한 해석은 크게 두 가지로 나뉜다. 그 하나는 도시를 인류문명의 꽃으로 보는 시각이고 다른 하나는 인류문명의 암으로 보는 관점이다. 이러한 상반된 해석은 오늘날도 여전하다. 우리 또한 두 극단 사이에서 도시를 바라보고 있는 것이다. 하지만 한 가지 분명한 사실은 오늘날 우리의 생활이 도시와 결코 분리될 수 없다는 것이다. 다시 말해서 시골과 도시의 선악 이분법에서 벗어나 도시를 통하여 삶을 영위하지 않을 수 없는 시대에 이른 것이다. 물론 현금의 도시도 환경오염과 도시빈민, 혼잡과 무질서, 범죄 등 많은 문제를 안고 있다. 새로운 도시에 대한 인류의 꿈은 거듭 반복되고 있다. 현대인들이 당면한 도시문제들이 극복되기를 바라고, 문화와 예술이 꽃피고 창의성이 도시의 활력이 되는 문화도시를 꿈꾸거나 자연과 인간이 조화를 이루는 생태도시를 희망하는 것은 당연한 일이다.

19세기만 하더라도 도시에 사는 인구는 세계인구의 10%에 불과했다. 그러던 것이 20세기에 이르러 전 세계인구의 절반인 30억이 도시에 거주하고 있는 것으로 알려지고 있다. 아울러 다가오는 2020년대에 가면 도시인구가 전체 인구의 65%를 상회할 것으로 예측된다. 우리나라의 경우 70년대 근대화과정에서 50%에 이른 도시인구가 오늘의 시점에서 90%에 접어들었다 한다. 실로 도시르네상스, 도시혁명이라는 말이 무색하지가 않다. 말할 것도 없이 인구의 이러한 도시집중이 가져온 폐해는 한두 가지가 아니다. 무분별한 개발과 확장으로 환경오염과 무질서와 혼잡이 심화되고 지역 간, 계층 간 격차가 커지고 있는 것은 현대의 도시가 안고 있는 주된 문제들이다. 도로건설과 자동차 보급의 확대로 도시가 고층화되고 거대화되며 나아가서 도시 중심부 모순을 주변부로 해소하는 교외화 현상이 심화되고 있다.

도시의 팽창과 성장을 일방의 관점에서 설명하긴 힘들 것이다. 정치, 경제, 사회, 문화, 환경 등 다양한 층위가 증층적으로 얽혀 있는 공간이 도시이기 때문이다. 하지만 한 가지 분명한 사실은 이러한 도시를 합리적으로 관리하고 발전시키는 것이 국가와 지역의 경쟁력이 되었다는 것이다. 도시문제들을 해결하면서 도시가 함께 잘살 수 있는 공간으로 만들려는 계획과 운동은 지속되어야 한다. 오늘날 중심부 집중에 대한 지역분산, 개발과 성장에 대한 보호와 보전, 자본의 효율성에 대한 자유롭고 평등한 삶의 요구가 커지고 있는 것은 도시화가 부른 모순에 대한 시민사회의 대응과 연관된다. 다시 말해서 성장위주의 도시정책을 수정하라는 목소리가 커지고 있는 것이다.

도시에 대한 인식 변화는 먼저 도시 문제의 극복이라는 차원에서 전개되었지만 21세기에 이르러 과학기술과 발달과 세계화 현상에 따라 도시 패러다임의 근본적인 전환이라는 요청에 직면하고 있다. 이처럼 패러다임의 변화를 이끄는 요인들은 다음과 같다. ①정보기술의 발달에 따른 산

그림 2. 산복도로

업 형태의 변화로 지식기반산업, 문화산업(문화콘텐츠 산업), 관광·레저산업, 생명산업 등이 새로운 성장 동력이 되고 있다. 이에 따라 도시는 제조업에 노동력을 제공하는 것만 아니라 새로운 산업에 창조적 활력을 부여하지 않으면 안 되게 되었다. ②세계화의 물결은 국가보다 도시의 위상을 높이고 있다. 도시가 국가의 부와 국가의 경쟁력을 창출하는 발전소가 되고 있는 것이다. 다시 말해서 도시 브랜드 가치의 중요성이 증대되고 있는 것이다. ③지속가능한 개발 개념이 확산되고 있다. 성장위주의 도시 개발과 팽창이 아니라 환경과 조화를 이루는 도시 재생, 지속가능한 개발이 요구되고 있다.

이제 도시는 무조건 그 병폐만을 연상하게 되는 공간은 아니다. 물론 상존하는 도시문제는 끊임없는 비판과 극복의 대상이다. 하지만 중요한 것은 우리가 이러한 도시를 떠나서 살 수 없다는 엄연한 사실이다. 도시의 역할과 중요성을 새롭게 인식하지 않으면 안 되는 까닭이 여기에 있다. 앞서 도시 패러다임의 변화가 말하듯이 오늘날 우리가 적극적으로 이상적 도시 구현에 개입하여야 할 계기가 만들어지고 있는 것이다. 스스로 도시의 주체로서 도시의 창조적 활력의 일부가 되어야 하는 것이다. 도시민의 미래는 곧 그 도시의 미래에 달려 있다. 도시 공간, 건축형태, 도시목표 등이 정치가, 행정가, 전문가의 전유물이 아니라 시민의 일상적인 실천의 대상이 되고 있는 것이다.

루이스 멈포드의 지적[1]처럼 현대의 도시는 '타락의 추세'를 지속시켜왔다. 인간의 내면적 삶과 외면적 생활의 조화, 인류 전체의 점진적인 통합, 지역과 문화와 인격의 다양성과 개별성의 발달이 아니라 경관과 인간 개성의 파멸로 나아가고 있는 것이다. 그는 계량적 정신이 비대화된 현대인들에게 수량적 생산이 유일한 목표가 되어 물리적 힘, 산업생산성, 발명, 지식, 인구수에 있어서도 공허한 팽창과 폭발이 만연되고 있음을 지적하고, 도시가 새로운 임무를 갖지 않으면 도시민 스스로를 보전할 수 없는 지경에 이를 것이라 경고한다. 이제 우리는 우리가 사는 도시에 대한 새로운 임무를 져야 하는 시대에 직면하고 있다. 도시 탈출이 아니라 도시 안에서 도시를 재생하고 도시로부터의 인간 소외를 이겨내는 노력을 경주해야 하는 것이다. 이는 도시타락 사관이 지배하는 오랜 도시 역사에서 벗어나 도시 유토피아를 전망하는 새로운 도시 역사를 이야기하는 일과 무관하지 않다. 도시 르네상스는, 도시가 살기 좋은 공간, 아름다운 이야기가 있는 장소로 바뀌는 데서 가능하다. 르네상스가 그러했듯 21세기는 도시들이 거듭나는 과정을 보이는 시대이다.

도시는 다양하다. 모든 도시들은 서로 다른 얼굴로 서로 다른 이야기를 한다. 만일 도시들이 말을 할 수 있다면 우리는 파리와 런던과 도쿄와 서울, 그리고 부산으로부터 서로 다른 이야기들을 듣게 될 것이다. 세계의 모든 도시들은 그 기원과 유래를 달리한다. 도시는 기호이자 텍스트이다. 또한 미디어이다. 그래서 도시의 다양성은 달리 도시 경험의 다양성이라 할 수 있다. 훌륭하게 구성되고 관리된 도시는 정주자는 물론 산책자와 여행객들에게 많은 의미들을 던진다. 오늘날 많은 선진 도시들은 개성적인 도시재생을 통해 도시마케팅에 나서고 있다. 도시 이야기를 통해 도시민의 삶의 질을 높이는 한편 이를 관광 콘텐츠로 활용하고 있는 것이다.

분류나 유형화는 설명의 편의를 위한 것일 뿐 실제를 드러내는 방식은 못된다. 도시의 다양성은 민족지적으로 그려져야 할 대상이지 유형화의 대상은 아니다. 하지만 설명의 편의를 위해 그 규모에 따라 마을village, 읍town, 시city, 거대도시megalopolis로 나눌 수 있을 것이다. 다음으로 경제적 차원에서 세계의 금융과 유통의 중심지가 되고 있는 세계도시, 주요산업과 연관된 생산도시, 그리고 정보의 생성과 조작과 이용이 중심인 정보도시를 들 수 있다. 그런데 거대도시가 곧 세계도시인 것은 아니다. 인구 3천만의 멕시코시티는 세계경제에 미치는 영향력 차원에서 런던과 뉴욕과 도쿄 등과 같은 세계도시가 되지 못한다. 마지막으로 도시 이미지에 따라 앞서 말한 세계도시와 친환경적인 녹색도시, 즐거움이 넘치는 여가·소비도시, 문화도시, 다문화주의의 다원적 도시[2], 그리고 작지만 독자적인 예술문화를 육성하고 지속적으로 내발적 발전을 통하여 새로운 산업을 창출할 수 있는 능력을 갖춘 창조도시[3] 등을 들 수 있다.

특히 세 번째 도시 이미지에 따른 도시 유형들은 오늘날 세계화 시대에 각광을 받는 도시들이라 할 수 있다. 도시의 모습이 도시민의 문화와 정체성과 경제성 등을 나타내는 지표일 뿐 아니라 글로벌리즘하에서 경쟁력을 표상하기 때문이다. 이러한 흐름에 따라 주요산업과 연관된 생산

도시들도 산업의 성장과 성숙과 쇠퇴의 과정을 거치면서 도시재생을 통해 환경도시 혹은 문화도시로 거듭나고 있는 것이 현실이다. 가령 사사키 마사유키가 창조도시로 거론한 바 있는 이탈리아의 볼로냐와 일본의 가나자와 그리고 영국의 버밍엄 등을 그 예로 들 수 있을 것이다. 도시 패러다임 변화가 시사하듯 산업의 변화와 세계화는 세계의 대부분의 도시들에게 자기조정을 요구하고 있다. 이러한 가운데 문화도시 개념이 폭넓은 함의를 안고서 부각되고 있는 것이다.

현대 도시의 경쟁력을 높여주는 요소로 도시가 가지고 있는 문화예술 자원, 도시경관, 도시 인프라, 도시경제 등 기본 인자와 이들을 통해 얻어지는 도시의 활력, 창조력, 심미성, 생산성 등을 들 수 있다. 문화적인 도시에 문화적 욕구가 높은 사람들이 몰리는 현상은 세계적인 추세이다. 따라서 문화도시 즉 정주 중심의 도시, 쾌적한 환경을 지닌 도시, 안전한 도시, 걷기 좋은 도시, 다양한 커뮤니티가 있는 도시, 아름다운 경관을 지닌 매력적인 도시를 만들어가는 계획과 구상들은 필연적이다.

문화도시의 전략

넓은 의미에서 문화도시는 살기 좋은 도시, 문화예술이 풍부한 도시, 아름다운 도시, 문화유산이 풍부한 도시, 도시의 정체성이 뚜렷한 도시, 창조적인 문화산업이 발달한 도시, 교육하기 알맞은 도시 등을 포괄한다. 그런데 이러한 문화도시의 의미가 분명하게 부각된 것은 도시 패러다임이 바뀌기 시작한 20세기 말부터이다. 산업도시에서 탈피하여 도시 그 자체의 활력이 강조되는 시대를 맞으면서 도시공간의 환경적, 문화적 가치를 새롭게 창출하여 도시발전과 성장을 추구하는 방안들이 강구되기 시작한 것이다. 이리하여 각 도시들은 문화도시, 환경도시, 다원도시, 위락

도시, 창조도시 등 도시 목표에 상응하는 지배적인 이미지들을 강조하고 있다.

여기서 우리는 도시문화와 문화도시를 구별하여 생각할 필요가 있다. 도시문화는 도시가 비전과 정체성을 수립하고 고유의 브랜드를 상품화하여 시민, 기업, 관광객에게 제공함으로써 도시의 사회적, 경제적, 문화적 발전을 이끌어내는 동력을 의미한다. 따라서 이는 21세기 모든 도시가 지향해야 할 목표가 되고 있다. 이와 달리 문화도시는 도시문화를 활성화하여 문화가 도시적 삶의 중심이 되는 경우를 의미한다. 물론 이 경우에도 광의의 문화개념이 적용되는 만큼 그 지향에 따라 문화예술 중심의 문화도시(문화예술도시), 생태환경 중심의 문화도시(생태환경도시), 문화유산 중심의 문화도시(유산문화도시), 문화산업 중심의 문화도시(문화산업도시) 등 다양한 모습들로 나타날 수 있을 것이다.

오늘날 세계의 많은 도시들과 국내의 여러 도시들이 문화도시 전략을 내세우고 있다. 문화도시를 만들어간다는 것은 궁극적으로 시민들의 삶을 아름답고 즐겁고 행복하게 만들어가겠다는 전략이다. 문화도시는 "시민들이 이웃과 맺는 인간관계의 규범을 돌이켜보고 새로운 규범을 창출할 수 있는 도시, 자기 삶의 목적과 기도를 반성하고 보다 나은 가치를 지닌 삶의 기획을 할 수 있는 도시, 경제·사회·예술적 행위를 비롯한 모든 시민행위와 그 산물들이 궁극적인 삶의 가치와 자기존재 가치에 부응할 수 있는 도시"[4]이다. 다시 말해서 문화도시는 물질적 풍요보다 삶의 질이 중요하게 인식되고, 문화적 향수와 여유가 넘치는 삶이 구가되는 도시이다. 또한 문화도시는 자기실현 욕구가 실현될 수 있는 인프라를 구축하고 문화가 도시의 자랑거리가 되며 그 도시에 사는 사람들은 그 도시의 환경에 만족하고 도시를 찾는 사람들이 그 도시의 문화에 취하는 도시를 의미한다.

그렇다면 왜 문화도시인가? 사사키 마사유키는 '글로벌 도시에서 창조적 도시로'라는 패러다임의 전환을 거론한다. 그에 의하면 오늘날 세계 사회는 '민족국가에서 도시로' 사회 범위가 바뀌는 중요한 변화를 겪고 있다. 달리 도시의 세기가 시작되었다는 것이다. 이러한 시대에 도시는 크게 두 가지 지향으로 나뉜다. 그 하나는 경제, 정치, 문화의 국제적 기능을 독점하면서 세계도시 순위에서도 수위를 달리는 세계도시이고 다른 하나는 창조적인 예술과 문화를 양성하고 혁신적인 경제적 기반을 육성할 수 있는 창조도시이다. 그는 이러한 창조도시는 여섯 가지 필수 요소들을 구비해야 한다고 한다. ①예술인, 과학자, 일꾼, 장인뿐만 아니라 모든 시민들이 자유로운 창조활동에 참여해야 한다. 그 결과는 모든 시민들이 보다 큰 만족을 스스로의 삶 속에서 찾을 수 있다는 점이다. 이러한 환경을 조성하기 위해서는 유용하고 문화적으로 가치 있는 재화와 서비스가 양산될 수 있도록 지원을 아끼지 말아야 할 것이며, 공장과 사무실의 환경이 개선되어야 할 것이다. ②시민들의 일상적인 삶도 예술적으로 바뀌어야 한다. 그러기 위해서는 충분한 수입과 여가 시간이 주어져야 한다. 덧붙여 말하면, 최상의 질을 가진 상품들이 합리적인 가격으로 공급되어야 하고 공연과 같은 문화예술 활동도 낮은 가격에 관람할 수 있어야 한다. ③도시 내에서 과학과 예술의 창조적인 활동을 지원하는 대학교, 기술학교, 연구기관, 극장, 도서관과 문화기관들은 창조성을 돕는 기반으로서의 기능을 수행해야 한다. ④환경정책은 매우 중요하다. 역사적 유산과 도시의 환경을 보존하고 쾌적함을 향상시켜서 시민들의 창조성과 감수성을 고양시킬 수 있어야 한다. ⑤각 도시는 지속적이고 창조적인 지역을 지원할 수 있도록 그에 상응하는 경제적 기반, 자립도를 갖추어야 할 것이다. ⑥행정적 측면에서 창조도시는 공적 자금의 민주적 관리하에서 일련의 창조적인 통합 도시정책, 다시 말해 문화, 산업, 환경을 포함하는 종합적인 정책으로 구성되어야 한다. 사사키 마사유키는 이와 같이 여섯 가지의 요건을 갖춘 창조도시가 앞으로 도시의 시대 21세기의 주역이 될 것이라고 주장하고 있다.[5]

창조도시의 핵심은 내발적 발전에 있다. 이와 달리 세계도시는 초국적 자본의 흐름과 같이 하며 도시경제의 저변은 좁아지고 불안정한 구조를 지니게 된다. 버블 경제를 겪은 도쿄는 세계도시가 처한 환경을 잘 말해준다. 세계도시는 세계경제의 의사결정지이며 세계자본이 집중되고 축적되는 장소이다. 이것은 세계도시체계의 중추적인 결절지 역할을 하게 되며, 범세계적인 기업, 금융, 무역, 정치력이 상호 조화롭게 결합되는 장소인 것이다. 세계도시를 조직하고 통제하는 것은 초국적 자본이다. 그래서 이것은 범세계적인 경제의 조정과 통제, 자본축적의 중핵역할을 하게 된다. 이러한 세계도시의 아래 계층에 세계적 중심도시가 있고 그 아래 국가중심도시와 기타도시들이 위계를 형성한다. 달리 세계도시는 그 기능적 특성에 따라 분류되기도 한다. 테일러는 크게 상위 세계도시와 하위 세계도시로 나누고 상위 세계도시에 기능적으로 종합된 세계도시와 특수한 기능을 지닌 세계도시를 두고 하위 세계도시에 준기능 집적 세계도시와 세계적 세계도시를 둔다.[6] 문화적인 세계도시가 하위 세계도시에 속할 수 있게 되는 셈이다. 이는 문화의 세계화를 반영하는 대목이다.

세계도시로의 지향과 창조도시로의 지향, 그리고 이들 흐름 사이에 문화적 세계도시 지향도 포함될 수 있을 것이다. 하지만 한 가지 분명한 사실은 산업에 기반한 도시들이 도시패러다임의 전환에 따라 문화도시로 탈바꿈하지 않으면 안 된다는 사실이다. 문화도시는 앞서 언급한 대로 크게 네 가지 유형으로 나눌 수 있다. ①문화예술 중심의 문화도시(문화예술도시), ②문화유산 중심의 문화도시(유산문화도시), ③문화산업 중심의 문화도시(문화산업도시), ④생태환경 중심의 문화도시(생태환경도시). 이들은 상호 겹치는 경우도 적지 않다. 문화예술 중심도시는 대체로 소규모 도시로서 문화예술인들의 활동이 도시 이미지와 마케팅의 주축이 되는 경우이다. 문화유산 중심의 문화도시는 로마나 경주와 같이 유산산업을 통하여 도시의 비전과 정체성을 형성한다. 문화산업중심도시는 도시 패러다임의 변화에 따라 공업도시에서 문화산업도시로 전환한 경우이다. 생태환경중심의 문화도시 또한 공해 도시에서 도시 재생에 성공하여 환경도시로 전환된 경우를 들 수 있다. 이러한 문화도시 운동의 전략을 살피기 이전에 성공사례를 먼저 네 가지 문화도시 유형을 따라 살펴볼 수 있을 것이다.

가. 문화예술도시

문화예술도시의 기원과 이념은 존 러스킨과 윌리엄 모리스에게서 찾을 수 있다. 러스킨은 영국 빅토리아 시대 사람으로 그는 모든 예술적인 것뿐만 아니라 상품들에 예술성의 의미를 부여하였다. 이러한 것이 소비자의 삶을 풍요롭게 하고 인성을 증진시킨다고 본 것이다. 러스킨을 이은 윌리엄 모리스는 미술공예운동을 주도한다. 대량생산에 반대하고 장인들의 창조적인 활동에 기반한 수공예적 제작 개념으로서의 인간애가 있는 노동과 생활의 예술화를 실현한 것이다.

EU가 선정하는 유럽문화수도는 문화예술중심의 문화도시라 할 수 있다. 유럽은 이들 문화수도를 선정함으로써 ①도시의 국제적 위상 제고 ②문화활동과 예술행사 프로그램 수행 ③도시의 장기간의 문화발전 ④자국과 타국의 방문객 유치 ⑤지역의 문화관객 증대 ⑥축제 분위기 조성 ⑦문화 인프라의 발전 ⑧다른 유럽 도시와의 관계 개선과 유럽의 문화협력 증진 ⑨창조성과 혁신성 제고 ⑩지역 예술가들의 경력과 재능 개발 등을 도모하고 있다. 따라서 EU 여러 나라들은 유럽문화수도에 자국의 도시가 선정되기 위해 노력을 아끼지 않는다. 자연 이러한 과정에서 도시재생과 도시 마케팅이 이루어지는 것이다.

나. 유산문화도시

로마와 같이 문화유산이 많은 도시에서 이러한 유산을 바탕으로 관광도시로 발전해나가는 경우이다. 유산산업은 오늘날 인바운드 관광객을 유인하는 중요 산업이다. 세계의 많은 도시들이 이러한 관광도시로 거듭나기 위하여 도시재생을 통한 도시 마케팅에 노력하고 있다. 하지만 이러한 유산문화도시는 대체로 지역주민의 노력보다 국가나 지역정부 주도로 발전하는 경우가 많다.

다. 문화산업도시

과거 철강과 조선업 그리고 무역업으로 화려했던 제조업 도시가 쇠퇴하면서 다시 문화콘텐츠가 주요 산업이 되는 도시로 바뀌고 있다. 사사키 마사유키가 예로 든 창조도시도 이러한 예에 속한다. 가령 이탈리아의 볼로냐와 영국의 버밍엄, 일본의 가나자와 등을 들 수 있을 것이다. 이탈리아의 볼로냐는 국가 경제가 위기에 빠지는 상황에서 한 도시의 창조력으로 경제적 회생을 이룩하는 진경을 보인다. 종래에 도시경관 보존 노력과 분권화 실험을 지속해온 볼로냐는 산업, 문화 복지 영역에서 주민의 창조력을 이끌어내는 사회시스템으로 전환하여 고도의 기능인 도시로 성장한다. 볼로냐는 예술가와 과학자, 기술자, 노동자와 기능인들이 자기 능력을 발휘하여 유연한 생산을 전개함으로써 글로벌 리스터럭처링global re-structuring의 폭풍에 저항하면서 자기혁신 능력이 충만한 도시 경제시스템을 갖추게 된 것이다. 특히 이러한 과정에서 볼로냐의 문화정책이 주목된다. 시는 볼로냐의 도심을 창조적인 문화공간으로 창출하고 문화재와 근대산업 유산의 복원과 보존을 꾀한다. 도시 주민의 창조력과 감성을 높이는 경관을 갖추는 한편, 주민의 다양하고 창조적인 활동을 보장하는 시스템을 구현한 것이다. 영국의 버밍엄은 세계의 금속공장이라는 지위가 쇠퇴하면서 인간중심의 도시 되살리기 전략으로 전환하여 중심 시가지를 보행자 우선 거리로 바꾸고 도심을 문화의 창조 공간으로 만든다. 아울러 지구별 고유의 특성을 살리는 재생을 도모함으로써 시민들의 활력을 이끌어낸다. 특히 사용하지 않는 생산 공장을 예술의 창조 공간으로 전환시키는 사업들을 전개함으로써 예술과 미디어 구역이 탄생하는 창조 과정에 성공한다. 파트너십과 지역 우선의 문화예술정책을 펼침으로써 문화정책과 경제정책이 함께하게 한다. 일본의 가나자와는 이전에 섬유산업으로 지역경제에 이바지해왔다. 하지만 이러한 산업이 쇠퇴하면서 오래되어 더 이상 쓰이지 않는 창고와 섬유 공장들을 90년대 후반 시민들이 예술회관으로 전용하게 된다. 이리하여 이 공장 공간들은 공연과 연습 장소로 탈바꿈하고 일반 시민들에 의해 운용되고 있다. 본래 전통 미술 공예뿐만 아니라 문화유산을 보존해온 지역이므로 이러한 여건들이 결합하여 문화예술도시로 유명해지게 되었다.

라. 생태환경도시

산업구조가 바뀌면서 공해도시들이 환경도시로 탈바꿈하여 성공한 사례는 매우 많다. 1996년 유엔으로부터 환경과 경제발전을 양립시킨 도시 상을 받은 미국의 채터누가 시는 공해도시의 이미지를 벗어나기 위한 노력이 성공한 곳이다. 대기 오염이 극심했던 독일의 슈투트가르트 시는 바람 길을 만들어 대기오염을 극복하였다. 미나마타 병을 경험한 일본의 미나마타 시는 주민참여를 통하여 환경도시로 거듭났다. 중남미의 코스타리카는 생태관광으로 관광의 나라가 되었다. 브라질의 꾸리찌바는 녹색개혁의 선구자로 세계의 꾸리찌바가 되었다.

20세기 선진사회에서 탈도시화와 탈산업화로 도시 쇠퇴화가 대규모 공업도시를 중심으로 크게 확산되었다. 이러한 가운데 도시 쇠퇴화를 벗어나 새로운 도시 질서를 형성하기 위한 노력들이 전개되면서 문화와 예술의 활성화를 통한 도시재생정책이 큰 관심을 끌어온 것이다. 오늘날 문화도시 이념이 주목되는 것은 이러한 도시사적 문맥을 갖는다. 따라서 문화도시는 문화예술의 활성화를 토대로 도시 경제 활성화에 이르는 순환체계를 중요하게 생각한다. 여기서 말하는 순환체계는 ①문화 예술과 적절히 정비된 사회 기반 시설을 토대로 도시 생활 환경을 개선하여 ②고급인력을 도시 내로 유입시키고 ③고급인력을 필요로 하는 산업과 외부 투자의 유치를 도모하여 ④도시 경제의 활성화와 고용 증대를 가져와 도시의 지속적인 발전을 가져오는 것이다. 이러한 순환 체계가 시사하듯이 오늘날 문화도시 전략은 근본적으로 도시 이미지 개선에 직결되어 있다. 즉 도시를 아름답게 만들고, 도시의 경쟁력을 높이는 동시에 도시의 정체성을 확립하고 도시다움을 유지하는 데 있어 문화 예술을 활용하는 것이다. 이러한 점에서 문화도시 전략은 세 가지 기본 흐름들이 함께 만나는 가운데 이뤄진다. 그 첫째 흐름은 문화예술의 흐름이다. 이것은 ①문화 예술의 활성화와 지적 활동 조건 확보를 위한 문화시설 확대 ②창조성 · 주관성·다양성의 문화환경 조성 ③도시의 역사 문화적 특성 문화적 정체성 형성 ④문화 예술 다변화, 지역의 다양한 구성원들의 융화. 둘째 흐름은 도시생활의 흐름이다. 이것은 ①생활환경조건의 확보 ②안전성 보건성 건전성 ③도로율, 주택보유율, 하수도 보급률, 녹지율, 열린 공간 등의 확보. 셋째 흐름은 경제 사회활동의 흐름이다. 이것은 ①경제 사회활동 조건의 확보 ②경제성·편리성·쾌적성 ③교통의 편리성, 도시경관의 쾌적성, 자연환경의 보전.[7] 이와 같은 세 가지 흐름이 만나는 지점이 도시 이미지이고 문화도시로 가는 길이다.

부산의 도시 목표와 도시정책 비판

세계체제에서 한국이 반+주변부라면 부산은 한국의 반주변부에 속한다. 이러한 반주변부는 한편으로 곤경의 처지이면서 다른 한편으로 가능성을 지닌다. 즉 반주변부가 처한 독특한 위치가 창발적인 가능성으로 전화하는 계기가 될 수 있다는 것이다.[8] 중심부, 반주변부, 주변부에서 가치의 혼재 현상이 두드러진 곳은 반주변부이다. 특히 급속한 근대화를 통하여 주변부에서 반주변부로 진입한 우리 사회의 경우 가치의 혼란은 심각하다. 쉽게 말하면 주변부적 가치가 중심부적 가치에 의해 급격하게 파괴되면서 가치의 혼돈 상태를 겪고 있는 것이다. 이러한 상황에서 서구화를 추구하여 전통에서 탈출하는 것과 정체성의 근원으로서 전통을 재확인하는 것 사이에서 딜레마를 경험한다. 또한 서구와 전통의 양극에 빠지지 않으면서 이 둘의 병존을 통하여 삶의 전체적인 형태를 바꾸어가는 성찰적 노력을 시도하기도 한다. 이처럼 반주변부는 말 그대로의 혼란을 의미하는 것은 아니다. 문제는 자기에 대한 성찰이다. 이럴 때 반주변부는 혼성가치의 장이 된다. 우리의 경우에도 이러한 혼성가치는 전통과 근대의 복합, 서구와 동아시아의 긴장된 만남에 의해 상생적 고도화를 이룰 수 있는 조건을 제공하고 있다.[9]

서구의 근대성이 전지구를 변화시켜온 것이 사실이라고 하더라도 그들이 변화시켜온 것과 전지구적 동질화는 엄연히 구별된다. 세계체제는 지역적 세계체제와의 중첩된 역장 속에서 변화하고 있으며, 이러한 변화는 세계적인 것과 지방적인 것 사이의 변증법으로 구체화된다. 이러한 점에서 반주변부는 경계영역이다. 이는 전통과 근대, 근대성과 식민성, 서구와 동아시아, 문명과 자연, 도시와 시골 등 이질적인 것들이 저항하고 교섭하며 혼합되는 영역으로 앞서 말한 혼성가치의 장이다. 경계영역은 우월한 가치에 대한 모방욕망으로 흔들리는 주체를 드러내는 한편, 성찰과 저항으로 재정립되는 주체를 보여주기도 하는 공간이다. 따라서 이것은 종속과 추락을 지시하기도 하고 생성과 창조를 지향하기도 한다. 반주변부 부산이 이러한 가능성으로 도약하는 길을 어디에서 찾을 수 있을까?

부산은 식민도시로 출발하여 생산과 수출도시를 거쳐 항만물류중심의 도시가 되었다. 근대화 과정에서 생산과 수출의 두 가지 기능을 맡았던 도시 역할에서 전자의 역할이 축소되고 후자의 역할에 중점이 놓이고 있는 것이다. 이러한 가운데 21세기에 적응하는 창조적인 도시로 거듭나기 위한 모색을 다각도로 하고 있다. 현재 세계도시, 아시아영상중심도시, 해양수도, 창조도시 등 여러 개념들이 등장하고 있는바, 도시 목표mission에 대한 토론 과정에 놓여 있음을 알게 한다. 이처럼 부산의 도시 목표와 전략 수립에서 혼란이 생기는 것은 제2도시 이데올로기의 일정한 간섭이 한 요인이라 생각된다. 말할 것도 없이 제2도시 이데올로기가 지역민의 자부와 정체성과 결부될 때 그것은 매우 생산적인 에너지를 지니게 된다. 문제는 변화하는 도시의 실상을 은폐하거나 상상적인 대리 만족의 이념이 될 때 나타난다. 가령 세계도시 전략은 많은 토론을 요한다. 부산이 최상위 계층에 있는 세계도시가 되기는 힘들다. 이들 세계도시는 세계체제의 중심부 국가에 속할 수밖에 없기 때문이다. 반주변부 국가의 경우 상파울루나 싱가포르 등이 1차 세계도시로 분류된다. 서울은 이들에 비해 2차 세계도시에 속한다. 부산이 세계도시가 된다는 것은 반주변부 국가에서 세계도시가 되겠다는 것이다. 물론 이러한 전략은 서울 예속에서 벗어나 스스로 도약하겠다는 의도에 상응한다. 더구나 부산이 규모나 잠재력에서 준기능 집적의 하위 세계도시가 되는 것은 불가능한 일이 아니다. 그렇다면 이러한 세계도시가 되기 위해 부산은 어떠한 도시 전략을 수립해야 할까? 여기에 서구의 공업도시 쇠퇴기 극복 방안으로 제기된 문화도시 전략이 원용될 수 있을 것이다. 그런데 이러한 개념들 사이엔 상충하는 국면과 경합하는 국면이 공존한다. 한편으로 성장과 개발 위주의 도시모델에 대한 지향이 있고 다른 한편으로 도시재생과 조정을 통한 문화도시에 기대가 있는 것이다. 문화도시는 세계 유수의 도시들이 추구하는 방향이고 21세기가 요구하는 모형이라는 점에서 이에 대한 부산의 전략이 요구된다.

경제 중심의 세계도시 지향과 문화중심, 해양중심 지향은 각기 다른 방향이다. 해양도시는 부산이 지닌 기본 성격이라 할 수 있다. 이를 바탕으로 세계도시 플랜은 동북아 금융과 무역의 결절지 부산을 상정한다. S. 사센 등이 말한 세계도시는 "1980년대부터 본격화한 글로벌 경제의 정점에 우뚝 선 다국적 거대기업과 거대금융기관의 본사나 의사결정부문이 있고, 카지노 자본주의의 거대한 룰렛이라고 부를 만한 국제금융시장이 형성되어, 금융과 경제의 세계적 사령탑의 역할을 하는 도시"[10]를 의미한다.

그런데 부산의 경우, 해양도시 인프라가 제대로 구축되어 있지 않다. 제조업과 항만 중심으로 성장한 도시여서 해양문화 인프라가 매우 부족한 것이 현실이다. 해양문화도시보다 영상중심도시라는 개념을 앞세운 까닭이 여기에 있을 것이다. 영상중심도시는 종합적인 도시 계획의 산물이 아니라 지자제 시행 이후 정책적인 선택의 산물이다. 이는 특정 문화산업에 편향된 도시 목표 설정이라는 한계를 지닌다. 더군다나 제작과 배급과 유통 등 제반 여건을 구비한 가운데 형성되고 있는 개념이 아니라는 점에서 근본적인 접근이 요청된다. 이러한 요청과 더불어 '해양문화도시 혹은 문화도시, 부산'이라는 전략이 제기된다. 요컨대 탈근대 미래도시 부산의 모습은 어떠해야 하는가? 먼저 도시공간의 질적 측면이 고려되어야 할 것이다. 이와 더불어 내발적인 발전요인들이 강화되어야 할 것이고 지역적이고 세계적인 스케일의 네트워크가 형성되어야 한다. 이러한 관점에서 그동안 제시된 도시목표와 비전이 지닌 적합성 여부가 세심하게 고찰될 필요가 있다. 세계도시라는 목표 설정에 과잉이 있다면 해양수도는 일국적national 비전이라는 한계를 지닌다. 아울러 초광역권 구상으로도 불리는 '도시국가' 개념이 국가중심 체계라는 현실을 간과한 이상주의적 측면이 있음을 간과할 수 없다. 이러한 점에서 '창조도시' 적합성에 대한 고민이 시의성을 지닌다. 민선 5기 시정목표는 다섯 가지다. ①풍요로운 신경제도시 ②사람중심 창조도시 ③함께하는 선진복지도시 ④매력 있는 생활문화도시 ⑤글로벌 일류 도시이다. 그동안 강조되었던 세계도시global city와 함께 창조도시와 문화도시가 부각된 사실을 눈여겨보아야 한다. 행정기구로 '창조도시본부'가 구성되고 여러 가지 사업을 수행하고 있다. 원도심 창조도시, 산복도로 르네상스, 강동권 창조도시, 행복 마을 만들기, 도시 경관 디자인, 커뮤니티 뉴딜 사업, 시민공원 조성사업 등 다양한 정책을 펼치고 있다. 전문가 집단의 창조도시 포럼이나 학회가 활동하고 있고 시민사회 레벨에서 부산을 문화도시, 창조도시, 인간적인 도시로 가꾸기 위한 다양한 노력들이 전개되고 있다. 지역정부와 민간이 모두 '창조도시'를 중요한 지향으로 삼고 있음에 틀림이 없다. 하지만 부산은 규모가 크기 때문에 '창조도시'라는 목표에 도달하기가 쉽지 않다. 다양한 창조도시 이론(C. 랜드리, R. 플로리다, 사사키 마사유키 등)을 수렴하는 가운데 부산의 특이성에 상응하는 창조도시론이 정립되어야 하는 것이다.

부산이 안고 있는 과제는 ①문화 창의 산업 도시가 되어야 하고 ②정주 환경과 도시 이미지를 개선해야 한다는 것이다. 우선 ①은 기존의 산업들이 사양화되고 새롭게 부산의 주력 산업으로 받아들여지는 것 가운데 창의 산업과 문화산업이 중요하게 인식되고 있다는 사실과 연관된다. 그리고 ②는 북항 재개발, 도심 공원 조성 등 도시재생 프로그램이 당면 과제가 되고 있다는 사실과 직결된다. 특히 ②는 부산의 4대 주력 산업 가운데 하나인 관광 컨벤션 산업 활성화를 위해서도 중요한 사항이다. 그렇다면 이들 당면 도시 과제들은 창조도시 전략에 상응하는 것으로 보인다. 따라서 창조도시의 기본적인 체계를 형성하는 세 가지 흐름(생활환경 개선 운동, 경제와 사회활동의 조건 개선, 문화예술 활성화와 이를 위한 문화기반시설 확대)을 창조도시 부산 전략 수립 방법으로 받아들여도 될 것이다.

부산의 특이성과 문화도시 전략

부산의 특이성
① 부산이라는 토포스의 의미

　과거에 대한 인식은 가족, 국가, 지역사회 등 집단적인 정체성을 형성하고 강화할 수 있는 방식들 가운데 하나이다. 특히 기원 담론은 신화가 되어 현재의 삶에 영향을 끼친다. 그런데 과거의 역사는 대개 현재의 욕망에 투영된 의미라 할 수 있다. 부산의 기원 담론 또한 과거를 통하여 현재를 말하려는 다양한 욕망의 산물이자 의미들의 생산이다. 어원학은 자주 기원의 신화를 만드는 데 기여한다. 증산甑山과 부산의 관련성을 말함으로써 애써 부산이 일제가 만든 식민도시라는 사실을 회피하려는 경향은 자주 목도되는 현상이다. 하지만 어원이 식민도시라는 공간 생산의 실

그림 3. 1875년 부산 중앙동 해안

제를 대신하는 것은 아니다. 공간적 차원에서 식민도시를 우회하려는 시도는 대부분 동래기원론과 동래해체론으로 집약된다. 동래가 부산의 기원이라고 말하거나 일제가 동래를 해체하기 위해 부산을 건설하였다고 함으로써 식민도시적 유산을 거부하고 민족적 주체를 획득하려는 것이다. 그러나 이러한 담론이 지니는 이데올로기적 한계 또한 분명하다. 부산이라는 도시는 일제에 의해 건설된 식민도시에서 출발한 것이 엄연한 사실이기 때문이다. 이러한 점에서 동래기원설과 동래해체설이 현재에 기여하는 목적들을 살피는 일이 제기된다.

근대 이전에 '부산'은 존재하지 않는다. 다만 부산포라는 포구가 있었을 뿐이다. 이 지역의 중심은 단연 동래이다. 이와 함께 군사적 요충지이기도 한 기장과 수영과 다대포가 배치되어 있었던 것이다. 그렇지만 부산의 기원이 동래인 것은 아니다. 그럼에도 지역의 일부 역사가들과 지역민들은 부산의 기원을 동래라고 말하거나 그렇게 믿으려 한다. 이는 조일7년전쟁(임진왜란)의 아픈 역사와도 연관된다. 이러한 역사적 기억과 주장에 민족주의 이데올로기가 틈입하는 것은 피할 수 없다. 여기서 '왜관'의 존재를 동래와 함께 부산의 전사를 살피는 과정에 기입하는 일이 요청된다. 물론 왜관을 부산의 기원이라 규정하기보다 부산의 전사라는 맥락에서 이해하려는 것인데, 왜관을 부산의 전사로 보려는 것은 세 가지 차원에서 의미를 가진다. 먼저 부산의 탄생을 '일본인전관거류지'에서 발전한 식민도시에 한정하는 데서 탈피할 수 있고 다음으로 민족주의가 투영된 동래기원설의 편향을 넘어설 수 있다. 아울러 부산의 미래도시 비전을 재구성하는 방법으로 이를 활용할 수 있다. 이를 통해 제국과 식민의 이분법으로 부산을 이해하는 관점을 벗어나는 한편 21세기 세계로 열린 도시 개념을 창안하는 계기를 만들 수 있을 것이다.

다시로 가즈이에 의하면 조선후기 260년 동안의 한일관계는 일찍이 없던 선린우호의 시대였던바, 이를 매개한 것이 왜관이었다.[11] 부산지역의 왜관은 1407년 이후 네 차례에 걸쳐 장소를 바꿔 설치된다. 부산포왜관(1600년), 절영도왜관(1607년), 두모포왜관(1678년), 초량왜관(1876년).[12] 특히 1678년 설치되어 1873년 메이지 정부에 의해 접수된 이후 문을 닫았던 초량왜관은 부산의 전사에 해당한다. 이러한 왜관은 개항 장소를 특정한 곳으로 한정하여 그곳에 외국인 시설을 별도로 만드는 동아시아의 전통적인 교류 방법으로 고대 중국에서 유래하며 에도시대의 일본에서도 이와 유사한 예들이 있다. 규슈의 서쪽 나가사키의 데지마에 세워진 네덜란드 상관과 나가사키의 간나이쵸에 있던 도진야시키唐人屋敷, 규슈의 남쪽 끝에 위치한 가고시마성 주변의 유구관 등이 그렇다. 나라가 다르고 시대에 차이가 있고 시설이 만들어진 과정이나 운영 방식 등이 가지각색이지만 어느 것이든 동아시아 국제사회에 공통되는 거점 교류를 위한 시설이었던 것이다.[13] 초량왜관은 일본이 조선과의 교역을 위하여 국외에 유치한 시설인 셈이다. 왜관의 전말은 사대교린의 전통적 중화질서에서 새로운 자본주의 세계질서로 전환되는 과정과 일치한다. 초량왜관이 폐쇄되는 것은 메이지 정부가 일본 상인들의 무역을 장려하는 과정에서 초량왜관을 사실상 접수하는 데서 비롯한다.[14] 이는 대마도와 초량왜관 라인을 이어 중국으로 향하던 무역관계에 변화가 생겼음을 의미한다. 다시 말해서 시장규모를 확대하고 기술자급을 이룩해온 일본이 조선을 앞지름과 동시에 자본주의 세계체제에 깊숙이 편입되어간 것이다. 중국 따라잡기형 발전에서 일본은 은을 통하여 자본을 축적하고 국가가 자급화를 적극적으로 주도하여 기술발전에 성공한 것이다. 이에 비하여 조선은 조공체제에 강하게 편입되어 있어 독자적인 자본 축적과 기술 발전이 부족하였다.[15] 따라서 1876년 병자수호조규에 의하여 왜관이 일본전관거류지로 바뀐 것은 동아시아 지역질서 변동에 상응한 것이라 할 수 있다. 조선정부에 의해 설치되었다 메이지 정부에 의해 폐쇄되고 다시 일본전관거류지로 개편되어 마침내 부산으로 발전하는 왜관의 역사는 한일 간의 교류와 연대가 요구되는 오늘의 시점에서 부산의 전사로 재해석될 수 있는 여지가 많다. 왜관은 1407년 설치된 이후 1876년 개항까지 무려 350여 년 존속하면서 한일 간의 교역과 문화교류의 장이 되었다. 실로 왜관은 동아시아 물류의 한 중심이었다고 해도 과언이 아니다.[16] 부산이 동북아 허브 또는 플랫폼을 지향한다면, 왜관의 지위와 그에 대한 평가를 다시 할 필요가 제기되는 것이다.

② 교역과 상업의 도시

도시주의와 식민주의는 필연적인 연관성을 지닌다. 통제와 잉여 추출의 기능을 수행하고 시장, 소비의 중심, 축적의 무대로 식민지가 존재한다는 점에서 식민주의는 도시적 성격을 지닌다. 식민주의의 현시방식은 도시적이라는 앤소니 킹의 지적처럼 식민주의가 식민지 국가의 공간조직과 도시체계에 미친 영향은 전세계적이다.[17] 이러한 점에서 일본전관거류지가 도시로 바뀌는 것은 제국 일본의 형성과 맞물리게 된다. 실제 일본정부는 개항 초부터 일본 거류민 증가를 예상하여 도로망을 계획하고 가옥의 구조를 규제함으로써 식민도시를 형성해갔다. 왜관이 전관거류지로 바뀌자 돌벽과 성문 등을 헐어버리고 영사관 건물을 중심에 두는 한편 그 둘레에 경찰서, 상공장려관, 전신국, 은행, 병원 등 공공건물을 차례로 배치하여 일본화된 시가지를 만들어간 것이다. 이리하여 외국인이 보는 부산이란 일본인거주지를 의미하게 되었다.[18]

앤소니 킹에 의하면 식민주의가 식민지에 건설한 도시의 유형은 크게 두 가지이다. 첫째는 외부지향형 항구도시로 이 도시들을 통해 상품이 중심부로 수출되었고 식민주의의 후기단계에서는 제조품이 주변부로 수입되었다. 둘째는 식민사회의 도시계층의 재조직화와 식민수도를 포함한 정치, 행정, 군사 중심지의 구축이다.[19] 식민도시 부산은 단연 첫째 유형을 대표한다. 부산은 일본과 대륙을 잇는 관문이다. 철도와 철도연락선으로 일본 열도와 대륙을 통합하는 구상의 결절점인 것이다. 또한 중심부 대도시와 주변부 조선의 노동 분업을 가능하게 하는 항구도시로 대단히 중요한 위치에 놓이게 된다. 따라서 일제는 근대화된 일본의 위용을 드러내기에 족한 건축물들을 부산에 세워 도시 스펙터클을 형성함으로써 식민지민들을 압도한다.

청일전쟁이 동아시아 구질서의 몰락을 의미한다면 러일전쟁은 새로운 질서의 형성을 뜻한다. 러일전쟁 이후 일본거류민의 활동은 더욱 활발해진다. 중화적 동아시아 지역질서의 붕괴는 한편으로 서양의 조약체제의 도전에 의한 것이기도 하지만 이보다 먼저 중국의 중심성을 부정해왔던 일본에 의해 추진되어온 측면이 크다. 물론 일본의 근대화도 결코 순탄한 것만은 아니다. 일일이 이를 예거하긴 어려우나 무엇보다 일본이 세계사적 행운을 거머쥔 것은 분명하다.[20] 영국 패권이 쇠퇴하는 과정에 유럽에 보불전쟁이 일어나고 미국이 근대 자본주의 국가로 재편되는 과정에서 내전을 겪게 됨으로써 시간의 경쟁에서 일본은 기회를 얻었다 할 수 있기 때문이다. 이러한 기회를 적극적으로 활용해 세계자본주의 체제의 반주변부에서 중심부로 도약을 시작한 것이다. 실제 아편전쟁과 청일전쟁이 일본인에게 끼친 영향은 페리 내항만큼이나 컸다고 할 수 있다. 페리 내항 이후 전술적 전환이 빨랐다면 청일전쟁 이후 새 질서의 주역이 되려는 의지가 확고해지는 것이다.

서구 열강을 모방하고 있던 일본이 조선에 개항을 요구하여 1876년 부산을 시발로 1879년 원산, 1883년 인천 등이 차례로 개항한다. 하지만 1882년 임오군란이 일어나고 1884년에는 갑신정변이 실패로 끝나는 등 격동의 시기가 계속되면서 조선과의 교역은 크게 확대되지 않는다. 1876년 개항과 더불어 일본 정부는 나가사키, 고토五島, 쓰시마, 부산을 잇는 항로 개설을 지원하고 조선 도항과 무역을 장려한다. 이후 일본 상선은 한 달에 한 번씩 나가사키와 부산을 왕복하게 된다. 특히 1877년 '부산항 일본인 거류지조차조약'이 체결되어 왜관 부지 11만 평이 모두 일본의 전관거류지가 되면서 에도시대 이후 쓰시마와의 무역이 이루어졌던 왜관이 복원된다. 1871년 무렵 부산왜관에는 200여 명 정도가 거주하고 있었던 것으로 알려진다. 이후 정세에 따라 부침을 거듭하다 1891년에는 5,000여 명을 상회한다. 1889년 이후 부산의 일본인이 크게 늘어나게 되는데 오사카와 부산 간의 항로 개설도 영향을 미쳤을 것이다. 무역의 경우 1890년대까지 범선에 의존하던 것이 1890년대 말에 이르면 기선이 주도한다. 따라서 하층 계층은 조선에 정주하는 경향이 커졌다.[21] 이러한 조선 내 일본인 인구 증가현상은 개항지와 한성 등에서도 유사하다. 그런데 이러한 일본의 증가가 일본인의 조선시장 장악을 뜻하는 것은 아니다. 청일전쟁 시기까지 조선에서 청상과 일상은 경쟁관계를 유지했다. 그런데 1893년에 이르면 도쿄에 식민협회가 결성되면서 식민열이 고양되어 1892년 말 조선 내 일본인 수가 9,137명에 이르나 청일전쟁이 발발할 것으로 두려워한 이들이 귀국하여 이후 다소 줄기도 한다. 1893년 일시적으로 700여 명 정도 감소하나 청일전쟁 이후 1900년 전후 조선 이민론이 본격적으로 대두하면서 일본의 과잉 인구를 해결하고 러시아를 견제하기 위

494

그림 4. 1908년 관부연락선 잔교

해 일본인 한국 이식을 적극 추진하게 되는데, 이러한 과정과 맞물려 철도건설이 추진된다. 1894년 9,354명이던 조선 내 일본인은 청일 전쟁 이후 1895년 말에는 1만 2,303명에 이르게 된다. 이후 1900년 말에 15,829명이던 것이 1905년 말에는 42,460명으로 증가하고 이민 붐이 일게 된다. 이러한 이민 붐이 이는 시기와 관부연락선 취항이 일치하는 것이다.[22]

관부연락선은 일본의 식민정책의 산물이다. 특히 청일전쟁 이후 지속되어온 일본 정부의 이민 장려 정책이 한 획을 그은 것으로 볼 수 있다. 조선에 대한 군사적, 경제적, 문화적 우위를 확보하기 위하여 조선 이민이 장려된 것이다. 야마가타 아리토모는 1894년 11월 7일 「조선정책상주」에서 경부선과 경의선 철도 건설과 평양 이북 의주에 이르기까지 방인邦人을 이식하는 것을 제안하고 있다. 실제 조선 내 일본인의 수가 급격히 증가하는 것은 철도 건설 이후이다. 선로 주변에 새로운 일본인 도시가 형성되기도 한 바, 조치원과 대전이 대표적이다. 경의선이 개통된 이후 1908년 신의주의 일본인 거류민단원은 1,535명에 달했다.[23] 이러한 배경에서 1905년 42,460명이던 한국 내 일본인은 1906년 83,315명으로 증가하고 1910년 말에는 171,543명에 이르렀다. 1910년대에 이르러 부산의 일본거류민 수는 크게 증가한다. 이는 일본이 근대화에 따라 해체된 농촌 인구를 조선으로 다량 유입시키고 상인과 기업 등 일본 자본가들을 대량 조선으로 유입하게 함으로써 자국의 생산력을 확대시키려 한 정책의 소산이다.

식민도시 부산의 발전과정은 개항과 더불어 몇 단계의 과정을 거친다. 전관거류지가 확대되면서 1901년에 시가지가 형성되고 1902년에 이르러 본격적인 도시 계획이 시작된다. 1905년 이사청 설치 이후 1906년에는 시구개정 8개년 사업에 착수한다. 식민도시 부산의 면모가 일신되는 것은 1914년 부산부제 실시 이후라 할 수 있다. 1930년대에 이르러 서면 일대 부산진 공업지대가 형성되고 1940년대에는 동래지역까지 부산부에 포함된다. 1937년 조선총독부 고시 '부산시가지 계획령'이라는 부산 최초의 도시 종합계획이 수립되는바, 목표 연도를 1965년으로 설정하고 있다.

③ 동아시아 결절지로서의 위상과 제2도시론

식민도시에서 출발한 부산은 기존의 틀에서 크게 벗어나지 않는다. 다만 도심의 이동이라는 양상을 보인다. 그런데 이러한 과정에 공간의 무계획적인 팽창 현상이 나타남은 필연적이다. 식민적 근대도시로 발전할 수밖에 없는 요건이 만들어진 셈이다. 공간 팽창과 함께 새로운 근대적 제도의 정착으로 삶의 양식 또한 급격하게 변하게 된다. 부산지역 공간의 식민도시적 특성인 이중성이 그대로 반영되고 있는 것이다.[24] 또한 산업화 과정에서 배후 공업단지가 된 지역이 많고, 1995년 광역시로 확대하면서 동부산과 서부산 지역을 함께 포함하는 다층적이고 복잡한 구성의 "누적도시"가 되었다.[25]

그림 5. 1934년 부산항

　근대화 과정에서 부산의 성장은 경부 개발축의 관문 역할을 하면서 빠르게 진행된다. 제2도시 이데올로기가 형성되는 것은 냉전체제의 하위체제인 분단체제하에서 군사물자와 원조물자를 수용하는 출입구이자 수출주도형 산업의 전진기기가 되는 데서 비롯한다. 부산은 한반도의 관문으로 20세기 냉전체제하에서 수출산업을 주도한 중추항만도시이다. 동서이념 대립으로, 비유컨대 섬이 된 한국의 경제를 이끌어가는 하나의 축으로서 명실상부한 제2도시의 지위를 유지해 왔다. 1960년대의 부산지역경제는 신발, 섬유, 합판 등을 중심으로 한 노동집약적 공업이 발달하여 전국평균수준을 넘어서는 경제성장을 이루었고 1970년대에는 정부의 중화학 공업 육성정책과 더불어 철강, 선박 등이 발달하면서 지속적인 성장세를 유지할 수 있었다.

　부산경제가 하강국면을 맞는 것은 1980년대부터다. 제2차 오일파동을 계기로 정부주도형 중화학공업 중심의 산업정책이 악화되는 상황에 능동적으로 대처하지 못했을 뿐만 아니라 서울과 함께 성장관리도시로 지정되어 많은 제약을 받음으로써 전통적인 노동집약적 산업구조에서 탈피하여 기술집약적 산업으로 대체하는 구조조정을 이루지 못한 것이다. 아울러 1990년대에 이르러 제조업 등 역외 이전이 늘어나면서 지역경제의 침체는 가속화되었다. 이러한 부산경제가 새로운 전환의 기회를 맞는 것은 1996년 성장관리도시에서 제외되어 산업여건이 호전되면서부터다. 2000년대 들어 자동차와 철강, 조선 등 중공업의 호조에 힘입어 지역경제가 어느 정도 활력을 얻고 있으나, 경제활동인구의 전국 비중이 7.2%인 반면 지역내총생산은 5.7%에 그치고 1인당 지역내총생산은 전국 14위를 차지하고 있다. 실업률 또한 2005년도 기준으로 전국 12위이다. 이러한 부산지역의 재정자립도는 2005년도 기준으로 서울과 경기는 물론이고 대구, 인천, 대전, 울산보다 낮은 것으로 나타나고 있다.

실제 부산의 변화는 몇 가지 요인에 의해 진행된다. 먼저 한국자본주의가 후기 자본주의로 가면서 노동집약적인 신발 산업 등 부산의 주력 제조업들이 침체한다. 다음으로 냉전체제 와해 이후 중국과의 교역 확대는 인천에게 일정한 역할을 위임하는 조정 국면을 맞기도 한다. 한편 한국사회의 고질적인 불균형인 수도권 집중 또한 지속적인 역내 인력 유출로 이어지고 있다. 이러한 상황에도 불구하고 지역민을 지배하고 있는 것은 제2도시 이데올로기이다. 오늘날 부산 지역민의 정서의 기저를 이루고 있는 소외, 박탈감 등은 대부분 오래된 제2도시 이데올로기의 환상과 결부되어 있다. 제2도시 이데올로기는 수도권과 내륙중심에서 바라보는 타자성과 그에 연유한 이질성을 함유한다. 따라서 양면성을 지니게 되는데 때론 이것이 저항과 운동의 형태로 나타나기도 한다.

일본의 식민지 도시 형성과정을 보면 대략 세 가지로 유형화할 수 있다. ①일본의 식민지 지배와 함께 완전히 새롭게 도시가 형성된 타입 : 부산, 인천, 원산) ②재래 사회의 전통적 도시 위에 겹쳐지면서 식민지 도시가 형성된 경우 : 경성, 평양, 개성 ③기존 대도시의 근교에 일본이 신시가를 건설한 경우이다.[26] 부산은 첫째 유형으로 일제 식민지배가 시작되면서 도시화가 진행된 도시이다. 역사적으로 부산의 도시 공간은 식민화와 근대화로 두 번의 계기에 의해 크게 확대된다.[27] 문화 차원에서 일제가 중앙동 중심으로 도시를 건설하면서 이식된 해양문화는 기존의 내륙문화와 갈등 관계를 형성한다. 이러한 과정에서 해양문화의 의식화가 진행되지 못한다. 근대화 과정에서 부두와 항만 위주의 개발이 강화되지만 경제개발이라는 하나의 목표에 모아져 해양화의 내면화는 이루어지지 못한다. 해양도시이면서 해양문화가 없는 기이한 풍경이 연출되는 것이다. 이러한 점에서 부산은 문화적 레벨에서 '식민도시'의 자장을 벗어나고 있지못하다.

예를 들어 한국문학 속의 부산의 풍경을 살피면 이는 몇 단계의 변모를 보인다. 먼저 개항과 더불어 변화가 시작된다. 일제의 대륙정책에 따른 일본화 과정이 신소설 등에 잘 나타나며 외래 문물을 향한 식민지인들의 인식변화 또한 분명하게 보인다. 합방 이후의 시기는 더욱 뚜렷하다. 항구와 기선, 철도와 열차, 은행과 우체국, 전차와 자동차 등 새로운 근대제도의 등장과 함께 근대도시 부산은 그 면모를 일신하게 되는 것이다. 특히 매립과 매축 등에 의한 공간의 변화는 식민도시의 근저를 만드는 기능을 한다. 외생의 식민지 모국 상류층 집단 거주지 형성은 여러 가지 차별과 차이를 만든다. 근대적 문명의 입구인 항구에는 분주하게 사람들과 문물이 오가는데, 상인과 유학생 나아가서 도항자들은 빈번하게 우리 문학속에 등장한다. 이처럼 전통적 질서가 와해되는 양가적인 현실 앞에서 사람들은 혼란을 겪을 수밖에 없다. 따라서 이 속에 사는 사람들과 그 생활양식도 어느 정도 혼종성을 지니는 경향이 있다. 해양-내륙 : 민중-선비: 유동-정착 : 이주-토착 : 식민-자유 : 도시-농촌/어촌 등등, 서로 이

질적인 문화소들이 교차하는 것이다.

근대 초기의 부산항은 해양과 내륙을 매개하는 문학적 상상력의 중요 대상—이인직의 『혈의 누』, 최찬식의 『추월색』, 염상섭의 『만세전』, 이동구의 『도항노동자』, 임화의 『현해탄』 등—으로 등장한다.[28] 그런데 이러한 시기의 문학에 등장하는 해양은 기존의 연안역 생활양식과 관조의 대상인 바다와 다르다. 해양은 근대와 더불어 형성되는 새로운 삶의 양식이다. 이러한 삶의 양식에는 근대성과 식민성이 혼재한다. 식민지 사회인 조선이 경우 일방적 수탈과 일원적인 저항만으로 구성된 것은 아니다. 오히려 조선인 스스로 직·간접적으로 참여하는 가운데 '식민지 근대성'을 형성하였다는 관점이 타당성을 더한다.[29] 식민지 조선은 근대적 지배와 종속 관계에서 협상과 타협을 통해 헤게모니가 만들어진 사회이다. 부산은 이러한 식민적 근대의 특성이 집약된 도시라 할 수 있다.

부산지역 공간은 식민도시적 특성인 이중성이 그대로 반영되고 있다. 이러한 양상은 식민적 근대를 경험한 자아의 양가성으로 드러나기도 한다.[30] 문학작품 도처에서 이러한 양가성은 변화하는 도시 풍경과 같이한다. 식민적 근대도시 부산은 해방과 더불어 또 다른 변화를 보이게 된다. 귀국인파에 의해 왜곡된 공간은 더욱 무질서를 보이게 된다. 아울러 일본적 근대와 서구적 혹은 미국적 근대가 혼재하는 가운데 무질서는 극화된다. 이러한 문제가 가장 극대화되는 것이 한국전쟁이다. 일제시대 이래 병참기지로서의 부산이라는 군사적인 공간 배치의 확대와 더불어 내국이민의 급증이라는 현상이 겹치면서 부산은 또 한 차례 새로운 면모를 지닌 도시가 된다.

④ '끓는 가마솥'으로서의 부산

부산의 입장에서, 부산으로부터 부산을 보고 지역과 세계를 보는 방법이 요긴하다. 가령 그 기원에서 부산은 식민도시로 출발하였다고 볼 수 있다. 그러나 조금 더 거슬러 올라가 왜관의 존재방식을 생각하면 식민도시론은 상당 부분 보충될 내용을 가진다. '왜관'이 전근대 동아시아 교역의 장이었다는 점에서 부산은 벌써 동아시아 지역적 네트워크의 한 결절점nodal point임에 틀림이 없다. 이러한 역사적 경험은 식민경험에 대한 과도한 부정에 기반하여 제기되는 동래 기원설의 한계를 뒷받침한다.

현재 부산에서 일제시대 문화유산 가운데 기념비적인 것은 거의 사라지고 없다.[31] 부산부 건물인 구 부산시청이 롯데로 넘어가 해체될 때 시민사회의 저항은 거의 없었던 것으로 기억된다. 식민도시 부산 이전의 원근거지인 동래 인근에 새로운 시청이 터를 잡았으니 문제가 없다는 것이다. 문민정부가 역사바로잡기 차원에서 총독부 건물인 중앙청을 허문 것의 지방 복사판이라 할 수 있다. 그런데 이를 아쉬워하면서 부산부 건물을 동아시아 근대역사기념관으로 남겼어야 한다는 주장을 한 논자(김민수, 서울대 교수)가 있었다. 돌이켜 이와 같은 선택이 정말 필요했었다고 생각된다. 식민 유산 또한 부산을 채우는 내용이다. 그것은 해체되어야 할 잔재가 아니라 보존하면서 활용해야 할 유산인 것이다. 확실히 부산은 식민기억에 대한 완강한 거부 의식을 보이고 있다. 몇 년 전 지역정부가 일본인 거리 조성에 대한 계획을 발표하였다 곤욕을 치르고 철회한 적이 있다. 시민들의 비판이 거세었던 것이다. 일찌감치 조성된 상해 거리와 비교된다. 민중의 이야기가 서려 있는 영도다리가 보존되는 한편 동래읍성이 복원되는 등 과거의 기억에 대한 부산시민의 양가적 태도는 여전하다. 이 대목에서 조선후기 260년 동안 유지되어온 왜관을 떠올리는 것은 하나의 방법이다. 일본인 마을을 허용한 바 있는 과거와 일본인 거리조차 만들 수 없는 현실의 거리는 무엇일까? 아울러 이러한 거리를 극복할 수 있는 길은 없을까? '부산을 위한 부산학'은 부산의 시각에서 부산을 재구성하는 일과 연관된다.

식민지 도시의 유산을 마땅히 청산해야 할 잔재라고 규정하는 민족주의는 그 당위성에도 불구하고 21세기 부산의 미래 구성에 활력이 되지 못한다. 식민도시 이래 근대화 과정에서 기형적으로 팽창을 거듭한 부산을 재정비하면서 내발적인 에너지를 지닌 동아시아 네트워크 도시로 이끄는 일이 긴요하다. 이중도시의 불균등 발전 구조가 온존하거나 확대 재생산된 국면은 수정되어야 하지만, 식민도시 이래 여러 계기에 의해 진행된 문화 혼종화는 부산을 다문화 네트워크 도시로 만드는 바탕이 될 것이다. 식민시기의 범월과 이산, 해방공간과 한국전쟁기의 귀환과 피난, 근대화 시기의 이촌향도 등 다양한 역사적 경험들은 부산을 동아시아의 문화적 허브이자 세계로 열린 해항도시의 위상을 품게 한다. 이러한 점에서 제2도시 이데올로기나 세계도시 등 부산의 도시 목표와 연관된 다양한 이념들이 재검토되어야 한다. 중심부 서울에 비친 일국적 시각과 세계체제 중심부의 관점이 투영된 개념들은 타자지향적이어서 주체적인 부산 창생이라는 과제와 다소 어긋난 측면이 있다. 모두 부산을 통하여 부산을 보고 있지 못한 탓이다.

부산을 한마디로 요약하는 것은 어렵다. 하지만 부산의 유래와 역사를 되새겨볼 때 한국사회의 '끓는 가마솥'임에 틀림이 없다. 정부가 우리 사회를 다문화사회로 규정한 것은 최근이다. 그런데 그 어느 지역과 달리 부산은 일찍부터 다문화사회였다고 볼 수 있다. 화교와 일본인 그리고 러시아인들이 거주하거나 왕래해왔으며, 지금은 많은 외국인들이 거주하고 있다. 교역과 상업의 도시, 인종과 문화가 교류하고 융합되는 도시, 부산은 이제 동아시아의 '끓는 가마솥'이 될 수 있을 것이다.

⑤ 교역과 교류의 네트워크 도시

아시아 여러 해항도시와 차별되는 위상 탓에 부산의 역사에서 가능성을 찾는 일이 쉽지 않다. 식민 상황이지만 문화교섭의 다양한 양상을 추적하여 오늘의 관점에서 그 의미를 새롭게 하는 방법적 노력이 필요하다. 이는 변전의 공간인 해항도시를 민족지학적으로 접근할 것을 주문하는 W. 코콧(2008)의 입장과도 연관된다. 그는 해항도시가 형성되고 산업구조가 재편되면서 재생되는 일련의 역사적 과정을 민족지학적으로 서술하는 일의 중요성을 지적하는데 민족지학이 '지구적 변동의 국지적 결과들'을 면밀하게 연구하는 데 유익하기 때문이다.[32] 이러한 코콧의 방법은 21세기 해항도시의 변화를 서술하는 데 매우 요긴하다. 식민도시에서 근대도시로 나아가 탈근대 네트워크 도시로 변화하려는 도정에 있는 부산의 처지에서 그 기원에 내재한 지역성과 세계성, 식민성과 근대성을 함께 읽어내는 일이 가지는 의의가 적지 않다.

'네트워크 도시'는 하마시타 다케시가 홍콩을 규정한 개념이다. 부산은 일본과 러시아와 중국을 잇는 네트워크임에 틀림이 없다. 따라서 부산으로 스며드는 동아시아를 받아들이고 동아시아 문화가 다양한 장소와 공간에서 자리 잡을 수 있도록 해야 한다. 이러한 점에서 차이나타운의 건립은 물론, 러시아 등 외국인 이주자들이 활동할 수 있는 다문화공간을 구성하고 나아가 한일 간의 교역의 상징인 왜관을 복원하는 일도 가능한 일이다. 부산에는 벌써 여러 가지 양상으로 에스닉 스폿이 형성되어 있다. 부산역 앞이 대표적인데 가게의 간판이나 거리에 있는 미디어들이 외국 국적의 사람들의 활동을 반영하고 있다. 중국, 일본, 러시아 그리고 동남아 여러 나라들에서 온 이주자들의 독자적인 생활세계는 지역적 삶의 변동을 가져오고 있으며 미디어를 통하여 지역에 회로를 형성함으로써 우리가 사는 도시를 변용한다. 이들의 시야는 몸은 로컬 영역인 부산에 있지만 그들의 국가와 지역을 향한 더 넓은 세계와 네트워크가 이루어지고 있는 것이다.

⑥ 다층적 공간과 혼종 문화도시

부산을 이해하는 데 있어 두 가지 관점이 필수적이다. 그것은 1)도시 공간의 변화와 2)문화 경험에 대한 고찰이다. 모든 도시는 공통성뿐만 아니라 개별성을 지닌다. 다른 대도시와 마찬가지로 사회적, 문화적으로 다양한 지역, 계층, 양상의 복합체로 존재한다. 상업지구, 소비 환락가, 공업지구, 퇴락한 주거지, 농업과 어업 지역, 미래 도시처럼 보이는 새로운 지구 등 다층적이다. 이처럼 다층적인 공간이 부산인데 그 근저에 이중도시라는 맥락이 놓여 있다. 이중도시dual city는 식민도시 형성 단계에서 시작된 것으로 다양한 양상으로 현대에 이르기까지 젠트리피케이션gentrification과 슬럼의 대비라는 양상으로 지속된다.[33] 젠트리피케이션은 도심의 고급화, 주택의 고급화, 건물의 고층화 등을 의미하며 도시 재개발은 이러한 공간 구성을 가속화한다. 부산은 식민도시 형성에서 일본인 거주지 중심의 젠트리피케이션과 근대화 과정에서의 도심, 그리고 새로운 도심의 형성과 신도시 개발 등을 통하여 다층적인 형태의 이중 도시성을 지속해왔다.

일제시대의 부산을 염상섭은 "식민지의 축도"로 보았고 김열규는 '식민지의 식민지'라고 의미를 부여한 바 있다. 그만큼 부산은 지정학적인 위상을 지니고 있었던 것이다. 일본에 한반도는 대륙을 잇는 통로이기도 하지만 동아 나아가 대동아를 구상하는 병참기지였다. 이러한 가운데 부산은 군사기지적 성격을 지니게 되었다. 군사적 목적으로 구축된 김해공항과 수영공항 그리고 도시 곳곳의 군사시설들은 냉전체제가 와해되는 시기까지 부산의 많은 공간을 점령하고 있었다. 그러나 한편으로 이러한 군사적 공간이 존재함으로써 부산의 공간적 재편이 쉽게 이루어진 측면이 없지 않다. 많은 경우 대단지 아파트가 들어서기도 했지만 부산시청의 이동이나 센텀시티와 문현금융단지 등의 조성이 가능하였다. 또한 하얄리아부대 자리에 센트럴 파크가 만들어질 예정이고 보면, 군사적 공간들이 빠져나가면서 부산이라는 도시가 제 모습을 찾아가고 있다고 보아도 과언이 아닐 것이다.

부산이 고밀도, 무계획, 이종혼재의 장기존속으로 급격히 가속화되고 있는 엔트로피 증가를 국지적인 개입과 수정으로 조절하고 있는 '누적도시'의 성격이 크다. 이는 여러 번의 급격한 인구이동과 정착과정과 연관된다. 먼저 해방과 더불어 일본인 거주지가 와해되고 귀환민들이 정착하는 과정을 들 수 있다. 국제시장 형성사가 말하듯이 패전으로 귀국하는 일본들이 내다 놓거나 남겨둔 물품의 시장이 만들어지고 미군정하에 밀무역의 중요거점이 되기도 한다. 한국전쟁으로 부산의 인구는 엄청나게 팽창하며 피난민들이 만든 판자촌으로 대규모 주변부가 형성된다. 여러 차례의 대규모 화재가 불러온 집단이주는 도시를 확장하는 계기가 된다. 한국전쟁기에 부산은 명실상부한 제2도시의 지위를 획득한다. 이러한 사정에는 임시수도의 지위를 획득한 일도 포함되지만 이보다 일제 시대에 구축된 항만을 통해 전쟁물자와 원조물자들이 수송될 수 있었던 탓이 크다. 이러한 항만은 냉전체제로 섬이 된 한국이 수출주도형 근대화를 이루는 발판이 된다. 1960년대 후반 이후 부산항은 지속적인 확장을 이루며

그림 6. 센텀시티와 같이 사무실과 주거동, 대형 쇼핑몰, 레스토랑, 영화관과 미술관, 방송국과 학교 등 다양하고 복합적인 시설들이 사람을 유인하고 흡수하는 공간은 부산의 문화지형을 바꾸어 놓고 있다.

부산의 해양도시적 면모를 주도한다. 1963년의 직할시 승격은 근대도시 부산의 위상을 상징한다. 인근 농촌지역에서 대량의 인구가 근대화과정에서 유입되면서 부산은 동과 서로 확대를 거듭한다. 1995년 광역시 승격으로 부산은 거대도시가 되었다. 이러한 과정에서 부산은 중심과 주변이라는 이중성이 마치 프랙털과 같은 형상으로 중첩되고 중층화되었다.

부산의 도시공간과 문화지형을 모순으로 이해할 것인가, 아니면 중첩과 혼종으로 이해할 것인가? 도시민 사이의 격차가 공간적으로 표출되고 있는 현상에 대하여 '모순'을 말하지 않는 이는 없을 것이다. 센텀시티와 같이 사무실과 주거동, 대형 쇼핑몰, 레스토랑, 영화관과 미술관, 방송국과 학교 등 다양하고 복합적인 시설들이 사람을 유인하고 흡수하는 공간은 부산의 문화지형을 바꾸어놓고 있다. 부산이라는 공간 안에 다시 글로벌 도시가 들어선 형국이다. 세계화의 도전에 직면하면서 극도의 이중도시화가 진행된 것이 센텀시티라 할 수 있겠는데 이러한 현상은 향후 북항 재개발에서도 반복될 것이라 짐작된다. 도시 속에 또 다른 도시가 존재하면서 도시의 안과 밖, 고급과 저급과 같은 비대칭성이 존재하는 공간의 이중도시화 현상은 부산이 안고 있는 공간 모순의 핵심에 해당한다. 추상화되고 있는 도시 공간을 구체적인 경험 공간으로 변화시키는 일은 이중화가 중첩된 누적도시의 엔트로피를 해소하는 길이다. 이러한 점에서 부산의 공간을 다양한 문화적 혼종화의 양상으로 이해하고 이러한 혼종화가 일어나는 접경을 살려내는 방안을 강구할 필요가 있다. 혼종화와 이중도시화는 상호연관성을 지니면서 다른 맥락을 지닌다. 이중도시화라는 외적 공간 분할과 달리 혼종화는 문화와 경험의 양상을 의미한다. 문화가 삶의 전체적인 과정이라는 점에서 개발로 인한 추상화를 넘어서 장소와 공간의 다층적인 관계와 사람들의 감정의 구조에 가 닿은 접근이 요구된다. 이러한 접근을 통하여 부산은 다양한 문화적 혼종화가 이루어지고 있는 복합적인 공간임이 드러날 것이다.

부산은 식민지의 식민지였지만 오늘날은 동아시아의 허브 도시로 그 잠재력을 보이고 있다. 허브는 국경을 초월하는 거점으로 국내와 국외를 네트워크한다. 이러한 공간에서 모방과 창조가 동시에 일어나는 것은 당연하다. 하지만 로컬리티가 중요한 가치로 대두하고 있는 세계화 시대라는 관점에서 부산이 지닌 개성을 살리는 작업이 글로벌 도시 공간을 모방하는 일 못지않게 중요하게 되었다.

문화도시 전략

부산의 도시 위상과 문화도시 전략

본래 해양문화와 내륙문화가 만나고 그것들이 조화를 이루어오던바, 일제가 중앙동 중심으로 도시를 건설하면서 기존의 동래와 다대포와 기장 지역이 주변화되는 과정을 겪었고, 근대화 과정에서 부두와 항만 위주의 개발이 이루어져 항만중심의 도시가 된다. 또한 산업화 과정에서 배후 공업단지가 된 지역이 많고, 광역시로 팽창하면서 동부산과 서부산 지역을 함께 포함하는 다층적이고 복잡한 구성의 '누적도시'가 되었다. 이러한 누적도시로서의 부산은 부산을 문화도시로 전화하는 기획에 있어 복합적이고 다층적인 지역문화전략이 필요조건임을 시사한다.

근대화 과정에서 부산의 성장은 경부 개발 축의 관문 역할을 하면서 빠르게 진행된다. 이러한 부산이 변화하는 것은 먼저 한국자본주의가 후기 자본주의로 가면서 노동집약적인 신발 산업 등 부산의 주력 제조업들이 침체하면서 시작된다. 아울러 냉전체제 와해 이후 중국과의 교역 확대는 인천에게 일정한 역할을 위임하는 조정 국면을 맞기도 한다. 한편 한국사회의 고질적인 불균형인 수도권 집중 또한 지속적인 역내 인력 유출로 이어지고 있다. 부산이 도시 목표와 전략에서 다소 혼란스럽게 된 것도 이러한 여러 상황과 맞물려 있다. 따라서 해양수도, 세계도시, 영상산업도시 등의 혼재하는 도시 목표에 대한 검토가 필요하다. 특히 세계도시 전략에 대한 토론이 활발하게 전개될 필요가 있다. 부산이 최상위 계층에 있는 세계도시가 될 수는 없다. 이들 세계도시는 중심부 국가에 속할 수밖에 없기 때문이다. 반주변부국가의 경우 상파울루나 싱가포르 등이 1차 세계도시로 분류된다. 서울은 이들에 비해 2차 세계도시이다.

부산이 세계도시가 된다는 것은 반주변부 국가에서 세계도시가 되겠다는 것이다. 물론 이러한 전략은 서울 예속에서 벗어나 스스로 도약하겠다는 의도에 상응한다. 말할 것도 없이 부산이 규모나 잠재력에서 준기능 집적의 하위 세계도시가 되는 것은 불가능한 일이 아니다. 그렇다면 이러한 세계도시가 되기 위해 부산은 어떠한 도시 전략을 수립해야 할까? 여기에 서구의 공업도시 쇠퇴기 극복 방안으로 제기된 문화도시 전략이 원용될 수 있을까?

부산이 안고 있는 과제는 ①문화산업 도시가 되어야 하고 ②도시 이미지를 개선해야 한다는 것이다. 우선 ①은 기존의 산업들이 사양화되고 새롭게 부산의 주력 산업으로 받아들여지는 것 가운데 문화산업이 중요하게 인식되고 있다는 사실과 연관된다. 그리고 ②는 북항 재개발, 도심 공원 조성 등 도시재생 프로그램이 당면 과제가 되고 있다는 사실과 직결된다. 특히 ②는 부산의 4대 주력 산업 가운데 하나인 관광 컨벤션 산업 활성화를 위해서도 중요한 사항이다. 그렇다면 이들 당면 도시 과제들은 문화도시 전략에 상응하는 것으로 보인다. 따라서 문화도시의 기본적인 체계를 형성하는 세 가지 흐름(생활환경 개선 운동, 경제와 사회활동의 조건 개선, 문화예술 활성화와 이를 위한 문화기반시설 확대)을 문화도시 부산 전략 수립 방법으로 받아들여도 될 것이다.

시민 참여형 부산 문화도시 운동 전략

부산이 문화도시가 되기 위해서는 세 가지 요소들이 결합한 기본 시스템을 갖추어야 한다. 이들 세가지 기본요소는 생활환경의 기본 토대와 경제ㆍ사회활동의 기본 토대, 그리고 문화예술 기본 토대이다. 서구의 많은 공업도시들도 세계자본주의의 환경 변화에 따라 쇠퇴하면서 단순하게 문화예술 활성화만으로 문화도시로의 전환을 이룬 것은 아니다. 이와 더불어 도시기반시설을 재정비하고 도시를 재생하면서 장소마케팅을 병행하는 가운데 문화도시, 문화산업도시, 창조도시로 거듭난 것이다. 이러한 점에서 이들 세 가지 기본요소들이 유기적인 관계를 형성하는 시스템이 구축되어야 하고 문화도시 운동 전략도 이러한 세 가지 층위에서 전개되어야 한다.

① 생활환경 토대 개선 층위의 문화도시 운동

큰 틀에서 부산이라는 도시의 미래를 디자인하는 일과 연관된다. 런던 플랜과 도쿄 플랜 등에 상응하는 중장기 도시 계획을 지역정부와 시민사회가 함께 구상하고 이를 단계적으로 추진하는 운동이다. 이러한 계획을 수립하는 데 있어 가장 먼저 문제가 되는 것은 도시 목표이다. 지역정부는 싱가포르나 홍콩과 같은 세계도시를 지향하고 있는 반면, 시민사회는 전지구적 자본의 영향권 하에서 불안정한 구조를 지니는 세계도시가 아니라 내발적 발전의 시스템을 갖춘 문화도시, 창조도시, 해양도시를 지향하는 경향이 크다. 말할 것도 없이 부산은 통합된 도시 가치로 내발적 발전을 내세우기에는 그 규모가 크다. 대체로 창조도시는 인구 100만 이하일 때 그 가능성이 큰 것으로 알려져 있다. 하지만 부산의 도시 목표가 세계도시를 지향하는 것도 일방적이다. 부산시역 내 자치구·군이 모두 세계도시를 지향해야 할

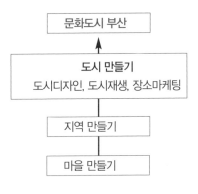

그림 7. 문화도시 부산 만들기 전략

필요도 없을 뿐 아니라 그러한 여건을 가지고 있지 않기 때문이다. 가령 절충적인 차원에서 창조적인 세계도시라는 개념을 제시할 수는 있을 것이다. 부산이 동아시아 물류도시로서의 결절점 역할을 한다는 점에서 세계도시의 기능적 측면을 발전시키는 것은 타당한 일이다. 그러나 이러한 측면을 광역화된 역내 지역 전체에 부과하는 것은 도시 모순을 확대 재생산하는 일이 될 것이다. 또한 많은 하위 세계도시들이 문화도시로서도 손색이 없는 도시 발전을 지향하고 있다는 사실에 비춰 부산이 문화도시로 가는 것은 필연에 가까운 일이 아닌가 한다. 따라서 문화도시 부산 만들기 전략이 중요하게 대두하고 있는 것이다. 그리고 이러한 전략은 다음과 같은 층위들을 내포한다.

그런데 도시 만들기든 지역 만들기든 모두 마을 만들기의 사상을 공유한다. 농촌이나 어촌, 산촌, 그리고 도시 모든 주거지역을 개조하는 운동을 포괄하여 마을 만들기라고 할 수 있을 것이다. 이러한 점에서 지역 만들기와 도시 만들기의 개념은 그 규모의 차원이지 정신이나 사상의 차원은 아니다. 무엇보다 마을 만들기의 이념적 토대 위에서 가능한 일들이기 때문이다. 마을 만들기의 이념은 ①총체성의 이념 ②시스템의 이념 ③공유 환경의 이념 ④시민공용 공익의 이념 ⑤시민공존 공생의 이념 ⑥시민 협동 동동책임의 이념 ⑦시민 공감 공동 애정의 이념 ⑧상호교류의 이념 ⑨내발성의 이념[34] 등으로 열거된다.

그런데 이러한 마을 만들기는 중앙 집중적 관료주의, 관 주도의 행정, 전문가 위주의 계획 등의 관행이 유지되는 상황에서는 어렵다. 무엇보다 지자체와 시민의 역할과 가능성에 대한 기대가 커지고 지역적 개성과 매력을 높여야 한다는 시민적 공감대가 형성되면서 토지 이용과 개발에 대한 합리적인 룰이 만들어지고 이를 추진하는 시스템이 갖춰질 때 가능한 일이다. 요코하마 도시 만들기를 성공적으로 실천한 경험이 있는 다무라 아키라는 마을 만들기가 행정당국의 변화와 시민의 변화가 연동할 때 가능하다고 지적한다. 요코하마 성공요인에서 보듯이 행정당국은 오직 하드웨어에 집중하던 정책을 바꾸어 도시 건설에 질적 내용을 가미해 도시 디자인을 주창하고 시민 참여를 추구하였고, 시민들은 행정당국의 손에 맡긴 채 자신은 객체로 살기만 하던 자세에서 도시와 마을에 대해 스스로의 문제로 생각해나가는 행동을 실행하였던 것이다. 여기서 시민들은 도시 전체라는 큰 단위에서만이 아니라 자신들 주변의 주택지나 상점가 등 작은 단위에 주목한다. 이래서 마을 만들기는 시민들에게 친근하고 이해하기 쉬운 개념이며 하드웨어와 소프트웨어를 포괄하는 총체적인 이미지를 가지고 있다.[35] 이러한 마을 만들기는 그 목표로 ①안전성 ②보건성 ③편리성 ④주거의 쾌적성amenity을, 그 대상으로 ①물질적 요소 만들기 ②일자리 만들기 ③생활 만들기 ④시스템 만들기 ⑤규칙 만들기 ⑥ 사람 만들기 ⑦행사 꾸리기를, 그 효과로 ①기능 만들기, ②개성 만들기 ③매력 만들기 ④활력 만들기 ⑤의식 만들기 ⑥개성 만들기 등을 지향한다.[36]

아직 마을 만들기에 대한 시민들의 인식은 부족하다. 그 초보적인 단계에서 여러 지역에서 그 필요성들이 제기되고 있는 실정이다. 물론 물만골 공동체, 반송 사람들 등 그 나름대로 일정한 시스템을 보이고 있는 경우도 없지 않다. 하지만 마을 만들기 운동은 이제 시작 단계를 맞고 있다고 할 수 있다. 그러나 이는 북항 재개발, 도심 공원 만들기[37] 등 당면 이슈와 동부산권과 서부산권 개발과 관련한 지역주민 차원의 대응 등에서 발전적 국면을 맞을 가능성도 없지 않다. 아울러 백만 평 공원 만들기 운동이나 도로 연대 등에서 추진하고 있는 공원과 보행자 도로 확보 전략

등은 비록 마을 만들기의 사상을 전적으로 담보하고 있지는 못하지만 시사하는 바 없지 않다. 또한 담장 허물기나 이야기가 있는 골목길 만들기 등에서 마을 만들기 운동의 가능성이 열리고 있음을 볼 수 있다.

② 경제 · 사회활동 기본 토대 개선 층위의 문화도시 운동

사람보다 자본이 중시되는 도시는 자본의 권력을 드러내는 건물과 사적 이익에 분주한 간판, 그리고 상품의 이동이 용이한 도로 등이 지배적이 된다. 루이스 멈포드는 이러한 자본이 지배하는 비인간적 도시는 마침내 네크로폴리스(죽은 자의 도시)가 될 것이라 예언한다. 도시는 평범한 소시민들이 창조적이며 존엄한 삶을 누릴 수 있는 장소가 되어야 한다. 존 쇼트는 사람이 중시되지 않는 도시를 ①자본만이 중요시되는 도시 ②전문가들만이 중요시되는 도시 ③일부의 사람들만이 중요시되는 도시라 규정한다.[38] 우리 부산이 이러한 도시가 아닌가 한다. 부산의 항만과 건물과 도로들은 이윤을 좇아 건설된 것들이다. 관광명소가 되고 있는 광안대교조차 항만의 물류이동의 목적으로 건설되었다는 점을 간과할 수 없다. 끊임없이 지어지는 건물들 또한 자본의 위용을 드러내기에 적합한 스펙터클을 만들기 위해 그 규모의 웅장함에 부심하고 있다. 공유된 사회적 가치보다 사적 경제 권력을 드러내는 표상으로 건축되고 있는 것이다. 보다 좋은 도시를 창조하기 위해서는 생동하는 공간을 창출하는 건축가들이 필요하고 삶을 개선시키는 계획을 제공하는 계획가가 필요하다. 그러나 부산의 건축가들과 도시 계획가들은 본의 아니게 도시경관을 왜곡하고 자연경관을 파괴하는 데 더 골몰하고 있는 것 같다. 오직 자본과 권력의 표상을 만들기에 급급한 것이다. 이제 이들 맹목적 전문가들에게 도시를 맡길 것이 아니라 시민들이, 주민들이 나서지 않으면 안 된다.

도시에는 생애주기에 따라 서로 다른 세대의 사람들과 사회적 약자나 소수자들이 살기 마련이다. 하지만 자동차천국autopia이 되어버린 도시는 자동차를 사용할 수 없는 사람들과 장애인과 노인들과 어린이들을 끊임없이 곤경에 빠뜨린다. 그렇다고 자동차가 전혀 필요 없다는 것은 아니다. 대중교통 시스템을 개선하여 교통의 편리성을 증대하고 보행자들이 안심하고 걸을 수 있는 거리들을 만들어야 한다. 또한 환경오염을 유발하지 않는 자전거 도로를 조성해야 한다. 존 쇼트는 오늘날의 자동차 중심 도시가 사람 중심의 도시로 바뀌어야 함을 강조한다. "도시에는 자신들의 목소리를 낼 수 없는 사람들이 많이 있다. 그들은 다른 사람들이 만드는 도시에서 살고 있다. 궁극적으로 우리는 이 여러 다른 목소리들을 통합시키고 도시를 여성 위주로 만들 필요가 있으며, 젊은이와 노인의 관여를 촉진하여야 한다. 우리는 모든 시민들의 요구와 선호를 반영하는 도시를 필요로 한다. 그렇게 하지 않으면 우리의 도시와 사회를 빈곤하게 만든다. 도시의 진정한 부는 모든 시민들의 응집된 창조성과 개별적인 창조성에 달려 있다." 그렇다면 이러한 도시를 만들기 위한 시민들의 적극적인 개입과 참여가 필요하다.

지구단위로 차 없는 거리를 만든다는 소극적인 생각에서 벗어나 도시 전체를 대상으로 보행자 권리 운동을 펼쳐야 한다. 이를 위한 보행자 연대, 혹은 자전거 커뮤니티, 또는 이야기가 있는 골목 만들기 그룹 등을 생각할 수 있다. 보행자 권리는 먼저 안전한 가로 확보에서 시작될 수 있다. 다음으로 육교 없애기와 횡단보도 만들기 운동을 전개할 수 있다. 횡단보도 대신에 육교나 지하도를 보행자가 이용하도록 강요하는 것은 자동차 중심의 관점이다. 도로가 도로 이편과 저편을 단절시키고 양측의 문화적 소통을 가로막고 있다면 이를 극복하는 방법은 횡단보도를 만드는 길밖에 다른 방도가 없는 것이다. 부산이 해양도시라고 하지만 바다로 가는 길들은 동서로 가로놓인 대로에 의해 자주 가로막힌다. 이러한 사실은 남포동과 자갈치의 대조적인 경관을 주목해보면 쉽게 이해될 수 있다. 자전거 도로 또한 유기적이거나 연속적이지 못하다. 일부 지역에 만들어진 자전거 도로조차 네트워킹 되고 있지 못한 것이 현실이다. 이참에 도시경관 회복을 위한 문화 커뮤니티 운동도 생각할 수 있을 것이다. 자연경관과 도시경관의 불균형은 우리 부산의 도시환경이 얼마나 열악한가를 반증한다. 우리는 자주 부산이 산과 바다와 강으로 이뤄진 천혜의 자연경관을 지니고 있음을 주장하는 견해에 접한다. 일리가 없는 바 아니나 이러한 자연경관이 도시경관과 조화를 이루지 못할 때 그 가치를 발할 수 없는 것은 췌언의 여지가 없다. 따라서 자연경관을 들어 부산의 문화도시 전환 가능성을 드는 견해는 일면적임을 면할 수 없다. 문제는 끊임없이 훼손되고 있는 자연경관과 제대로 형성되지 못한 도시경관인 것이다.

③ 문화 예술 토대 개선 층위의 문화도시 운동

문화도시의 외연은 문화예술도시보다 넓다. 그러나 문화예술 활성화를 배제한 문화도시는 존재하지 않는다. 문화예술 활동이 문화도시의 기초가 되기 때문이다. 문화도시를 동심원에 비유한다면 창조적인 예술은 그 중심에 위치하게 되고 문화산업 분야인 출판, 광고, 관광, 미디어 등은 그 원의 중심 부위를 둘러싸게 되는 것이다. 실제 창의성과 다양성은 지역과 국가의 활력을 가늠하는 척도가 된다. 예술은 이러한 창의성과 다양성을 심도 있게 드러내는 양식이다. 이 점에서 예술은 시민이 창의적인 상태에 이르는 토대가 된다. 예술은 한 사회가 발전하는 데 필요한 읽고 쓰는 능력, 셈하는 능력을 풍부하게 한다. 예술은 창의적 과정의 산물이기도 하지만 인간 정신활동의 결정체로서 가장 직접적으로 창의성을 인식할 수 있는 형식이다. 따라서 이러한 예술을 활성화하고 폭넓게 시민들이 이를 향유하는 것은 문화사회, 문화도시를 형성하는 기본이 된다.

그런데 문제는 이러한 예술의 중요성에 대한 인식이 날로 약화되고 있다는 것이다. 영화, 애니메이션, 게임, 대중음악 등의 비약적인 발전과는 달리 이러한 대중문화가 그 원천이라고 할 수 있는 개개 예술가의 창의성으로부터 비롯된다는 사실을 제대로 인식하고 있지 못하고 있는 것이다. 지역 정부의 경우 문화산업과 관광산업 그리고 축제 등을 집중 지원하는 대신, 기초 예술의 중요성에 대한 인식이 부족하다. 이러한 점에서 기초예술 연대의 필요성이 제기될 수 있다. 부산지역의 경우 예술가에 대한 지원과 예술을 향유하는 시민들의 참여율이 신장되는 모습이 보이지 않는다. 기초예술에 대한 지원 정책이 답보상태를 면하지 못하고 있는 것이다.

이러한 상황에서 문화예술 커뮤니티가 더욱 활성화되고 문화매개집단의 적극적인 비판적 개입이 절실히 요구된다. 문화예술집단의 연대와 문화예술교육 활성화 그리고 주요 문화기반시설의 문화예술경영에 대한 비판적 개입이 시급하다. 이를 위해 활동가들과 기획가 그리고 문화정책이론가 들이 네트워크를 형성하고 지역문화 발전을 위한 대안 모색에 나서야 한다. 단체나 조직 활동에 매몰되지 않고 지역문화 발전의 비전 아래 커뮤니티를 이뤄 지역의 문화예술 환경을 변화시키는 노력이 필요한 것이다. 아울러 문화예술이 문화도시 형성의 바탕이 된다는 인식 아래 관심의 지평을 확대해야 한다. 장소와 공간에 대한 관심을 갖고 도시재생과 디자인에 적극적으로 관여함으로써 문화도시 만들기의 주체가 되어야 하는 것이다.

주석

1. 루이스 멈포드, 김영기 역, 『역사 속의 도시』, 명보문화사, 1990, pp.610-616.

2. 도시 유형에 대한 것은 존 레니에 쇼트, 이현욱 · 이부귀 역, 『문화와 권력으로 본 도시탐구』, 한울, 2001 참조.

3. 사사키 마사유키, 정원창 역, 『창조하는 도시』, 소화, 2004와 찰스 랜드리, 임상오 역, 『창조도시』, 해남, 2005 참조.

4. 문광부, 『기초연구보고서』, 2003, 민형배, 「광주문화중심도시 추진과정의 성찰과 대안」, 『지역의 비전과 광주문화중심도시』, 전남대출판부, 2005, p.30. 재인용.

5. 사사키 마사유키, 앞의 책, pp.

6. 『도시해석』(김인 · 박수진 편), 푸른길, 2006, pp.130-136.

7. 주정민 외, 『문화도시의 도시재생과 문화콘텐츠』, 전남대출판부, 2005, p.33. 참조.

8. 김용규, 「반주변부 지역문화의 전망」, 『문화의 풍경, 이론의 자리』, 비온후, 2003.

9. 이수훈, 『세계체제, 동북아, 한반도』, 아르케, 2004, pp. 115-117.

10. 사사키 마사유키, 앞의 책, p.18.

11. 다시로 가즈이, 정성일 역, 『왜관』, 논형.

12. 이러한 왜관에 역사에 대한 것은 양흥숙, 『조선후기 동래지역과 지역민동향: 왜관교류를 중심으로』, 부산대박사논문, 2009; 김정동, 「부산, 왜관의 근대성에 대하여」, 『건축 · 도시환경연구』 제6집, 1998년 12월 참조.

13. 다시로 가즈이, 앞의 책, p.15.

14. 김정동, 앞의 글, p.9.

15. 강진아, 「16~19세기 동아시아 무역권의 세계사적 변용」, 『동아시아의 지역질서』, 백영서 외, 창비, 2005.

16. 김동철, 다시로 가즈이(정성일 역)의 『왜관』 서평, 『한일관계사 연구』 24권, 2006.

17. 앤소니 킹(이무용 역), 『도시문화와 세계체제』, 시각과 언어, 1999, pp.26-27.

18. 김정동, 「부산, 왜관의 근대성에 대하여」, 『건축 · 도시환경연구』 제6집, 1998년 12월, p.11.

19. 앤소니 킹, 앞의 책, p.27.

20. 마루야마 마사오와 가토 슈이치의 대담에서. 마루야마 마사오 · 가토 슈이치, 임성모 역, 『번역과 일본의 근대』, 이산, 2000, pp.15-20.

21. 다카사키 소지, 이규수 역, 『식민지 조선의 일본인들』, 역사비평사, 2007, pp.18-43.

22. 같은 책, p.56.

23. 같은 책, pp.63-92.

24. 식민도시는 사회 문화적으로 (1)사회적 양극화-식민모국에서 온 상류계층의 정착민과 하류계층인 토착민 사이의 분화, (2)배타적이고 폐쇄적인 도시사회 형성, (3)이중 혹은 다원적인 집단 구성 등의 특징을 보이고 공간적으로 (1)해변 혹은 강변의 변화, (2)격자형 도시, (3)주거지역의 특수성, (4)외생의 엘리트층과 토착주민 간의 거주지 격리, (5)생활양식의 차이, (6)사용목적에 따른 지구의 분할 등의 특성을 드러낸다. A. 킹, 앞의 책, pp.39-86.

25. 누적도시란 고밀도, 무계획, 이종혼재의 장기존속으로 급격히 가속화되고 있는 엔트로피 증가를 국지적인 개입과 수정으로 조절하고 있는 근대 이전에 생겨난 거대도시를 일컫는다. 봉일범, 『누적도시』, 시공문화사, 2005, p.33

26. 하시야 히로시, 김제정 역, 『일본제국주의, 식민지 도시를 건설하다』, 모티브, 2005, pp.17-19.

27. 부산의 바른 이해는 월러스틴에 연원한 지역문화론(geo-culture)으로 가능하다. 서구와 서구화한 근대 일본이 주변부 조선을 강제하는 과정에서 근대도시 부산이 형성되었기 때문이다. 중심부의 정치와 경제와 문화의 힘이 도시와 도시적 공간을 형성하는 주된 요인이 되었음을 부정하긴 어려울 것이다. I. 월러스틴, 김시완 역, 『지역정치와 지역문화』, 백의, 1995.

28. 조갑상, 『한국소설에 나타난 부산의 의미』, 경성대출판부, 2000.

29. 신기욱 · 마이클 로빈슨 편, 도면회 역, 『한국의 식민지 근대성』, 삼인, 2006, p.10.

30. 이러한 양가성 혹은 양면성(ambivalence)이 가지는 의미에서 대하여, 호미 바바, 나병철 역, 『문화의 위치』, 소명출판, 2002, pp.145-147 참조.

31. 김기수 외, 『근대문화유산조사 및 목록화 사업보고서』, 부산광역시, 2005 참조.

32. W. Kokot(2008), "Port Cities as Areas of Transition—Comparative Ethnographic Research", Port Cities as Areas of Transition(W. Kokot et. al. ed., Transcript), pp.16-17.

33. 이득재, 『대구 경북의 도시 공간과 문화지형』, 문화과학사, 2010, p.72.

34. 다무라 아키라(강혜정 역), 『마을 만들기의 발상』(소화, 2005), pp.131-132.

35. 같은 책, pp.32-33.

36. 같은 책, p.62.

37. 북항 재개발과 하야리아 부지 공원화 사업이 성장연합의 일방적 계획으로 추진되지 않기 위하여 문화매개집단과 시민사회 등의 연대활동이 필요하다.

38. 존 쇼트, 백영기 역, 『인간의 도시』, 한울, 2000.

부산 원도심,
'공간의 미美'와 '시詩'가 녹아 있는 곳

일찍이 도시의 형태를 구성하는 요소로 통로paths · 구역district · 교점
nodes · 경계edge · 랜드마크landmarks 다섯 가지를 들었던 도시계획학자
케빈 린치Kevin Lynch는 "도시에서 살아가는 사람들이 자신들의 거주 공
간인 도시에 대해 명확한 상像을 갖지 못하게 되면, 마치 길을 잃어버린
아이처럼 불안감을 갖게 되고, 이는 곧 자아 정체성의 상실로 이어지며,
현대 도시인의 소외를 더욱 심화시키게 된다"고 하였다.

부산은 서부산권역에는 생태 자연 자원이, 동부산권역에는 해양 관광
자원이 풍부하다. 또한 동래권역을 중심으로는 전 근대 역사 문화 자원이
뚜렷하게 남아 있으며, 원도심 일대에는 1876년 개항 이후 부산의 근 · 현
대사 경관과 사적이 많이 잔존하고 있을 뿐 아니라 '이야기narative'가 집
중되어 있다. 즉, 원도심 일대는 '공간의 미美'뿐 아니라 '시詩'를 갖추고 있
는 곳이다. 부산의 정체성은 원도심을 빼고는 말할 수가 없다. 부산의 유
일하고 독특한 지역이다.

한국 제2의 도시이자 제1의 항구 도시인 부산은 1876년 강화도조약으로 개항이 되면서 온천장 주변인 동래권과 용두산 주변인 원도심권의 위상에 변화가 오기 시작하여, 1910년 일제 강점으로 국권을 잃은 이후에는 점차 양 지역의 비중이 뒤바뀌게 된다. 일본인들이 원도심의 중심부 지역을 중심으로 거주를 하면서 도로와 시가지를 만들었고, 거주지 주변의 지명도 일본식 이름을 붙였다.

8·15 이후의 귀환 동포들과 한국전쟁으로 인한 피난민들의 유입은 부산의 도시 팽창과 변화에 가장 큰 영향을 끼쳤다. 교통의 시종점인 부산항과 부산역이 나란히 있고, 전쟁 구호 물자 유입으로 경기가 좋았던 자갈치시장과 국제시장이 도로 하나를 사이에 두고 있어 항상 인파로 북적이던 원도심 일대에는 판자집이 빼곡히 들어서게 된다. 이때쯤 해외 유학생들과 전국에서 모여든 문화예술인들로 광복동은 이른바 '광포동'(광복동+남포동) 시절을 맞이한다. 한 집 걸러 다방이어서 문화예술인들이 삼삼오오 모여 문화 예술의 꽃을 피웠다.

3년 여에 걸친 한국전쟁 시기 동안 부산이라는 도시 공간 속에서, 그것도 원도심을 중심으로 한 극히 제한된 지역에서 고도로 압축된 공통의 경험을 한 사례는 세계사적으로도 드문 일이기에 이 또한 소중한 역사 문화 자원인 것이다. 이는 단순히 개인의 추억의 차원이 아니다. 이러한 공통의 경험과 그 결과인 도시 경관과 집단 기억은 전쟁을 경험한 인구가 겨우 10%를 넘는 우리 사회에서 '평화'와 '통일'에 대한 사회적 차원의 성찰을 실현하는데 커다란 역할을 할 수 있는 자원이 되는 것이다.

1970~1980년대 수출 주도의 경제 성장을 지상 목표로 삼던 시기에 부산에는 수많은 공장이 세워졌고, 시골에서 많은 젊은 노동력이 전입해 왔다. 이들로 인해 피난민이 살던 산동네 판자촌이 노동자와 도시 서민들의

'달동네'로 바뀌었고, 집도 판자집에서 슬라브집으로 바뀌었다. 원도심 안의 이들 지역은 불편한 교통 환경이지만 산복도로를 비롯하여 도심과 항구를 내려다 볼 수 있는 수직 조망권을 확보하게 되었고, 삶의 체취가 물씬 서려 있는 '길'과 '골목'을 문화 자산으로 가지고 있는 것이다. 부산에서의 길, 특히 산복도로와 골목은 도시사적으로 볼 때 굴곡 많은 우리 서민들의 '이야기'가 켜켜이 서려 있다.

또한 1970년대와 1980년대를 살아온 사람들에겐 남포동이나 부산역 광장이 단순한 '거리'나 '광장'일 수는 없다. 대중문화와 더불어 상업 자본들이 공공 공간을 사적으로 점유해 들어와 문화 지형을 비틀어 놓으며 소비 문화 공간을 형성하고 있지만, 반독재 민주항쟁의 현장인 그곳은 부마민주항쟁(1979년)이나 6월항쟁(1987년)의 울림이 아직도 쟁쟁하게 계승되고 있는 역사 공간이기도 하다.

이러한 역사 문화 자원 외에 원도심 지역의 고급 예술 문화와 대중 문화 자원, 그리고 여가·패션·쇼핑·음식 문화 등 생활 문화 자원을 들여다보면 다채로움은 이루 말할 수 없을 정도다. 또한 이 지역에서는 연중거의 끊어지지 않고 벌어지는 다양한 문화예술 행사를 비롯하여 각종 문화 축전이 수없이 전개되고 있다.

지역 정체성regional identity이란 것은 사회적 상호 작용을 통해 다른 지역이 가지지 못한 지역의 자랑스러운 역사와 전통을 중요한 부분으로 여기게 한다. 따라서 이러한 자부심은 지역민으로 하여금 소속감·동질감·통일성과 정체성을 갖게 하고, 생활 속에서 하나됨을 체험 할 수 있는 그 지역만의 고유성과 상징성을 갖도록 한다.

정체성이란 '자신의 과거(기억), 현재(상태), 미래(기대)에 대한 총체적 이미지'이다. 정체성은 자연 요소를 배경으로 생활 요소가 바탕을 이루는 가운데 역사 요소가 뒤섞이면서 자신의 이미지가 생성된다. 또 정체성이란 '전통'에 발목 잡혀 있거나 고정된 개념이 아니다. 그것은 유동적이기에 정체성을 바탕으로 지역 정책이 펼쳐지기도 하고, 거꾸로 지역 정책이 정체성 형성에 영향력을 행사하기도 한다.

현재 원도심을 중심으로 전개되고 있는 각종 '도심재생' 정책이 이러한 지역 정체성을 잃지 않고 각 문화 자산들에게 활력을 불어넣는 방향으로 진행될 때 지역 주민들은 자부심을 가지게 될 것이고, 그렇게 될 때 도시의 미래도 밝게 될 것이다.

강영조 : 동아대 조경학과 교수. 공학박사. 전공은 경관공학 관심 있는 연구 분야로, 경관디
자인이론, 근대공원사, 근대토목사이다. 저서로는『풍경에 다가서기』,『한국정원답
사수첩』,『부산은 항구다』,『토목을 디자인하다』등이 있다.

구모룡 : 1982년〈조선일보〉신춘문예로 등단. 한국해양대 동아시아학과 재직(현). 평론집
『한국문학과 열린 체계의 비평담론』,『신생의 문학』,『문학과 근대성의 경험』등이 있
으며, 편저로『예술과 생활－김동석문학전집』등이 있고, 현재 시전문계간지『시인수
첩』편집위원이다.

김 승 : 한국해양대 국제해양문제연구소 인문한국교수(현). 부산ㆍ경남지역과 관련된 다수
의 논문을 발표했다.『근대 부산의 일본인 사회와 문화변용』을 저술하였고, 공저로는
『신편 부산대관』등이 있다.

김동규 : 사회철학 박사, 인문학교 섬(閃) 대표, 민주시민교육원 나락한알 부원장. 부산대와
인제대에서 철학을 강의하고 있다. 김해와 부산의 시민들과 함께 독서모임을 하며 얻
은 교훈으로, 현재 시민참여형 대안대학과 새로운 형식의 글쓰기를 모색하고 있다.

김만석 : 부산대 국어국문학과 박사과정 수료, 계간〈신생〉편집위원, 계간〈포스트〉편집위원,
〈공간 힘〉디렉터,〈지하생활자〉공동운영위원으로 활동 중이다.『옥상의 정치』(공저)
외 다수의 미술비평과 문학비평이 있으며, 경성대학교와 한국해양대학교에 출강하
고 있다.

김민수 : 경성대 도시공학과 교수(현), 경성대학교 대학원장(전), 한국도시설계학회 부회장
(전), 대통령직속 국가건축정책 위원회 위원(전) 등을 역임하였다.

김종세 : 민주시민교육원 나락한알 원장, 소셜 디자이너. 원도심문화네트워크를 기획하고 창
립을 주도하여 10년째 활동하고 있다. 저서로는『민주공원 스토리텔링 해설서』가 있
으며, 공저로『콘텐츠 부산 : 지역사와 도시민속을 활용한 브랜드화』(공저)가 있다.

김형찬 : 대중음악 마니아. 통기타음악에 심취하느라 결국 학교를 말아먹고 쫄딱 망한 김에 음악전문가로 방향을 전환했다. 작곡전공, 음악이론전공을 거쳐 2002년부터 음악평론가로 일했다. 음악평론을 넘어 그동안 방치되어왔던 한국대중음악의 역사를 대하소설처럼 쓰는 일을 평생의 업으로 삼을 생각이다.

유승훈 : 역사민속학자. 낙동강 하구의 염전을 조사하여 2007년 고려대 대학원에서 문학박사학위를 받았으며, 민중생활사와 관련된 다수의 논문을 발표했다. 지은 책으로는 『부산은 넓다』, 『작지만 큰 한국사, 소금』, 『다산과 연암, 노름에 빠지다』 등이 있다.

이동일 : 사회학 박사, 동양사회사상 및 공동체사회학 전공, 한국사회학회회원, 동양사회사상학회 섭외이사, 지역사회학회회원이며, 현재 창원대학교 사회과학연구소 전임연구원, 대안사회를 위한 일상생활연구소 사무국장을 역임하고 있다.

전성현 : '삶의 터전이 곧 세계'라는 생각 속에 지역의 역사와 문화에 관심이 많다. 현재 대학 안팎에서 역사와 인문학으로 학생 및 시민들과 소통하고 있으며, 연구모임 '비상'과 문화단체 '보따리'에서 동료들과 즐겁게 만나며 공부와 연구에 매진하고 있다.

최차호 : 한국문화관광 해설사회 초대회장, 2006년 아메노모리 호슈 외교교류회 이사를 역임했고, 부산초량왜관연구회장(현)을 역임한 바 있다. 역서로는 『조선을 사랑한 아메노모리 호슈』와 『부산요와 일본 다완』이 있으며, 현재 일본어 통역, 번역 프리랜서로 활동 중이다.

차철욱 : 부산대 한국민족문화연구소 조교수, 한국근현대사를 전공했으며, 논문 「한국전쟁 피난민과 국제시장의 로컬리티」, 「일제강점기 조선소의 일본수출과 관리시스템」, 저서로 『동아시아 개항장 도시의 로컬리티』(공저), 『부산 시공간의 형성과 다층성』(공저)이 있다.

홍순연 : 근대역사문화자원 보존 활용으로 박사학위를 받아, 현재 상지건축부설연구소 선임연구원으로 재직 중에 있다. 『지하철 따라가며 부산의 건축과 도시읽기』(공저)가 있고, 현재 지역의 역사문화유산을 바탕으로 다양한 건축콘텐츠 작업을 진행하고 있다.

부산 원도심은 페스트리다

2014년 10월 23일 초판 1쇄 펴냄

편저 ｜ 민주시민교육원 '나락한알'
펴낸이 ｜ 박윤희
펴낸곳 ｜ 도서출판 소요-You
디자인 ｜ 윤경디자인 070-7716-9249
등록 ｜ 2013년 11월 12일(제2013-000009호)
주소 ｜ 부산시 중구 복병산길 7번길 6-22
전화 ｜ 070-7716-9249
팩스 ｜ 0505-115-3044
전자우편 ｜ pyh5619@naver.com

ⓒ 2014, 나락한알
ISBN 979-11-951705-2-4
값 20,000원

*잘못된 책은 구입하신 곳에서 바꿔드립니다.

국립중앙도서관 출판시도서목록(CIP)

부산 원도심은 페스트리다 / 편저 : 민주시민교육원 '나락한알'. — 부산 : 소요-You, 2014 　　p. ；　cm ISBN 979-11-951705-2-4 03090 : ₩20000 부산 광역시[釜山廣域市] 911.89–KDC5 951.9–DDC21　　　　　　　　　CIP2014029055